曹林——著

时评中国

用理性反抗坏逻辑

北京大学出版社
PEKING UNIVERSITY PRESS

目 录

代　序　曹林赞 / 马立诚 9

自　序　我不喜欢得罪人，但对不起，我是评论员 13

第一辑　中国政治观察

> 上任后立刻宣誓对宪法和法律的效忠，掀起一场受到民意极高支持的、指向"老虎"的反腐风暴和指向特权的吏治风暴，拿下军中的"徐老虎"和退休常委"周老虎"，以几个小组集中权力打破"政令不出中南海"的改革障碍，并将四中全会主题定为依法治国，这一届领导人的改革路线图已经非常清晰。打"周老虎"不是执政党终点，而是改革战役的一部分，以治标为治本赢得时间、制度化地去"周"、用改革夯实政权政党政治的正当性基础，才是这一届领导人的雄心所指。

不要传递"越左越安全"的错觉 3

批评政府和抹黑中国不是一回事 6

人民有了期待，国家就有未来 9

欢乐的"常委"新闻让政治更可亲 12

限定"西方价值观"，避免不必要纷争 15

警惕那些明褒实贬的"高级黑" 18

中国应该如何深层"去周永康化" ……… 21

用法治语言替代"阶级斗争语言" ……… 24

不要轻言战争 ……… 27

中国无"鹰派",只有咬自家人的鸟派 ……… 30

新闻发言人制度在中国失败了吗? ……… 34

舆论硝烟中党报党刊的反逆袭 ……… 37

日本人凭什么对中国没有好感 ……… 40

接办亚运会这事儿中国别充老大 ……… 42

挥之不去的北戴河想象 ……… 45

在告别老人中告别一代人的集体记忆 ……… 47

"学习粉丝团"走红后的民意期待 ……… 50

向世界开放学习,展中国成熟自信 ……… 52

第二辑 纵论媒体变局

> 我不是一个喜欢炒作和享受成为焦点的人,只是爱触碰一些别人不太敢或者不愿意碰的话题,爱直言不讳地说一些别人不爱听的话,然后就把自己推上风口浪尖了。比如批评中国传媒大学学生,我何尝不知道如用一些好评作铺垫,别人会更能接受,或者把"浮躁、功利、不读书"说得委婉一些,不这么直接。但那种瞻前顾后不痛不痒的评论一点意义都没有,很难成为议题引发注意。我写评论不太看别人的脸色,想迎合别人,让每个人为你的评论点赞,那是不可能的,讲正确的废话和万能的套话也毫无价值。评论的价值不在于让人认同,而在于提起议题引发思考。这些关于媒体和新闻的评论都成功地设置了议题,引起了讨论。

雪夜妄评中国各大新闻系毕业生气质 ……… 57

中国传媒大学学生真的浮躁不读书吗?感谢那些理性争鸣 ……… 61

大学生怎么提一个高逼格的真问题 ……… 65

传统媒体别愚蠢地跟风"黑"老人和大妈了 ……… 70

有一种让你泪流满面的报道叫"中青体" ……… 74

媒体精英仍多在体制内，但在加速度流失 78
大学生的文风为何缺乏阳刚之气 82
手机附体的时代为什么仍有必要订一份报纸 85
连环奇葩错误见证媒体的失败者情绪 91
"新闻学界业界"是个什么鬼？ 95
学新闻的第一份工作千万别选新媒体 98
没在传统媒体待过真不能叫做过新闻 101
"灾难文艺腔"越来越被大众排斥 106
天津依旧是一座没有新闻的城市 109
"没有新闻"的媒介温床让天津受害 112
澎湃新闻带了一个很不好的头 114
中纪委负责"打虎"，媒体负责"鞭尸" 116
媒体应怎样报道大学课堂问题 119
"党报风向标"在中国已渐渐弱化 122
抵制媒体兜售的商业民族主义 125
让"《人民日报》评论员"走下神坛 128
灾难报道为什么不会说人话 130
写错领导名字的政治后果 133
骂媒体最安全，媒体伦理便成焦点 136

第三辑 改革走向何方

经济学家周其仁的一段话很有道理，他说：我在北京作为一个经济学家，多年来有一个经验，就是不要轻易去提加税的建议。因为这建议很容易被政府吸收，政府最容易听的意见就是加税的意见。从一个民间段子能看到一些政府部门对加税是多么爱不释手，是多么地依赖加税工具：你说交通拥堵，给你限号了。你说私家车太多，给你摇号了。你说油不合格污染空气，给你把油价涨了。你说房价太高买不起，给你征房产税了。你说贫富差距太大，对你的遗产征税了。你说，你说，你再说一句试试？

动辄"中国很复杂"是不讲逻辑的表现 141
"死也要死在体制内"是一种病 144
"伍皓情绪"暴露自我改革的局限 147
权力与民粹的合流是改革的大敌 150
改革时代寻找失踪的个性官员 153
在解放思想中释放被压抑的改革动力 156
"无解的迷惘"需每个人成为改革者 162
以积极的行动消除"无力的焦虑" 165
"无受益感的怨愤"警醒分配不公 168
官员其实是这个社会最大的沉默人群 171
为何越不发达的地方官本位越浓 174
当政府替代上帝,所有天灾都会归咎政府 177
重建公信力的关键在于政府"去私化" 180
政府最容易听的意见就是加税收费 183
交通拥堵费是让政府从自身错误中受益 186
一个北京人为什么反对廉价地铁 189
延迟退休可能是对一代人的违约 192
不学会慢就永远走不出垃圾处理困境 195
别用"钱少为何不辞职"去呛公务员 198
"单双号限行能治堵减污"纯粹是废话 200
体制内外真有一堵无形的铜墙吗? 203
应该允许新闻发言人说错话 206

第四辑 从社会公器到商业机器

> 卢跃刚在香港中文大学新闻学院讲座时对大陆传媒的分析很有道理,他说:"大陆新闻媒体与世界其他国家媒体一样,有着共同的'两面性'属性,概括有三:一、既是社会公器,又是商业机器;二、既是利益集团的监督者,又是独立的利益集团;三、既被管制,又享有特权。稍不谨慎,便会堕入另外一面。"

别用莫须有罪名烧烤赵本山 211

别在被放大的网络舆情中误读中国 214

克制"死咬一句话群殴"的大众狂欢 217

"扶人反遭讹诈"新闻的挑逗与诱惑 220

做一个让人安静的平静讲理者 223

狂躁轻浮的新媒体时代,做一个冷媒体 226

拿官员表情做新闻很容易摆乌龙 230

两会报道:喧哗和骚动背后的空洞 233

讨论"站票半价"不是比拼道德优越感 243

防范和克制我们的"灾难情绪" 246

我们还没有养成敬畏专业的习惯 249

用人性温暖突破新闻盲区 252

评论永远不能走在新闻的前面 255

我为什么替东莞市委书记辩护 258

"罐头思维"下的过度评论是一种病 261

"以公开报道研究性侵现象"非常不靠谱 263

多少人成了郭美美的免费炒作工具 266

"语不惊人死不休"是一种得治的病 268

娱乐没底线,独家新闻成独家耻辱 270

把"惊天大逆转"挂在嘴上的多是骗子 273

滋长歪理邪说和道德绑架的网络温床 276

抢发阎老去世摆乌龙,有些媒体就是不长记性 280

奇闻已成假新闻最大寄生地,别再当"奇闻白痴"了 283

"知道越少却判断越多"的时评癌,恶评论也是一把刀 287

如何看待"谣言是遥遥领先的预言" 290

不爱事实爱"脑补"是一种病 293

"贪官受贿数额"已成假新闻最重灾区 296

事实不清时耐心等事实是最好的姿态 299

数数看你被多少条"反转新闻"打过脸 302

第五辑　文化批判

> 激烈的对立和脑残式的追捧与棒打，最终使"韩寒"这个名字在网上成了一个火药桶，只要提起这个名字，必然会引发激烈争论。"脑残粉"和"脑残黑"的极端对立，使这个话题根本没有任何的理性讨论空间，提到这个名字就都是火冒三丈的攻击谩骂。于是，谈论韩寒在网上成了一件非常危险的事，无论褒贬，无论说什么，都会被某方骂得体无完肤。

让公共话题处于"可讨论状态" 307
公共论争中的"棍棒文风"当休矣 310
谈论韩寒是一件很危险的事 313
中国人为什么这么喜欢"抢" 316
"他肯定得罪谁了"背后的斗争思维 319
"已经很不错了"中的底线失守 322
"生活作风问题"的污名效应 324
从《人民日报》的逻辑硬伤谈谈逻辑 327
从医生、记者到"公知"
——传统精英职业在中国的"下流化" 331
骂孩子和批教育是一件很容易上瘾的事 336
论证上的偷懒是这个时代最大的病 339
比标签固化更可怕的是权威流失 352
不能失去对历史和英雄的温情敬意 354
动辄诉诸死刑类似"你怎么还不去死" 357
"看评论我就放心了"的自闭温暖 360
一群人跟着一个精神病人在狂欢 363
拒绝与粗鄙化同流合污 366
互联网上，没有哪种感动能超过一天 368

性是激发围观最好的兴奋剂 ………. 371

微博微信哄抬着"开撕"的情绪 ………. 374

以屠呦呦贬低黄晓明是脑子进了多少水 ………. 377

瞧瞧屠呦呦获奖把某些人烧成什么样子了 ………. 380

你们无聊到需要从炮轰脑残言论中找快感 ………. 383

"路怒"与"网怒"叠加放大的社会戾气 ………. 385

有一种谣言叫"正能量谣言" ………. 388

在"学霸"身上重新发现久违的学生气 ………. 391

为什么看到"朋友圈拉票"就拉黑 ………. 394

第六辑　反腐败是场战争

> 种种"反腐规律",是人们根据往日经验和既有案例总结出的认知,这些规律在一定时期内也确实有一定的预测能力,能解释一些现实,背后却反映着人们对依法反腐的深刻不信任:不信法律,不信"腐败必被捉"这个铁律,而是相信有很多凌驾于法律之上的因素干扰和决定着反腐败。人们不是根据一个官员的行为和法律去判断反腐走向,而是根据权力的潜规则和人治的思维去总结和判断:只要在"新闻联播"和党报上出现了,就是安全的;只要官做到一定的级别,上面顾忌影响也不会查处他。

你相不相信马云从来没有行过贿 ………. 399

你未必是人好,你只是没机会放荡 ………. 402

反腐大快人心后更需征服人心 ………. 405

"2013年度人物"我选"中纪委" ………. 408

为何看不到民主党派官员腐败落马 ………. 411

"反腐规律"的失效见证铁律的回归 ………. 414

道听途说的"周永康女人们" ………. 417

还远远没到"官不聊生"的程度 ………. 420

"贪官高度紧张"背后是心理较量 ………. 423

官员的纪委恐惧症 425
"公务员抛盘"纯属一厢情愿的臆想 427
公务员不会发生辞职潮 430
不要把公务员当成一个集合概念 433
抵制住那些干扰从严治官的杂音 436
官员经不起网络监督是个大问题 439
别再被公众嘲笑"生活不能自理" 441
慎说"腐败只是个别"是倒逼出的清醒 443
一反腐就消极怠工是惯出来的毛病 446
做官其实真的越来越容易了 448
还没走出对"打虎"数量和速度的迷恋 451
不要将中纪委的严厉扭曲为荒诞脸谱 454
别总想从中纪委"打虎"里总结啥规律 457
落马贪官为何成最弱的弱势群体 459

代 序

曹林赞

这是一个评论勃兴的时代。

2000年10月,我访问美国各地报社,看到美国报纸大都有评论版。当时中国报纸发表的评论,都是单篇刊登在不同版面上,没有开辟专门的评论版。十年之后,中国报纸也纷纷创办了评论版,说明社会对评论的需求增加了。

现在移动互联网风行,全球信息每天蜂拥而来,人人盯着手机屏幕看得眼睛干涩流泪。面对斑驳杂乱的海量信息,怎样捕捉事件背后的思想意义?媒体评论应运而生,评论人才也脱颖而出,曹林就是颇受瞩目的一位才俊。

评论因立场和视角而异,言人人殊。当下中国,正是转型期矛盾高发季。社会上戾气浓重,暴力事件频发,"文革"势力抬头,人人火气都很大。这一切,反映在评论特别是互联网评论当中,就是情绪化、污名化、妖魔化。遇到不同意见,不是基于理性、事实和逻辑,心平气和展开讨论,而是"屁股决定脑袋",主观偏执,意气用事,破口大骂,造谣诬陷,甚至几挥老拳,武力解决。任何了解中国现实的人,都不会觉得我这些话是过甚之词。不要以为只有愤青才诉诸话语暴力,众人眼中"高大上"的学界也不时爆出丑闻。近日,围绕某知名高校主办的《法学评论》今年7月号发表的一篇评论,法学教授、法官、检察官爆发口水大战,连法学院学生也加入战团打得不亦乐乎。本来,法学杂志就某个案件的判决发表不同看法,实属正常,完全可以展开冷静客观的学术讨论。可是，持不同意见的双方言辞激烈，什么"狗鼻子插蒜""荒谬至极""流氓"等污言秽语都上了台面，可谓煮鹤焚琴，斯文扫地。凡此种种，无疑导致了社会撕裂。

就此，不少人提出反思：当下中国缺乏的，是理性。

人们从曹林的评论中看到的希望，正是理性。

曹林刚到《中国青年报》报社工作之后写的第一篇影响很大的评论，是《我们看着日本　世界看着我们》。众所周知，在涉日话题中坚持理性，需要强大的内心。

2004年中国举办了亚洲杯足球赛。中日开赛之前，弥漫着一股火药味的氛围。报社让曹林写一篇评论，引导中国球迷理性观赛，不要在球场上发泄仇恨。

怎么写这篇评论呢？对球迷说教一番"文明观球"，用大道理去做"舆论引导"？曹林觉得这样做说服不了自己，也说服不了别人。他的立意是：我们看着日本，世界看着我们。球迷们应当在更大的视野中，看待自身的行为可能带来的伤害。亚洲杯决赛绝非仅仅两个国家球队的事，全世界的人都可以看到现场直播。我们能够任意糟蹋中国在世界人民心目中的形象吗？我们是东道主，邀请客人来踢球，却在球场上嘘请来的客人，会严重影响中国人的大国国民形象。

因为角度新颖和说理恳切，这篇评论发表后立刻成为热议话题，不少网站都把这篇文章发在头条。一些日本媒体人也看了这篇评论，并表达了对《中国青年报》在中日问题上这份理性的敬意。

理性，是曹林评论生涯的出发点，也是他一以贯之的准绳，更是当下中国社会稀缺的品质。他不但坚持理性，而且有技巧，善于说理。曹林的评论，既洋溢着改革的激情，又蕴含着坚定的理性。这种改革的理性，诚为建设中国新文化所必需。为此，给曹林点个赞。

曹林评论的特点是简洁明快，短小精悍，鞭辟入里。他的文章，渗透着理论底蕴，但是能够鲜活地融进简洁的文字，既没有掉书袋的冗赘，也没有操弄外来语的晦涩。他从来不发空论，而是抓住社会生活中的热点焦点，夹叙夹议，层层剥茧，切中肯綮。不少读者看了曹林的评论，都觉得盘结的经络豁然疏通。

曹林雄心勃勃，不仅写评论，还倾注心血对评论进行学术研究，并执教于几所大学新闻学院，嘉惠新人。多年来，由于各种因素制约，我国新闻评论学的研究缺少经典性成果。曹林在实践和理论两方面都具有实力，但愿他的加入，能够推动新闻评论学研究的长进。

近十年，曹林基本上每天写一篇时评。这样艰苦的劳作，让很多人汗颜。作为一个老评论人，看到年轻一辈成果这样丰硕，欣喜之至。祝愿曹林在写作实践和学术研究两方面，百尺竿头更进一步，写出能够引领时代前进的、更有分量的力作，在学术研究方面取得新的突破。

马立诚

（原《人民日报》评论部主任编辑，凤凰卫视评论员，

政论家，长期从事中国政治与社会改革研究）

自 序
我不喜欢得罪人，但对不起，我是评论员

2015年这一年过得很累、很复杂，有惊喜，有快乐，有评论影响时事的成就感，也有弥漫在心中挥之不去的职业疲惫、失落、苦闷和周期性的无力感，就像面对这窗外的雾霾一样感觉压抑。

这一年的改变与退缩

以前从未怀疑过自己坚守传统媒体、坚守时事评论之路的决心，但2015年一直在怀疑，怀疑从事这份职业的意义。有时感觉自己虽然身还在传统媒体，但心已经不在了，脚已经跨出了一大半——但脚到底往什么地方跨，我自己也还没有一个清晰的方向。虽然我还在为传统媒体辩护，让人觉得我是一个不死的理想主义者，但在逼仄的现实面前，已经越来越没有底气。看着身边的人、熟悉的人和很有名的人一个个离开传统媒体，失落和失败感浸入骨髓，再也找不到乐观的理由。

微博让我有了更多的读者和更大的名气，但这一年我在有意地远离微博这个是非之地。我的心理其实已经足够强大了，但还是害怕评论成为焦点，在口水纷争中惹一身臊，不想卷入那些肮脏龌龊的派系撕咬和利益纷争，远离那些永远都说服不了的微博精神病人。很多话，我以前愿意在微博说，享受那种被围观的感觉，但现在选择了在朋友圈里说，或者是干脆憋着不说。

以前迷恋将自己的文字变成铅字，但现在越来越不愿意给纸媒写文字了，

乐意耕耘自己的微信公众号"吐槽青年",当习惯了自媒体状态,习惯了自己当自己文章的总编辑之后,再也不愿意回到那种写的时候要迎合很多人、文字要过很多道关、可能被改得面目全非的状态。

评论员是老的香,年龄越大越有价值,写了12年了,到我这个年龄,有了一些历练、积累和资历,本来应该更多更积极地介入时事热点,但我选择了后撤。开始写风花雪月婆婆妈妈,写一些很"安全"的社会话题,讨论一些无关痛痒的媒介和评论专业话题,小心翼翼如履薄冰。一些粉丝给我留言说:"你变了,评论变得不咸不淡,失去了锋芒,失去了态度,你还是别吃这碗饭了。"我只能抱歉地说:"呵呵"。

2015年,我把更多精力用在了各种演讲中,从文字后面走到演讲台前,面对面地去影响年轻人,在交流中去提升说服的效率。最欣慰的是,我很喜欢的一个学生写文章不留情面地批评我;最得意的是,在大学的好几场讲座都爆满,连站在后排的学生都听完,全程没有离开;最郁闷的是,很多郁闷没法儿说;最快乐的是,云游四方结识了很多朋友。

2015年,我的多数评论都是在飞机上写的。我挺喜欢在交通工具上,尤其是飞机上写作和读书,因为可以远离手机,人在手机环境下是很难保持专注和深思的。现在都谈"互联网+",我想,我们写作者要做的是"互联网-",为自己创造远离手机环境的时间,静心思考,远离浮躁和碎片化。以后据说飞机上能开手机能上网,那最后一点远离手机的空间都没有了。

这一年得罪过的人

我的评论常能引发讨论成为热点话题,2015年我的评论文章中引发较大讨论的,除了《学新闻的第一份工作千万别选新媒体》《没在传统媒体待过真不能叫做过新闻》,应该是《雪夜妄评中国各大新闻系毕业生气质》这篇了。我预料到会是一颗炸弹,但没想到是原子弹的效果,那么大的争议声让我觉得挺奇怪。妄评嘛，我本就没想细描，只是凭自己的印象给新闻系毕业生画一幅漫画——漫画嘛，寥寥几笔的勾画，但求某一点神似，自然比较潦草和抽象。我画的明明是漫画，却以无码大图的高像素照片标准来要求我，这是小文无法承受的批评之重。

我是听得进批评的，以批评为业的人，更应听得进同行的批评——但一些批评明显逾越了正常批评的范畴，而变成阴阳怪气的人身攻击。一个朋友说："曹老，你怎么得罪这么多人，我所在的群里很多人借机攻击你，我力挺你，帮你解释，快顶不住了！"

我无奈地说："我也不知道怎么就得罪那么多人了。我很本分，不属于那种爱挑事爱打架的刺儿头，真的不想得罪人。但对不起，我是评论员。"在我看来，如果评论失去批评的基因，那就不是评论了，那种评论我写不出来。让我说违心话，让我像有些人一样变得世故和无耻，让我对丑恶失去愤怒感，一起融入庸俗的大合唱，一团和气，做个老好人，谁也不得罪，对不起，我做不到。

听朋友讲过很多关于我得罪人的故事：

一群人聚会，席间一直聊我，最后一个人举杯说："啥也不说了，讨厌曹林的一起碰个杯。"媒体人吃饭常可分为"鸟曹林"与"不鸟曹林"两组，两组人吃着吃着能掐起来，可见争议之大。

某媒体的编前会，该媒体的老总愤怒地说："查查那个曹林是哪个学校毕业的，以后我们不招那个学校的毕业生。"在座有位领导是我的学长，低头一边窃笑一边给我发短信。

某台记者在微博上私信给我说："因为你批评过我们，我们领导很不喜欢你，不好意思，都不敢公开转你的微博了，怕领导看到我们互粉了不高兴。"

朋友给我说时是当笑话讲的，我也是当笑话看的。

我写过批评"极左"的文章，这两年那帮"极左"在微博上对我的人身攻击已经肆无忌惮到了令人发指的地步。这些人越疯狂，越证明我的批评没有错，正是批到了其要害。

有人说，多数人25岁就死了，一直到75岁才埋。我不想做一个25岁就让自己的个性和锐气被磨光的废人，不想做一个世故、成熟、平庸到只会说正确的废话的评论员，不想变成一个装在套子里、生活在面具里的双面人。作为一个公民，我热爱自己的国家；作为一个评论员，我要履行一个评论员对这个国家的责任。今年我37岁了，人生的路差不多已经走了一半，这些道理我深深地明白。

我不是一个自负到听不进任何批评的人，我也不觉得自己的评论都没有问题，我不怕得罪人的评论自信来自对事实、逻辑和常识的尊重，来自在公共事务上运用自己理性的公心，来自见得了阳光的光明磊落，来自对中国的进步无法阻挡的坚信。写了10多年评论，没评过假新闻，没被反转新闻打过脸，判断多能经得起事件发展的考验，评论所提起的议题常能成为热点而引发业界学界思考，对一个戴着镣铐跳舞的评论员来说，可以及格了。

我的自信还来自家人、领导、同事、朋友对我的支持，来自在大学讲课时众多学子热切期许的眼神，来自众多讲座中学员们的热情鼓励，来自无数个读者在我的微信公众号中给我的留言，来自我每个生日到来时无数粉丝给我的寄语。读着这些寄语和留言，我常常热泪盈眶，我知道，这个世界上有那么多人喜欢着、爱着我，这是我的评论自信最坚实的源泉。

我不是一个偏执的人，在一些事情上有时会选择妥协，妥协到夹在中间两边挨骂；我也不爱把"新闻理想"这个词挂在嘴上，我甚至在讲课时一再让学生们要克制自己的新闻理想，平常心去做新闻。但干好新闻评论这份职业，坚守自己的原则和信念，坚守阳光与正义，心中是不能缺少理性情怀的，否则就很容易摇摆，很容易行之不远。一句真话的分量比整个世界还重，为了这份坚守，我不怕承受压力。

这一年较满意的作品

这几天凤凰网评选"2015年年度十大评论",我的评论《没有对基本事实的认同,就无法对话》有幸入选。这篇批评极端思潮"越左越安全"和"越右越正义"的评论后来被一些人过度阐释,乱贴标签乱释放信号,"左""右"都骂。写了这么多年评论,很多时候都是这样无奈,尝试站在中间去调和"左""右"之争,尝试寻找最大公约数,却"左""右"不容,遭致攻击。

感谢这个社会的进步,使极端主义者只成为这个社会很小、很边缘的一部分,多数人是常识的追随者——虽然他们又常常是沉默的大多数,极端之流倒常常是在舆论场上最活跃的,所以评论员格外需要强大的内心,去排除各种极端力量的干扰而做出符合常识常情的判断。公道自在人心,理性的、有价值的声音终会获得认同。

这一年我较满意的评论有以下这些:《"批评"和"抹黑"不是一回事》《警惕那些明褒实贬的"高级黑"》《大学生怎么提一个高逼格的真问题》《舆论不要逼代表委员说假话》《"看评论我就放心了"的自闭温暖》《传统媒体别愚蠢地跟风"黑"老人和大妈了》《"灾难文艺腔"越来越被大众排斥》,《"没有新闻"的媒介温床让天津受害》(《天津是一座没有新闻的城市》之续篇)《以屠呦呦贬低黄晓明是脑子进了多少水》《你相不相信马云从来没有行过贿》。

我对自己评论的要求是:文字可以快餐化,但观点不可以,需要经得起琢磨,角度需要避免同质化而让人眼前一亮;敢于触碰一些敏感点,触碰重大问题,能提供一点不同的视角,引发讨论成为议题;标题可能哗众但内容绝不取宠;在正常中发现反常,在反常中看到正常。

我对评论的追求

首先是"问题导向"而非"热点导向"。我不太喜欢追那些此起彼伏的热点,所谓热点,无非是几大门户网站编辑共同的口味,大家都谈这些热点,过度评论,同质评论,跟风评论,第二天又扑向新的热点,没什么意思。我喜欢从自己的日常观察中发掘"冰点",在别人忽略的地方看到微妙的变化或有价值的议题。成熟评论员的选题应该是"问题导向",而不是热点导向,有自己稳定的议题关注,而不是见啥评啥,攀附热点。"热点导向"容易把一个人写空,对着热点挖空心思挤角度挤论点,而"问题导向"则是一个让自己越写越厚重的过程,读书有了积累,形成对问题的看法,热点触发了思考,将读书所思用于观察时事,那书中的知识就成了融于时事思考中的自己的活知识。

其次是"具体批判"而非"抽象批判"。评论不能失去批评的基因,但怎么批评呢?我不太喜欢那种动辄把矛头指向一个抽象事物的评论,宏观地批体制,批制度,批中国人缺文明素养,批世风日下道德沦丧,这种"地图炮"无非过过嘴瘾罢了,毫无用处,也触动不了什么。比如,面对满地的垃圾就批判中国人的素养,这种角度是最没用的,因为谁也不会受到触动;而批判垃圾管理者,倒是很有用,因为指向了一个具体的事物,这个具体的人会受到触动从而做出改变。所以,有效的、有一定危险性的评论,都是指向具体个人和部门的评论,骂体制貌似深刻和尖锐,其实是最安全最讨巧又最没用的。

最后是"自我表达"而非"迎合大众"。我常说,评论员不是服务员,不必去迎合受众。您老需要什么样的观点,您老怎么听着怎么舒服,给您来一篇——对不起,我是写评论的,不是捏脚的。我只对事实和逻辑负责,不是对你爽不爽、爱不爱看负责,有时就是为了刺一刺那些劣根性,说一些不想说破的话,让你不爽、不顺耳、不习惯。就像我写公众号文章那样,不追热点,慢节奏,有时候文章长,不会迎合你短平快的要求。我爱的是表达,不是那么太爱钱,我要那么多粉丝和阅读量干嘛。

第一辑
中国政治观察

　　上任后立刻宣誓对宪法和法律的效忠，掀起一场受到民意极高支持的、指向"老虎"的反腐风暴和指向特权的吏治风暴，拿下军中的"徐老虎"和退休常委"周老虎"，以几个小组集中权力打破"政令不出中南海"的改革障碍，并将四中全会主题定为依法治国，这一届领导人的改革路线图已经非常清晰。打"周老虎"不是执政党终点，而是改革战役的一部分，以治标为治本赢得时间、制度化地去"周"、用改革夯实政权政党政治的正当性基础，才是这一届领导人的雄心所指。

不要传递"越左越安全"的错觉

前段时间一个体制内的朋友跟我传授他的当官心得和体制内的生存之道，其中一条是"越左越安全"。有些事情，不管对不对，不管理解不理解，跟着喊口号就是，永远不会错。对一些事情，宁愿上纲上线，宁愿走过头和扩大化，宁愿走到极端，走到让人反感的地步，也不能让上级感到有任何一点儿不到位的地方。对一些理论和教条，明知道已经脱离时代脱离现实，但只要有"革命"的外衣，生硬照搬就是了，这样最安全了，否则就很危险。这样的观点还常与民粹主义和狭隘的民族主义结合在一起，以"打倒权贵"和"替弱势群体代言"自居，加大了这种姿态的迷惑性。

不知道这种"越左越安全"的理念是如何形成的，这是一种对党和国家极不负责任的态度。党和国家在历史上曾吃过"左"的苦头，付出了血的教训和惨痛的代价，不能让"越左越安全"的谬误和错觉泛滥成灾。

体制内部分人秉持"越左越安全"，对应的是，网络舆论场中流行着一种对立的态度，就是"越右越正义"。对国家和政府越表现出激烈的批判姿态，逢"中"必反对，逢"美"必叫好，越是站到政府的对立面，在自由放任和无政府上走得越彻底；越会喊"自由民主"的口号，越容易被打扮成正义的"斗士"，受到部分网民的追捧和欢呼。在这种"越右越正义"的氛围中，甚至连杀警察的杨佳都被捧成了斗士。

一边自以为"越左越安全"，一边坚持"越右越正义"，这两种极端的思潮不仅自说自话，在舆论场上还互相强化——站在"极左"那一边的，把"极右"当成敌人，以那些"极右"观点为敌，论证自身存在的正当性和正统性。反之，"极右"也把"极左"当成敌人，那边的面孔越"左"，越刺激着有些人充满正义地朝着越"右"的方面狂奔。鹰鹰相激，两种极端声音的喧嚣和交锋，使本就稀薄的共识更加模糊，也使舆论场充满混乱。

显然，两种极端取向都与中国的发展和改革轨道背道而驰，我们的改革需要一种务实的、客观的、尊重现实国情的理性态度，谨守常识，避免极端主义。《人民日报》也曾经批评过舆论场中那种非此即彼、非友即敌、非红即黑的极端主义思维方式："因为有消极腐败现象，就把国家说得一无是处；因为有为富不仁，就对所有富人怨、恨、怒；批评社会存在一些矛盾，就被斥为'抹黑中国'；强调一下阶段性国情，又被讥为'高级五毛'；'小悦悦事件'发生了，就断言世风日下已至道德末日；'最美'出现了，又认定道德滑坡根本不存在。"

无论是某些地方官场流行的"越左越安全"，还是网络舆论场上"越右越正义"，都无视基本的事实和逻辑，把姿态摆在比事实更高的位置。其实，很多时候人们的价值观并没有多大的差异，对一些问题的基本看法并没有差别，什么是美，什么是丑，什么是"是"，什么是非，什么是光荣，什么是耻辱，这些都有基本的社会共识。人与人最大的问题不在价值观差异，而在看到的事实不一样。不同的人选择性看到了不同的事实，就得出了不同的价值判断。

最典型的就是，前段时间美国纽约时代广场跨年夜之后垃圾遍地，这在中国舆论场引发了一场激烈的口水战。有人的判断是，"美国人原来也一样乱扔垃圾"，有人的判断是"以后不要一提乱扔垃圾就都骂中国人了"，有人的判断是"美国人乱扔不能反证中国人乱扔垃圾就光荣了"。其实，如果大家都注意到"美国为了反恐需要，大型集会时临时撤掉垃圾箱，让大家把垃圾扔地上，集会结束后统一清理"这个事实，双方分歧就不至于那么大，也不至于成为攻击对方的武器。还有最近《南方都市报》记者暗访警察吃娃娃鱼一事所激起的警媒对立,关键事实被忽略,理性和中立声音被淹没,彼此的情绪被几个标签在哄抬。

没有对基本事实的认同,就没有对话的可能,双方都停留在各自编织和想象的"事实"空间中越走越偏执。经过三十多年的改革开放,中国已经成为一个各方面都正常的现代国家,社会的主流和基本面都是力挺改革的:爱国;支持现有的改革方向和渐进策略;认同共产党领导的改革取得了巨大的成就;不想回到"文革",厌恶人治追求法治;信奉市场而又警惕市场化局限;觉得中国有自己的国情,无法把西方那一套照搬过来。在这种主流认知下,"极左"和"极右"都是不得人心、没有市场的。在这种社会基本面下,秉持"越左越安全"和"越右越正义"都会被人们当做与社会格格不入的怪物。

(《中国青年报》2015年2月3日)

批评政府和抹黑中国不是一回事

近来，好几起公共事件都引发了"批评"和"抹黑"的激烈争议。一种言论到底是"批评政府"，还是"抹黑中国"，如何定义，引发了舆论场的交锋。比如，批评中国社会的某个阴暗面和社会问题，如司法不公或贪污腐败，是批评呢，还是抹黑呢？公众在很多问题上喋喋不休的争议，最后都会纠结于这两个词上，不同派别和立场的碰撞也都在这个界限上：一方说自己是正当的批评，一方攻击说是抹黑中国。

非常有必要弄清批评和抹黑的界限，这对形成对话可能、寻求社会共识和寻找最大公约数很有意义。

其实从语义上看，两者间的界限很清楚，就看说的是不是事实。如果以事实为依据，就是正当的批评；如果缺乏事实依据，纯粹是造谣，拿不存在的事实去攻击，那就是抹黑。顾名思义，抹黑就是颠倒黑白，把白的说成黑的，人家本来是其他颜色，你非要罔顾事实说成是黑的。比如，说一些中国人特别缺乏文明素养，随地乱扔垃圾，这属于批评；但说所有中国人都缺乏文明素养，到哪里都随地乱扔垃圾，就属于抹黑言论了。说中国改革中出现了不少严重的社会问题，不解决就会出现危机，这属于批评；但说中国改革没取得什么成绩，市场化改革制造了无数问题，还不如改革之前，这就是不顾事实地抹黑改革了。

界限看起来挺清晰，但表面越是简单清晰，其中的模糊空间越是大。因为这两个词都属于道德和价值判断，有着鲜明的偏好，人们很容易把自己爱听的评论称为批评，将不爱听的话一棍子打成抹黑加以拒绝。再加上这两个词都非法律用语，而是缺乏严格内涵的日常用语，很容易就凭一己之偏好或对事实的选择性裁剪而做出对立的判断。所以，一个言论自由度较高、健康开放的社会，会对批评作尽可能宽松的解释，而对抹黑作严格的限定；宽容看待批评，而不会动辄将一种言论上升到抹黑的层面。因为抹黑是一个很重的定性、很大的帽子，甚至要上升到承担某种法律责任的地步，必须谨慎定义。动辄将批评定义为抹黑，会堵塞言路，让人不敢说话。

区别批评和抹黑，有必要弄清下面几个问题。

其一，抹黑比造谣有着更大的外延，造谣一定是抹黑，但抹黑不只是造谣。一个事物，可能有两面性，有利有弊，需要辩证地看待，刻意地放大弊端，而对有利的一面视而不见或者选择性地屏蔽，就带着抹黑的色彩。每个群体都有好人坏人，做错事的可能只是个别人，将个别人的错误行为拿去判断一个群体的形象，对一个群体进行标签化的描述，以偏概全，以点带面，动辄说"河南人如何""80后如何""中国人如何"，也带着抹黑的意味。

但也要注意，批评毕竟所依赖的是文字，有时批评难免带一定的情绪和修辞，不必咬文嚼字而把文字上的适当夸张和无意的延伸看成是抹黑。

其二，不要把"别有用心"挂在嘴上，对别人的批评作动机上的猜测。批评和抹黑之所以常被混淆，在于两者有动机上的一步之遥。有人常说，你批评的也许是对的，但你动机不纯，你批评的动机是恶意的，你就是想拿这个说事儿，去抹黑中国。拿动机来定罪，便是一种文字狱构陷出的莫须有罪名了。动机是看不见的，你无法苛求别人是不是善意、友好和建设性，只能看说的是不是事实。别人说的你爱听，动机就好，否则就"别有用心"，这显然是一种话语专断。

其三，不能将"抹黑"这个词泛道德化，否则很容易成为打人的棍子。批评那些暴力执法的城管，并不是抹黑城管，抹黑城管形象的是那些暴力执法行为。但如果将抹黑泛道德化，很容易成为拒绝批评的借口。抹黑很容易扼杀正常的批评，很容易被滥用，所以对抹黑需要严格的限定，尽可能地往法律那边靠，有明显的恶意、公认的事实错误且造成不小的负面影响，才能称之为抹黑。白的抹不成黑的，黑的洗不成白的，尽可能严格限定这个词的使用。

其四，不要只"站队"而不"站对"。站在我这个阵营中的人说的话，那就是正当的批评。而站在对立那个阵营中的人说的话，就是抹黑。如果这样，舆论空间就永远没有交流对话的可能，一切讨论都将走向"各说各话"的撕咬大战，到底是黑的还是白的，就永远无法弄清楚。

(《中国青年报》2015年1月27日)

人民有了期待，国家就有未来

十八大顺利闭幕，对完成了诸项神圣使命的代表们来说，是一种结束，而对会场外亿万热情关注大会的民众，对诸个领域亟待推进的改革，对这个寻找未来定位的国家来说，才算刚刚开始。大会产生的各种名单，自然是公众关注的焦点，因为这些名单上的人将是中国未来数年的掌舵者；不过公众很清楚，十八大报告给国家的发展绘制的蓝图，远比那些名单更为重要，没有什么比它更能影响到中国的未来和中国人的命运。

执政党的前途、国家的未来，取决于有没有给民众以梦想和期待，有没有让民众看到改革的诚意和前行的动力，有没有让民众感受到这个国家在往前走—人民有了期待，国家才有未来。无疑，执政党的十八大报告让人们有了更多的期待。

媒体和专家都喜欢"新"，热衷于从报告中寻找新词语、新概念或新表述，从"全新"的字里行间中分析方向和寻找变化，比如数"改革"共被提了多少次，出现了"美丽中国"这样的新提法，"建设小康社会"的表述已从"建设"变成"建成"。而民众看报告的角度则朴素、简单和纯粹多了，他们的关注点非常现实，自己的收入能不能提高？社会是不会更加公平？民主权利能不能得到保障？权力能不能被关进笼子？养老金有没有保障？得了大病会不会一夜返贫？民众的这些现实的关切与期待，都在报告中找到了答案。

关心自己钱包的人，总抱怨"什么都在涨，就是工资不涨"的人，一直期盼国家出台收入倍增计划的人，能从十八大报告中看到希望。十八大报告首次提出,"实现国内生产总值和城乡居民人均收入比2010年翻一番"——这是一个伟大的承诺,连一向挑剔的外电都感叹"中国一旦实现(发展目标),将会跻身与美欧比肩的一流发达国家之列"。民众还能从"两个同步"看到钱包鼓起来的希望,即居民收入增长和经济发展同步、劳动报酬增长和劳动生产率提高同步。这充分体现了实现发展成果由人民共享的思路。

关心公共服务的人,把孩子的教育、老人的医疗、自己的就业、衣食住行看得比什么都重要的人,能从十八大报告中看到希望。报告用不小的篇幅论述了基本公共服务均等化的改革目标:教育现代化基本实现,就业更加充分。收入分配差距缩小,中等收入群体持续扩大,扶贫对象大幅减少。社会保障全民覆盖,人人享有基本医疗卫生服务,住房保障体系基本形成。这些都不是口号,而有着具体标准的约束,是能让公众感受到的实实在在的利益。

关心法治进程的人,忧心于权力常凌驾于法律之上、领导批示胜过法律的人,能从报告中看到中央树立法治权威的决心。报告在这方面的表述铿锵有力:"提高领导干部运用法治思维和法治方式深化改革。党领导人民制定宪法和法律,党必须在宪法和法律范围内活动。任何组织或者个人都不得有超越宪法和法律的特权,绝不允许以言代法、以权压法、徇私枉法。"

关心政治体制改革,总担心我们的改革在最关键的政治领域"只摸石头不过河"的人,能感受到高层鲜明的态度和冲破阻力的大魄力。报告中强调:"政治体制改革是我国全面改革的重要组成部分。必须继续积极稳妥推进政治体制改革,发展更加广泛、更加充分、更加健全的人民民主。""稳妥"当然不是不改革,而是面对复杂国情的执政党为了追求更好的改革效果、为了公众利益而做出的负责任的选择。

关心党内民主的人,能从"党代会代表提案制"中看到希望;对腐败深恶痛绝的人,能感受到中央对腐败是同样的深恶痛绝:"这个问题解决不好,就会对党造成致命伤害,甚至亡党亡国"的反省掷地有声。痛心于环境不断恶化的人,能从"美丽中国"的美丽承诺中得到安慰。这个国家最有活力、将来会成为主人的年轻人们，也能看到更多的发展机会和创富希望……每个群体、每个阶层、每个人都能从中寻找到关系自己切身利益、给自己带来福利的表述。执政党不仅仅是在用大手笔绘制国家发展的蓝图，更是在编织属于每个平凡中国人的"中国梦"！

人民有了期待，国家就有未来，这是一个永恒的真理。人民有了期待，对执政党才有信心，这是执政党得以存在的基础。人民有了期待，对国家的前途也才有信心，如果多数人觉得国家的发展跟自己没有一点儿关系，无法分享成果，没有共同的利益感觉，国家自然就没有未来。所以这一次的报告强调要有"道路自信、理论自信、制度自信"！

人民有了期待，国家才有未来，因为期待是前行的方向和动力。一个没有梦想的人，对未来没有想象的人，会自暴自弃；同样，一个社会一个国家也是如此，如果一个国家多数人都不觉得自己是改革的受益者，或者看不到受益的希望，网上网下充斥着受害者、受损者、受排斥者的情绪，国家不仅没有未来，甚至是非常危险的。

人民有了期待，国家才有未来，因为"期待"和"梦想"是将一个多元化社会中的人凝聚起来的力量。都说中国社会已经日益多元和分化，共识已经在贫富差距拉大中撕裂，而十八大报告正是努力通过"让每个人有所期待"来凝聚一个国家的共识。人们在很多方面都有分歧，但在增加收入、共同富裕上没有分歧，在反腐败上没有异见，在追求民主上没有异议，在建设法治上也没有不同，人心思改革，人心求变化——这就是共识。如果民众在这些问题上有了共同的期待，人心也就有了凝聚力，改革也就寻找到了共识。

我们一起去期待和实现这个美丽的"中国梦"。这份期待，不是等着外来的恩赐，执政党要创造条件让人民有能力自己主宰这个梦想，主宰这个国家的前途和命运！

（《中国青年报》2012年11月15日）

欢乐的"常委"新闻让政治更可亲

"常委"们的活动很重要,舆论和公众很关注,但很少有"常委报道"能在微博上引起这么欢乐的反应。中央政治局常委、国务院副总理李克强赴内蒙古看望返乡农民工,在棚户区的一户居民家中坐下,欢乐的事情发生了:一个光屁股的小男孩完全抢走了李克强的镜头,让"常委"成了新闻的配角。

大人物突然来访,小孩子还在被子里睡觉,可能不习惯被这么多"陌生人"围观,调皮的小家伙从被子里窜出来躲到旁边的柜子里。原以为领导握个手拍个照很快就走了,没想到李克强坐下来和爷爷拉起家常聊起天。躲柜子里向外张望的小家伙,可能觉得冷,也可能还想睡会儿,于是在大人聊天的时候,又毫无顾忌地光着屁股跳到床上,调皮地钻进被子里,那动作很像是说:你们聊吧,我不感兴趣,继续睡了。

可乐的是,这个欢乐的镜头不仅被记者捕捉到了,而且还播出来了,让数亿人看到了领导人与农民工聊天时背景中发生的这一幕。与其说光屁股小男孩当了领导人讲话的背景,不如说领导人成了小男孩的背景,因为人们的目光全被那孩子吸引了。视频传到网上后,人们快乐地调侃着那个小男孩:"这孩子长大后可以骄傲地说,很小的时候我的屁股就上过'新闻联播'了。"

这条欢乐的"常委"新闻,欢乐了互联网,欢乐了中国,感染着准备过春节的中国人。这条新闻带给公众的不仅是欢乐，更有欢乐中所包含的政治进步—很多人都能感觉政治在这种报道中更加亲切和亲近了。领导不是神，也是和我们一样的人，有关领导的新闻并没有脱离我们的生活，它就在我们的生活里，我们能从有关"常委"的新闻中看到我们虽有点凌乱、粗糙却充满生气的生活，一如那个光屁股跳进镜头中调皮的小男孩。

"常委"们的新闻报道，不能过度严肃而缺少生活气，领导人的人性关怀和民生情怀，不能被程式化的议程、场景、模式和话语所包裹。没有了一种贴地气的生活气息，新闻就容易变得很生硬和僵化，领导人的形象也容易被刻板化和模式化。并不是只有严肃的报道才能凸显政治的宏远和政治家的高大，相反，塑造出的过于程序和严肃的形象，只能让人敬而远之，让人感觉遥不可及，让百姓觉得那跟自己的生活无关。前两天同样是关于李克强的报道，公众对一个镜头印象深刻，李总理在雪地上行走时差点滑倒，这就是自然的生活气息，这种新闻中的领导人离我们更近。

这就是人们热捧这一条欢乐的"常委"新闻的关键所在，不装不端着，贴近生活，原汁原味儿。

这条新闻还有一个深层的内涵让人感到欣慰，就是报道中看不到"安排"的痕迹，非常自然。从中央出台的"八项规定"来看，以前不少大人物出行出访时，不少场景有着"安排"的痕迹。比如人们欢迎欢送的场景，比如到哪里视察，与什么人交谈，好像都有安排。"八项规定"就是要改掉这种扰民伤财的"安排"。从新闻中看，李克强探访这户人家是毫无安排的，只是随机选择了一家，主人毫无准备。从那个小男孩的调皮表现、似乎与交谈不"和谐"的场景看，肯定也没有"安排"。如果有"安排"，这么可乐的场景就不可能出现了。

我曾与一位地方官讨论这个问题，他说当有大人物到他们县访问时，他们都会找来很多党员排演挺长时间来做准备，比如要在领导经过的地方向领导招手问好—这么"安排"，就是为了整齐划一，担心出现让领导不高兴的情况。我跟他说，实际上根本不要担心，应该有这个自信。其实即使没有"安排"，当自己尊敬和喜爱的领导人出现在面前时，人们同样会发自内心地去招手问好，真实的场面更加动人。这条新闻中虽然出现了"意外"抢镜的小男孩，可这种真实的生活更加衬托出领导人的从容、开放和亲切。

"常委"新闻竟然可以这样报道，在小欢乐小细节小清新中见证着中国政治的进步。

(《中国青年报》2013年2月8日)

限定"西方价值观",避免不必要纷争

高校怎么利用"西方教材"最近成了一件敏感的事,源于教育部部长袁贵仁在最近的一次讲话中提出要"加强对西方原版教材的使用管理,绝不能让传播西方价值观念的教材进入我们的课堂"。一些高校教师称不知道以后在教学中能不能跟学生讲西方理论,能不能向学生推荐西方经典,能不能请西方专家到课堂上讲课了。网络上也围绕教育部部长的这一讲话展开了激烈的争论。

这种纷争、困惑和混乱,可能源于"西方价值观"这个词的敏感和模糊,让人有太多的想象和阐释空间。如果对这个可能诱发太多联想的词作严格的限定,说清这个词的所指,就不至于引发困惑和误解了。

新华社客户端的分析颇有意义,通过分析袁贵仁部长讲话的背景和语义,对"西方价值观"进行了限定。其一,袁部长是在1月29日教育部举办的学习贯彻《关于进一步加强和改进新形势下高校宣传思想工作的意见》精神座谈会上讲那番话的,也就是说,对西方教材的担忧更多是在宣传思想领域,而非学科教育。

2月2日《中国教育报》刊发袁部长的署名文章,进一步解读:教材是国家主流意识形态的体现,也是加强社会主义核心价值观教育的基本途径。进一步加强教材建设,不断推进马克思主义学术话语体系创新,坚决抵制那些传播西方错误观点的教材进入我们的大学,打造以马克思主义为指导的教材体系，为壮大主流意识形态提供坚实支撑。显然，在这种解读中，将抵制限定在"那些传播西方错误观点的教材"，进一步缩小了外延。并不是不能用讲授西方理论的书，也不是排斥西方原版教材，甚至不是不能用"有西方价值观念的教材"，只是加强教材的使用管理，主要是反对那些"传播西方错误观点的教材"。另外也有媒体解读称，"主要是指西方的政治价值观，不是西方社会的日常哲学"。

这不是无意义的咬文嚼字玩文字游戏，而是对概念内涵和外延的严格限定，避免模糊的概念让高校无所适从，陷入不必要的思想混乱和情绪化的纷争。

弄清教育部部长所说的"传播西方价值观念的教材"并进行清晰的定义，也是为了避免对内对外传递"中国走向封闭"的误解。这个讲话主要是针对"大学课堂的教材使用"这个"意识形态阵地"上，中国改革开放的战略不会变，学习人类优秀文明成果的方向不会变。中国的领导人一直在"不会照抄照搬任何国家的发展模式"的前提下强调"愿意借鉴人类一切文明成果"：中华民族伟大复兴需要吸收世界文明有益成果。一个国家的崛起不仅仅是经济腾飞，更是文化和价值观的崛起。历史表明，勇于吸收世界文明有益成果的国家，往往能够迅速崛起于世界民族之林。一部华夏文明史，就是一部与世界各国交流融合、相互学习的发展史。从自由、民主到公正、法治，社会主义核心价值观凝结着人类文明的优秀成果。

这是现代中国在面对西方和世界的基本态度，不能将"抵制传播西方错误观点的教材进入中国大学"解读为封闭，不能将对这种教材的使用管理与"开放"对立起来。中国大学应该仍会使用西方原版教材，欢迎来自西方的教授，尊重老师在课堂上讲授西方理论和学说，鼓励学生从人类优秀文明成果中汲取学术思想资源。毕竟，正如一些学生在接受采访时表示，一些学科和领域的经典理论都来自西方，中国没有相应的理论基础，很多学科前沿都在国外，西方教材的引用不可避免，一些学科的西方教材给中国教材提供了多元的对比角色。

中国走了一条与西方不同的道路，已成为一个不争的现实，这条路还将继续走下去，于是有必要通过大学课堂这个阵地，在"解决中国问题只能在中国大地上探寻适合自己的道路和办法"这个共识上，强化年轻人的道路自信、理论自信、制度自信。形成这种自信需要开放，也需要引导。总讲西方如何好，中国如何失败，西方道路如何不可避免，年轻人可能会缺乏自信的支撑，而陷入盲目崇拜西方和"照搬西方政治理念和制度模式"的迷思中。在不排斥西方有价值的学说和理论的基础上，凝聚对自身核心价值观和发展道路的自信，这是对过去的纠偏，舆论对此不必反应过度。实际上，包括西方国家在内的每个国家在教材管理上都有这样的取向，致力于通过教育向年轻人传播本社会的主流价值观，只不过有些不是那么直接和明显。这方面，中国倒是要向西方国家学习，润物无声潜移默化，不致引起反弹和抵触。

总之，不必将"西方价值观"作扩大化的解读，避免撕裂共识和引发混乱。

（《中国青年报》2015年2月5日）

警惕那些明褒实贬的"高级黑"

人的一大弱点是，都喜欢听恭维话，不喜欢听批评。政府的弱点也一样，喜欢正面报道，厌恶负面报道，对塑造自己形象有利的报道和评论称之为正能量的、善意的、建设性的，否则就是负能量的、恶意的。近来网上流传的一段评论很好地说明了何为政府和官员心中的正能量和负能量。

一个刚入行不谙新闻行业规矩的实习生问带她的记者："老师，整天在网上看各种正能量，什么是正能量？什么又是负能量呢？"老记者解释说："比如，现在天天都在报道谁谁谁有病了大家都给他捐款，谁谁家的孩子7岁就会照顾瘫痪在床的父亲，谁谁八十多岁了还在捡垃圾，坚强生活！这就是正能量！假如你傻乎乎地去问，地方政府为什么不管？为什么生重病了享受不到医保？这就是负能量！"

显然，这么去理解正面负面太狭隘，这种"正负观"并非以事实逻辑和公共利益为中心，而是以个人利益和感觉为标准。让我听着爽和顺耳，对我形象有利，就是正面，否则就是负面。其实，这种感觉很多都是谬误，听着顺耳的、赞美你的，未必真对你有好处；听着刺耳的，未必就是负面。有一种抹黑叫做"高级黑"，你听着是夸你，实际起到的效果其实是骂你，害你，"黑"你，迎合着你的弱点和缺点，以明褒实贬的方式狠狠地"黑"你。

总结一下，"高级黑"主要有四种常见方式。

其一，是睁眼说瞎话，"把坏的说成好的"。知道一些人讳疾忌医，明明有病，告诉你没病，很健康；明明是大病，告诉你是小病；明明是"红肿或溃烂之处"，却夸它是"艳若桃花""美如乳酪"。知道一些领导爱听好消息不爱听坏消息，下面明明出了问题，却不去面对和解决，营造歌舞升平，直到酿出了灾难，塌了楼死了人，还对上隐瞒不报。把坏的说成好的，让人听到的全是喜讯而没有坏消息，最终把小病捂成了大病，把小问题捂成了大问题。明明错了却不指出来，这难道不是最黑的"高级黑"吗？

"文革"对中华民族是一场灾难，人治应该被法治取代，腐败在吞噬执政根基，盲目全盘西化就是不行，民主就是个好东西，强拆是违法行为，拥堵是一种城市病，瞒报谎报是错误的，制造了冲突的城管体制需要反思——这些都是基本的是非和常识，为了掩盖问题而为"文革"唱赞歌，说腐败是改革润滑剂，称拥堵是城市繁荣标志，城市变革需要强拆……这些都是典型的"高级黑"。

其二，是用力过猛的赞美。好人做了好事，当然应该去赞美，但这种赞美应该实事求是，不能什么事都上升到人类无法企及的高度，用那种"高大全"、上纲上线的形容词去渲染，反而让人反感。一个劳模，朴素的事迹本来很让人感动，平凡本就能触动和抵达人心，然而一拔高到不食人间烟火的地步，就会让读者产生强烈的抵触情绪，让人觉得很假，甚至会连累到劳模和典型受到批评和抵制，实际上是"黑"了好人。

由于用力过猛的赞美和宣传所导致的"高级黑"的教训实在太多了。几个领导骑摩托车下乡，本来很普通的行为，可官方大肆宣传领导多么亲民，多么接地气，后来激起网友反感，盯着"领导骑摩托车"的照片找茬儿，后来围绕着"领导没戴头盔"的细节去批评，最后好事引发了负面舆情。冰雪灾害导致高速公路被封，很多大巴在高速上滞留，路边的村民又送衣服又送被子，还请人到家里吃饭烤火。当地媒体习惯性地宣传他们"无私奉献"的精神，不过后来当事人称是给了钱了，事实还原后让当初的拔高非常尴尬，反而"黑"了那些淳朴的村民。

第三种"高级黑"的方式是虚构信息去赞美，也就是把赞美建立在假消息的基础上。中国改革开放的成功，有充分的事实支撑，不需要虚构事实去赞美，不需要矮化别人来凸显。我们应该有充分的自信去耐心地讲中国梦的故事，用巨大的变化和变革娓娓道来地论证，而不必用编造的假数据。在这个信息开放的时代，造假的成本越来越高了，很容易就被人挑出毛病，这不是"高级黑"是什么？另一种表现是，为了迎合领导意志而虚构舆情，屏蔽批评声而只选取支持声，这种扭曲的舆情信息只会误导决策者，把决策建立在错误的舆情基础上。这是"黑"了领导"黑"了决策，从而"黑"了国家。

最后一种"高级黑"的方式是"制造敌人"，也就是用强硬的姿态和恶狠狠的话语为官方树敌。本来一些政策和理念，以温和的方式推进，用公众能接受的话语去说明，是能够让大多数人接受的。即便无法说服那些强硬的反对者，起码能说服那些中立的围观者和犹豫不决者。可杀气腾腾的强硬态度，反而激起了警惕和反感，把中立的围观者推向了对立面。激烈的表态，貌似帮忙，实则是添乱，而那些看起来的小骂，其实倒是大帮忙，因为这种小骂是在团结大多数人，凝聚共识，通过共同面对问题赢得多数理解与共鸣。

爱听好话、爱受追捧的领导，特别应该对那些"高级黑"保持充分的警觉。

(《中国青年报》2015年2月10日)

中国应该如何深层"去周永康化"

"周老虎"落马，曾经以周为莫大荣耀的中国石油大学，开始在符号上"去周化"，试图抹去一切与周相关的符号。去年坊间盛传周永康被调查后，周永康曾借10月份母校中国石油大学的校庆时高调现身，辟谣以示安全，受到了校友的追捧。可如今物是人非，校方先是刻意用一个火箭模型遮住周永康为该校所题校训后面的署名，再删去学校官方网站上所有与周永康相关的报道。得势时捧为"优秀校友"，失势时急于切割，不得不让人唏嘘于世态的炎凉与政治的残酷。

其实周的母校完全可以不这样做，无论你承认不承认，他都是自己的校友。位居高位时是，落马了还是。舆论也许可以骂他踩他，母校校友不必跟风切割，不必切，事实上也切不开。有人说，母校就是那个你一天骂它八遍却不许别人骂的地方。我想说的是，母校也是那个当你犯错后每人都在骂你踩你羞辱你，可它却不会的地方。可在这场"去周化"的政治表态中，各方都在急于与这只"死老虎"进行切割，以干净利索的切割来表现自身的政治立场，周的母校自然也不敢怠慢。

"周老虎"腐败堕落，而且因为其位居高位，有很坏的社会影响，确实需要与之切割，需要全面的"去周化"，消除一位落马的前政治局常委给社会带来的危害。但"去周化"应该是触及深层制度的内省，而不是浅表层次地将他批倒批臭。这种形式主义往往很可笑，以往一些高官落马后，甚至出现了

"铲字"的闹剧。江西省人大前副主任陈安众落马后，因为陈的书法很好，不少地方邀请他题过字，为了切割，这些单位赶紧撤下陈的题词。当年另一贪官胡长清落马后，胡题过字的单位也赶紧铲掉他的字。重庆市原副市长王立军事发后不久，在重庆市公安局内，由其题写的"剑""盾"硕大圆石随即被磨去字样。前后态度的巨大反差，反而成为舆论笑柄。

周永康落马，中国政治场正进行一场"去周化"的运动，周永康曾经主管过的领域和担任过领导的地方，纷纷站队表态宣示对中央处理周永康的支持。各系统、各部门都专门开会传达对周的处理，有些省份的表态稍微晚了一些，还引发了舆论的猜测，可见人们对这种政治表态的习惯。周永康官至常委，其势力和影响深入政治肌体；一个前政治局常委的落马，也对社会产生了巨大的冲击，让人对政治产生怀疑，所以这种表态对凝聚共识和统一思想也许有一定必要性，但要想全面清除周的影响，又是完全不够的。

高层对周案的反思，比下级轰轰烈烈却空空洞洞的表态深刻多了，更与庸俗化、闹剧化、形式化的"铲字"表演形成鲜明对比。执政党将处于改革时代重要节点的四中全会的主题定为"依法治国"，就是对"周永康案"最好的反思。在周永康落马之前，中共十八大曾隐讳地通过"政法委书记不入常委"来弱化政法系统的权力，这是执政党的内省。最后通过果断公布对周永康的处理，打破了民间"刑不上常委"的传说，以铁腕反腐宣示了法治没有特区，反腐没有例外，树立了法治的权威。将四中全会主题定为"依法治国"，这是更深层次地"去周化"。从体制完善上消除滋生周的漏洞，避免出现第二个"周老虎"，才是真正的"去周化"。

反思"周案"，很多人都认为，在中国当下的体制下，做到周这样的高位，官居常委，基本就无人监督了：媒体无法监督，纪委无法监督，上级无法监督，法律也是失效的。而依法治国，就是确立法治的权威，没有谁可以凌驾于法律之上，每个人都受到法律的约束和监督，当然也包括像"周老虎"这样位居高位的人，使监督真正没有特区，使公众不再传说"监督不上常委"。

早在十八大刚结束时，在首都各界纪念现行宪法公布施行三十周年大会上，刚刚接任总书记的习近平就强调，要在全社会牢固树立宪法和法律的权威，要更加自觉地恪守宪法原则。任何组织或者个人，都不得有超越宪法和法律的特权，一切违反宪法和法律的行为，都必须予以追究。他还强调，宪法是治国安邦的总章程。依法执政，首先是依宪执政，而保障公民享有权利和履行义务，是宪法的核心内容。

真正落实"任何组织或者个人都不得有超越宪法和法律的特权"，就是最好的"去周化"。依法治国真正得到落实，就不会出现"监督不上常委"的现象，更不会出现"地盘政治"和"秘书政治"：一个人主管某个领域，这个领域就成了他呼风唤雨的地盘，内部系统严重地封建化、土皇帝化，严重地人身依附，严重地利益同盟化，而外面的监督针插不进水泼不进。

上任后立刻宣誓对宪法和法律的效忠，掀起一场受到民意极高支持的指向"老虎"的反腐风暴和指向特权的吏治风暴，拿下军中的"徐老虎"和退休常委"周老虎"，以几个小组集中权力打破"政令不出中南海"的改革障碍，并将四中全会主题定为"依法治国"，这一届领导人的改革路线图已经非常清晰。打"周老虎"不是执政党的终点，而是改革战役的一部分，以治标为治本赢得时间、制度化地"去周"、用改革夯实政权政党政治的正当性基础，才是这一届领导人的雄心所指。

（新浪网 2014 年 8 月 15 日）

用法治语言替代"阶级斗争语言"

近来与不少基层官员聊天时,他们都谈到了同样的困惑,被一些媒体的文章绕晕了,像"阶级斗争"、"人民民主专政"之类多年不讲的概念,突然出现在媒体上,让他们感觉很困惑。一位干部说,尤其听到"阶级斗争"这个词时,感到后脊梁一阵发凉:又要整谁了?又要斗谁了?又要运动了?别怪公众过度敏感,这些特殊的词与特殊历史紧密联系在一起,很容易唤起公众可怕的集体记忆和历史伤痕,从而引发警惕和焦虑,造成思想舆论界的混乱。

虽然宪法中对国体有"人民民主专政"的描述,党的理论体系中也有对"阶级斗争"的描述,但由于"专政"和"斗争"容易触发公众对"文革"的记忆,所以改革开放以来形成的一个政治默契是,自上而下,从高层到媒体,尽量回避这些词。我觉得这是一种很好的默契,改革需要凝聚基本的社会共识,当一些概念有可能触发公众痛感和引发思想混乱时,那就尽量回避,以求同存异的宽容与善意,以大家都能接受的语言和逻辑去寻找最大公约数。

为什么现在自上而下都谈法治?为什么四中全会会以研究依法治国为主题并赢得公众高度认同?为什么法言法语成为公共沟通最普遍的语言?因为法律就是我们这个多元和开放社会的最大公约数。人们之间价值观有差异,立场和利益有分殊,站位和视角有不同,这些有着万般想法的利益主体要想和谐地生活在一个社会中,应该遵守一个最基本、最底线的公认规则,那就是法律。你可以自由地争取自己的利益,但不能侵犯别人的法律权利;你可以有自己的政治信仰，但违反了法律就要受到法律的惩罚；你可以坚持自己的判断，但必须遵守法院做出的哪怕对你非常不利的终审判决。

深化改革触及很多深层次的利益分配，中国舆论场上的争论和交锋已成为常态。有人开玩笑说，每次点开一篇评论过千的帖子，你就会发现中国永远不可能有一致的意见："五毛""二毛"互相争斗，脑残凶残咬成一片，夹带着求关注的、卖粉丝的、淘宝店促销的，构成一幅动人的场景。虽然很难形成一致意见，但我的感觉是，谈法律是化解分歧的最好方式。虽然谈法律的时候仍可能出现"你跟他谈法律，他跟你谈政治；你跟他谈政治，他跟你谈民意"的情况，但在法律层面进行交流，最能够消除误解和找到共识。无论体制内外，无论"左"还是"右"，无论"公知"还是"五毛"，不同的是价值立场，但对法律还是有共识的。所以争论的最终，都是诉诸具体的法条去论证正当性和合法性，而不是喋喋不休的道德演讲。也因此，领导层会一再强调"法治是治国理政的基本方式"，是维护社会基础秩序的基本规则。

人们现在谈规则、制度和常识的时候，更多指涉的是法律；人们判断是非善恶标准的时候，也习惯于从"是不是合法"中去证成。所以，法言法语已经成为公共交流的通用语言，法治逻辑已经是这个社会的常识逻辑，法治思维已成为论理说服的共通思维。在公共话题的讨论中，应该尽可能地使用大家都能公认的法治逻辑、法治语言和法治思维，这样才能尽可能地求同存异，在共通的逻辑中凝聚起码的共识。舍弃法治语言和逻辑，而使用那些人们感觉很陌生、会触发群体反感，甚至会引发极大混乱的政治词汇，只会在争议中撕裂社会情感，并耗散这个社会本就很稀缺的共识。

深化改革时代会爆发很多矛盾，化解这些矛盾别无他法，唯有依靠法治。民众深恶痛疾的腐败问题，一个个地打"苍蝇"，得把纪委累死，必须依靠法律将权力关进笼子，使其真正"不敢腐、不能腐、不想腐"。强拆矛盾之所以爆发，一方面是权力不受约束，一方面是法律判决不被尊重，说到底都是法律问题。还有让官员头疼的上访难题，更是法律得不到信任和信仰的集中体现。既然上上下下形成了"依法治国"的共识,并且深入人心,就应该去践行这个理念,而不是从故纸堆中去寻找其他容易触发混乱、撕裂共识的概念来偷梁换柱。破除那套僵化的意识形态语言,也是改革本身的一部分。不要再折腾了,这不仅是语言需要与时俱进,更是思想上对时代脉搏的共鸣,人心思改革,人心向法治,想用其他概念替代或凌驾于法治之上,只会在撕裂共识中引发思想的混乱。

(新浪网观察家专栏 2014 年 10 月 21 日)

不要轻言战争

不敢看一些电视台的节目和一些报纸的头版，看一次就惊悚一次，感觉好像明天就要发生战争了。嘉宾的言论那么耸人听闻，报纸的标题是那么惊悚，满嘴跑火车，动辄"中日必有一战"，打一场甲午战争，"中日新战争一定是中国人洗刷耻辱的战争"。还有什么"中越必有一战""中美必有一战""解放军已做好对某作战""做好战争准备"。"战争"从这些媒体嘴里说出来，仿佛如儿戏一般。好像战争无关人命，而是电脑上防守反击的电子游戏。这种披着"极端好战分子"外衣的商业民族主义虽不是主流，却有不少网络拥趸。

领导人当然不会被这种声音所蛊惑，而会理性地看到中国发展所面临的主要问题，清醒地意识到民族复兴所需要的和平环境。但还是应该警惕这种"轻言战争"的狂热声音，防范这种声音误导舆论和干扰国家发展的大局，分中国改革的心。

有些媒体动不动就把战争挂在嘴上，自诩"主战派"，表面姿态很"强硬"，其实是在消费民族主义情绪，说到底还是一种弱国心态和暴民心态。这些人觉得，中国过去受过欺负，落后过挨打过，在很多战争中受过屈辱。现在阔了，强大了，崛起了，就可以扬眉吐气秀秀肌肉了，有能力打赢战争了，让那些过去侵略过中国的国家、敢挑战中国的国家，知道我们的厉害。

其实，一个国家真正地强大和成熟起来，不是有了可以打仗的资格，不是有能力去发动一场战争，而是有了拒绝和避免国家陷入一场战争的资格，有了对战争说不、让国家免于战争、让国民免于战争伤害的资格。养兵千日，不是为了战争，而恰恰是为了没有战争。就像核武器不是用来使用的，而是用于避免发生核战争。正如习近平总书记所言，中国绝不走"国强必霸"的道路，在事关中国主权和领土完整的重大原则问题上，我们不惹事，但也不怕事，坚决捍卫中国的正当合法权益。中国强大起来的标志，就是有资格去说"我们不惹事，但也不怕事"。

中国发展了这么多年，取得的一大成果就是：终于有能力使国家和国民免于战争的威胁了，全民可以安心地搞经济建设，凝聚一切力量把经济搞上去。埋头苦干发展经济，GDP超过英国、日本、德国，甚至可以跟美国叫板，有望争到世界第一的位置。中国三十多年的改革开放之所以取得如此大的成就，有很多原因，很关键的一大原因就是，远离战争。和平稳定的环境，使国家获得了发展的机会。而回望过去三十多年这个动荡的世界，那些陷入战争和内乱的国家，无一不是经济停滞，甚至退步，社会陷入混乱，经济没法发展，百姓生活艰难，国家和国民都大伤元气。

一些媒体在渲染着这样的"战争情绪"：一提日本就上火，看到越南滋事就嚷嚷要"给点颜色"。其实，一个安倍，几条越南船只，真不值得13亿多的中国人去关注。中国人需要做的事太多了，不能在这些事上分心，并且动辄要为这些事去"不惜发动一场战争"。美国的亚洲战略就是要借这些事牵制中国，让中国分心，将力量从发展经济上转移到处理这些事上。过去我们强调"聚精会神搞建设，一心一意谋发展"，现在看来，这个道理仍有很强的现实针对性，仍然要"一心一意谋发展"，而不是被别人设置的议题牵着鼻子走。一个大国，需要有发展的定力，不要被别国设置议题。打仗的事交给解放军，嘴仗的事交给外交部，其他人就别跟着瞎掺和了。

日本政客一拜鬼，越南一挑事，美国哪个政客说句啥话，咱们某些媒体立刻被激怒，这实在是太把他们当回事了。他们就是想激怒中国，让中国分心。也是通过刺激中国极端的民族主义情绪，来制造"中国崛起威胁邻国"

的妖魔化形象。中国愤青一嚷嚷"战争",那边日本右翼和美国政客就会兴奋地以此为据:看吧,中国崛起对邻国对亚洲对世界极其不安全吧。所以,轻言战争者都是蠢货,正中安倍之流的奸计。

中国媒体应有这样的共识:和平环境来之不易,经济建设需要和平安定的环境。那些整天嚷嚷战争的,号称"谁敢欺负中国,用导弹揍丫的",表面上"爱国",很强硬,其实不过是胡同串子的作风、街头混混的逻辑、智商余额不足的表现。真让他上战场,可能立刻就尿裤子了。嚷嚷战争的人,都是没有经历过战争的网络嘴炮党;经历过战争、目睹过战争残酷的人,绝不会轻言战争。

(《中国青年报》2014年6月13日)

中国无"鹰派",只有咬自家人的鸟派

在《中国青年报》写过一篇评论,批评当下中国一些媒体消费网络上的民族主义情绪,满嘴跑火车,动辄"中日必有一战",打一场甲午战争,"中日新战争一定是中国人洗刷耻辱的战争"。还有什么"中越必有一战""中美必有一战""解放军已做好对某作战""做好战争准备"。"战争"从这些媒体嘴里说出来,仿佛如儿戏一般。

我批评那些整天嚷嚷战争的,号称"谁敢欺负中国,用导弹揍丫的",表面上"爱国",很强硬,其实不过是胡同串子的作风、街头混混的逻辑、智商余额不足的表现。真让他上战场,可能立刻就尿裤子了。嚷嚷战争的人,都是没有经历过战争的网络嘴炮党;经历过战争、目睹过战争残酷的人,绝不会轻言战争。

这样抨击"网络嘴炮党"的评论,自然会在网络上引发争论,成为那些号称"中国鹰派"的嘴炮党们围攻的对象。其实,别看这帮人叫嚷得厉害,中国并没有真正的鹰派,至多只能叫鹰犬。不是主张强势外交、积极军事扩张和光叫嚷几声打仗,就可称为鹰派的,必须具备几个条件:第一,有自身恒定的价值观和鲜明的立场,对国际形势的分析自成体系,有自己独到的观点;第二,不仅要有强硬的立场,更要有影响政治和决策的能力,在国内政治的角逐中自成一派,也就是要入政治之流;第三,背后须有庞大的支持网,得到政界、商界和新闻界的支撑;第四,强硬的立场必须是向外的,对外部势力产生制衡力量,而不是反指向国内,在国内网络上耀武扬威。

从这个角度看，中国没有形成真正的鹰派力量，那些人连国外网站都登录不上去，只有在国内网站上骂自家人"汉奸""卖国贼"，在国内的大街上砸中国人自家车的网络小愤青、小混混。

虽然周边的局势并不乐观，甚至一度紧张，网上也充斥着网络嘴炮党的极端之语，但其实战争根本打不起来。别听那些鹰犬瞎咋呼，中国人其实是极度厌战的。

中国人已经见识过了战争的残酷。前段时间，胡锡进发的一条微博，引发了很大的争论。他写道："见到一对越作战老兵，讲他当年参加敢死队。晚上挑选出一批敢死队员，表决心，然后集中在一个大房间里，有两倍于敢死队员的士兵看着他们，怕有人跑了。每人给一个本，给亲人写信，实际是写遗书。他说就跟被判了死刑一样，第二天执行。那一夜睡个屁。他活下来，是因为第二天突击任务取消了。向他敬个礼。"

这段话写的是人们面对战争时的复杂心态，并不像官方过去宣传的那样，个个都是敢死队员，视死如归，不怕牺牲。我在胡锡进微博后面跟评说："历史并不如烟。从人性的角度，我相信有坚定的敢死者，也有动摇者，甚至会有逃跑者，这些都符合人性。"我觉得胡锡进这条微博的描述，并不影响对越作战老兵的形象。不过历史到底如何，需要多名有名有姓亲历者的口述来还原。

不过胡锡进这条微博受到了中国所谓"鹰派"的抨击，他们痛心于"战友"竟然以这样的方式矮化了被认为是视死如归的军人。网络上活跃的军方人士戴旭说："老胡，你当过兵吗？你这位老兵朋友是谁啊？说这话有证据吗？是哪个部队，能说出来吗？在《炎黄春秋》抹黑狼牙山五壮士八路军，《读书》抹黑中国人民志愿军的时候，你和你的朋友又在给解放军脸上涂油彩，什么意思啊？去年李开复、薛蛮子等攻击我，你就讨好公知舆论。办报可以左右逢源，做人还是要有良知。"

军方的报纸《解放军报》也罕见地公开表达了批评，称胡锡进的相关微博内容是胡说八道，子虚乌有。胡锡进后来在压力下删除了微博。从这条的微博及其后的讨论中，可以看到中国人对战争残酷性的认知，以及强烈的反战心态。

从主流民意来看，反战也是占上风的。中国的中产阶层日益崛起，而这个有了恒产的阶层，是最厌战的。枪炮一响，国家就处于完全不稳定不安全的状态之下，国民的生命和财产安全就毫无保障了。一个群氓占大多数的国家，必会有强烈的战争心态，战争也许是"重新洗牌"的最好方式。实际上也并非如此，"战争有利于穷人"只是一种幻觉，战争对穷人也不好，只会让穷人陷入更悲惨的境地。

中国正在强大起来，一个国家真正地强大和成熟起来，不是可以有了打仗的资格，不是有能力去发动一场战争，而是有了拒绝和避免国家陷入一场战争的资格，有了对战争说不、让国家免于战争、让国民免于战争伤害的资格。中国发展了这么多年，取得的一大成果就是，终于有能力使国家和国民免于战争的威胁了，全民可以安心地搞经济建设，凝聚一切力量把经济搞上去。前段时间纪念"和平共处五项原则"发表六十周年时，习总书记说："热衷于使用武力，不是强大的表现，而是道义贫乏、理念苍白的表现。"他还提到："各美其美，美人之美，美美与共，天下大同。"这是顶层反战的声音，弱国也会说，"使用武力不是强大的表现"，但只会被虎视眈眈的强国嘲笑，最终难免挨打；而强国的"使用武力不是强大的表现"则有了力量，则是有能力维护和平，不去惹事，但不怕事。

在这一点上，中国人还是有基本共识的，不要被那些网络杂音和嘴炮党所干扰。

这两天发生了一件挺可乐的事儿，颇有反讽意味。某地某广场一群中老年广场舞爱好者表演"持枪"广场舞，吸引不少市民前来围观。表演中，一名男子展示"保钓"宣传牌。媒体报道后，警察前往广场检查了广场舞大妈使用的玩具枪。这条新闻让我想起一个更可乐的段子：本来对"爱国"运动没有太大感觉，但昨晚在市民广场却真切地被一群阿姨的激情触动了，不由自主地参与了进去。她们喊"收复!"我喊"钓鱼岛!"她们又喊"收复!"我又喊"钓鱼岛!"她们接着喊"提臀!"我只好低头走了。

（新浪网观察家专栏 2014 年 7 月 3 日）

新闻发言人制度在中国失败了吗？

黄金一代的新闻发言人，受到了来自官方和民间的双重夹击，媒体和民众对新闻发言人有太高的期待。而官方对他们的授权又相当有限，只是"传声筒"。这种角色期待的冲突，使他们两面不讨好，想竭尽努力表现官方诚意和打通隔阂，说点儿人话，可当引发争议时，官方又怪他们添麻烦了。

曾经有望改变中国信息封闭形象的新闻发言人制度，已经无奈地走向了失败。这种失败可以从两个方面看出来，一是新闻发言人并没有真正在沟通官方与民间、打通两个舆论场中起到作用；二是随着曾经踊跃发言的一代新闻发言人的退出舞台，已经很难看到发言人的身影。

中国前几年曾有过一个新闻发言人的黄金时代，从教育部的新闻发言人王旭明到铁道部的发言人王勇平，还有卫生部的毛群安、公安部的武和平、北京环保局的杜少中，等等，都曾在努力促进部门信息公开和沟通官民上，起到很积极的作用。虽然因为官民的隔阂和根深蒂固的社会矛盾，这些新闻发言人的发言常常无法满足公众的期待而引发争议，常常被顶上舆论的烤架而成为部门问题的替罪羊，比如王勇平之于铁道部，王旭明之于教育部，毛群安之于卫生部，经常因为发言而使"新闻发言人"成为"新闻当事人"。但这几位发言人身上所具备的媒介素养，却是很高的，他们也努力改善公众对传统新闻发言人的刻板认知，竭力与媒体合作，向公众展示政府的坦诚和善意。可是，体制问题不是个人之力可以改变的，官民隔阂无法通过有限的新闻发言来改善。

悲剧的是，这黄金一代的新闻发言人，受到了来自官方和民间的双重夹击，媒体和民众对新闻发言人有太高的期待，期待他们能给出一个答案，能充分满足公众的知情权。而官方对他们的授权又相当有限，领导只是希望他们扮演一个让你怎么说你就怎么说的传声筒。这种尴尬的夹击下，两边不是人的发言人承受着巨大的压力，一旦在某个公共事件上舆论的愤怒到了某个临界点，这些发言人就会成为平息舆论的替罪羊。

黄金一代的新闻发言人，似乎除了公安部的武和平平稳落地外，其他的都没有一个好的去向。教育部的王旭明被"发配"到了语文出版社，铁道部的王勇平在"7·23"动车事故后被调到波兰，离开时充满幽怨地说，"永远不再跟媒体打交道"。卫生部的毛群安也没有在这个位置上往上走。

事实上，这几个发言人最后的落寞背影，对新闻发言人制度产生了很大的打击，此后再也没有出现过像王旭明、王勇平这样积极发言的人，而都变得非常谨慎，担心引起争议，害怕成为焦点，不会说，不敢说，不愿说，形同虚设，只是官方的传声筒，这实际是这一制度大大的退步。从目前表现来看，基本宣告失败。

不仅新闻发言人成了"不发言人"，很多时候甚至扮演起阻碍新闻发布的工具。甚至《人民日报》都批评过，一些新闻发言人已经成为部门和官员的"家奴"，不是去公开信息，而是封锁信息。比如，王立军私闯美领馆后，重庆官方为了掩盖问题，让新闻发言人称"王立军休假式治疗"。财经记者罗昌平举报时任国家发改委副主任、能源局局长刘铁男腐败问题时，能源局的新闻发言人高调回应称罗的举报"污蔑造谣"。新闻发言人不仅不说实话，而且还创造性地说假话，不仅不去辟谣，而且去制造一些"官谣"，使官方的公信力大大受损。

在不少地方，新闻发言人制度不仅没有成为沟通官民的渠道，甚至成为阻碍新闻发布的一道屏障。不少地方在新闻发布制度中明确规定，官员不得就突发事件匿名向媒体报料，必须由新闻发言人统一发布。这表面上是为了保障信息的准确，实质是以垄断新闻源的方式控制了信息的发布。记者采访时，很多官员一言不发，全部都推给了新闻发言人，冠冕堂皇地把皮球踢到发言人那里。活跃于网络上的云南开明官员伍皓曾批评，目前一些部门以有新闻发言人制度为由，推诿、拒绝记者采访。记者们反映，有了新闻发言人之后，对一些部门的采访比过去更不方便，都推托让新闻发言人接受采访。"新闻发言人制度是政府与群众沟通的有效渠道，它不应成为阻碍新闻采访的制度。"虽然现在官员不可以说"无可奉告"了，却可以说"去找我们的新闻发言人"，这话跟"无可奉告"的意思其实是一样的。

如今的新闻发言人培训，基本已经走入歧途，流于技术化和技巧化地回避真实问题。没有坦诚沟通和新闻发言的干货，只剩下技术性的"慎说原因"和让人一看就明白的生硬职业技巧，起不到打通两个舆论场的作用。

新闻发言人制度的失败，说明了一个问题，想回避体制改革和新闻改革，而让新闻发言制度单兵突进，是不可能的。新闻发言人制度应该是新闻改革和体制改革的一部分，没有新闻媒体权利的保障，没有法律公民知情权的保障，寄望于官方自觉的新闻发言，那是不可能的。

央视新闻主播张泉灵的一句话很好地解释了新闻发言人在中国为何会失败："新闻发言人就像一件超薄紧身衣，身材不好想靠它混过去是门儿都没有的。出了事儿的时候，只靠新闻发言人来撑着，更像超薄紧身衣湿了水，连烂疮都隐约可见。这时候赶来揭烂疮看到你还拿件破衣服遮遮掩掩，自然怒不可遏。如今，骂声不绝，换件衣服，身材不好还是不好，烂疮还是烂疮。"

（新浪网观察家专栏 2014 年 6 月 30 日）

舆论硝烟中党报党刊的反逆袭

在大改革大博弈大争鸣的时代，每天的舆论场上都充满了喋喋不休的争论。回望这将要过去的2014年，新闻日历中供人讨论的话题其实与往年并无不同，还是对雾霾笼罩的无奈调侃，对落马贪官的穷追猛打，对明星出丑的全民娱乐，对股市房市的无数叹息，对雷人雷语的愤怒声讨。话题没变，但主导舆论场和设置议题的主角已经在悄然发生变化，在前一轮新闻改革中远远被市场化媒体甩在后面、严重被边缘化的党报党刊，在这一年找到了证明自身存在感的方式，成功地对逆袭了其主流地位的市场媒体进行了一次颠覆式的反逆袭，主导了这一年的舆论场。

看看每天主流新闻网站的热点新闻，就知道党报党刊党网在公共话题上是多么活跃。能敏锐捕捉新闻点的商业网站，都在首页用这样的标题吸引着读者的眼球：《党报发文称中国社会利益分层化日益突出》《党报发文称周永康所作所为与党史上顾顺章等叛徒无异》《党报发文批网络用语称语言该规范还是要规范》《军报发文再批徐才厚：对形式主义必须露头就打》《党刊发文称宪政属于资本主义》……看看"澎湃新闻"的新闻标题、"媒体札记"重点关注和新媒体排行榜上的热点文章，就知道党报党刊在这一年的舆论场中是多么的活跃。而从南到北曾经主导着舆论场热点话题的市场化媒体，俨然已经缺席于各种热点排行榜，悄然被边缘化。

在微博、微信、新闻客户端这些新媒体平台上，传统党报党刊尤其是

"媒体的国家队"占据着绝对优势。虽然某些党媒的头版还像往日一样缺少真正的新闻,但在新媒体上却完全是另外一副面孔,从语态到取向都更贴近年轻人,以极高的粉丝数和阅读量将市场媒体远远甩在背后。在传统介质中被边缘化的党报党刊,在新媒体上重新找到了主流的位置感,新媒体的国家队矩阵很是引人注目。

这种主流的位置感尤其体现在对议题的设置上,党报党刊绝对垄断着主流话题的设置与阐释权。贪官落马的披露和评论是2014年最大的热点,对周永康和徐才厚,从第一时间的信息披露到随后的盖棺论定,党报党刊党网都占尽优势。敏感话题和事件的讨论也贯穿着这一年的始终,从对宪法与宪政关系的阐释分析,到"阶级斗争""人民民主专政"引发的舆论争议,再到对"颜色革命""自干五""网络草根作家"的激烈讨论,议题都是由党报党刊党网设置,其他媒体自始至终缺席并沉默着。

在很多热点事件、突发事件和重大时政的报道中,昔日出尽风头的市场化媒体也黯然失色,APEC会议的新闻和领导人出访的报道,很多独家新闻都来自党报党刊的新媒体平台。

党报党刊党网的反逆袭,深刻地改变着当前的媒体格局和舆论生态,也改变着改革的舆论环境。在经历过前些年众声喧哗和野蛮生长的舆论狂欢之后,被边缘化的党报党刊重回主流,以报复性反弹的力量重新"占领"舆论阵地,传播着"正能量",在舆论斗争中扮演着越来越重要的角色。过去,党报党刊党网的缺席,使舆论场处于严重失衡状态,众声喧哗中官方声音完全被边缘化和非主流化。而今天,党报党刊强势的反逆袭,深深改变着媒介环境和媒体格局,有人担心舆论场已经形成另一种话语垄断和失衡。

虽然党报党刊党网在这场舆论权力的转移中获得了巨大的话语权,但接下来面临着更艰巨的任务,即"打通两个舆论场"的任务,当下两个舆论场仍然是各说各话。在喧嚣的舆论场中,官方媒体掌握着话语权,但民间和网络似乎并不买账,官方媒体并没有将话语优势成功地转化为权威性和公信力,没有真正改变宣传劣势和形成有效交流，在交流中弥合分裂和寻求"最大公约数"。尤其在网络舆论场中，甚至形成了情绪化的对立：官方越是强调越是支持，网友越是反对；官方越是反对，网友越是支持。在一些敏感话题和公共事件上，官方媒体越强势，网络表现出的反弹力也越强。看来，党报党刊党网最需要做的不仅是依靠权力去"占领"舆论阵地，更重要的是能在改变僵化语态和尊重新闻规律中去赢得公信力。

（新浪网观察家专栏 2014 年 5 月 23 日）

日本人凭什么对中国没有好感

看到这个标题，很多中国人一定很愤怒——日本人有什么资格反感中国和中国人呢？在很多充满仇日情绪的人看来，因为历史上被侵略的受害经历，中国人反感日本是天经地义、顺理成章的事，可日本人有什么理由反感中国和中国人呢？可这是一个事实，前段时间《中国日报》报道，中日两国联合实施的一项舆论调查显示，日本人对中国"没有好感"的比例达到93%，创下过去十年该调查的最糟糕的纪录。

相比之下，中国人对于日本的"没有好感"的比例，却减少了6个百分点，为86.8%。国庆期间我去了趟日本，与日本的媒体人和专家讨论中日关系时了解到，今年以来赴日旅游的中国人创历史新高，仅仅前八个月赴日旅游的人数就超过了去年一整年。日本人对中国越来越没有好感，而中国人对日本的"没有好感"却在降低，去日本旅游的人越来越多，这种对比和反差很耐人寻味。

日本人为什么反感中国呢？与日本人交流中了解到以下几个原因。

对于日本人"厌中"的态度，很多人会惯性地以为是源于钓鱼岛领土争端、首相参拜靖国神社、历史问题反思之类两国的外交层面，两国关系陷入僵局，民众情感会受到外交关系的感染。实际并非如此，在与普通日本民众的交流中我了解到，日本民众对国家外交其实是"无感"的，他们看待社会问题和国际关系的角度不太容易被政府外交立场所左右。除了领土问题上与政府保持一致外，在其他很多议题上，普通人并不会跟着政府走。比如，日本多数媒体都是反对安倍参拜靖国神社的，不仅是一向对政府持批评立场的《每日新闻》和《朝日新闻》，甚至被美国媒体称为"安倍内阁御用媒体"、日本发行量最大的报纸《读卖新闻》都旗帜鲜明地反对安倍参拜，其主笔渡边恒雄曾在《文艺春秋》上撰文坚定反对安倍参拜。日本著名学者、东京大学教授松田康博前段时间在中国演讲时，也用翔实的民调数据证明日本民众并没有跟着安倍一起"右"转，日本民众支持安倍，并不是支持其"右倾"，而是支持"安倍经济学"。

"厌中"态度实际是源于对狭隘民族主义和街头暴力的反感。日本人尤其反感暴力，一项调查显示，日本人对中国态度的起伏，与中国街头发生的对日暴力事件密切相关，每次中国街头发生对日暴力，如砸日本企业，砸日系车，不友好地对待日本人，这些照片通过日本媒体传播后会对日本民众产生强烈的冲击，对中国的反感程度就会直线上升。

另一种"没有好感"来源于对中国一些社会现实问题的忧虑，如环境和食品安全问题。听日本的朋友说，以前他们的企业派员工到北京分公司时，在日本的同事会祝贺，他们认为中国的发展前景很好，在北京工作是一种机会和福利。但现在很多人不这么看了，员工如果要被派往北京，受到的是同事的同情而不是羡慕。他们觉得，北京的雾霾那么严重，环境那么糟糕和恶劣，食品安全问题那么严重，这样的环境非常可怕。陪同我访问的日本翻译说，受此影响，不仅到中国旅游的人数在不断降低，学中文的日本年轻人也越来越少了。

比如日本内阁府于2008年12月6日发表的外交舆论调查结果显示，"对中国有好感"的日本人比2007年同期的调查下降了2.2个百分点，以31.8%创下此项调查自1978年以来的最低点。那一次好感的降低，一个直接原因就是中国"毒饺子事件"的冲击，中国食品安全问题第一次让日本人感到了恐慌。

也许我们可以不在意日本人对我们的看法，但无法回避这种态度中与我们自身密切相关的种种社会问题。

（新浪网观察家专栏 2015 年 1 月 16 日）

接办亚运会这事儿中国别充老大

越南刚宣布放弃亚运会，中国网络上就有网友说，中国最有能力和资格接办亚运会了，中国肯定会有城市宣布接办。果然，这几天南京表达了想接手亚运会的意向，体育总局也表达了支持。之所以被网友言中，是因为网友熟悉中国一些城市的"国际活动情结"，痴迷于通过举办国际性活动来吸引关注。当然，更重要的是"积累政绩"，在当下中国，没有什么比举办一些国际性盛会更能彰显一个官员的政绩了。

面对越南的放弃，面对悬而未决的亚运会诱惑，中国不少城市都蠢蠢欲动，不过都在谨慎观望，正在筹备青奥会的南京第一个表明了意愿。不过，这种表态遭到了舆论的一片呛声。

我觉得，在这个问题上，舆论和公众比南京市的领导冷静多了，办亚运会这种风头，中国的城市还是别抢了，不要当这个冤大头，不要去充老大。中国虽然有钱了，GDP甚至要超过美国成为世界老大，中国很多城市也很有钱，但在申办亚运会上还是歇了吧，别烧钱办这种"蠢事"了。

有以下几个原因。

第一，咱们的城市也算见过世面，不需要再通过办亚运会之类的机会，来扩展国际影响、展示实力、推行体育外交和提升城市形象。上世纪80年代、90年代，咱们很迷恋这种国际性的活动，积极申办亚运会，申办奥运会，申办世博会，申办大运会，我觉得那时候的热情是可以理解的。毕竟那时咱没见过世面，与世界有很远的距离，世界对中国很陌生，一直孤立在世界之外的中国，需要通过这种国际性的活动来融入世界，凝聚人心，并推动落后的城市公共设施的升级。亚运会、奥运会很烧钱，但那不仅仅是一笔经济账，更是政治账、文化账、体育账。

那时，中国也确实通过北京亚运会和奥运会，还有上海世博会，成功地融入了世界，提升了城市的设施，让世界更熟悉了中国。但中国办了这么多国际盛会后，这种"提升效应"是不断递减的，正效应越来越少，而负面效应却越来越多，比如会背上沉重债务，给市民增添麻烦，等等。越南就是因此而放弃到手的亚运会的，中国城市没必要去接这个烫手山芋。

第二，不去接办亚运会，也是应该让我们的城市和市民好好休养生息了，不要再大折腾了。每一次大的活动，对城市其实都是一次折腾。申办亚运会，城市看上去很有面子，但短时间内大投资、大拆大建，上马很多工程，城市乌烟瘴气，到处拥堵，对老百姓是很大的折腾。办这种节会，领导是有政绩了，可给老百姓添了很多麻烦。从南京到武汉，再到石家庄，中国现在各大城市正处于一个大拆大建的高峰期，成千上万个工程同时上马，这些城市的市长都被老百姓讽为"拆拆"，老百姓本就不堪重负，再去申办这个节那个会，会雪上加霜。领导头脑一发热，接办亚运会，好像倍儿有气魄，可老百姓哪经得起这种折腾！

第三，中国城市不是不差钱，而是很差钱，即使有些城市不差钱，花钱也需要程序。一把手脑袋一发热，接办亚运会，可你知道办一届亚运会需要多少钱吗？花这钱经过老百姓和人大授权了吗？信口开河，瞎决策惯了，好像南京就是他一把手一个人的，想怎样就怎样。

第四，不能办成一个国际活动，就倒下一堆官员。有个段子，很耐人寻味："2008年奥运会，当年的申奥主席陈希同在高墙里；2010年世博会，当年的申博主席陈良宇在高墙里；2011年世界大运会，当年的申办主席许宗衡在高墙里；而当2014年青奥会开幕时，申青主席季建业也将在高墙里。中纪委温馨提示：赛事有风险，申办须谨慎！"看上去有点牵强附会，这些官员落马未必与申办相关，但却值得深思，办国际活动，需要大投资大工程，也意味着大的腐败机会。出于保护官员免于腐败的诱惑,申办也须谨慎。

(新浪网观察家专栏 2014 年 5 月 12 日)

挥之不去的北戴河想象

中央党校无小事。近日,中央党校门前题有"中共中央党校"校名、标志性的巨石碑被移开,大型施工机械在现场进行施工,引发了舆论很多联想和猜测。动静很大,联想太丰富,党校不得不以这种方式辟谣:中央党校的网站在8月24日头条假装不经意间刊登了一篇文章《夏日校园别样美》,在文青散文中不经意地提到,校名题词石已被移至校园内。我问了好几个党校的教授,他们都说网络太敏感太扯了,简单的施工完全被过度解读了,这个石碑立在颐和园路通往北宫门的路口,因为中央党校的特殊性,这个标志性石碑已成为不少游客拍照取景的景点。门口地处交通要道,又常有汽车进出,存在不少安全隐患,故将石碑移到校门里。

原来是如此简单的事。不过当一些人在微信圈或微博里神秘兮兮故弄玄虚地解读此事,我告诉他们这个原因时,他们一点儿也不信——别太幼稚了,怎么可能这么简单呢?这种人已经深深陷于自己建构的阴谋论想象中,对完全建立在猜测基础上的阴谋论故事深信不疑,再确凿的事实也无法叫醒这种装睡的人。

想起前段时间的一个讨论。每年这个时间,坊间都会流传着无数关于"北戴河会议"的故事,有鼻子有眼,有人物有细节,仿佛传播者就列席了会议、目睹了会议,堪比那些故弄玄虚的"中南海行走"。在各种关于北戴河会议的传说达到高潮的时候,新华社《财经国家周刊》泼了一盆冷水,告诉那些添油加醋、绘声绘色地描述会议细节的传说者:别等了,今年北戴河无会。称2003年夏天中央就已决定五大班子不到北戴河办公,中央暑期办公制度已告别历史舞台,北戴河早就无会了。这篇文章称:"尤其是十八大以来,新一届中央厉行'八项规定',放着好好的中南海、人民大会堂等不用,跑到游人扎堆的北戴河开会,更是于理难通的。"

权威央媒的身份,加上论据很确凿,应该是很靠谱的。记得几年前,当网上各种关于北戴河会议的传言沸沸扬扬时,某报社一位刚入社不久的小编报题,想在新媒体上做一期关于北戴河会议的专题,负责把关的报社领导说:算了,这题就别做了,别听网上瞎传,北戴河会议早就没了。业内资深一点的媒体人都知道这事儿,可每到这个季节各种传言还是如期泛滥。新华社的辟谣文章让很多人都哑巴了:原来这么多年关于北戴河的那些传闻都是假的,原来信了那么多年的北戴河故事都是编的,想想整个人都不好了。

有了权威的辟谣文章,从此关于北戴河会议就天下无谣了吗?当然不会,对于那些深陷阴谋论想象的人来说,再多再权威的辟谣也无济于事,关于北戴河会议的会议仍在传,明年8月的时候仍会掀起一个高潮,仍然会有人绘声绘色地传,有人毫不犹豫地信。因为这些人脑子里有一种挥之不去的北戴河想象,真相和事实可以让谣言消散,却无法消除人脑子里根深蒂固的北戴河想象,这种想象像癌细胞一样,会继续生产出无数的会议谣言,让那些有着同样想象的人深信不疑。

阴谋论像鸦片一样,对于某些人有着一种致命的诱惑,他们喜爱阴谋论中充满刺激的斗争故事,喜欢阴谋论中的戏剧冲突,喜欢那种俯贴在别人耳朵上故弄玄虚地传播阴谋论故事时的那种"我掌握着内幕、看透了背景、了解其他人看不到的信息"的优越感、兴奋感和神秘感。久而久之,即使事实确凿地、赤裸裸地放在他的面前,他也失去了面对事实的能力,而活在阴谋想象中,斩钉截铁地说,哪里有什么真相,完全是一场阴谋。

对党校门口搬动一块石头那么敏感,脑子里的北戴河会议总挥之不去,这种思维方式到底是怎么养成的呢?改天再细聊这个话题。

(《晶报》2015年8月25日)

在告别老人中告别一代人的集体记忆

开国中将、前军委副主席张震去世,又引发了一波舆论对老人的怀念。今年去世的前国家领导人格外多,张万年、乔石、万里、尉健行、汪东兴,等等,让人感慨与这些领导人的名字连在一起的那个时代的远去。我是 70 后人,我们这代人是在"新闻联播"中听着这些人的名字长大的。长江后浪推前浪,江山代有人才出,人总会老去逝去,政治人物也免不了这个规律。但因为这一年来逝去的比较多,让我们格外唏嘘和感慨,唤起了很多与这些名字连在一起的集体记忆。

这段时间逝去的老领导人,多是改革开放后走上国家领导人位置的。中国政治在改革开放后走上了正常化、制度化、现代化的步伐,成为一个各方面都正常的国家,新老开始正常交替。这个时代,不仅政治生活在混乱后回归正常,中国的媒体也告别了"两报一刊"的单调与落后,而日益多元与发达。报纸、广播、电视的大发展,使过去封闭的政治越来越面向大众,尤其是"新闻联播"成为人们关注中国政治和领导人的一个开放窗口,人们每天晚上 7 点整能从这个窗口中及时看到领导人出席会议、作重要讲话和其他出访行踪,并将谁出现、谁没出现当成政治的风向标。

虽然今天央视"新闻联播"由于话语陈旧、形式老套和缺少新闻而受到较多批评,但不得不说,在当时那个时代中,"新闻联播"对于政治的透明化,对于中国的政治传播,起到了很重要的作用,成为国人关注国家领导人和改革决策的最重要窗口。从这个窗口中,我们每天都能看到这些领导人的身影,看到了他们在对中国影响深远的事件中所扮演的角色。

改革开放后登台的那一代领导人,在今天都已经进入高龄,所以今年去世的老人特别多。我们听着他们的名字长大,并且,我们的成长也受到了这些人的影响(他们所主导的一些改革,对我们的生活有很大的影响),所以他们的逝去,让我们有了一份格外的怀旧感。

这些老人的逝去之所以被热议,还有另外一个原因,就是新媒体时代的影响。在过去,一位前国家领导人去世,我们都是很晚才从新华社通稿、从"新闻联播"中知道的,这是唯一途径。而且看到的"讣告"措辞经过严格的推敲,并统一发布。今天不一样了,自媒体的发达让这种消息根本遮不住,来源越来越多元。哪位老人逝去了,哪家医院、具体时间、身边陪同人员等详细消息,立刻传出来了。新媒体打破了新华社对这种消息的垄断权——比如,万里逝世,首发消息就不是新华社,而是"澎湃新闻"。

不仅发布途径,讣告也改变了过去的通稿模式,有了民间表述。消息发布后,赶在官方讣告之前,网络和民间的各种纪念,如各种纪念文章、各种新闻专题、对老人贡献的各种民间总结版本、对相关熟悉人士的采访等,很快就覆盖全媒体了,自媒体的发达,使过去由官方主导对逝去领导人的纪念模式,有了更多民间自发参与的纪念元素。以何种方式纪念,怎样定性和总结老人的贡献,不再是官方话语垄断。做过什么事,说过什么话,盖棺论定的时候,公道自在人心,民众心中自有一杆秤。比如万里逝世后,微信里立刻开始被各种纪念文章刷屏,人们以各种方式传颂那句"要吃米,找万里"。尉健行去世后,人们谈他"任内打掉41只老虎"的反腐故事,传播"派人蹲饭店门口抄领导车牌"的往事。

当然,由于新华体通稿已受到冲击,逝世消息来源越来越多元,也带来了一些问题,媒体不负责任地抢发逝世新闻,使小道消息满天飞,有时会落入乌龙陷阱。比如前几天最后的开国中将张震逝世,媒体就摆了一回乌龙。

先是众多媒体抢发,后被媒体辟谣,第二天才宣布准确的去世消息。

熟不熟悉这些名字,也已经成为代沟的一种区隔符号。记得几年前与一个朋友吃饭的时候,朋友接了个电话,好像是下属向他汇报什么,挂了电话后朋友表情严肃地说,阿沛去世了。我们这代人虽然知道他说的是阿沛·阿旺晋美,但只是知道这个名字,因为常在"新闻联播"中听到,父辈们才熟悉他的故事,年轻人甚至连名字都不知道了。最近去世的这些老人,我们这代人很熟悉,但90后、00后可能就很陌生了,不同年代听过的那些名字和经历过的事,塑造着不同年代人的集体记忆。

(《晶报》2015年9月8日)

"学习粉丝团"走红后的民意期待

这几天在微博上,没有哪个比"学习粉丝团"更有人气了。由于其"学习"的称呼与习近平似乎有着某种联系,由于其经常发布一些有关习近平的、与主流媒体风格不同的信息和图片,再加上其最近在对领导人的活动报道比很多权威媒体更快,还有近距离的拍照,让人感觉经营这个微博的人就在领导身边——这一系列信息渲染了其身份的神秘。媒体报道后,"学习粉丝团"的粉丝在一夜间暴涨数十万。有人猜测这个微博是领导所授意,或是领导身边人在运作,利用新媒体塑造领导人的亲民形象。

不过随后有媒体深入调查发现,"学习粉丝团"其实并不神秘,并没什么特别背景,很多图片都是转自其他微博,不少照片都是以前习近平视察其他地方时的图片。随后"学习粉丝团"也声明自己就是一个普通网友,公司放年假了才有时间关注习近平赴甘肃视察的动态。他说:"如果习总不喜欢,愿意注销微博。"

真相大白,舆论和公众并没有被欺骗的感觉,因为"学习粉丝团"一开始就没有欺骗别人,所有神秘的猜测都是网众的理解。我想,喜欢上网的习近平同志一定能看到这样的消息,知道微博上有自己的"粉丝团",他一定非常高兴,并且非常珍惜。位居高位,应该听过无数赞美,但没有什么比这种朴素的表达更原汁原味地反映着民意。微博是当下最流行的社交平台,"粉丝"是最喜闻乐见的称呼,人们用最流行的方式表达着自己的喜爱。正如"学习粉丝团"博主所言:"我想粉谁是我的权利。"

这也是民众与领导人的一种惺惺相惜的互动。在党的第十八届中央委员会第一次全体会议上当选为总书记后，与其他常委第一次集体亮相时，习近平讲话的关键词就是"人民"。他说："人民是历史的创造者，群众是真正的英雄。人民群众是我们力量的源泉。"领导人眼中有人民，民众也以"学习粉丝团"这样亲切、亲热的方式表达对领导人的认同与喜爱。当年网络上亲热的"什锦八宝饭"称呼，也有着同样的寓意。这些"自带干粮"的拥护者，是最宝贵的财富。

当然了，"学习粉丝团"微博的出现，也包含着民众殷切的期待，期待新领导层更注重新媒体，更多地通过新媒体与网众交流，听取民声民意，在微博中读懂真实的中国，读到一个与"新闻联播"互补的中国。从"学习粉丝团"引起的热议中可以看到这种期待。之所以会对"学习粉丝团"产生误解误读，误以为是领导的授意和身边人的行为，是因为心中的期待，希望那就是习近平的微博，期待领导能通过微博看到民众的表达，期待领导人和自己一样是资深网友。人们很容易将这种"期待"当成"真实"，于是有了对"学习粉丝团"的过度阐释和神秘认知。

网上早就盛传很多高层领导都在网络上潜水，一些高层也公开表达过自己经常上网浏览，从高层领导的一些讲话看，他们对新媒体上的热点和话语是非常熟悉的。当然，这些很多都是网络上的传说，公众期待这些不仅仅只是传说。

"学习粉丝团"一夜暴涨数十万粉丝，这些带着热切期待的粉丝，是花钱买不来的，营销骗不来的。这些"粉"，可能会继续关注，可能会随时取消关注，可能不断增加，也可能出现"跌粉"。要知道，每一个"粉"，现实中就是一个活生生的、具体的人。虽然"学习粉丝团"没有官方背景，但官方要从中读懂民众的心声，读懂民心向背。

（《中国青年报》2013年2月7日）

向世界开放学习，展中国成熟自信

与好几个外国媒体驻北京的特派员朋友聊天，他们共同的感觉是，中国新领导层近来的一系列行动和言论，成功地向世界展示了一种开放的姿态。一个朋友开玩笑说，他在国内那些整天唱着"中国威胁论"的同行，越来越没有市场了。中国在国际上扮演着越来越重要的角色，世界密切关注中共十八大，最关心的自然是十八大后新领导层对世界的态度，在开放上会走怎样的路。新领导层的表态没有让特派员们失望，甚至看到了比他们所期待的更开放的姿态。

12月5日，中共中央总书记习近平在与在华工作的外国专家座谈时说："我们的事业是向世界开放学习的事业。关起门来搞建设不可能成功。我们要坚持对外开放的基本国策不动摇，不封闭、不僵化，打开大门搞建设、办事业。中国绝不会称霸，绝不搞扩张。中国越发展，对世界和平与发展就越有利。"同一天，中共中央政治局常委、国务院副总理李克强在会见美国前财政部长保尔森时表示，改革开放是中国认准的方向，是国家强盛的必由之路，符合人民的根本利益。未来中国会越来越开放，我们扩大内需、激发城镇化潜力乃至发展各项事业，都要在日益开放的条件下来进行、来推动，在开放中拓宽视野博采众长，在开放中培育形成新优势。

其实，这不仅是中国领导层的态度，更是中国社会对待开放的态度——这种表态既是顺应民意，顺应世界的潮流，更是顺应文明的进程。改革和开放密不可分，中国社会和民众不仅仅是改革的受益者，同时也是开放的受益者。开放让我们学到人类文明的优秀成果，开放形成的压力促使中国加快改革，开放让我们的视野更加开阔，开放也让我们享受全球化带来的种种福利，充实着我们的"中国梦"。中国的每一种进步，都可以看到开放的足迹和世界的影子。

向世界开放学习，以世界为师，在共生中谋求合作共赢——从总书记到平民，中国自上而下的呼声，传递的不仅是对世界的友好，更展示着中国的成熟与自信。

向世界开放学习，姿态非常谦虚。自大实质是自卑，谦虚才是一种真正的强大；不成熟者总会处处表现高人一等，成熟者才有能力去谦虚。面对世界，中国确实需要谦虚，不能产生"我们已经崛起"的暴发户心态，中国发展起来了，不是获得了"抖一抖"的机会，而是终于有资格谦虚了。正如习近平在座谈时所言："中国已经取得举世瞩目的发展成就。但我国仍是一个发展中国家，仍然面临一系列严峻挑战，还有许多需要面对和解决的问题。我们既不妄自菲薄，也不妄自尊大，更加注重学习吸收世界各国人民创造的优秀文明成果，同世界各国相互借鉴、取长补短。"

向世界开放学习，谦虚之外更体现了一种自信，这种自信体现在"既不妄自菲薄，也不妄自尊大"中。中国向世界开放和学习，并不是跟着别的国家走，更不是盲目拿来，而是有自己的判断，是在对自身的道路和制度有了自信之后，而做出的理性选择。"中国模式"虽然取得了让世界瞩目的成就，但我们非常清醒，还有不少迫切需要解决的问题，需要借鉴其他文明。我们不认为"学习"会矮化了自己，更不认为"开放"会导致失控和混乱，不担心"开放"之后会被其他文明和价值所主导，中国已经通过发展证明了这是一条正确的道路。

这就是自信！对自己的道路充满自信，自信能通过开放进一步完善中国道路和制度，而不会焦虑于在开放中迷失自我。

向世界开放学习，加大对外开放，传递着很多信息：意味着中国会进一步向世界靠近，拥抱世界的文明成果，融入世界大潮，无论是反腐，还是改革，拟或是公众期待的法治建设，我们无法拒绝那些被证明行之有效的人类优秀文明；意味着中国将以一个更加透明的形象展示在世界面前，学会适应新的环境、新的角色和新的职责，适应与西方人、媒体、政客打交道的方式；当然，也意味着中国更加宽容地对待各种不同的声音，这层意思在 2008 年北京奥运会时习近平就表达过，时任国家副主席的他在谈到了北京奥运圣火境外传递受阻的风波时说："对这些杂音，应抱着平常心对待，关键是要做好自己该做的事。"

应该有这份成熟与自信的。有些人担心开放会引发价值观的混乱，会冲击核心价值观，这是缺乏自信的表现。有些人认为开放带来了很多社会问题，他们不知道，那些问题其实并非开放带来，而恰恰是不够开放带来的，只有更加开放才能解决那些问题。开弓没有回头箭，改革没有回头路，开放更没有！

(《中国青年报》2011 年 12 月 8 日)

第二辑
纵论媒体变局

我不是一个喜欢炒作和享受成为焦点的人，只是爱触碰一些别人不太敢或者不愿意碰的话题，爱直言不讳地说一些别人不爱听的话，然后就把自己推上风口浪尖了。比如批评中国传媒大学学生，我何尝不知道如果用一些好评作铺垫，别人会更能接受，或者把"浮躁、功利、不读书"说得委婉一些，不这么直接。但那种瞻前顾后不痛不痒的评论一点意义都没有，很难成为议题引发注意。我写评论不太看别人的脸色，想迎合别人，让每个人为你的评论点赞，那是不可能的，讲正确的废话和万能的套话也毫无价值。评论的价值不在于让人认同，而在于提起议题引发思考。这些关于媒体和新闻的评论都成功地设置了议题，引起了讨论。

雪夜妄评中国各大新闻系毕业生气质

在媒体待了10多年,每年在数十所高校"流窜"讲座,指导过无数个新闻人训练营,也算是阅人无数了,领略过各大院校新闻系毕业生的风采。很有意思,人虽然有个性,但同一所大学新闻系走出来的毕业生,在同一所大学中熏过、同一批老师教出来的学生身上,往往有某种共享的、一开口就带着那种口音、自然流露无法隐藏的新闻基因,这使他们在某些方面会表现出同样的气质、言行习惯和专业判断。

突发奇想,妄评下中国各大新闻院系的毕业生,纯属个人感想,带着个人偏好,权当雪夜扯淡,只说整体印象不谈具体案例。

复旦大学新闻专业

如果用几个标签来形容,我会选这几个:情怀、有趣、才华、开放。我很喜欢身上带着复旦基因的新闻人,每次跟他们交流都感觉特别有趣,有专业素养,却不轻易卖弄;有鲜明的立场判断,却不会以让你不舒服的方式直接表达出来;有新闻理想和人文情怀,却又很务实,不会让你感觉在凌空蹈虚。男的儒雅有趣,女的热情大气。复旦新闻专业中南方人比较多,所以身上带着浓厚的南方气息,情怀与世俗融合得很好。媒体圈中很多著名的情怀文都出自复旦新闻毕业生之手,其他学校的人写不出来。

缺点就是有时比较圈子化,不愿走出上海,有时让人感觉"过于聪明和精明"。

中国人民大学新闻专业

我的印象是:专业、深刻、严谨、无趣。在我心中,人大新闻专业在专业上的第一位置是不可撼动的(虽然人大新闻专业现在的师资面临着青黄不接,老教授相继退休),毕业生的专业素养极高,出调查记者,出高管高官,出名编名记——这种专业素养源于人大极严的校风学风,我是人大新闻学院的业界导师,参加过学生的论文答辩,目睹过教授体无完肤的点评快把学生说哭的场景。学生毕业论文质量应该是最高的。

不过也许这是一所文科太强的大学,缺乏理工科的熏陶感染,也许是"管得太严",学校太根正苗红,学生的思维总让人感觉不是那么活跃,低调内敛,也显得不是那么有趣。专业素养高,有时太循规蹈矩,严谨有余,缺乏让人眼前一亮的才华。复旦新闻专业的学生脑子比较活,而人大新闻专业的学生比较一根筋,认死理。

中国传媒大学新闻专业

我的印象是:浮躁、功利、不读书。不好意思,这话不是我说的,而是很多该校毕业生的自我评价。也许跟专业定位有一定关系,做电视新闻,干的是抛头露面的事儿,很容易陶醉于追求那些光环和虚荣。该校出了很多名主持、名主播、名出镜记者,很是风光。学生只看到了学长们的风光,而看不到他们在后台的努力,很容易滋长一种抛头露面、急于成名、急于实践的急功近利。师兄师姐人脉广,实践机会多,认识各种人,参加各种饭局,到各大媒体实践,可大学四年就这么荒废了,没读几本书,没好好听几节课,没有认真学好专业。虚荣，可才华却撑不起这种虚荣；肤浅，有光鲜的开始却没有厚积薄发的后劲。中传学生应该是各大新闻院系中最"社会化"的，在学校中过早被社会化，缺乏学生气。

当然，这样的学校也会出白岩松这样有思想有才华的人，在一片浮躁地安静地读书和思考。我在北大教新闻评论，每年都会有一两个中传的学生每周五晚上坐两个小时的地铁到北大听我的课，风雨无阻。他们是想从那种格格不入的浮躁氛围中走出来，寻找可以交流的思想场和有归属感的大学文化。

清华大学新闻专业

我的印象是：有想法、好奇心强、英语很好。本报最著名的版面"冰点周刊"，原先是被清华新闻专业毕业生垄断着的，形成了我对清华毕业生迷信般的好感，觉得他们身上都有很强的科学精神（清华的基因？），英语都很棒（是因为国际传播最强吗？），有国际视野，有才华有想法，女生比男生更优秀。

北京大学新闻专业

我的印象是：自由、情怀、聪明、读书多。好吧，我真掩饰不住对北大新闻专业毕业生的喜爱，因为我在这里教了快五年的书了，在新闻评论班上见识过这些学生的思想活跃和深刻，敢于挑战权威，敢于大声表达。虽然北大新闻专业断过几代，新近几年才建院，但有着北大精神的底子，使从这里走出来的学生身上洋溢着对自由的追求。

不过钱理群教授说得对，北大学生身上精致的利己主义也是很明显的，在我交往中有时也能清晰地感受到。

华中科技大学新闻专业

我的印象是：严谨、敢闯很拼、缺少才华。我的母校，我的母系，就不敢作太多的妄评了。我在这里读了七年的书，爱这里的一切。

中山大学新闻专业

我的印象是：开放、活跃、格局小。我在中山大学驻校教过一学期的新闻评论，可能因为这里主要是广告、公关和设计，总觉得这里的学生缺乏新闻追求，对新闻没有太大的兴趣。身处南方，背靠港澳，有南方系的感染，想法多，很独到，追求自由，但缺乏对中国社会深刻和多元的认知。

其他新闻院校的学生就接触比较少了，没有太深的印象，只是听别人说：南大新闻专业跟复旦比较像，有想法有情怀。浙江大学新闻专业，奇怪，在北京竟然没遇到过浙大新闻专业的毕业生，难道都做生意或者都留在杭州和南方了？武汉大学新闻专业，珞珈山熏出来的，文字与思想俱佳，不过没有闯劲。

（微信公众号"吐槽青年：曹林的时政观察"2015年11月23日）

中国传媒大学学生真的浮躁不读书吗？
感谢那些理性争鸣

无意中捅了个马蜂窝，让中传新闻专业的有些老师和学生不高兴了。记得一年多前在中传的一次讲座中我也谈到过这个问题，批评他们的学生在圈内留下浮躁不读书的印象，当时我在讲座现场这么说时还赢得了学生们的掌声。这个掌声让我肃然起敬，我知道，这掌声里面既有自省，也有对批评的宽容。

仔细推敲，我这个说法有没有问题？当然有。如果我成熟一些，应该在前面加一个限定，少数中传的学生，个别人。如果我圆润一些，应该先作一些赞美的铺垫，比如有趣啊、聪明啊、情商高啊、自由啊、专业扎实啊。讲真的，写的时候，我确实想铺垫一下，但后来仗着跟中传比较熟，在那边朋友多，还是直截了当地表达了我的意见。从说服和交流效果看，这篇文章可能是失败的。看过一句话："打着真性情的旗号，去说一些不顾别人感受的话，其实只是情商低的表现。"这个，我需要学习。

做出这个判断，我做过调查统计吗？没有，"浮躁、功利"之类完全是个人的印象和价值判断，可能不太好统计——我确实听过不少朋友这么评价过，包括他们自己的学生。这仅仅是一种个人印象罢了，并不是一棒子打倒所有人的全称判断，我接触的中传人很有限，显然没法做全称判断。这不是正儿八经的传统媒体评论，不是调查报道，不是研究鉴定，只是自媒体吐槽而已。当然，这样简单的判断可能确实陷入我所批判过的标签化，这也是我需要反省的。

我那个简单判断的另一个问题是，没进行严格区分和界定。中传很大，"中传新闻"也是一个很大的概念，不同学院和专业的氛围不一样，我那个笼统的判断会让一些老师和学生很委屈。很多学生留言时都委屈地谈到"你难道不知道中传自习室天天爆满吗"。

今天下午与中传几个老师聊到这事儿，他们的宽容和理性让我很感动，有老师跟我介绍说，中传过去的有些问题可能如你所说，浮躁、功利、散漫，有些学生不爱读书，不过现在已经有了很大的变化。之所以从"北京广播学院"改为"中国传媒大学"，也有这种考虑。这位老师介绍说，教育部的评估，传媒大学比过去的业内老大还多0.5分，而且是以科研为主的评估。学校进行了很多改革，都致力于让学生沉下心来读书，塑造严谨扎实的学风。

有人要问我的动机了，你批评中传的动机是什么？如果非逼我给一个动机，就是想引起一个关于让学生更多读书的讨论。我之前在北大课堂上曾经"挑"起了这个讨论，而且挺成功。今年"读书日"前夕，一篇《高校图书馆借阅量创十年新低，孩子今天你读书了吗》的报道引发舆论讨论，报道以北大为例，称如今大学生读书越来越少。我敏感地觉得，这是一个非常适合"激发讨论"的评论话题，一方面谈"学生读书越来越少"这个热点，一方面新闻说的又是北大，北大学生肯定有很多话要说。然后我就在新闻评论班的微信群里布置了这个题目，让北大学生谈自己的观点。一个学生文思泉涌，立刻写了篇题为《借书少了并非就意味着读书少了》的评论。由于角度独到，有理有据，而且是北大学生现身说法，我推荐给《新京报》发表这篇评论后，引发了很大的舆论反响，成为一个热议的话题。

让我感动的是，北大学生并没有"护短"，并没有为"北大学生读书少了"辩护，好几个学生都表达了不同观点。比如卢南峰同学自我反省的题目是《我承认我读书少，但并不以此为荣》。开头就说："当我就读书问题扪心自问时，却觉得问心有愧。因为我知道，每到期中期末交课程论文的时候，我们脑袋空空，临阵磨枪，在'未名学术搜索'上检索成百上千的文献资料，从每篇文献里抄几个貌似深刻的句子，东拼西凑出一篇论文。电子资源检索量上升了200%，并不等同于我们电子阅读量的上升。"

他还说："愈是浮躁的时代，大学生们就愈需要沉下来。举个我们专业的例子，'大数据'如今是一个红得发紫的概念，当大部分人都在咀嚼那些关于'大数据'的'神谕'时，我们应该沉下来，去系统地学习统计学和计算机等基础知识和分析方法。没有分析方法，'大数据'只是0和1的随机组合，所以我的一位老师在谈完'大数据'之后，转而让我们去读一个世纪以前的实证研究经典著作——涂尔干的《自杀论》。而这本书让我明白了何为社会统计与数据分析。"

裴苒迪同学也是反思，她的题目就表达了鲜明的立场——《我知道自己读书少，你可别骗我》。照录她的精彩评论：

北大学生真的不爱读书了吗？具体的调查数据我是没有，倒是有几件小事可以讲讲。郑也夫老师是知名的社会学家，2013年刚从社会学系退休，他曾经在课上跟大家聊读书，聊着聊着就讲了一句话，到今天都让我记忆犹新且汗颜不已："当年我们找点书读不容易，现在的条件好太多了，可你们年轻人读书的劲头怎么还不如我这个老头子，想不通！"这学期在一门研究生的课上，一位美籍教师问大家马克思《费尔巴哈论纲》的最后一条是什么，现场居然没有一个人能讲出来！其实最后一条就是那句人们耳熟能详的"哲学家们只是用不同的方式解释世界，而问题在于改变世界"，足见我们对经典文献的生疏。

作者的另一个观点是，就算北大学生真的读书少了，也不要太过担心，那是因为我们了解世界、提升自我的途径多了。这一点我不太赞同。就拿我自己的亲身经历来讲，本科四年，我可以说是体验了各种各样的读书之外的"提升自我的途径"，做社团、办报纸、跑实习、出国交流……但四年下来，除去收获了一份漂亮的简历和一些实践经验之外，我并未觉得自己在学识和思考判断力上有多大提升。进入研究生阶段，我下决心痛改前非：无论将来毕业后是工作还是继续深造，研究生这两年一定要塌下心来认真读些好书。这样半年多下来，的确觉得自己长进不小。我深刻地体会到，一些实际的社会经验和工作技巧，也许可以靠其他途径来获得；但是，对复杂社会现实的深入理解与判断，对于自身既有观念的不断反思与刷新，是必须要靠长期坚持的阅读来努力获取与维持的。读书，自有所谓"其他认识社会、提升自我的途径"所不能替代的价值。

当然，作者为北大学生做辩护的心态也非常值得理解。这几年，媒体上经常出现各种"黑北大"的新闻，同学出于自我防卫心态做一些辩护也很正常。但我认为，在借阅量下降这个问题上，北大人最应该有的态度是直面问题，自我反思，知耻而后勇，而不是忙着为自己辩护、为北大正名，更不能以"我们现在有了更多提升自我的途径""阅读方式和阅读习惯已经改变"等理由来安慰自己，甚至欺骗自己。

后来，其他学生又陆续写了《每一个人都不应该背上阅读数量的枷锁》《警惕自我感动的学习方式》等评论，让讨论进入更深层次。今天我的《雪夜妄评中国各大新闻毕业生气质》这篇文章引发讨论后，卢南峰同学写文章批评了我的标签化，并批评我"只批评中传而不批评其他大学学生不读书"，这样对中传不公平，我也很欣赏，并非常高兴被学生这样批评。

学新闻的人，遇到不同观点，应该学会用笔去论战，用媒体人的方式去解决不同观点，用事实和逻辑去说服，而不是发短信骂别人，或扎堆去别人微信去打群架，或用一句"你在标签化我们"这种万能的防御武器回避所有的批评。在这场讨论中，中传学生多表现出了理性交流的态度，即使有不满，也表达得很克制，让我尊敬，让我反思我判断的简单粗暴。

（微信公众号"吐槽青年：曹林的时政观察"2015年11月24日）

大学生怎么提一个高逼格的真问题

经常到大学做讲座,讲完后一般都会留时间给学生提问。发现不少学生不会提问题,要么是冗长啰唆,要么是抽象宏大,要么是为提问而提问、把提问当成表演机会,要么提一些无法回答的问题,要么提教科书或政治课本上有标准答案的问题,让场面尴尬,让回答者为难。提问题听起来是一件很简单的事,其实不然,问一个精彩的真问题真的挺不容易。分享我的一些经验,最后附上著名经济学家张五常一篇文章中的观点。

其一,避免提过于空洞抽象的大问题,问题越大越空,越无法形成有效的交流,越具体越有针对性越好。如果被提问者不知道你想问什么,只能天马行空地说些空话套话。比如,问"作为一个老国企是怎样适应新形势的",这个问题就非常空,回答者只会说一些诸如"把过去好的继承下去,改掉坏的,树立新的目标"之类没有信息含量的空话和正确的废话,空对空,是一种没有碰撞出新闻火花的无效对话。

其二,避免抛出一个很大的问题,然后问别人"你怎么看"。我平时在大学作讲座,大学生特别喜欢这样提问。其实,这不是问题,因为学生没有表达疑问,没有自己的判断,没有问题意识,完全是没话找话,没问题挤问题。我经常反问,你怎么看呢?难道是考我?这不是一个真问题,不是一个需要解答的疑问,而只是提出了一个话题、设置了一个议题。如果一个人对某个话题有自己的思考,有自己的想法,才有能力从某个角度提出一个有水平的问题,而不是空泛地问"你怎么看"。"你怎么看"暴露的往往是自己对这个问题的认知空白。

其三,避免只是阐释自己看法,而没有提出问题。有朋友说,中国很多学生不会提问题,他们最多会借提问的机会阐述自己的观点。我遇到很多这样的情况,学生站起来说了一大堆,谈了自己冗长的看法,说了半天,只是自己在表达,而没有提出困惑和矛盾,或需要解答的地方。很多时候我只能让他坐下:"你说得很对,我认同你的看法。"如果提问题的比回答问题的说得还多,那是提问的失败。

其四,避免对问题进行穿鞋戴帽,绕来绕去不知所云。提问应该讲效率,一针见血直指要害,不能啰哩啰唆讲一大堆:前面讲一堆空话铺垫,恭维一下被提问者,再来个铺垫,然后提问题,然后再说自己的看法,最后问"你怎么看"——说了一大堆,核心问题被隐藏在套话、铺垫和个人看法中。不仅被问者觉得不知所云,其他听众也会很反感。

其五,不要把提问变成个人表演的机会。提一个实在的问题,而不是借提问表现自己的知识渊博,借提问去让对方难堪。有人把问题设计得非常花哨,使自己成为焦点,不是寻找解答和交流,而是借此把聚光灯聚焦到自己身上。别忘了,提问者永远是配角,答问者才应该是主角,不应该喧宾夺主。央视前主播芮成钢之所以让人反感,就在于他在很多场合的表演性提问纯粹是喧宾夺主抢风头,既让被提问者反感,也让观众厌恶。

其六,问题可以非常尖锐,可以刁难,但不要咄咄逼人和盛气凌人,要保持基本的尊重,别以把谁问倒、出丑为目的,提问是交流的机会,而不是审判。

其七,提一个别人没有提过的新问题,重复提问是浪费大家时间,也可能让被问者鄙视。

其八,一次最好只问一个问题,连续问几个问题既会把自己的逻辑搞乱,别人也记不住。

其九，问题要具有普适性，不能只是个人疑问。那种"我个人有个小疑问"之类的问题，还是收起来吧。

其十，不要明知故问地问那种不可能回答的问题。比如，一听到学生问我，"你怎么看待言论管制和新闻自由"这个话题，我一听就一头火——且不说这个问题很空，你让我怎么说，你自己难道不知道答案是什么？

最后，不要当托儿去"送问题"，把提问题当成肉麻吹捧和拍马屁的机会：你是如何成为一个成功人士的，你是怎样创造了今天的辉煌，作为一个成功的女人你有什么秘诀，等等——作为脑残粉私下写信时可以表达崇拜和取经，公开提问时不合适。这不是问题，而是给对方一个宣传和推销的机会。

有教育专家说，中国学生回到家里，家长都问："你今天学到了什么新知识？"据说犹太学生回到家里，家长却问："你今天问了什么好问题？"前者的落脚点是"学知识"，而后者的侧重点是"提问题"。很多时候，判断一个学生的思想力和创新力，不在于能不能什么事情都可以高谈阔论说几句，而在于能不能提出有价值的问题。

有这样一则佳话，很耐人寻味。民国时四川有个蒙文通教授，是大师。为什么称他是大师呢？因为每次期末考试，蒙教授不是出题考学生，而是让学生出题考他，即通过考查学生能不能提出有水平的问题来判断学生有没有学会，只有真正学了，才能问出有水平的问题。

（新华网"思客"2015年7月10日）

附录：经济学家张五常在《思考的方法》中谈到过怎么提一个有价值的问题

问题要达、要浅、要重要、要有不同答案的可能性。

第一，问题要一针见血。

这是佛利民的拿手好戏。你问他一个问题，他喜欢这样回答："且让我改一下你的问题。"（Let me rephrase your question）他一改，就直达你要问的重心，十分清楚。我们凡夫俗子的仿效方法，就是要试将一个问题用几种形式去发问，务求达重点的所在。举一个例子。当佛利民解释某法国学者的货币理论时，我问："他的主旨是否若时间长而事情不变，人们就觉得沉闷？"佛利民答："你是要问，是否时间越多，时间在边际上的价值就越少？"这一改，就直达经济学上的"替换代价下降"（Diminishing Marginal Rate of Substitution）定律，他无须答我，答案已浮现出来了！

第二，问题要问得浅。

这是艾智仁（A.A. Alchian）的专长。谈起货币理论，他问："什么是货币？为什么市场不用马铃薯作货币？"当经济学界以功用（Utility）的量度困难为热门的争论时，艾智仁问："什么是功用？什么是量度？我们用什么准则来决定一样东西是被量度了的？"这是小孩子的发问方式。后来艾智仁找到了举世知名的答案。量度不外是以武断的方式加上数字作为衡量的准则，而功用就只不过是这些数字的随意定名。假设每个人都要将这数字增大，就成了功用原理。这武断的方法若能成功地解释人类的行为，就是有用的，而功用本身与社会福利无关！我自己的佃农理论，就是由几个浅问题问出来的。传统上的理论，都以为既然土地种植的收成是要将一部分分给地主，那么地主以分账的方法征收租金，就正如政府征税一样，会使农民减少劳力，从而使生产下降。我问："既然生产下降，租值就应减少了，为什么地主不选用其他非分账式的收租办法？"我再问："假如我是地主，我会怎么办？假如我是农民，我又会怎么办？"

第三，要断定问题的重要性。

在我所知的高手中，衡量问题的重要与否是惯例，赫舒拉发更喜欢把这一衡量放在一切考虑之前。学生问他一个问题,他可能回答:"这问题不重要。"于是就想也不再想。认为是重要的问题呢,他就从座位上站起来!

判断问题的重要性并不大难。你要问:"假若这问题有了答案,我们会知道了些什么?"若所知的与其他的知识没有什么关联,或所知的改变不了众所周知的学问,那问题就无足轻重。

有很多问题不仅是不重要,而且是蠢问题。什么是蠢问题呢?若问题只能有一个答案,没有其他的可能性,那就是蠢问题了。举一个例。经济学是基于一个"个人争取利益"的假设,这就暗示着个人生产会尽可能减低生产费用。有一个学者大做文章,问个人的生产费用是否会过高了?但基于这个作者自己的假设下,"过高"是不可能的。佛利民就下评语:"愚蠢的问题,得到愚蠢的答案,是应有之报!"

传统媒体别愚蠢地跟风"黑"老人和大妈了

最近在几家报纸做讲座时我都提到了一个观念：新媒体冲击下，传统媒体不能再迷失于新媒体设置的那些泡沫议题中，别当网络的跟屁虫，要知道我们的读者对象是谁，不要再愚蠢地跟着网络一起"黑"老人和大妈了。老人和大妈其实是传统媒体最忠实的用户、最忠诚的读者，年轻人因为迷恋社交平台而在渐渐远离和抛弃传统媒体，很大程度上是退休的老人和买菜做饭的大妈们力挺着传统媒体，传统媒体不能没有"读者群意识"，不能一边靠老人大妈们撑着，一边跟着被年轻人主导的新媒体去"黑"老人和大妈。

老人和大妈，还有大叔、中年男，等等，这些词在新媒体传播环境中，似乎都已经成了贬义词，搜索"老人"，多与"讹诈"联系在一起。提起大妈，都是负面的标签：广场舞扰民、无理取闹、泼辣、不顾形象、插队、抢购、炒房，等等。一说到大叔、中年男，条件反射般想到的是"猥琐"。看微博微信，仿佛身边和街上到处都是随时准备倒地讹小伙子小学生的老人。看网络新闻，仿佛大妈成了万恶之源，大妈总与坏新闻联系在一起，个案、缺点和年龄特征被肆意地调侃、恶搞、放大、编段子挤兑，"大妈"已成为段子手们表演才华和制造笑点的绝佳母题。

考察老人和大妈的污名史，已经无法具体考证是从什么开始的，但一个可以确证的事实是，污名化老人和大妈之风主要盛行在网络和新媒体上。为什么这两个群体在网络上会被黑？当然，确实出现过老人讹诈小学生的新闻，一些大妈也确实有些问题，但哪个群体中没有一些坏人？哪个群体没有一些问题？可有哪个以年龄和性别为特征的群体在网络被黑得如此惨和彻底？比如近日网上一条新闻《老人浴场专撞女子胸部　网友：为老不尊的老流氓》，这种标题，又掀起了一波攻击老人群体的高潮。

老人和大妈在网络上被污名化，主要不在他们有问题，而在于他们在网络上的缺席，缺乏舆论话语权。缺席必然挨骂，这是一个基本的舆论规律，没有话语权，必然被黑、被喷、被污名，这是无可奈何的现实。有人这样总结网络上蛮不讲理的逻辑：警察和平民冲突，警察错；城管和小贩冲突，城管错；公务员……和谁冲突都错；大小官员，逢事必错；普通人冲突，有钱一方错；开车的冲突，开好车的错；两个无赖发生冲突，不会发微博的那个错。尤其是最后一句：两个无赖发生冲突，不会发微博的那个错，将网络时代"缺席必然挨骂"的真理演绎得淋漓尽致。

整天看到网络上各种新闻和段子"黑"老人和大妈，我们有没有看到过老人和大妈们的辩护？很少有，这两个群体基本上是不上网的，至多只是在微信上关心儿女的动态，不会发微博，不会上网看新闻（也不相信网络，他们是传统媒体的忠实粉丝，过去养成的习惯使他们依赖报纸和电视获得信息，觉得"网上的不靠谱"），生理规律（视觉下降，盯着电脑和手机屏幕眼睛吃不消）使他们远离着手机和网络。所以，网上再怎么"黑"他们，他们既看不到，也没有能力在网上去回击。所以，这场对老人和大妈们的污名化，完全是垄断着网络平台和新媒体话语霸权的年轻人对老人和大妈们一场缺席的肆意抹黑。

网络和新媒体上到底是怎样一群人？并没有权威的社会学统计，但从评论和留言可以看出，活跃在其中的主要是年轻群体：精力旺盛，熟练地掌握着网络交流技术和语言，迷恋新兴的社交工具，沉迷于虚拟世界之中，热衷于微博表达和通过网络获得信息。甚至还可以窄化一下，比较活跃的主要是45岁以下、15岁以上的男性（这种构成使网络话语带着浓厚的男性特征和视角，对女性极为不利，比如女司机就经常被黑）。这样的构成，决定了网络和新媒体对老人和大妈的态度。理解了这种背景，也就理解了为什么只要发生一起"老人讹诈"事件，就会变成对一个群体的攻击，就会生产出对老人不利的"坏人变老，老人变坏"之类的议题。也会理解大妈这个群体在网上为何那么不招人待见。

哪个群体中没有坏人，谁没有老的时候？哪个女人不会成为大妈？如此肆意地放大极端个案，将老人和大妈污名化和妖魔化，见证着网络和新媒体的狭窄和局限。

我呼吁传统媒体别愚蠢地跟风"黑"老人和大妈，绝非是站队，绝非仅仅因为老人和大妈是传统媒体的忠实客户而年轻人不是，而是因为网络和新媒体的问题，使其无法超越自身的局限，需要传统媒体坚持自己的主见。传统媒体在很多方面需要向新媒体学习，新旧需要融合，但在内容生产和议题设置上，传统媒体要有自己的判断，要有内容生产的自信和议题设置的自主。

常有传统媒体的同行说，一定要让自己生产的内容跟上今天的年轻人。创新和跟上年轻人当然不错，但不必刻意去迎合年轻人。因为你在内容上再迎合年轻人，他们都是不读报纸、不看电视、不听电台的，而都把网络当成信息渠道。你再迎合他，他都视而不见，这种迎合反而失去了真正花钱买报纸的人。迎合年轻人的品位和习惯，把自己搞得花里胡哨，老黄瓜刷绿漆般地装嫩，本就是一种错误的传统媒体策略。

意识到自己的读者是哪些人，买报纸看电视的是哪些人，就不会在内容、形式、议题上去刻意迎合所谓的年轻人了。当然，我不是说传统媒体不要创新，不要做新媒体了——新媒体的读者是年轻人，自然要在内容和形式上去适应和追赶他们，但在传统的介质上，不能失去老人、大妈和大叔，毕竟这些人是这个社会中很重要的一群，更是传统媒体最忠诚的粉丝。

有人说，随着这一代习惯看报纸看电视的人的老去，传统媒体将会死去——这完全是刻舟求剑的僵化思维。看报纸看电视的习惯，随着年龄的增长会不断依赖。现在依赖手机网络的年轻人,当老了的时候,过度透支的眼睛根本支撑不了那种整天盯着手机刷的习惯,想获得新闻信息,还是得回归传统。再说了,人老了,退休了,每天有那么多时间,不拿份《中国青年报》翻翻,不深度阅读新闻报纸上的文章,怎么打发一整天的时间啊(别光让父母给自己带孩子,给退了休、眼睛不好使的父母订一份《中国青年报》吧)。

当然了,"传统媒体必死"这个议题,显然也是一群从不买报纸的年轻人嚷嚷的,你问问那些可爱的老人和大妈们,他们答不答应?

(微信公众号"吐槽青年:曹林的时政观察"2015 年 8 月 26 日)

有一种让你泪流满面的报道叫"中青体"

今天的微信圈被本报记者张国的报道《牺牲》刷屏了,几家主流新闻网站都在重要位置转载了这篇报道天津爆炸事故消防员牺牲细节的特稿。正像几年前汶川地震后本报记者林天宏的《回家》,"7·23"动车事故后本报记者赵涵漠的《永不抵达的列车》,张国的这篇《牺牲》,再一次泪洒互联网——尤其是开头讲述的"那个沉默的深夜来电,用尽了儿子最后的力气"的故事,触动了所有人的泪点。

微信圈里各行各业的朋友表达着看到这篇报道后的感动,有人说,这可能是这次爆炸事故最好的报道,直抵心底的白描,典型"中青"文风。有人说,这是触动人心但不煽情的好报道。一个同行说,刊印出来的新闻报纸是有张力的,张力来自那些能够沾湿见者衣襟、却被记者竭尽心力克制下来,而只能融进笔墨的泪水。

一家国字头大报的老总在微信圈转发这篇报道时说:"《中青报》毕竟是《中青报》。"

灾难让人悲痛,巨大的毁灭和废墟让人充满无力感和愤怒感,记者这个职业所能做的,只能是尽力去还原事实和真相,用采访获得的细节去还原被灾难毁灭和掩盖的那一切,让真实和真相去感动、触动、撼动人心,用带着温度的文字把灾难留下的伤痛铭刻在人心,记录进灾难史而让人永远无法遗忘。天津爆炸事故这样的大事件,不仅考验着一家媒体对突发事件的迅速反应、连续报道和深度挖掘的能力，更考验着媒体对于灾难报道的人文立场和记者的情怀。在爆炸事故现场用脚采访了数天的张国，最后"用笔还原"了他采访到的细节，完成了一个《中青报》记者对这场灾难所造成伤痛的记录。

我想，看到网络上如潮的感动和同行们对这篇报道的赞美，张国心中涌起的一定不会是什么职业成就感，而应该是一种"交代感"——这是这几天在灾难现场一直沉浸于灾难带来的冲击、悲痛、震动、感动并满含泪水的记者对采访这场灾难的一个交代。

从《回家》到《永不抵达的列车》，再到《牺牲》，《中青报》这些记录灾难的报道之所以每一次都能打动人心，成为记录灾难史不可或缺的一部分，让人们提起那些灾难都会想到那些报道，除了源于《中青报》记者的职业素养，也源于海运仓2号这份新闻报纸对于灾难报道一直贯之的立场与情怀。有一种让你泪流满面的力量叫真相，有一种让你泪流满面的报道叫"中青体"。

"中青体"其实并没有多少技巧，归根到底就是"用脚采访，用笔还原"，尽可能地说人话，尽可能地用有冲击力的细节和故事去还原。我想，张国在写这篇报道时肯定非常痛苦，作为在现场接触到很多灾难细节的记者，内心肯定积蓄着巨大的悲伤、感动和震惊——当年汶川大地震后听林天宏讲过写《回家》时的虐心和撕扯之痛。但这种报道又不能太用力，关于悲伤的情感，越是用力，越是无力，越容易用力过猛。所以需要写作者尽可能克制自己心中那种巨大的悲痛和感动，才能尽可能地还原，用表面平实却涌动着情感岩浆的东西去抵达读者的内心。

看看张国这篇报道的开头：

> 侯永芳在零点之前接到了一个电话，屏幕显示是儿子的号码。她对着电话喊了半天，那头始终没人说话，只有一片嘈杂。连呼吸声都听不到。
>
> 第二天她的世界就塌了。
>
> 8月12日晚，她的儿子甄宇航在天津一处危险化学品仓库的爆炸

中牺牲，距离 22 岁生日只有一周。

甄宇航当了 4 年消防兵，每次出警返回，习惯给母亲报个平安。现在，哭成泪人的侯永芳知道，那个沉默的深夜来电，用尽了儿子最后的力气。

我想，张国在写这一段时，内心肯定是澎湃并崩溃的，但他用很平静的方式表达出来了。每个读者看到这个开头时，一定跟我一样，内心都会感觉到被什么东西狠狠地揪了一下，然后是痛，泪奔。

相比那种挖掘原因、追问真相的灾难报道，这种"正能量"报道并不讨巧，尤其是看过那些充满"灾难文艺腔"的报道之后，人们更对那种渲染感动掩饰灾难悲情的空洞颂歌充满抵触，加上此前这种"逆火而行"的英雄事迹报道已经感动过一波，"牺牲"题材很难再设置触动人心的议题。但张国做到了，他用他的真诚悲悯和细节还原让那个牺牲的英雄群体再回到舆论场的中心。他没有想象那些英雄是怎么英勇地去灭火，没有空洞地歌颂那种"逆火而行"的剪影，而是讲述一个个悲伤的故事，通过自己在现场所看到和幸存者的讲述还原那一晚的悲壮。

44 岁的王吉良已经没有生命迹象，从后面被一个铁架压住。战友们根据衣服和头发认出了他。他是事发当晚的指挥长，也是牺牲者中职务最高的指挥员。他的战斗服与别人不同，且有一点谢顶，这使他不难辨认。

所有战士都哭了起来。他们的弟兄，一位老兵，牺牲了。

被送到医院时，王吉良的双手紧紧攥着泥土和碎草。同事们痛苦地猜测，爆炸发生时他没有立即牺牲，而是被砸成重伤，经过了痛苦的挣扎。

这样充满画面感的灾难细节描述，比一万句空洞的歌颂更有力，更有一种把人拉到现场、揪痛人心并让人肃然起敬的力量。

张国的文章中,没有像"感谢你无数次游过那么悲伤的水域"之类的文艺腔,没有如"江水无情,人间有爱"之类的辞藻堆砌和硬凑排比,有的是触动人心的细节。不是每个记者都能发掘这些细节,也不是每个记者都能把这样的细节表达出来,需要职业的态度、柔软敏感的内心和悲悯的情怀。

(微信公众号"吐槽青年:曹林的时政观察"2015年8月23日)

媒体精英仍多在体制内,但在加速度流失

张泉灵离开央视的消息早就爆出了,只不过大阅兵之后才再正式公布。今天的微信圈被她那篇告别演说《生命的后半段》刷屏了,像她以往的演说和播报一样,一如既往地亲切随和、娓娓道来、滴水不漏并充满思想的质感,一如既往地充满感染力。她很巧妙地避开了谈论老东家央视,也没有谈自己在央视工作这么多年的感受,而是谈另一个领域,谈新事业的召唤和新思维方式,谈人生感悟和生命后半段的追求。

她文章的这句话触动了很多媒体同行,很多媒体人在转发泉灵这篇文章时都摘出了这句话:"我开始有一种恐惧。世界正在翻页,而如果我不够好奇和好学,我会像一只蚂蚁被压在过去的一页里,似乎看见的还是那样的天和地,那些字。而真的世界和你无关。"

虽然媒体江湖中的人来人往已经成为常态,但张泉灵离开央视,对体制内的媒体人产生了不小的触动。一方面是张泉灵拥有很高的知名度,更重要的是,在体制内最知名、最有职业诱惑的媒体平台上处于事业的巅峰,她却突然转身离开,奔向另一个领域。离开央视,有很多种走法,有的是被逼走,有的是怀才不遇,有的是个性与央视格格不入,有的是事业遇到了瓶颈,有的是因为丑闻,有的想逃离央视束缚去赚钱。"张泉灵式离开"跟以前的杨澜

离开比较像，世界这么大，想要离开央视去看看，挥一挥衣袖，不带走一片云彩。

这两年媒体离开了很多人，媒体曝出的只是少数，多数媒体人的离开都是默默无闻地悄然离开，不过是换一个地方。央视处于聚光灯下，整天在电视上能看到面孔，人来人往都是新闻，每走一个名播名记，都会成为新闻。某种程度上，央视的人来人往，已经成为体制内媒体人才流动的一个风向标。虽然央视这两年的人员流动有一定的特殊性，但在这个最体制化媒体的精英流失中还是能看到很多东西。

前段时间著名媒体人、前新浪总编陈彤在一个讲座中说，真正有能力的媒体人还是在纸媒。我想把他这句话延伸一下，媒体精英还是集中在传统媒体——甚至可以说，媒体精英仍然多集中在体制内的媒体。很多人谈起央视、《人民日报》或新华社之类体制内媒体时，总是习惯性地表现出轻蔑，但不得不说，虽然市场化媒体拥有一批非常牛的调查记者，但中国的媒体精英仍集中在那些很多人常批评的体制内媒体中。比如央视，就集中着一批中国最好的电视人才，这是地方卫视所无法企及的——虽然地方卫视很火，但你问问那些学新闻的孩子就业时的选择，央视仍然是他们眼中的新闻圣地。虽然纸质的《人民日报》不好看，但《人民日报》集中着一批报纸精英，从新媒体上的表现能够看到他们的优秀。

电视节目办成那样，报纸上看不到新闻，他们也很无奈，这不是他们能决定的。一流的人才，办成三四流的媒体，很多时候不是他们的错。

媒体精英之所以仍多留在体制内媒体，有以下几个原因。其一，当下媒体的中层管理者，多是60后、70后和80年代初的一些人，在这些人就业的时代，体制内媒体还拥有很大的职业感召力，人大、复旦、中传等著名新闻系的学生毕业时都奔向这些媒体。尤其是20世纪90年代末，央视曾引领过电视媒体一场深刻的革命，"东方时空""焦点访谈"就出现在那个时代，白岩松、崔永元、敬一丹等人正是那个电视革命时代的产儿。《中青报》也是如此,很多大学生都是在大学时代被这份报纸深深地吸引,在毕业时毅然奔向海运仓2号的。从特别报道、摄影到教育报道,这份报纸都聚拢了一批这个行业最顶尖的人才,在精神传统的传承下,这些人才仍在。

其二,体制内媒体在一些市场化媒体冲击下,虽然优势不在,但也有一些新兴媒体无法替代的优势,比如替毕业生解决户口——很多人可能觉得户口没太大意义了,但对于毕业生来说非常重要。

其三,体制内媒体有较高的进入门槛。虽然体制内媒体不好看,但因为级别高,影响力大,所以一直维持着较高的进入门槛,吸纳了一批精英。

其四,体制内媒体比较稳定,不必像一些都市媒体那样整天困于豆腐块,为工分而忙碌,没有空间去做新闻精品。体制内媒体版面少任务少,会养一些懒汉,也会成就一些名编名记者,有追求的记者可以借助这种相对宽松的空间去做深度和精品。都市报可能无法容忍一个记者一两个月不出稿,但体制内媒体可以。

另一方面,体制内媒体的人才流动不像市场化媒体那么快,保持着相对的稳定性,这有利于成就媒体精英。虽然我觉得人才流动是媒体常态,但我坚持认为,没有一个跳来跳去的记者能够成为名记者。记者需要有一定的职业耐心,坐得冷板凳,拿得低工资,少一点急切成名的功利心,耐得起寂寞,才能做出好新闻、做出影响力。觉得不合适可以跳槽,但总是跳,不去调整自己心态,有一点儿觉得不满意就跳,跳来跳去不会有职业积累,耐心越来越少。

如果张泉灵不断跳来跳去,成就不了她今天的辉煌。如果刘万永跳来跳去,而不是扎根在《中青报》做新闻,也成就不了他一篇篇名作。一些年轻人,才写出一两篇让媒体江湖叫好的报道,就立刻跳槽,虽然收入高了,但因为缺乏积累和失去平台,失去了后劲。

当然,我写这些,不是鼓励年轻人去体制内媒体,而想说另外一个话题:媒体精英虽然仍多在体制内,但正在加速度流失。这是张泉灵等一个个著名媒体人的离开给我的感觉。媒体格局在发生大变化,体制内媒体过去的很多优势,如今正在失去,留下的硕果或者老去或者离去,新人正处于新媒体迷恋期,体制内媒体拿什么去吸引人才?

(微信公众号"吐槽青年:曹林的时政观察"2015年9月9日)

大学生的文风为何缺乏阳刚之气

前段时间参加一个活动,来自不同高校的大学生们分别就某个主题以各种形式进行阐释分享,有的是演讲,有的是讲故事,有的是演小品,我作为评委进行点评。刚开始的时候,还听得很有感觉,因为无论是演讲、朗诵还是小品,都非常感人,充满热烈的情感和温暖的情怀。可听着听着,就渐渐没感觉了,因为风格严重地趋同,虽然题目和故事不一样,但那种抒情和煽情的文艺气息就像一个模子里刻出来的。听第一遍第二遍时会被感动,可舞台上不断重复着那种软乎乎的抒情,以"此处应该感动"的方式催逼着你感动时,很容易就无感了。不仅无感了,甚至对台上毫无节制的抒情生出一种抵触。

关于这个主题,完全可以用一种阳刚、深刻、有力的方式来表达,而不应该都是这种软乎乎的文艺抒情。比如,可以有深度的采访调查去表现,可以有深刻的新闻评论去表达——即使都选择演讲或朗诵,也可以用深刻而阳刚的语言去表达,去提出问题启发思考,去用深刻的思想打动听众,为什么大家的审美那么趋同,都选择了那种软乎乎的文艺抒情和矫揉造作的伪情怀文?

这不是个案,参加过不少学校的类似活动,听到的演讲都是这种文艺抒情腔调,文字华丽却空洞无物,无非就是拐弯抹角地堆砌形容词。看到的一些评论,也是这种煽情腔,把一堆听起来很正能量的大词堆砌在一起:阳光、温暖、友爱、泪流满面、热泪盈眶、力量、友爱、前行、光明——看起来有宏大的气势,却空空洞洞没有观点与灵魂,这些词像塑料花一样,更像劣质的香水，使文字充满着装腔作势的伪情怀。与不少大学老师交流过，他们也感慨于如今一些大学生的文风缺乏阳刚之气，在文艺抒情和排比煽情之外，似乎就不会其他的表达方式了。

当然，并不是大学生都是如此，年轻人中不乏深刻的思想，但这种缺乏阳刚之气的抒情文风在大学中似乎很主流。也不是说文艺抒情多么不好，但在公共表达中一开口多是这种软乎甜腻的、端着的演讲腔调，就是一个不得不关注的问题了。

问题出在哪里呢？有朋友说，可能与当下大学中的"男生危机"有很大关系，女生主宰的校园文化和文风，带着浓厚的女性特征，自然就缺乏阳刚之气。这可能有一定的道理，某大学一个负责学生工作的老师就跟我抱怨过，现在积极参加大学活动的基本上都是女生，男生多窝在宿舍里。大学校园本就阴盛阳衰，尤其是文科院系，男生的消极加剧着大学校园文化中阳刚的缺失。办什么活动，从策划到参与，多是女生。女性情感细腻，偏爱文艺，无论是演讲比赛，主持人大赛，还是评论大赛，主力选手都是女生。

并非说女性文风就一定缺乏阳刚气，但当女性视角和话语主导着校园文学和表达时，文风就失衡了，"感动"和"温暖"之类的伪情怀文就获得了垄断地位。

当然，文艺抒情腔在大学的泛滥，另一个很重要的原因是大学中弥漫着的精致的利己主义——很多学生并非没有独立的思想，并非没有深入追问、深入思考、犀利表达的阳刚之气，但他们知道，台下坐着一些领导可能喜欢这种听起来很主流、很正能量的文艺抒情。当他们站在台上表演的时候，他们知道应该迎合谁，应该让谁满意。他们并非不知道其他听众对煽情抒情的厌烦，但其他听众的感觉不重要，领导喜欢就好。这些学生掌握着多套话语体系，知道跟什么样的人说什么样的话，在什么样的场合作什么样的表达——在网上有一套跟随流行、非常新鲜活泼的网言网语，在课堂上有一套专业学术的话语，在各种比赛中面对领导时，又有另一套话语体系，那种抒情腔调便脱口而出。

　　文艺抒情，是一种讨巧的文风，既外表华丽又非常安全，而阳刚的文风，则可能因为犀利的观点和充满个性的思想而带着风险。当然，还跟流行的审美有很大关系，秋雨散文、于丹鸡汤、《小时代》电影中泡大的一代，也使文风缺乏阳刚之气。

　　更深层次的问题可能在于大学精神的缺钙。大学缺钙，象牙塔没了灵魂，从那种校园文化熏出来的大学生，文风上自然也就缺钙，没有阳刚的思想之美，只有迎合和取媚。当然，缺乏阳刚之气的不仅仅是某些大学生的文风，而似乎是整体的社会风气。看很多媒体上的文章，不也是那种艳俗的文艺抒情？自上而下的各种演讲比赛或者文艺表演，不都是那种假大空的煽情？

（《晶报》2015 年 9 月 15 日）

手机附体的时代为什么仍有必要订一份报纸

报纸从业者在当下似乎是一个很让人同情的身份——传统媒体受到新媒体冲击，纸媒受到的冲击最大，常有人带着既优越又同情的口吻跟我说："我已经几年没看过报纸了，我身边也都没有看报纸的人了，手机上什么新闻都有，唉。"一声"唉"字意味深长，我懂，是让我早点改行，或早到蓝翔学门手艺备用。

唱衰传统媒体和奚落纸媒已经成为时尚，传统媒体从业者辞职时会充满情怀地踹东家一脚，新媒体从业者会一边扒着纸媒新闻一边喊纸媒快完了，新闻学教授充满忧虑地让学生转向新媒体，自媒体大伽们狂妄傲慢地声称"内容为王是个屁"——一两家纸媒的停刊更被这些论者兴奋地当成了论据。其实，这种观点肤浅无比，新媒体与传统媒体的命运其实是连在一起的。当下的危机是媒体普遍的危机，无论是新媒体、旧媒体，还是自媒体。

一些人只看到一两家传统媒体停刊，却看不到每天死掉的自媒体成千上万；只看到几家新媒体拿到了融资过得挺风光，却看不到无数新媒体艰难煎熬；只看到纸媒广告和发行下滑，却看不到凤凰无奈裁员、百度冻结招聘，看不到微信公众号的阅读量相比去年大幅下滑，微信公众号的打开率越来越低。新奇的东西总能让人迷恋，公众的新媒体迷恋期和自媒体发展的泡沫期正在悄然消退，信息过剩之下甚至产生了厌倦，会有一个回归传统的过程。

当然，我这篇文章并非想谈媒体业共同遇到的危机，而是想谈在这个手机和网络附体的信息过剩时代,为什么还需要订一份报纸。

手机毁灭专注力,报纸让人专注与深思

手机和网络对现代人的一大伤害是,毁灭了人们的专注力,只要身处网络和手机环境,我们就很难保持5分钟以上的专注力,时间和思维很容易碎片化。所以虽然很忙,我每天都会有一小时的时间与手机和网络隔离,专注读书看报,从而避免让迷失于碎片化的信息陷阱和"自以为遍览了新闻,却只是粗读了标题"的幻觉中,没有专注阅读,对很多事情至多只是知道,而没有明白。

很多人对于"手机毁灭专注力"的危害还没有深刻的认知,就拿我来说,常有扔掉手机的冲动。想着要做某件事的时候,突然来了个电话,接完电话就忘了刚才想做什么事来着。刚准备在电脑上写文章,突然提醒有新的微信——看了一下微信,倒是想起刚才想做什么事了,可写作的思路又断了。手机阅读确实便捷,让人形成信赖,我们的专注力,正是被我们热爱的东西给毁了,以迎合我们的惰性的方式毁灭着人类的很多优秀品质。

如今很多年轻人的日常生活已经离不开手机了,地铁上、饭局上、开会时、排队等候时,都低着头盯着手机屏幕——有时我在地铁上看书,好像倒成了另类,被一群看手机的人当成了怪物。其实,虽然手机浏览信息似乎很方便,但很难"专注"阅读,来了个短信,来了个电话,弹出一条新闻,QQ或微信闪了一下,注意力很容易就转移了,至多只能看个标题。在专注缺失之下,虽然获得很多信息,有了灵感火花,却没有思考,失去了对某个问题深入思考的能力。所以有学者批评现在的年轻人:读书太少而想法太多。

在手机上看新闻,虽然是从《中国青年报》上转载的,但拿着手机看和拿着一份报纸看,心态和效果完全不一样。报纸这种媒介有利于让人形成专注的深阅读,心无旁骛,拿着一张报纸,白纸黑字,完整文章,很容易让人沉浸于线性文字和逻辑之中,边思考边阅读,回过头去再琢磨,完整阅读没

有中断。一个边听音乐边刷手机看信息的人，与一个在图书馆阅览室看报纸的人，专注度完全没法比。网络和手机阅读，诱导你只是看看标题，而报纸的形式则引导你看全面的内容。在网络上，很多时候只是被动阅读，是无思考的信息消费，而报纸这种形式则鼓励思考。网络和手机鼓励在此起彼伏的热点中快速消费，而报纸鼓励慢下来品味。多看书多读报纸，就是对手机谋杀现代人专注力的抗拒。

报纸替你从海量信息中梳理有价值的新闻

手机和网络上的信息确实是海量的，但你不可能阅读所有信息，只是选择觉得有趣和对自己有用的信息，只消费很少一部分。所以，"海量"对你并没有什么用，对你来说多数都是垃圾；而报纸是一次梳理和选择，减轻了海量信息给你带来的判断和选择压力。

有人迷恋手机和网络上接收新闻的快，一有突发新闻，客户端立刻弹出。可这种快在全息时代真没太大意义，1秒钟内迅速刷遍全网，然后接下来你会从不同途径不断接收到你已经知道的信息。想要深入地了解事件的前因后果，还得看第二天报纸上记者深入翔实且经过严格的把关以保障其真实客观的"特别报道"。当然，"快"和"慢"也并不冲突，第一时间通过新媒体了解到事件的发生，然后通过报纸了解现场准确细节和前因后果。

付费支持原创，不要用点击养懒汉

有人会说，即使当下新闻生产的主力仍然是传统媒体，对事件的深入报道还得看传统媒体，但传统媒体的内容很快能在网上免费、方便地看到，何必再花钱买一份报纸？

我总觉得，读者真没必要贪这个便宜。确实，在当下知识产权得不到完善保护的语境下，纸媒作品很容易被偷被抢，维权成本很高——纸媒生产了新闻，为一条新闻付出了巨大的生产成本，网媒新媒鼠标一点就转走了。如果网媒新媒总这样吃白食，新闻生产者拿不到阅读量带来的红利，红利都被转载者拿走了，那谁还愿意投入巨资去生产有价值的新闻呢？当下在生产者与转载者之间这种不平等的利益分配模式很难维持，生产者拿不到红利，生产的积极性会越来越弱，高质量的新闻产品会越来越少。

报纸的责任是生产优质新闻，读者的责任是花钱支撑生产者——不是心安理得地享用免费午餐，而是花钱买报纸去支持原创，付费才能看到高质量的新闻，让生产者而不是复制者受益，才能激励生产者生产高质量新闻。不去支持报纸，而是手机点击和浏览从传统媒体转载的新闻，是纵容着媒体业的不劳而获，支撑着"生产者为转载者打工"的不平等分配格局，在打击生产者积极性之下推动着新闻质量的低劣化。

从报纸上打捞被网络忽略的精品

有人说，网上的信息应有尽有，报纸上有的网上都有，报纸上没有的网上也都有，这份报纸上有的那份报纸上没有而网上都有。其实并非如此，就拿《中青报》来说，精品文章很多，可被网络转载的就那几篇，几家网络互相转来转去，形成所谓的热点。其实，报纸上的每篇文章都是记者和编辑精心生产的，都有价值，而网络编辑的视野和判断是有很大局限的，盯着热点，或复制其他网站提炼出的新闻点，忽略了一张新闻报纸中更多的信息富矿。自己去读报纸，避免被网络编辑的口味牵着鼻子走，能看到很多被网络转载所忽略的真正新闻和有价值的信息。

读报培养独到和主见

每天几大门户网站的面孔虽然看上去不一样，但内容基本差不多，头条二条差不多，几个热点也是互相转载彼此复制，看一家网站就差不多了，内容严重同质。可报纸之间并不一样，个性非常明显，报纸气质迥然，新闻内容有很大的差异。新浪和腾讯有所不同，但这种个性差异，没法与《新京报》与《中青报》的不同相比。这就是生产者和转载者之间的差别（当然，一些门户也在尝试进行新闻生产，打造自己的核心产品），生产者有自己的主见，有独到的视角，有自己的新闻理念和专业追求，而转载者进行二次生产的空间就小多了，所以热点的选择很容易同质化。

依赖手机和网络去阅读信息，看其他人都能看到的同质信息，在同质中养成的是同质的平庸思维和均等化的大众思维；而读不同个性、有独特精神气质的报纸，在长期熏陶中则容易被培养出与报纸气质相近的个性。读一份报纸，不仅仅是读其中的新闻，更是与这份报纸工作的名记名编们的对话，读他们的个性与思想，并在思想上融入其中。

特别是学新闻的学生，有必要戒除对手机和网络的依赖，而多读报纸，长期关注某一份报纸，从纸媒中获得独到的见解，从集中着媒体精英和最能代表着新闻精神的纸媒中获得新闻营养，接受新闻报纸中所深浸的精神熏陶，并形成知识和思想的积累。

读报避免看中毒的新闻

牛奶中有三聚氰胺，新闻中也有。而新闻之所以中毒，很多就是在网络转载和传播中形成的，网络标题党就是一个让新闻中毒的过程。网络转载报纸新闻，忠实于原文原封不动地转也就算了，可很多编辑会自作聪明地对标题进行二次生产，将并不代表新闻原意的非核心细节，甚至违反新闻原意的片段提炼到标题中,形成很大误导。

　　这样的新闻太多了。前几天有人写了一篇文章,批评某家门户网站的标题党,列数"别人的标题"和"某网的标题",让人看到了网络标题党的泛滥和毒素。没有谁比新闻生产者更了解某一条新闻的本意,纸媒的标题最能客观地反映新闻原貌。读报纸,就是读最原汁原味的新闻,避免在转载中被添加毒素。

("中青在线"2015年11月3日)

连环奇葩错误见证媒体的失败者情绪

媒体的文字差错,似乎从来没有像今天这样错得这么离谱、奇葩,错得这么低级和不可思议,错得这么丢人和让人心惊肉跳。而且陷入一个可怕的恶性循环和魔咒:越重要的越错,越批评越错,越错越离谱,并且错误还像病毒一样在媒体间传染,一错再错,一错就是一窝,不断刷新报刊史的差错底线。过去从段子中才能看到的差错,被以更荒唐的方式搬到了媒体版面和报道中。有些五笔和拼音输入错误可以理解,将奥巴马弄成"奥马巴"可以原谅,可将"市长致辞"写成"市长辞职",将一个政府部门写成"贪污受贿部",就无法理解了。无法想象,编辑记者和值班老总们得粗心到什么程度,整个采编流程得不专业到何种程度,才会犯如此闭着眼睛都难犯的错误。

无差错不报纸,媒体文字差错从不稀奇,报刊也有一定的容错率,可最近媒体所表现出的连环奇葩差错,超出了正常的容错空间,也绝不是个案上的荒唐,它见证着媒体人在广告发行受冲击的危机之下的漫不经心、心不在焉,见证着新旧权力转移的媒体大变局下部分媒体人缺乏新闻定力后的自弃心态,见证着传统媒体在人员流动下的失序、焦虑、失落和失败者情绪。

媒体的断层危机

出现这些低级差错不是偶然的,首先暴露出当下媒体出现的人才断层危机,尤其是传统的、负责任检校编辑的缺失,使媒体失去一批严格的文字把关人,失去一道严格的把关程序。听老一辈报人讲过很多传统编辑是多么负责任的佳话,校出了多少埋着的"地雷",怎么把版面改成"大花脸",为了一个字的准确查多少次字典。可如今的媒体,还有这样负责任的校对和编辑吗?还重视这样的人才吗?还有这样的编辑佳话吗?敬畏文字、敬字如金的那批老校对老编辑一个个都退休了,网络粗糙文字和浮躁氛围中熏出来的年轻一代,能替媒体把好文字关吗?

我所知道的是,一些年轻记者根本不好好写稿,文不通字不顺就传给编辑——反正后面有编辑。编辑呢,才不会替记者费心改稿,一堆错别字的烂稿直接就送去排版了——反正后面有检查校对和老总审稿。检查校对呢,我收入这么低、岗位这么低,怎么指望我能拿校对的钱操老总的心呢?差不多改改就行了。老总呢,我是老总,又不是校对,大方向上把把关就行了,前面都看了,我就不细看了,你们要仔细看噢。一个个奇葩的错误,就是经过这种漫不经心的把关程序放出来的。不是一两人的荒唐,而是一个采编把关程序的荒唐。

有人把近来那些奇葩的文字差错跟体制弊病联系起来,这种过度阐释纯粹是胡扯,问题很简单,就是马马虎虎、漫不经心。

编校人才的断层从大学的新闻教育就开始了,新闻业弥漫的浮躁从新闻教育的根子上就已埋下。据说很多大学的新闻系根本就不重视新闻编辑课,编辑课根本不教学生如何检校堵差错,迷恋新媒体的花里胡哨,迷恋兜售那些新潮的理论和概念,而没有通过新闻教育让学生打好传统的基本功。过去很多人不理解中国新闻奖评选时为何那么重视文字,苛刻到对文字差错一票否决。现在想来,一片浮躁之中,这种文字洁癖上的坚守是多么的可贵。

弥漫的失败者情绪

前段时间给新华社新锐文字记者编辑评选当评委,看到一个编辑介绍说,他所编的 1700 多个版面，没有出现过一个差错——我真的受到了震撼，毫不犹豫地把我的票投给了他。在媒体业弥漫着浮躁的氛围中，这种严谨太可贵了，太需要这种神话和佳话了。

我所知道的是，一些记者编辑之所以那么不把文字当回事，很大一个原因是有一种"反正写了也没人看"的失败者心态。广告和发行在萎缩，年轻人不看报纸了，这让媒体人对自己所从事的行业和工作越来越缺乏成就感，没有尊严感和荣誉感，没有了"一纸风行"的自信。既然没有人看，干嘛要费心去写去编，差不多就行了。既然没人看，谁会在意那些差错呢？读者对报纸的抛弃，可能已经到了对标题上的大错字都熟视无睹、漠不关心的地步。

真的是这样吗？不是报纸先抛弃了读者，而首先是报纸的自弃。报人应该有一个基本的价值自觉，你写对了，可能没人注意——可一旦你写错了，每个人都会注意到。当我们做对了，没有人会记得；当我们做错了，没有人会忘记。

真的是这样吗？面对冲击，如果不是想奋力把报纸做得更好，不是想用优质的内容去争取流失的读者，不是用权威文字去证明自身的不可替代，而是破罐子破摔，那么媒体，尤其是报纸，真会一溃千里，真会被读者完全抛弃。

迷恋速度下失去自我

另一大原因是在对快速的迷恋下失去按规范和规律去生产新闻的"新闻定力"，既没有跟上新媒体的"快"，又失去了自己"慢"的品质，奇葩差错便成为这种价值迷失中看得见的硬伤。

"快"重要吗？当然重要，但对于做新闻来说，"快"不是第一位，第一位的是准确。为了"快"，而不顾是否准确，很多时候"独家新闻"没抢到，抢到的是"独家耻辱"。传统媒体当下的很大问题是，一味去追新媒体的节奏，而失去了自己的节奏感。没有耐心慢下来去打磨文字，去让事实更接受真相，去让自己的判断更权威，跟新媒体比"快"，而丢掉自己的"慢"，这不是找死吗？

实际上，传统媒体的优势就是"慢"，慢下来做有附加值的深度调查和独到评论。

媒体融合，本应该是传统媒体的优势加上新媒体的优势，可如今一些传统媒体融合却是放弃自我而想把自己办成新媒体，新东西没学到，却丢了传统价值，新毛病染上了一堆。一些媒体人以自媒体心态办着公共媒体，自媒体有很多优势，但一大问题是活跃有余而缺乏权威和准确，求快求新求刺激而不求准——这些错别字出现在自媒体，一点儿也不奇怪，因为缺乏严格把关程序，也没人太当回事，可出现在大众媒体上，就会让舆论哗然。

失败之下的随时走人心态

"无恒产者无恒心"，这句话用在当下媒体身上可改为，"无自信者无恒心"。如果热爱这份工作，并有在这个岗位上退休的心态，自然会珍惜。可如今缺乏这种恒心，心态浮躁飘移，看到那么多同事走了，那么多名人离开媒体业，自己也准备随时离开。"随时走人心态"之下，可想而知会写出什么稿子，编出什么样的版面，犯什么样的低级错误。

从那些奇葩错误来看，就是心根本不在工作上，但凡走点心用点脑子都不至于有那样的错误。想着随时会离开，想着去创业，想着跳槽，媒体的人心散了，失去了责任心，表现在版面和报道中就是那些丢人的错。反正丢的不是自己的人，大不了走人。

在媒体业的人才断层和失败者心态下，谁知道还会犯多少更奇葩的错误？很多媒体人热衷于追逐独家报道，对这种文字差错一点也不在乎——可读者却很在乎！没有了新闻定力，没有了对最基本传统价值的坚守，媒体人自己都不敬畏白纸黑字，生产的报道能有多少公信力和权威性？

（《晶报》2015 年 12 月 8 日）

"新闻学界业界"是个什么鬼?

承蒙刘海龙老师的邀请,本准备参加周六中国人民大学关于新闻伦理话题的研讨会,后因为临时出差而遗憾错过业界与学界的讨论机会。正好今天看到朋友圈讨论这个话题,我把我本来准备谈的观点敲出来供批评。

中国的媒体业界与学界似乎一直在互相指责,业界的觉得学界的那些老师研究的都是屠龙术,然而,缺乏实践经验,严重脱离业界。而学界的则批评业界,浮躁肤浅,基本功没打好,报道缺乏深度,为了阅读量,各种手段都用上(甚至有学界老师不太愿意请业界中人去大学讲课,担心自以为是者误导学生,把浮躁肤浮之气传染给学生)。这不,最近这个话题又被挑了起来,有人批评新闻学界没有在媒体和记者遇到权力压力的关键时刻给予声援,而把更多精力集中在对媒体报道操作层面的挑剔上。

很多学界的老师对这个批评很反感,有的说,并不是没声援,有理的就声援,没理的不能苛求新闻学界去站队,有些媒体和记者自己不干净,有什么资格要求学界挺身而出。有的说,怎么没声援啊,很多新闻学者说的那些观点你们媒体敢登吗?有的说,新闻学界也有很多苦衷,业界对学界的这种批评,是弱者对弱者的批评。有的则称,新闻学院中教新闻理论和实务的老师越来越少,多是研究与新闻无关的传播学——意思是,在新闻事件上的缺席可以理解。

看到学界与业界陷入这种各自带着优越感的互相指责,很是难受。我想,业界中人对新闻学界的那些批评，初衷并不是指责学界，而是寄望提起一个议题，让学界和业界有更多的交流，而不是互划圈子老死不相往来，在各自的地盘上指责对方。可每一次讨论这个话题时，似乎都陷入学界与业界的互相指责中，加深了本就很深的裂痕。

写下这个题目，只是想玩个标题党，开个玩笑，并不是想批评新闻学界。我以前写过不少文章批评新闻学界，新闻学界有很多师友，常与他们交流，知道他们的苦衷。很多时候，新闻学界的视角跟业界是不一样的，业界中人与时事跟得太近，有自己的视角；象牙塔中的学界中人离时事较远，"较远"也不是什么坏事，距离产生理性，可以做一个冷峻的旁观者，避免陷入业界的利益和立场纠葛之中。学界有学界的逻辑，他们是报道的研究者（研究有时总是滞后的），而不是积极的介入者，业界没有理由苛求学界跟自己有一样的站姿，就像学界没法苛求业界中人像自己那样写论文。随着媒体业的发展，媒体人的"共同体意识"越来越强烈，可你有共同体，别人也有共同体，业界应该尊重学界与这种媒体共同体保持距离，带着一定的超脱态度去研究。

超越学界与业界对立的角度来看，新闻学界可能确实存在一些问题。我提出这些问题，并不是站在业界立场上去指责学界老师，而是与学界中师友们和新闻系的学生讨论时，形成的一些反思与共识。

其一，公共事件中缺乏来自新闻学界的声音，新闻学界中的媒体知识分子和公共知识分子偏少。并不是说要让学界中人在涉及媒体权利的话题上去声援业界，而是对媒体问题和公共事件的发言。这其实也是新闻教育的一部分，用发言为学生树立表达的典范，用自己的声音去感染学生，成为新闻教学的鲜活材料，而不是用教材上那些僵化的教条。教采写编评的老师，拿什么去教学生呢？用几十年前《人民日报》的评论案例？用远离今天这个时代的那些陈旧材料？当然不行。学好新闻实务，需要在课堂上形成一个新闻舆论场。一个积极介入公共事务的媒体知识分子，对新闻事件保持着观察的敏感和发言的冲动，才能让新闻课堂与社会接轨。

相比其他专业和职业，新闻学界中常在媒体上积极发言的知识分子相对偏少。发言包含两个层面的意思，一是对与新闻传播相关的专业问题的发言，一是对公共事件的发言，在媒体版面上开设时评专栏。新闻学界的这种发言偏少，常常发言的就那几个老面孔。教新闻的老师们都缺乏发言的冲动和习惯，怎么培养新闻系学生的表达冲动呢？

其二，缺乏实践的问题意识，研究的东西离新闻实践比较远，也就是在课堂上跟学生讲讲而已，没有解释和指导实践问题的能力。很多学界中人对新闻教育的理解很狭窄，认为就是把学生教好。其实新闻教育还有更深的内涵，应该对媒体业界出现的现实问题有所回应，有所指导。新闻学习没有止境，新闻教育不仅是对学生，也应该对业界。采访遇到的伦理困境如何突破，面对新媒体的冲击纸媒应该怎么办，传统媒体怎么做新媒体，等等，在传媒大变局时代，每天都会提出无数的实践难题，学界不仅应该成为业界的智库，更有义务深入研究这些实践难题，开展另一个层面的新闻教育。

很遗憾，很少看到学界中人在这些实践问题上拿出让媒体中人眼前一亮的研究。在各种核心期刊里，每年生产出很多新闻学术论文，说实话，看标题就没兴趣，堆砌学术名词的学术腔也让人看不下去，与实践有很大的隔膜。这些论文可以评评职称混混资历，在自己的圈子自娱自乐，但对实践指导真没什么用。

新闻学界需要更多地提升自己在评说公共事务和研究实践问题上的存在感，别让人感觉这个"学界"只有小圈子开会时才存在。写下这些话，并非想表现业界的什么优越感，而是期待一种真诚的沟通，因为我深知新闻业界的问题可能更多，学界的老师能义愤填膺地写出一大筐。

（微信公众号"吐槽青年：曹林的时政观察"2015 年 9 月 20 日）

学新闻的第一份工作千万别选新媒体

我在很多大学的新闻系做讲座时，都会给学新闻的孩子们一个忠告，第一份工作一定不要去所谓"新媒体"，而要去传统媒体认真做新闻。原因是：一，到新媒体，只会被当成"人手"，学不到东西，不像传统媒体那样在认真做新闻中累积经验和闯江湖地位；二，新媒体还是一个空洞概念，容易滋长和感染虚浮之气，而传统媒体则严谨很多。

我在微博发了这条话题后，一个网友跟帖表达了认同，他说："看过一些新媒体的招聘广告，必须'90后'，必须'想法新颖脑洞大开'。人总会老，如果一家单位只强调一时的'新颖想法'而不去积累经验，实践摸索，那被录取的'90后'过没两年又会被'00后'取代，这样的工作，不做也罢。"

我遇到过几个第一份工作选择了去新媒体的孩子，浑身的"江湖气"。他们在学校时就作为实习生替人经营微信公号，没去传统媒体实习。虽然短期内获得了一些利益，比如分得的收入，一些公号的文章被转到了10万以上，主页群的虚荣……但这些算什么"新闻经验值"呢？身上沾染了新媒体的很多毛病：标题党思维，段子手习惯，抄来抄去，绞尽脑汁迎合低级趣味，寻找情色点……

做学术需要冷板凳，同样，新闻系学生实习和就业，也需要这种"冷板凳意识"。即使刚开始进去没有太多机会，即使开始只是跑会议新闻稿，但坚持做新闻，总会受益。有人说传统媒体难进，现在传统媒体似乎已经饱和了，但大大小小那么多媒体，努力一下还是有机会的，不要眼高手低，非得挤那几个大城市的几家大媒体。在传统媒体做新闻，虽然受到一些约束，但好处是养成了严谨做新闻的习惯：核实信息源，严格把关，推敲措辞，多采访几个人。多数新媒体并无新闻采访资质，也无意于认真做新闻，只是复制、整合和标题党，需要的只是"人手"。在里面混几年，混过了大好青春，混出了一身毛病，淹没了"人才"，也无法混成"人物"。

别跟我说传统媒体也有毛病，我说的是"第一份工作选新媒体带来的问题"。传统媒体的病根深蒂固，但对做新闻的人来说，其宝贵财富和资源足够你去汲取了。

记得我以前发过一条微博，是这样写的："新媒体拯救了大学新闻系，也拯救并抬高了实习生身价。萎缩的传统媒体对人力需求本呈下降趋势，新闻系就业越来越难。但传统媒体在冲击下被迫转型，转型需要具有互联网思维的新人，做新媒体尤其耗'人手'。不少传统媒体现在大量招实习生，抢能玩新媒体的实习生。过去是实习生求媒体，现在不少媒体是求实习生。"有人说，到传统媒体的新媒体是不是也会当"人手"？虽然也是如此，但传统媒体转型中，多是跑新闻多年的资深记者管着带着新媒体，跟着这样的记者，会学到很多。比如，《中国青年报》负责官方微信运营的叶铁桥，就是资深记者，做过很多影响巨大的报道，媒体新人跟着他做新媒体，能汲取到不少新闻从业经验。此外，在传统媒体的业务氛围中也能"熏"出来，而且传统媒体的新媒体会更多地做采编原创，而不是简单的信息整合。

前几天还发了另一条微博"提醒防范假性因果的标题党诱惑"："看一条新闻标题说，'司机高速上摆剪刀手调戏监控 被扣12分'。这标题完全是误导读者，实际上不是'摆剪刀手调戏监控被扣12分'，而是'遮挡号牌的违法行为'。想起上周另一条类似的新闻：'一游客看风景眼球转动太快 致视网膜脱落'。我在课堂上分析了，标题中的假性因果误导受众。前几年一条'爬树偷窥女邻居洗澡被判强奸罪'的新闻，就是以这种标题党方式误导公众的。

看到一条荒唐的新闻时,首先要想想,是不是某个关键环节被记者屏蔽和省略了。"

瞧,新闻系学生第一份工作如果选择新媒体,也许就会染上这样的毛病。

回到这个策划的主题,今天我们应该怎么做新闻?对于刚走上这个行业的年轻人来讲,不要被种种所谓的新媒体泡沫蛊惑和迷惑,不要盲从去追随流行,还是从最基本的职业积累做起,以严谨做新闻的传统媒体为起点,打好自己的职业基础。

(《青年记者》2015 年 6 月 2 日)

没在传统媒体待过真不能叫做过新闻

原以为"学新闻的第一份工作别选新媒体"是新闻学界和业界的常识，没想到这篇文章像一发炮弹，这几天在媒体圈激起了这么多的争议与讨论。腾讯网"大家"栏目本想邀请我与几位批评者做一场在线访谈，但我周末要外出做几场讲座，就没法参加了。现在把我的观点写出来，算是一次回应。

在传统媒体待过很容易去新媒体

在种种批评中，新媒体从业者和研究者的反应尤为强烈。虽然反对我的观点，但我看到的批评多是冷静和客观的，就事论事、就理说理。倒是腾讯网一位编辑小兄弟，很不客气地扬言要让我去腾讯实习。我就"呵呵"了，我回复说："好啊，好主意，不过想问问这个要带我实习的小兄弟，让我学什么呢？能教我什么呢？是要让我学学如何像小偷一样抄袭传统媒体的原创文章，再像强盗一样断章取义地篡改别人的意思做成毫无节操的黄色标题？"

我本无意挑起传统媒体与新媒体之争，无非就是善意地提醒学新闻的年轻人要练好新闻基本功。并不是说传统媒体没有问题，也不是说就不值得去新媒体工作，而是说传统媒体可能更注意基本的新闻训练。有新闻理想、有志于做新闻的年轻人，有时不能随便将就地先找份工作，还是得有先后顺序，先在传统媒体打好基本功。我见过不少年轻人，都是在传统媒体打好基本功，然后很容易就跳到了新媒体，甚至自己创业做新媒体，做得很好。如果第一份工作去了新媒体，越过了传统媒体这个锻炼基本功的过程，很容易浮躁。（当然不排除也有做得好的一些个案，但我说的是普遍情况。）传统媒体一般不会接纳没在传统媒体做过新闻、只玩过新媒体的人，会觉得他们做不了新闻，还得重新回炉。

自媒体的泡沫太多

一些门户网站做新闻原创的人觉得很委屈，认为我的想法太传统、落伍了。其实，不是我的想法传统，而是新闻生产正在回归"传统"。正如很多专家都说过，其实在新媒体面前，门户网站也已经成了"传统媒体"。比如，今年全国两会时，虽然新浪网和腾讯网没有上会采访证，但两家网站在后方做了不少专题和创新，虽然不是第一手采访，但已经脱离了以前的复制转载和简单整合，也属于新闻生产了。还有很多人提到的"澎湃新闻"，虽然借助新媒体平台传播，还有各种新媒体产品，但操作的手法完全是传统媒体的生产过程，抓独家新闻，找独家视角，发掘社会的各种变化。不做原创，靠二传手和营销段子很难成为"媒体"，"自媒体"中的泡沫太多了。

有志以新闻为业的第一份工作

跟着我的同事刘万永实习过的师妹霍仟同学，写了一篇跟我针锋相对的文章《学新闻的第一份工作可以去新媒体》，很客气地与我进行了商榷。其实，霍师妹的很多观点我是认同的，跟我并没有多大的分歧，她可能误读了我的观点。她在这篇文章里谈了很多新媒体就业的好处。实际上，我并不否定在新媒体就业没有好处，而是做了很多限定。一个看得见的限定是：学新闻的第一份工作最好到传统媒体——限定的是第一份工作。一个隐含的限定是：这个命题的前提是想以新闻为业、有新闻理想的人，那就绕不过"传统媒体锻炼基本功，提升新闻生产能力"这条路。如果学新闻的人根本不想做新闻，无意以新闻为业，就是找一份工作，混一个饭碗，只是当初"脑子进水"错填了志愿，错进了新闻这行，或只不过当成跳板，日后到其他更有"钱途"的行业工作，那真不必去传统媒体混日子，浪费"钱途"，这不是我这篇文章想讨论的。

我这篇文章如果换一种说法——练新闻基本功为什么要去传统媒体——可能就不至于引发多大的误读和争议了。好多在新媒体实习过的同学都给我留言说："曹老师说得太对了，前几年一直在网络公司和新媒体实习，说实话，真的是搬运工和劳力。"另一个同学留言说："我有个师妹在老家小城市的小纸媒做记者，从刚毕业豆腐块都写得不通顺，我还要帮着改，到现在可以把握两三千字的人物采访，除了对新闻标题的提取以及多行业知识欠缺以外，在'写'这门功夫上长进不少。如果在新媒体两年，估计薪水提了不少，但内容还要我帮忙。"

还有一个同学说："我的第一份实习就是在新媒体，怀揣新闻理想去的，却是失望而归。每天都觉得很压抑，复制粘贴、上传回复，工作状态很浮躁，没有学到什么真正有用的。"

新媒体缺乏基本功的训练

看得出来，霍同学很不看好传统媒体，听她那口气，好像传统媒体明天就要死了。我完全不认同这个判断。广告流向新媒体，是利润分配失衡的问题，这种不平衡早晚会纠正，利润当然应该给新闻生产者，才能激励原创，不能"二传手"耍流氓抢了本属于别人的钱还沾沾自喜。另外一个不平衡是管制的不平衡，你懂的，这个不能说太细。当然，我这篇文章不想讨论这个，主要想说练新闻基本功为什么要去传统媒体。在文章里，我并非挺传统媒体而贬新媒体,客观事实是,传统媒体有很多毛病(我曾写过很多文章批评),新媒体也有毛病(可我的文章主要不是为了比谁优谁劣),但在训练新人采写编评的新闻基本功上,传统媒体比新媒体有很多优势。这难道会有多大的疑义?新媒体能教给新人很多新思维,但给不了基本的训练。很多新媒体连原创新闻都不做,从来没有采访,有志于以新闻为业、想积累新闻经验的人在那里能积累什么资本呢?

把这道理苦口婆心地揉这么碎,讲这么细了,应该能明白我的良苦用心了吧。今天那些做得好的新媒体,从"逻辑思维"的罗振宇,到《壹读》的林楚方,哪一个不是在传统媒体积累了丰富的新闻经验?无论是做新媒体还是传统媒体,在圈子里能叫出名字来的,哪个没在传统媒体待过,并有丰富的从业经验?包括霍同学,如果没有在《中国青年报》实习的经验,没有像刘万永这样的名记者带着,也很难有这样的新媒体视野。几大门户网站的内容部门,有几个总监和高管没有资深的传统媒体从业经验?或是挖来的,或是跳来的,只干过网络、只会复制整合的,永远只能做随时可以被替代的"人手",在互联网公司也得不到重用。那些从传统媒体混出来、如今在新媒体干得有模有样的,别误导新人了。

没在传统媒体待过不能叫做过新闻

最后,再扔一发炮弹供讨论。如题所言,没在传统媒体待过,还真不能叫做过新闻。你可以叫传播,可以叫营销,可以叫公关,可以叫新闻传播,但没在传统媒体中像在作坊里那样严格走过新闻的流程,没在或采、或写、或编、或评、或播、或导岗位待过,没开过编前会,没焦头烂额地改过稿,没被总编辑毙过稿,没写过一两篇有影响的报道或评论,真找不到真正的新闻感觉。没有这些基本功,那些卖萌耍宝、标新立异、刺激眼球、幽默搞笑,不过只是杂耍而已。缺少新闻的魂,只剩迎合和营销。

不错，新媒体里也有专业专注内容生产的大机构，也有很大的基本功锻炼机会，但我说的是平均和常态。一个新人就业咨询，你建议说去"专业的大机构"，有时这话可能等于没说，因为判断这个本身就比较麻烦。总体来看，当难以判断是否是"专业大机构"或进不了这样的单位时，去传统媒体完成职业起点的专业训练，还是更靠谱些。拿最好的新媒体公司跟最烂的传统媒体比，拿这种个案统计去辩论，是一种逻辑陷阱。

有的同学说，传统媒体那么难进，哪有那么多的就业岗位。确实，如果大家眼睛都盯着那几个大城市的那几家大媒体，岗位确实少。可全国的传统媒体有那么多，不必眼高手低，不必那么为难自己。很多优秀的新闻人，第一份工作都不是在很牛的媒体，都是从普通媒体拼出来的，然后走向了更高的平台。有人说，在一些传统媒体待着，没有业务氛围和发挥空间，死气沉沉，没有活力。活力和空间需要自己去争取，首先别让自己新闻理想被磨灭了。

传统媒体有很多病，也有很多传统媒体死气沉沉，但总体而言，对有志于以新闻生产为业的年轻人来说，传统媒体从业经验是绕不过的一堂实践课。

（腾讯网大家专栏 2015 年 6 月 20 日）

"灾难文艺腔"越来越被大众排斥

发生事故和灾难后,媒体应该如何报道和评论灾难、文学如何表达灾难悲情,"反思"与救援是否存在冲突,"感动"和"歌颂"是否应有节制,成为每次灾难讨论中一个热议的焦点。总体来看,"灾难报道和评论应该说人话"已经成为共识,那种不合时宜地将灾难诗意化的"灾难文艺腔"越来越被大众排斥。每一次灾难,都会冒出一些"借灾难表演媚态"的文学奇葩,这种奇葩一出现便会成为众矢之的。

"灾难文艺腔"有各种表现,总的说来,就是让人读着感觉非常不舒服,与灾难带来的悲痛氛围极不协调。看不到对受害者和遇难者的悲悯与同情,有的只是空洞的抒情,绕来绕去地用一堆滥俗的意象堆砌"感动",用虽有气势却没有真情实感的排比句硬凑"赞歌"。不顾受害者及遇难者家属的悲痛,用抽象的大词和宏大的叙事遮盖个体痛不欲生的悲伤,用救灾的剪影将灾难诗意化。不是面向灾难,而是借灾难寻找自己的存在感,甚至把别人的灾难当成宣传自身的机会。那些文字听起来很文艺,却空洞无物,只有"文艺"而没有"人文"。

曾有网友总结过一些可套用的"文艺装逼句式",包括:一定要幸福哦!那一刻,我泪流满面。我们是糖,甜到哀伤。我听到风是香的,我看见雨是甜的。谈论孤独:熄掉灯,请让我守着寂寞搁浅。描写时间:年华散尽,光阴在你掌心镌下深深的纹。引用古典:你弹奏的肖邦,是我心底的霜。堆砌辞藻：像蜃楼般参透美眷，在荒芜里辗转斑斓。套用上这些句式和话语，就显得很文艺。就像那句引起争议的"感谢你无数次游过那悲伤的水域"一样，听起来很美很文艺，却脱离了灾难的悲悯而成为纯粹的文字技巧和修辞炫耀，没有任何人文和情感含量，没有人性的温度。

无须举例，每一次灾难中都可以找到很多与上述表现对应的报道、评论和诗歌。从这种"灾难文艺腔"的泛滥中，看到的是一些人失去了用人话表达悲伤的能力，看到了灾难表达的话语贫乏、思维偷懒和情感枯竭，很多时候失去了表达的本原，而成了带着某种利益追求的表演。当失去了对生命的敬畏和灾难的真诚悲痛时，就成了一场消费灾难和表演悲伤的、无耻的文学竞赛。

前几天看到一个学生写的评论，感觉很难受。这篇针对近来某次灾难的评论，就属于我批评的"灾难文艺腔"，没有对何以发生灾难的追问，没有对灾难带来伤害的悲悯同情，无非是把一堆听起来很"正能量"的大词、大事、大手笔堆在一起，然后是堆砌力量、阳光、前行、激情、坚持、喝彩、勇气、温暖、祝福这些听起来很好的词，最后还借机宣传了一下自家的学校。

这篇文章在网上引发了不小的争议，该校另一位同学还撰文批评了这篇文章。我在微信中这样点评：把一堆事情烩在一起抒情，从灾难、歌颂到宣传自家大学，如此大的逻辑跨度，不怕扯着蛋吗？一些学生，还没学会评论基本功把基本道理讲清楚，就写这种空洞、矫情、生拉硬扯、不知所云的宏大叙事。这种空洞无物的文章并非个案，我到大学去做演讲比赛评委时听过不少这种腔调的表达，可称之为"学生干部演讲腔"。灾难中凝聚人心需要"正能量"的支撑，但不是把一堆看起来很正能量的词堆在一起，就可以起到正能量的效果，需要将自己的心融于其中，用情怀的力量将这些词联系在一起，才能抵达另一个人心。

文章既然是写给读者看的，就应该让读者在面对灾难时产生共情共鸣。读者的情感触角是很敏感的，尤其是发生灾难时，触角更为敏感。是表达真情实感,还是表演悲伤,是动情、矫情,还是僵硬的煽情,读者一看便知。

有人排斥救灾的感动和对英雄的赞美,我倒觉得这走向了另一个极端——总停留于对灾难的悲痛和愤怒中吗?我们确实被英雄的行为感动了,为什么不能感动呢?感动,就是在悲壮中寻找支撑和凝聚人心的力量,但如果用整齐划一的感动遮盖其他情感,将感动变成没有节制的、甩脱了灾难悲悯的文艺抒情,这种本来高尚的情感就被异化了。

(《晶报》2015年8月18日)

天津依旧是一座没有新闻的城市

天津滨海新区爆炸事故，场面惨烈，让人痛心、揪心。领导人批示要求当地"查明事故原因，及时公开透明向社会发布信息"，从央视、《中青报》到《新京报》，各大媒体迅速进入突发事件的报道状态，直播救援和滚动报道动态。但很多人注意到，天津当地媒体反而非常滞后，没有进入报道状态，还在播韩剧，还在扯其他新闻，仿佛这天大的事儿跟天津没有关系。

想起几年前天津发生另一场大火时，我写过的一条微博曾广为流传："天津，一座没有新闻的城市。这座城市新闻和信息严重封闭，平常外界看不到这座城市有什么新闻发生，正面负面都是如此。这种管制也造成天津媒体的封闭和媒体人的封闭，难出知名媒体，难出拿得出手的名记，当地媒体和媒体人与外界也少有联系。天津媒体不监督异地，异地媒体也监督不了天津。"

我知道，很多天津的媒体人对我这个判断很是不满，好几次都有人给我代话，说天津媒体的朋友让我别批评他们了，他们也挺无奈的。有一次到天津某家媒体讲课，开场时我这样开玩笑："感谢天津同行不杀之恩，去年我写的《天津，一座没有新闻的城市》让一些天津同行不高兴，其实我并不是批评媒体同行，我知道你们也很无奈。"

报道爆炸事故，天津本地媒体当然更有优势，离现场最近，熟悉事故发生地的情况，熟悉当地人，与掌握着最多信息的当地部门也很熟悉，自然应该成为事故报道的主力，成为政府发布事故信息的主要渠道和外人了解事故新闻的权威信息源。可从目前情况看，人们基本都是通过外地媒体和互联网获得信息，天津媒体集体缺席。这带来了很多问题，本应该承担报道和信息发布主力的本地媒体缺席，外地媒体和网络主导着事故信息的发布，拿不到核心信息，传播混乱，传言纷纷，难以形成透明的新闻传播。

我不相信天津民众真的都"情绪稳定"，我不相信天津市民对于发生在身边的灾难缺乏关注，更不相信天津的媒体人不在现场。财经网的评论称，即使从最基本新闻报道基础工作角度说，这也是传统"主流"新闻机构"主动"放弃了自己的本职工作。在"非主流"媒体们通过网络持续滚动报道天津爆炸事件时，"主流"们就是这样把自己自我边缘化了，边缘得非常彻底。

地方媒体缺席失语，一座城市没有新闻，对地方政府不是好事。我在一次地方新媒体论坛上表达过这个观点：政府要提升自身的公信力，首先要打造本地有公信力有话语权的媒体。一个地方的媒体越强势，这个地方的政府形象也不会差到哪里去。

对于地方政府来说，无论是突发事件的应变应急，还是辟谣，还是舆论引导，都需要政府提高自己的话语权和公信力。现在的问题是，政府有很多话语平台和渠道，但没有把话语变成一种"说了让人信"的话语权。怎么引导呢？不是让宣传官员去说，而是尽可能让有公信力的第三方替你去说。谁是第三方？其实地方媒体应该成为有公信力的第三方，政府应能够容忍"有时候不那么听话"的地方媒体，培养在全国舆论场上有影响力的地方媒体。

我们的地方政府不要觉得"把本地媒体管得服服帖帖"是一种本事，地方媒体虽然很听话，但公信力也没有了。有时"不那么听话"倒会成为话语权和公信力的代名词，关键时候能在政府辟谣和舆论引导上发挥很大的作用。培养有话语权的地方媒体，地方媒体有公信力，对政府是有好处的，广州、上海、北京，有比较强势的地方媒体，地方也就有了新闻话语权，地方的舆论形象就比较好。

地方媒体的监督给力，地方丑闻可能就少一些，官员经常被一些小问题

"修理",就不至于说一些雷人雷语,媒介素养就比较高。一些地方,对地方媒体管得太死,太听话,导致了以下恶果:其一,官员平常缺乏监督,媒介素养很差,一发生大的突发事件,不断出现愚蠢的次生"口灾"。其二,在关键的新闻事件上,本地媒体没有公信力,被当成政府的传声筒,说什么别人都不信。我批评天津是"没有新闻的城市",没有新闻,对一座城市不是什么好事,是没有舆论和新闻话语权的表现。这种"没有新闻"的传播语境下一出新闻,都是对地方形象产生毁灭性影响的大丑闻。

但愿天津相关部门能听得进这番听起来可能有点儿刺耳的批评,但愿天津能甩掉"一座没有新闻的城市"的帽子,也期待"打造强势有公信力的地方媒体"能成为常识和共识。

"没有新闻"的媒介温床让天津受害

从几场新闻发布会看,天津官员的媒介素养极差,主要官员一直在躲媒体,发布会总在回避问题,官员发布会表现多是负分,低级错误让场面惨不忍睹。我曾写评论称"天津,一座没有新闻的城市",这些官员也许平常在享受着"没有新闻"的快乐,躲避着媒体的监督,拒绝站在阳光下,可"没有新闻"带来的一个结果就是:官员不习惯面对媒体,缺乏"修理",缺乏媒介素养。此次,这些问题也完全暴露出来了。

一,信息发布很是混乱,不同层级的官员说法不一样,缺乏一个及时并权威的发布途径。一直在辟谣,却一直没有回应公众关切的问题。

二,新闻发布会的场面极为混乱,新闻发言人无法把握发布会,没有一个官员能把握和收拾场面。

三,应该出现的当地高级官员,最应该回答问题的部门,都没有出现,都在有意躲避媒体,而把弱相关的部门和低级别官员推到前台,无法满足公众和舆论的信息渴求,自然刺激了发布会场面的混乱。

四,官员回答问题时一问三不知,生硬地躲避问题,好像从未受过这种培训,从未参加过新闻发布会。从表情、着装、语气到新闻发布会现场的布置,都极不专业。

五,公众对爆炸事故最关心的一系列问题,几次发布会都没有得到回答,让舆论和公众的不满情绪进一步发酵。

这些，其实都属于新闻发布和媒体素养中最低级、最基本的问题，可因为天津的地方媒体太弱，地方官员平常可以不用面对媒体，不用面对盯着屁股追问、监督、质疑的记者，不用开新闻发布会去接受媒体拷问——这种"没有新闻"的媒介温床使很多官员根本不注意自身的媒介形象，不介意媒体的质疑追问，不提升自己与媒体的沟通技能和面对媒体时的表达能力，久而久之就失能了，惯出了问题，没有基本的媒介素养。

一个基本的现实是，地方媒体强势的地方，官员媒介素养也绝不会差，北京、上海、广州有着发达的地方媒体，从公共事件中可以感觉到，这些地方官员的媒体素养是比较高的，这种高素养不仅仅是培训出来的，也是被本地媒体"修理"出来的，强势地方媒体的日常监督使他们无法生活在新闻温床上。

（微信公众号"吐槽青年：曹林的时政观察"2015年8月15日）

澎湃新闻带了一个很不好的头

之前写过一篇评论批评了当下某些媒体和公众号的一种故弄玄虚的文体，我称之为"信号体"，神秘兮兮故作高深，以智囊或高参的口吻煞有介事地分析各种"释放信号"，故意误导诱导别人以为他"上面有人"，仿佛昨晚作为座上贵宾刚从中南海行走回来，好像掌握了什么"内幕消息"，动不动就分析"信号"。这种"信号体"，多数是键盘上过度阐释和解读的产物，骗子骗"粉丝"用的，我称这种文章为"中南海梦游"。

"信号体"还有另外一种更常见的表现形式，就是转载时对媒体发表的评论进行过度阐释，通过贴一些标签诱导舆论去"想象"文章的背景。"澎湃新闻"在很多新闻突破上作出了贡献，但在这方面却开了一个不太好的头，它们在转载其他媒体的评论时，很多时候并没有忠实于原文、原意、原题，而是添加很多诱人联想"作者身份"和"文章背景"的标题，炒作和渲染"背景"。比如，某篇评论发在一份报纸的普通版面上，并不是报社编辑部的约稿，更不代表媒体立场，只是一个普通"来论"，对一个时事热点的平常评论。其实，转载时只需标明来源就可以了，可有的媒体一般不甘心于如此，不是忠实地标明来源，而是在大标题上强调一下发表这篇评论的媒体的身份，比如"中共中央机关报刊文认为""中纪委机关报刊文认为""军报刊文痛批""全国政协机关报刊文报道""中央党校机关报刊文称"，等等。

这样的标签貌似没有错，因为这些媒体确实有这样的属性，但具体到一篇文章上，贴上这样的标签，就是故弄玄虚的炒作了。贴上这样的标签之后，很多人都不去就事论事地看评论观点，而是分析评论背后的单位立场，然后联想出各种阴谋论和斗争论。媒体内行人应该都知道，并不是每篇刊发在媒体上的评论都代表单位立场，一般署名为"社论""特约评论员""本报评论员""本台评论"的评论才代表媒体立场，而普通评论，尤其是发表在"来论"或其他普通评论版上的文章，一般只代表作者立场。媒体只是提供一种平台，只要言论符合法律，言之成理自圆其说，编辑就可以选用刊发。

把未署"本报评论员"之类职务身份的普通"来论"，贴上"某某机关报刊文认为"的标签，是用"立场"覆盖了"观点"，或者说，是把评论观点完全上升到"媒体立场"层面，既误导了公众，又给媒体带来"立场压力"。故弄玄虚地贴这样的标签，想让简单的转载"增值"，却给媒体的评论编辑带来了很多困扰，本来很普通的文章，却在舆论场上被标签化和站队化。本想提起对个话题的讨论，却被误导以为"释放什么信号"。

以前某些外媒报道中国新闻时常采取这种故弄玄虚的手法，其实只是简单地转引中国媒体的报道，但添加一个显示媒体属性的身份标签后，就好像"解读"出什么深层次的信息，显得"很不一般"了！真的很讨厌某些外媒的这种没事找事、瞎分析的文章，反而把普通的观点争鸣"敏感化"。比如，以前有个朋友撰文批评过一家媒体的评论，立刻被外媒解读为某派批判某派。纯粹胡说八道，正常的讨论被添加了斗争的色彩。我们一些国内媒体，也在学外媒这种故弄玄虚的标签手法，把评论观点立场化，作者身份标签化，平常声音复杂化，带来舆论场的混乱。

转载就是转载，做一个忠实的搬运工就可以了（当然，还得按规定付转载稿费，"澎湃"转了我数十篇评论了，我没收到过一分稿费），故弄玄虚地玩标题党诱导过度联想，是一种很恶劣的新媒体文风。

（微信公众号"吐槽青年：曹林的时政观察"2015年6月18日）

中纪委负责"打虎",媒体负责"鞭尸"

南京市委书记杨卫泽落马,舆论场又在重复着其他贪官落马的新闻场景,落马前在媒体上没有任何负面,新闻一片静默,而落马后全媒体上立刻出现新闻井喷,所有关于这个官员的负面都挖出来了。看看这几天媒体上对杨卫泽铺天盖地的报道标题:"杨卫泽曾三次打回季建业自我批评与其切割";"落马前向同僚发短信证清白";"全力投入青奥会求自保未果";"遭季建业岳父举报";"被指为攀附周永康将其老家建成明星村庄";"或逼死落马下属";"疑似情妇被查";"南京落马书记往事:视察时看中瓷花瓶直接拿"。

这两年的舆论场,就是一波一波"贪官落马后扒皮报道"的汇编。在媒体的版面和频道中,一边是在位的官员以光鲜伟岸的形象占着各种版面,一边是落马官员被媒体无情"鞭尸",构成一幅很有意味的新闻图景。而今天的落马官员,在昨天的版面上也是那么光鲜伟岸。两者也许并不矛盾,但难免让公众有别扭之感。

官员落马后的"扒皮报道"往往都能让公众大开眼界:杨卫泽竟然这么坏,干了这么多坏事。可我一直非常怀疑,这种落马后铺天盖地的报道对于反腐败有多大的意义?其一,能够起到舆论监督效果吗?当然不能,贪官已经被中纪委给办了,在规定的地点和规定的时间老老实实地交代问题呢。被报道者都看不到报道了,监督谁呢?其二,能够满足公众的知情权吗?看起来好像能,但这种"知情"有什么意义呢?不过是另一种形式的"猎奇"罢了,以揭秘的方式满足公众对于官场争斗和男女关系的好奇心,就像看"故事会"一样看落马官员的贪腐故事,而不是监督。其三,能起到反腐警示效果吗?也不大可能,警示效果已经在中纪委网站公布的那一刻起到了,媒体随后的报道不过是证明纪委办这贪官办得很对,以示众的方式进一步"羞辱"贪官,并满足公众围观贪腐的趣味。

官员在位,舆论的监督才有意义,官员落马了,那只是"打死老虎"。事后从各个角度对落马官员全方位地扒皮,说到底,只能起到舆论宣泄的功能:满足公众仇官恨官的情绪,在围观"通奸""与多位女性保持不正当关系""国贼""国妖""叛徒"之类的扔向贪官的臭鸡蛋中,找到反腐的快感,集体完成一次情绪发泄。

人民网的舆情分析说,中纪委成为网络上最大的正能量。确实如此,中纪委干得很漂亮,一次次抢了媒体的头条。面对中纪委在反腐败中受到的巨大民意赞誉,媒体应该感到汗颜,在这场必将会载入中国改革史的反腐斗争中,媒体的舆论监督所起到的作用实在太小了。有几个贪官是在媒体的舆论监督报道后落马的?有几个反腐案跟媒体的报道相关?绝大多数都只是跟在纪委后面玩儿,媒体扮演的是事后"打死老虎"的角色。媒体发现官员问题后顺藤摸瓜地调查报道,报道形成舆论,引起纪委重视介入调查,最后官员落马,这才是一场成功的舆论监督。

官员落马之后,我们往往都能从报道中看到这种熟悉的情节:这个官员太坏了,网上关于他的问题早就在传,强拆弄得老百姓怨声载道,老百姓背后都给他起了什么绰号,腐败之事在机关传得沸沸扬扬,与情妇那点事也是传得满城风雨。又是满城风雨,又是沸沸扬扬,可只要不落马,新闻就是一片可怕的静默。当然,这种静默怪不了媒体,不想进行舆论监督的媒体绝不是好媒体,哪家有新闻理想的媒体不想追求这种能够曝光丑恶并引爆舆论的独家新闻呢?

事前新闻一片静默,事后全媒体扒皮,对反腐败不仅起不到正面引导作用,反而会让围观的公众产生一种强烈的幻灭感:昨天还是光鲜伟岸没有一点儿缺点的好同志，媒体争相众星捧月，可一夜之间立刻成了无恶不作、人人喊打的恶棍。当然，人们会顺着这种舆论宣泄去嘲笑、奚落落马贪官，但会滋生另一种情绪，根本不信媒体上那些关于官员正面形象的报道了，产生"官场没好人""都是明里说一套背后做一套"的消极认知。"不查都是孔繁森，一查都是王宝森"的认知当然很不客观，但落马前后迥异的官员形象确实激发着公众的"官员想象"。

只有舆论宣泄，而没有舆论监督，对官员也是极不负责任的，不少官员落马后在忏悔时都提到过"如果平常有监督就不会这么堕落"。有人说，官员在位时是媒体碰不得的强势群体，一落马就成了媒体随意揉捏的弱势群体。这种现象极不健康，如果官员落马前能受到更多的舆论监督，最终也许不至于"堕落"到那么腐败的地步，小贪时就被敏锐的媒体捕捉到，舆论监督的阳光效应能时时挤出权力滥用的毒素，不至于一出现在媒体上时都是大贪大腐败。

反腐败不能只劳烦纪委监督，媒体不能只扮演事后"打死老虎"的配角。把权力关进制度的笼子，接受纪委、媒体和公众的监督，而不是简单地将贪官关进笼子，通过媒体示众让大家围观。

（新浪网观察家专栏 2015 年 1 月 14 日）

媒体应怎样报道大学课堂问题

《辽宁日报》策划的一组致信中国高校教师,让教师们"别在课堂上抹黑中国"的报道,引发了激烈的舆论争议。这封长长的来信批评一些高校教师缺乏理论认同,用戏谑的方式讲思想理论;缺乏政治认同,追捧西方三权分立;缺乏情感认同,把生活中的不如意变成课堂上的牢骚。这封信争议很大,有人称赞其针砭时弊,有人觉得是言过其实和立场先行,以点带面干预大学自由。

我们都是从学生走过来的,对大学课堂都很熟悉。客观地看,这篇来信所谈到的一些问题,在大学课堂上确实存在,都遇到过那种在课堂上发牢骚、讲段子、作喷子的老师。大学开放、自由、兼容并包,应该容得下各种人、各种声音,所以学生们虽然比较反感,但多没有太当回事,多是一笑了之。

首先,不要低估大学生的智商和判断力,不至于老师讲什么学生就全盘接受,大学生已经有了自己的思考和思想,有了质疑和批判的能力。对于胡喷瞎侃的老师,学生们或者会站起来辩论,或者会用嘘声去鄙视。我上大学时还写过一篇题为《教授,我来剥你的皮》的评论,炮轰那些不好好上课的教授。其二,不要高估了教师在大学课堂上的影响力,互联网上的牢骚和段子比大学课堂上的严重多了,如今年轻人基本都生活在网络中,网络对年轻人的影响大多了,某些教师只是拾网络牙慧罢了。其三,大学课堂的开放与自由有自我净化功能,并不像中学是教师主导填鸭式的,真理越辩越明,自由的讨论和声音的争鸣会让年轻人对某些社会问题看得更清楚。其四，应该相信大学自治的能力，如今每所大学都有教学评估机制，学生给老师评分，一个老师如果整天在课堂上发牢骚、讲段子和胡侃乱喷，学生肯定不会给高分。

媒体的这封来信，初衷可能是善意的提醒，但客观上却放大和渲染了这种问题，让舆论和高校教师产生抵触。如果换一种方式，效果可能会好一些。

比如，媒体如果克制一下评论的热情，而尽可能地去客观记录，以新闻报道的方式去让读者自己判断，而不是代替读者判断，舆论就更能接受。这封来信称："研究老师的问题，我们选择再老老实实地当一回学生。本报记者奔赴'东西南北中'，深入北京、上海、广州、武汉、沈阳五座城市的二十多所高校，用了半个月的时间，听了近百堂专业课。"既然听了这么多的课，不妨做一个旁观者和记录者，将老师所讲一节课的内容完整地整理出来，并经讲课者同意后刊登出来，由读者来评说。洋洋洒洒的来信，都是评论和批评，却没有具体的论据，到了哪所高校，听了哪位老师的课，这位老师在课堂上讲了什么？没有翔实的报道，只有抽象的评论，这种批评如何能服人呢？

评论永远不能走在新闻的前面，没有新闻，就没有事实的基础，评论很容易让人产生"立场先行"的反感。而且，不提具体学校，不提具体老师，不提具体讲了什么，既让人无从核实记者所言的真假，也让高校老师失去了为自身辩护的机会。空洞抽象地指向"高校教师"这个符号，只会让所有教师跟着被污名化。

另一方面，如果媒体和记者老老实实当一个旁观者和记录者，而非成为当事人，会避免很多争议。如果我去操作这个报道，我会尽可能多地去采访学生，让学生去发言，让学生去评价老师的讲课。虽然派了很多记者，去了很多大学，听了很多老师的课，但这种听课，只能是浮光掠影地听。听得再多，不比学生更有发言权。你只是听了一节课，可学生是听了一学期或几个学期，他们的评价应该更客观。有些老师可能只是偶尔开开玩笑，你记者听了几句就拿去当批评的材料了，这对老师也是很不公平的。多采访学生，多让学生去评价，媒体做一个记录者，由读者去评价，由教育部门去重视这个问题，这才是应有的角色分工。可媒体却想垄断这所有的角色，报道中看不到学生的声音，多是自身的判断，自然就缺乏说服力了。

大学教师应该如何去讲课？这个不需要谁居高临下带着教训口吻去教，更重要的是，应该在大学系统内形成讨论氛围，媒体最好不要替代教师和学生去当主角。

(《晶报》2014年11月18日)

"党报风向标"在中国已渐渐弱化

把党报当成政治风向标,是政治不透明、媒体不发达、新闻垄断时代的结果,带着浓厚的权力斗争色彩,也是党报故弄玄虚、自我神秘化的产物。随着体制改革的推进和媒介环境的变化,密室政治让位于阳光透明,风向标的神秘色彩越来越弱化以致失效。

太原市委书记陈川平于2015年8月23日落马,又一个"一边在党报头版露面一边落马"的倒霉蛋。当天《太原日报》头版头条:"市委书记陈川平主持召开常委会议,听取全市党的群众路线教育实践活动情况汇报和全市党风廉政建设反腐败工作情况汇报。"江西前副省长姚木根落马的当天,当地党报《江西日报》也在重要位置发表了署名为"省人民政府副省长姚木根"的文章。而广州前市委书记万庆良落马前一直占据着当地党报头版位置,落马当天还在参加重要的会议,据说是在会场被纪委带走的。

据说很多外国媒体驻华记者都爱看《人民日报》之类的党报,也爱看"新闻联播"。他们倒不是觉得这些媒体多好看,上面有多少新闻,而是想从这些权威党报看中国的政治风向。比如当有传闻称某重要官员"出事"时,记者就会以这位领导的名字会不会出现在《人民日报》或"新闻联播"上,来判断传闻真假。他们也爱从领导在党报上的排名和出现的频率,来判断可能的人事变动。从外交辞令中很难找到新闻,他们不得不把党报当成某种权威信源和政治风向标。

不过当"官员一边在党报头版露面一边落马"之类现象越来越多后，外国媒体记者今后可能不会像以前那样拿着放大镜分析中国党报上的领导名字了。诸多现象表明，"党报风向标"的功能不断被弱化，从这个窗口看政治动态和人事变动甚至失效了。

典型的例子是江西前副省长姚木根一案。姚落马的当天，当地党报《江西日报》还在重要位置发表了署名为"省人民政府副省长姚木根"的文章。党报在姚落马的当天还发他的讲话，说明党报对姚正在被调查一事肯定不知情，否则不会容忍这种"落马当天头版还发讲话"的尴尬出现。从中国的政治规则可以推测，当地党委也是不知情的，如果知道本地副省长在接受调查，也不会容忍自家党报出现这种乌龙。实际上，除了上级纪委知道外，其他人没人知道，本人当然也不会知道。中央纪委曾经透露，万庆良在被组织调查的前几天，还到会所里大吃大喝。海南前副省长谭力被中央纪委调查之前还在外省由私营企业的老板陪同打高尔夫球。如果他们知道正在被调查，肯定不敢这么嚣张。

江苏南京市市长季建业被查处时，江苏省和南京市非常被动。在当天晚上网络都盛传季建业被带到北京调查时，江苏省和南京市官员还不知道这个消息，甚至一度辟谣。为了保证调查不受地方干扰，中纪委直接绕过了江苏省，直接调查季建业。而在季建业被调查期间，甚至在被"双规"前几天，当地党报上都有季建业公开参加活动和讲话的报道，看不出任何被调查的迹象。

前国资委主任、中石油系的大佬蒋洁敏被调查时，从党报报道里也看不出任何迹象。在对其调查时，甚至还将他从中石油老总的位置上调到国资委主任的位置，看起来似乎"升官"了，其实是将他调离其势力庞大的中石油系统，从而破除干扰，方便展开调查。

"媒体风向标"在中国的失效，尤其是在仕途命运之类信息上的失效，关键是反腐体制的变化，从过去的党委主导变成如今的上级纪委主导。上级纪委掌握了调查腐败官员的主导权，党委所掌握的"喉舌"自然就无法释放相关的信号。只要上级纪委按纪律守口如瓶,只要有关部门不去主动"放风"喂料,党报上自然就不会有什么"政治风向标"去打草惊蛇。

另一个重要原因是中国媒体业的发展,尤其是新媒体和社交网络的发达,使信息的传播越来越快捷,倒逼着政务信息的迅速公开。"新闻联播"能够成为"政治风向标",《人民日报》一两篇评论能影响股市,是传统媒体时代信息不透明和政治落后的产物。过去是信息渠道少,信息传播慢,新闻被垄断,而如今媒体越来越多,比如人事变动的信息,还有一些政策的变化或改革的信息,很容易首先迅速通过网络传播开去,而不必等着去看党报。除非通稿之类的垄断性时政新闻,在一般新闻的竞争中,党报早失去了竞争优势。一些党报故弄玄虚的"自我神秘化",也失去了市场。

前几天有一位资深老报人回忆当年党报那些深刻影响了中国社会的几篇政论,如"真理标准讨论"的文章,皇甫平的改革评论等。他在怀念那个时代的政论辉煌时,感慨如今为何出不了那样的政论。我想,社会环境和媒介生态早已发生了巨大的变化,并不是这个时代没人写得出类似《实践是检验真理的唯一标准》这样的政论,而是"党报一篇政论改变一个时代"的环境早已发生改变。"一言兴邦""一言丧邦"本就不是健康正常的时代。

"党报风向标"的失效,当然也与政治的透明度不断在提升有关。正常的新闻发布制度和通报程序,使人们不必通过党报去猜测,而可通过正常渠道获得权威消息。传统时代的领导人,精通政治权术,习惯玩法术势,热衷借助媒体造势,在政治斗争中通过自己所掌握的媒体放风,两报一刊党报治国,社论治国,这养成了国人依赖党报窥探政治的习惯。中国正在迈向现代法治国家,政治也在去神秘化,传统那一套越来越被抛弃,政治运行越来越理性化、健康化和制度化。让人猜的神秘政治不是好政治,政治不应该是密室中的神秘权术,故弄玄虚的风向标,应该让位于阳光透明的制度。

(微信公众号"吐槽青年:曹林的时政观察"2014年9月2日)

抵制媒体兜售的商业民族主义

跟某电视台的朋友一起吃饭,酒店电视屏幕上正放着该电视台的新闻节目,又是关于日本话题,主播和专家轮番激烈地批评着日本。我对朋友说:"你们频道怎么整天都只关注着日本,一打开电视就是谈日本;一谈日本,专家和主播就像打了鸡血一样。国际新闻只剩下'日本新闻'了吗?"

朋友回答道:"没办法,收视压力啊。我们也想多播点其他国际新闻,可是,一播其他国家的新闻,收视率就会下来,领导就会批评。一播日本话题,态度和立场鲜明强硬一些,收视率立马就上来了。所以,你懂的。"

原来如此,终于明白为什么某些媒体那么热衷日本话题,原来纯粹是为了收视率,为了消费反日的民族主义情绪。这是典型的商业民族主义,把兜售和消费民族主义当成了一种生意,你以为他真的是愤慨,真的是爱国,真的是捍卫国家利益吗?错,不过是借这种话题打鸡血,挑逗和激发潜在的狭隘民族主义,吸引眼球拼收视率。你的热血在心中流淌,而他在那边盯着收视率提高广告价,数钱数到手抽筋。

跟好几个主播朋友交流过这个话题,其实他们在播日本话题时也不愿用那么狠的词,可领导有要求,谈到日本时,用词必须狠。一个朋友说,他无法理解,很多人播日本话题时用"强烈抨击""无耻行径""丑恶嘴脸""气焰嚣张""疯狂挑衅"是那么的自然和顺口,但他就是说不出口,可领导有要求,播新闻时立场越鲜明,用词越激烈,收视率就越高。所以,必须"语不惊人死不休"，必须狠，必须极端和激烈，才能调动起收视和围观的情绪。

难怪一些媒体在谈到日本时用词都那么狠，比如，某媒体的一篇对日评论很典型："鬼乃至阴之物。日本拜鬼之风盛行，实乃阳气不足之兆，实在不足为惧。曾经，日本虽政治上被称为矮子，经济上却被称为巨人。如今，这'巨人'二字也被后学赶超，日本自无优越感而言，只能事鬼，以求安慰。安倍作为首相，真应该思考国家强盛之源，切忌以'鬼'求补，最终会被吸了阳气，不治而亡。"

瞧，这哪里是评论，分明是诅咒和谩骂，如街头骂街那般。

这也对专家和评论员提出了要求。著名评论员张天蔚曾在微博里抱怨："做一档合作节目，编导捎话说电视台高层希望我再'激烈'一点。我了解他们渴望让观众在几分钟里'爽'一下的心理，却真心不打算配合。在一个民粹横行、戾气爆棚的时代，如果我不能提供一点理性的声音，那就不如闭嘴。"

希望评论员和专家态度激烈一点，很多电视台都有这样的要求。有一天参加某台一个节目录制，话题本身并没有什么冲突性，评论员们没有掐起来，一边的编导非常着急，几次叫停，"指导"评论员应该如何去掐，如何让观点激烈一点。如果不是顾及朋友面子，当时真想拂袖而去。如果要收视率的话，请凤姐，请苍井空，请干露露去。很多编导，为了那点收视率，恨不得让嘉宾们打起来才高兴。

在日本话题上，专家态度激烈的背后，多有着这样的收视率和阅读率驱动，专家言论不过是收视率的工具。

中国民间实际上并没有多么激烈的反日情绪，狭隘的民族主义情绪也只是极少数，而有些"商业民族主义媒体"为了自身利益，放大了这种情绪。温和理性的声音得不到传播，呈现在媒体上的多是极端声音，客观中立的声音成为沉默的大多数。鹰鹰相激，如果这番声音在日本媒体那边一呈现，激起的必然是右翼的亢奋，形成对抗的恶性循环。

在现代国家关系中，媒体扮演着越来越重要的角色。它设定着讨论的议题，它影响着民众的情绪，它对国家的对外政策形成影响，它已经超越了过去简单的中介、桥梁的媒介功能，成为构建国家关系中重要的一极——政客、媒体、公众三种力量共同构建着国家关系。而在这三种力量之中，媒体又起着最重要的力量，因为民众的声音需要媒体去传播，民间对待他国的态度是由媒体选择、传播和放大的，政客对待他国的态度，也受到媒体所传播的信息和情绪的引导。

所以可以这样说，媒体怎么报道，两国关系便怎么样；有什么样的媒体，就有什么样的民众。中韩两国的关系，很大程度上并不是由两国政客和民众塑造的，而是由媒体的报道主导着，被媒体的一些报道牵着鼻子走。再温和的国家，都会有一些极端派，网络上都会有极端声音，如果媒体为了自身的利益，为了眼球，为了广告，为了发行量，只报道这些极端声音，却对民间温和、友善的大多数视而不见，必然会给两国关系蒙上阴影。报道坏消息比报道好消息更有市场，报道另一个国家的偏激声音，将某个国家想象成敌人，更能带来关注，带来广告。这样，媒体是赚钱了，可国家关系和民众情感却受到了伤害。

此外，这种极端声音也很容易被政客所利用。有些政客就喜欢利用媒体炒作一些极端声音，从而绑架和裹挟外交政策。比如，很典型的是，日本媒体就常被石原慎太郎牵着鼻子走。然后形成了一种恶性循环，公众的情绪被政治人物的情绪所裹挟，媒体被舆论的情绪所裹挟，政治人物又被舆论所裹挟，死循环中，就是国家关系的恶化。

（新浪网观察家专栏 2014 年 8 月 18 日）

让"《人民日报》评论员"走下神坛

欣闻《人民日报》开评论版了,作为同行,很是期待。时事评论的繁荣即公民表达的繁荣,这一波的时评热已经持续十多年了,评论版也早已成为当下中国媒体必备的常规版面——之前没版面的增版面,有版面的扩版面并提到前面。《人民日报》此前一直刊有评论,此次开辟评论版,既是顺应时代潮流,也是想在众声喧哗的新媒体时代谋求机关报的话语权。

意义当然很多,网友和媒体已经做了很多阐释,如民声民意多了一个渠道,言说多了一个平台,能经常看到体制内最"官方"的媒体在此起彼伏的时事热点中的声音。作为一个以评论为业的媒体人,我更看重另一重意义,就是这个常规化的评论版,会让"《人民日报》评论员"这个过去在中国人政治生活中曾经非常神秘的符号走下神坛。常规化的评论版面和常态化的评论声音,更符合新闻规律和评论文体的要求,会祛除"《人民日报》评论员"过于浓重的政治色彩,弱化评论的政治功能,使这份以"人民"为名的媒体的评论更有亲和力,使评论回归评论。

在很多人的心目中,"《人民日报》评论员"不是一个评论员,写的并不是评论,而是代表着一种政治规格和政治风向,代表着中央的声音和高层的取向。据说,很多外国媒体驻中国的记者是通过看央视的"新闻联播"和《人民日报》的"评论员文章"来判断中国政治风向的;很多党政官员都将此当做一个窗口,猜测其后的背景,观察上级的意图,揣摩高层的取向。每当这份报纸刊登一篇评论员文章，很多人都在猜测其后的政治取向：哪个领导人授意的？想传递什么高层取向？哪些高层圈了同意发表？所以，在这种观察角度下，曾发生过该报一篇评论员文章让股市大起大落的事情。

过度阐释"《人民日报》评论员"和过度解读"《人民日报》评论"已经成为一种习惯，这当然是不正常的。曾多次与该报评论员同行聊过那些影响很大、外界议论纷纷的"评论员文章"，面对外界的各种猜测，他们也很无奈，实际上哪里有外界猜测的那么神秘。很多时候，就是编辑部想对某个热点表明报社立场和态度，发出自己的声音而已，哪里有那么多的背景。停留于无中生有地分析背后的政治力量，而不看文章本身的观点，评论就失去了应有的观点力量。不讨论观点而讨论背景，这也是评论员和评论文章的失败。

《人民日报》推出评论版，是对"《人民日报》评论员"的祛魅。其一，没有评论版的时候，人们可能因为这份媒体"评论少"而对这种文体做出过度的阐释，现在这份报纸上评论文章多了，周一到周五每天一整版文章，哪里有那么多的"中央声音"和"高层背景"啊！其二，这份报纸在评论版开版时说得很清楚："我们还将努力把评论版打造成干部论政的平台、学者争鸣的空间、群众议言的广场，在交流、交融乃至交锋中，传递'中国好声音'，谋求最大公约数，推进社会前进的步伐。"就怕外界乱猜测评论文章的背景，人家表达得很清楚，这里的评论跟其他媒体的评论是一样的，同样的追求、同样的操作、同样的功能。是群言的平台、众声的广场，不是高层的话筒和传声器。

乐见"《人民日报》评论员"走下神坛，走上平常的评论版，回归"评论员文章"这个文体应该承担的功能。当然了，更期待这个以"谋求最大公约数"为己任的评论版能更多摆脱居高临下的姿态，引领党报机关报改变过去那种"假话大话空话官话"的文风，当好沟通官方和民间的第三方桥梁，履行其"新一年努力说真话"的承诺。作为同行，愿意一道做改革的马前卒，一道推动中国改革前行。

（《中国青年报》2013 年 1 月 6 日）

灾难报道为什么不会说人话

2014年9月26日14时30分许，昆明市明通小学发生踩踏事故，已造成学生6人死亡、26人受伤，其中2人重伤。悲剧让几个家庭陷入撕心裂肺的痛，也让公众悲伤。云南当地一份党报的报道引发了舆论争议，《云南日报》一则题为《省长李纪恒到医院看望明通小学踩踏事故受伤学生时要求：提供最好医疗服务全面加强校安管理》的报道中写道："李纪恒走进小儿科病房，逐一仔细察看并询问每一位孩子的伤情。一夜过去，不少孩子恢复了欢声笑语，有的已经在病床上挤在一起玩游戏了。看到这一幕，李纪恒露出了欣慰的笑容。"

悲剧撕痛人心，家长悲痛欲绝，教训非常惨痛，暴露出的问题也非常严重，可党报记者却习惯性地把目光聚集到领导身上，以领导为中心、拿受难者作背景写出一篇"领导亲切关怀"的报道，让关心踩踏事故的公众非常反感。习惯性地"领导高度重视"，习惯性地"接到事故报告后立即做出批示"，习惯性地"第一时间赶往现场"，习惯性地"亲切看望受伤者"，甚至习惯性地"现场欢声笑语"。这哪里是灾难报道，分明是展示领导光辉形象的赞歌。

这样的报道公众已经见惯不怪，记者更是已经深入骨髓，不这样写的话，不以领导为中心，记者就不会写灾难报道了。完全不遵守灾难报道的新闻规律，不理睬公众对灾难新闻的关注点，而想着"宣传"灾难发生后领导是多么重视，以这种"高度重视"去"维稳"和引导。这，就是正能量了吗？错，虽然在记者看来是"正面报道",却让公众无比反感,传递的其实是损耗党报和政府形象、伤害人心的负能量。

这种总把灾难报道写成"领导亲切关怀"的官话套话,不仅仅是话语的问题,背后是"以领导为中心"的僵化宣传思维。网友根据这种思维编了一个官方灾难话语叙述的套路:花果山发生水灾,唐僧问:"死了多少猴子?"悟空答:"26个洞穴都淹了。"唐僧问:"问你死了多少猴子?"悟空答:"有5000棵桃树被淹。"唐僧又问:"到底死了多少猴子啊?"悟空答:"已经将活的猴子安全转移了。"唐僧急了:"我问你到底死了多少猴子?"悟空忙擦拭眼泪说:"16位领导正迅速、立即、有序、果断、全力以赴地组织救援。"

这个段子惟妙惟肖地嘲讽了灾难宣传腔调。这种腔调不仅是以领导为中心,还有很多配套的词。比如有一家电视台报道此条新闻时进行现场连线,外景记者在详细介绍了6个孩子遇难情况后,结尾习惯性地来了一句:"遇难者家属情绪稳定。"这句"家属情绪稳定"激起了公众的不满,很多网友追问这家电视台:"情绪稳定是你们新闻报道的标配吗?"

做这样的报道时,记者能不能设身处地将心比心一下。如果你是遇难者家人,你会"情绪稳定"吗?如果你是观众,你是关心领导在灾难中的行踪,还是关心事件的真相和悲剧的根源?作为记录真相的记者,屁股坐错了地方,不是与公众将心比心,而总是比政府和官员的心,设政府的"地"处官员的"心",坐在官员的位置居高临下地报道,自然就导致现在这种不近人情、不通人性、不说人话。

在这种以领导为中心的报道话语下,甚至连描述"笑"都带着浓厚的官本位色彩,有网友总结得很生动:领导总是"幽默地说""诙谐地说""极为风趣地说",群众总是"憨厚地说""激动地说""兴奋地说",听完领导极为风趣的话,也都是"满屋子哈哈大笑"。充满套话的话语背后,是根深蒂固的官本位思维。

官方一再强调新闻报道要"改作风转文风",要求接地气,而这类总写成

"领导亲切关怀"的灾难报道的文风就很坏,因为不接地气所以不说人话,因为不设公众的"身"不处"受灾者"的"地",就不会站在受众的角度,尊重新闻规律写报道。

(《晶报》2014年9月30日)

写错领导名字的政治后果

四川《遂宁日报》年轻记者刘欣雨留下遗言后自杀，网传其自杀原因是写错领导名字受到批评后不堪压力。有媒体报道称，"刘欣雨"的名字在2014年7月3日的头版报道《我市召开教育实践活动第二环节工作推进会 确保批评与自我批评"有辣味"》中，将四川省委常委、省委秘书长陈光志写成了"陈光标"。报社官方发表声明否认这是刘自杀的原因，但是其他记者和刘母则认为，此事对刘"压力山大"。

死者因何自杀，人已经没了，遗书也语焉不详，真实动机很难还原。不过从常情常理常识来看，比较难以想象的是，仅仅因为写错了领导名字，即使领导批评了几句，也不至于压力大到自杀。事实有时比不明真相的外人想象得复杂多了，尤其像自杀这种无法还原心理状态的事件，可能是个人心理过于脆弱，可能有其他的难言之隐，也可能是众多原因的叠加。

因写错领导名字受批评而自杀，这个简单的因果分析虽然不太合常情常理，却很符合网络情绪：网民痛恨媒体领导在新闻管理中的媚上和犬儒，痛恨官本位的冷酷无情，很容易将一个年轻记者的自杀归咎于自上而下、战战兢兢的官本位压力。

人们之所以相信网络传言，是因为媒体圈经常传闻某记者因写错领导名字而受到重罚的新闻，轻则经济上重罚，重则收回全部报纸销毁，严惩当事人。比如媒体圈内传说的将"李鹏总理"写成"李鹏总经理"，"李瑞环"写成"李瑞坏","杨尚昆"的"昆"荒唐地错写成极其不雅的"屁"。还有众所周知的,中共中央机关报粗心的记者和编辑竟然曾将当时的总理"温家宝"的名字打成"温家室"。

这则传言后来得到了官方证实,2010年12月30日《人民日报》第4版左下角,国务院总理温家宝的名字被写成"温家室",事后网上盛传一份处理结果:该报"值班主任,正厅级降职,印刷厂副厂长、排版、设计等17人均因此事被处理"。前年全国两会期间,在全国人大湖北代表团全团会议上,当时的《人民日报》总编辑吴恒权发言辟谣说,没有处理任何一人,"估计总理也是在网上看到这个消息,很快给我们打电话说,你们这个错我看得出来,是五笔字型打字错了,总结教训就行,千万不要处理任何人"。

因为写错总理名字没有被处理,所以会公开,并且成为佳话。总理电话打招呼"千万不要处理任何人",说明他是知道媒体领导会把这事看得很重,并且知道有"重罚"的潜规则。一则佳话背后,其实有不少因写错领导名字而被处理的,不过媒体人为媒体讳,这种糗事都是内部低调处理了事,不会被公开报道。"无错不报纸",媒体圈有太多这样的传闻,有报纸曾经因为写错了领导名字,数十万份都被收回全部销毁。

其实偶尔的差错在所难免,只要是人办报,差错就难免,没人怀有什么阴谋而主动把领导名字写错的,疏忽大意而已。

把领导名字错了,发个更正声明,下次别错就行了,犯不着上纲上线。被写错名字的大领导,其实大多像温总理一样,知道媒体人的甘苦,多会一笑了之。多半是媒体的领导自己心惊胆战、如履薄冰,揣摩被写错名字的领导会很不高兴,想用"重罚"去向上表达自己对领导的重视。

著名报人、曾任《南方都市报》总编辑的程益中先生讲过一件事,当年他主持《南方都市报》时,报社内部讨论差错处罚规定,有人建议,普通人的名字错了罚10元,而领导的名字弄错罚10倍以上,更大的领导名字弄错了罚更多倍。程益中立刻说,领导的名字和普通人的名字没什么不一样,错了属于一样的问题，所以罚一样的钱。

我倒觉得，从新闻专业角度上看，把领导人的名字写错了，确实应比写错普通人的名字多罚点，因为领导人名字常见，错了不应该，错了也有更不好的影响。但仅限于专业层面的处罚，不能上纲上线到政治层面。

（新浪网观察家专栏 2014 年 7 月 12 日）

骂媒体最安全，媒体伦理便成焦点

关注舆论热点的人能够注意到近来一个现象，就是媒体伦理问题很容易成为公共事件的次生话题。当媒体在报道和评论某个公共事件时，媒体本身的报道视角和伦理也成为舆论批评的对象，把习惯于监督别人的媒体也架到舆论的烤架上。自外滩踩踏事件开始，到姚贝娜去世引发的讨论，再到深圳警察吃娃娃鱼事件，2015年才过去一个月，就有好几起公共事件都"派生"出媒体伦理的激烈讨论了。

媒体伦理话题之所以很容易成为热点，自然跟媒体自身出了一些问题有很大关系。我的前辈、《中国青年报》资深记者卢跃刚一段针对中国媒体的评价很发人深省，他在一次讲座中谈道："大陆新闻媒体与世界其他国家媒体一样，有着共同的'两面性'属性，概括有三：一，既是社会公器，又是商业机器；二，既是利益集团的监督者，又是独立的利益集团；三，既被管制，又享有特权。稍不谨慎，便会堕入另外一面。"

在市场化压力下，媒体很容易从社会公器滑向商业机器，为了吸引眼球而不择手段，为了商业利益而放弃公共利益，自然会成为公众吐槽的焦点。当然，除了这个重要原因，还有很多因素使媒体伦理问题成为一个显问题。

其一，媒体人是这个舆论场中最活跃的一个群体，掌握着更多的设置议题的权力，在涉及自身问题的话题上，活跃的媒体人当然更有话语权，也更有表达的冲动。舆论场上有很多沉默的大多数，比如公务员、城管和技术人员，在涉及自身问题时没有表达的习惯，缺乏表达的冲动。涉及这些群体时，由于缺席舆论场，或不敢说话不愿说话，这些群体多是挨骂的份儿。而媒体人不一样，本就是舆论场的主角，涉及媒体的话题更容易形成公共讨论的话题，成熟的媒体业界、学界、政界对媒体伦理话题的参与度非常高。

其二，媒体同行竞争的激烈，使媒体自身的问题更容易被"挑"出来。很多涉及媒体伦理的话题，都是有竞争关系的同行首先指出的，然后成为大众话题。当然，我无意猜测同行"挑刺"的动机，更不认同某些人指责这种批评是"抹黑同行"，甚至感慨同行之间"相煎何太急"。媒体监督别人，那自身谁来监督呢？同行为何不可以监督和批评同行呢？当然可以，同业批评，媒体伦理问题成为话题，恰恰说明媒体业有着强大的道德自治能力，激烈的竞争关系使媒体业有很强的自我净化能力，同行的监督使媒体的职业问题更容易被指出来。

其三，媒体伦理这种大众话题的参与门槛很低，大众参与度非常高。不像转基因、医患冲突、中医是否伪科学、带鱼能不能养殖这类话题，有一定的专业门槛，比较难掺和进去。而媒体伦理就不一样了，凭常识常情常理就能说出个一二三，凭着本能的道德情感就能去站个队，找到一点存在感。

其四，参与这种话题很容易让讨论者找到一种道德高地的满足感，骂几声"妓者"，扔一句"霉体"，键盘上打几个字，脑补面对一个无恶不作的记者，瞬间就能找到一种与邪恶作战的斗士感觉。网络上的乌合之众，很容易被媒体忽悠，又很容易在恼羞成怒中把矛头都指向媒体，以骂媒体和记者为时尚，仿佛这世界的麻烦都是记者制造的。

其五，为什么骂媒体成为一种时尚呢？因为骂媒体最安全，大众骂媒体，新闻学院的教授们也爱骂媒体，"骂媒体"甚至已经成为重要课题，养活了一批新闻系媒介伦理专家。当然，有问题当然应该去骂，但很多问题的根并不在媒体，媒体也是受害者。这几天一个媒体人针对某个媒体伦理引发的话题所发感慨，引起很多人的共鸣，大意如此：新闻学界有不少良师益友，使得我受教良深。但不得不说一句，总体上学界的老师们还是乐于在诸如外滩踩踏事件中的复旦女生该不该报、女明星去世该怎么报这类事件上发言，对诸如深圳警媒冲突这类事件上却习惯缄默。学界如果总是乐于规训业界，怯于抗斥公权，着实很难让人尊敬。

最后一个原因是，媒体整天鞭挞丑恶、监督别人、曝光问题，当自己有伦理问题时，会受到舆论的报复性批评。

(《晶报》2015年2月3日)

第三辑
改革走向何方

经济学家周其仁的一段话很有道理,他说:我在北京作为一个经济学家,多年来有一个经验,就是不要轻易去提加税的建议。因为这建议很容易被政府吸收,政府最容易听的意见就是加税的意见。从一个民间段子能看到一些政府部门对加税是多么爱不释手,是多么地依赖加税工具:你说交通拥堵,给你限号了。你说私家车太多,给你摇号了。你说油不合格污染空气,给你把油价涨了。你说房价太高买不起,给征房产税了。你说贫富差距太大,对你的遗产征税了。你说,你说,你再说一句试试?

动辄"中国很复杂"是不讲逻辑的表现

听韩国记者李成贤抱怨过,中国人跟外国人辩论时经常说"你不懂中国",这个说法,常引起外国人,特别是来自西方国家的人的不满。他们认为这是中国人缺乏逻辑、证据,不能说服对方时,使用的最后"防御性"说法。常与外国记者交流,他们也都不能接受在与人讨论中国问题时被人称"你不懂中国",这是不讲逻辑的表现,有事说事有理说理,用事实和逻辑说服别人,而不是用"你不懂"作挡箭牌去回避必要的论证和省略逻辑与论据。

与"你不懂中国"类似的反逻辑表述是"中国很复杂",连在一起说就是:"中国很复杂,你不懂中国。"某些人经常将"中国很复杂"挂在嘴上,甚至总结出什么"复杂中国论",拿着翻版的"特殊国情论"自鸣得意,以为聪明过人的自己发现了什么新理论。

所谓的"中国很复杂",首先不过是一句正确的废话。说到对一个国家的认知,哪个国家不复杂呢?有各个阶层、各种族群、不同的文化水平、不同的价值观、不同的信仰,社会被肤色、信仰、贫富、民族、城乡、职业、阶层等割裂成了不同的人群。没有一个国家会承认自己很简单,会把"简单"当成自己的标签。美国简单吗?不简单,美国很复杂。德国很复杂,日本很复杂,韩国很复杂,复杂是一个社会的常态。所以,说一个国家很复杂,完全是正确的废话。

所谓的"中国很复杂",也是一个自设的伪命题,因为只要思维正常的人,都不会把中国想得简单，不会以"一叶障目"的视角以偏概全、以点代面、以想象代现实去看待中国。不至于看到北京的富足繁华和上海的摩天大楼，就以为中国都是北京、上海；不至于看到西部地区的贫穷落后，就以为中国还停留于上世纪的六七十年代；不至于遇到几个在海外旅游时不文明的国人，就以为中国人都那么缺乏文明素养；也不至于认为用某个简单的、乌托邦式的制度安排，就可以解决所有的中国问题。"简单"恰恰是专制者常有的思维，自负地用一个简单、整全、划一的设计去改造复杂的社会和人性，削足适履，于是便会带来社会和人性的灾难，"文革"如此，计划经济也是如此。

中国的改革就是承认人性和社会的复杂性，拒绝由某个独断意志去改造社会，而由市场和法治去调节社会，尊重多元与个性，尊重社会的复杂性，和而不同，各美其美。

而开放的历史进程，就是一个中国融入世界的过程，让世界了解中国，告诉世界一个真实的中国，避免总是在自我封闭和排外中被误解、被边缘和被孤立。在这个开放的过程中，中国需要提升自己向世界说明自己的能力，让有公信力的人，以世界看得懂的方式、听得懂的语言、熟悉和认同的逻辑去向世界说明中国，让中国"可以理解"。而一句"中国很复杂""你不懂中国"，则带有情绪化的排外色彩，别人不懂中国，并不一定就是别人的问题，也许源于中国不够开放，我们应该以开放的姿态去让别人懂我们，而不是指责别人"不懂"。中国很复杂，我们应该在开放中把这些复杂呈现出来，用事实和逻辑论证"别把中国想简单了"，而不是以"中国很复杂"去自我神秘化和自我封闭化，把"复杂"当成防御武器。

"你不懂中国"和"中国很复杂"既反逻辑，也带着浓厚的排外情绪，拒外人于千里之外。它们的潜台词是："所以你们就闭嘴，别指手画脚了。"

问题不在"中国很复杂"这句正确的废话，而在于这句正确的废话会推出不少让人不安的结论。比如，"中国很复杂"在有些人那里就能推出反改革的结论，既然中国的一些问题很复杂，不像想象的那么简单，牵一发而动全身，隐藏着巨大的风险，有很多不可预期的后果，那么就不能轻易改革了。公车私车很复杂，不能轻易改；养老金并轨改革很复杂，那就别改了；户籍制度很复杂，不能轻易改；文艺兵制度很复杂，不能轻易改。只说复杂，却从来不解释复杂在哪里，于是"复杂"就成了冠冕堂皇的反改革借口。

"中国很复杂"还能推论出"中国可以例外"，可以拒绝常识，可以不守常规，可以反世界潮流。公布官员的家庭财产是一个政治常识，为什么我们很多的官员就可以不遵守呢？而拿"中国很复杂"作借口似乎就可以例外了，因为我们很复杂啊！

"中国很复杂"还是拒绝批评的一种万能借口，当有人批评中国一些社会问题时，就会听到这种防御性论调。这是一种轻蔑傲慢的态度，"中国很复杂"，你了解了这种复杂之后才能批评，或者说你了解了这种复杂后就不会批评了，可到底如何才叫了解了"复杂的中国"？"中国很复杂"这句正确的废话常对应着以下这些正确的废话：打人的城管只是少数，多数城管都是好的；腐败的官员只是少数，多数官员都是好的……这其实是以庸俗的辩证法游戏，封堵外人批评的嘴。

确实不能把中国想简单了，不能以偏概全，但不必将这话挂在嘴上当成一种拒斥批评、拒绝改革、拒绝常识的防御武器。有理说理，用事实和逻辑去说服，把复杂的事实摆出来让别人去判断和理解，用外人听得懂的话去让外人了解一个全面而真实的中国，而不是用"复杂"自我神秘化和妖魔化。

(《中国青年报》2013 年 8 月 16 日)

"死也要死在体制内"是一种病

国有企业改革推行在即。8月29日,中共中央政治局审议通过《中央管理企业主要负责人薪酬制度改革方案》。此前,《中国经营报》记者获悉,未来改革中,国企高管能否"高薪"的分水岭是任命方式是否为行政任命,方案制定组前期调研显示,50岁以上的国企高管超过99%不愿意用离开体制换取高薪。(综合媒体近日报道)

宁愿降薪,也不愿意离开体制去换取高薪,很多人无法理解国企高管对体制的这种依赖,我倒是很能理解。其实不仅国企高管如此,整个社会都有这种体制依赖症。去年曾有一条激起舆论对体制身份的关注,哈尔滨市举行环卫系统公开招聘人员培训结业式,448名面向全国招聘的事业编制环卫工人正式走上清扫保洁作业一线。此次公开招聘最终录取的448名环卫工人中共有7名研究生,引起舆论关注的不仅是"研究生当环卫工",还有一句"就算是死,我也要死在编制里"。一个热衷体制和编制身份的研究生的话语震惊舆论。

为了体制身份,研究生甚至争环卫工人岗位,甚至说"死也要死在编制里",这样看来,国企高管宁愿降薪也不离开体制去换高薪,就可以理解了。

之所以依赖体制,关键是利益。"体制内外"和"编制内外"到底是怎样的一堵墙呢?有多大的差别呢?

"体制"或"编制"这个词的内涵很丰富,并没有一个清晰的定义,不同的人嘴里，可能有着不同的指向。比如，有的人谈到"编制内外"时，意指的是一种利益分配，认为编制是一种利益，编制中的人都是既得利益者，在体制的温床中获得体制外的人得不到的利益。比如，公务员的福利和保障就比普通人好很多，从住房、教育、医疗到养老都有比平民更多的保障。另一种对"编制内外"的理解，是官方与民间、事业单位和企业单位的分殊，认为国家垄断着更多的资源，成了"国家的人"就成了"体制中人"，进入体制内获得编制就能分得更多的羹。

就拿国企高管来讲，表面上看，离开体制可以获得高薪，表面收入增加了很多倍，但其实是亏了。因为体制内收入虽然低，但隐性福利非常高。比如，一个国企领导每年享受巨大的职务消费，可以随便签单，这在体制外是没有的。国企高管因为掌握着巨大的资源分配权，灰色收入也是惊人的。而到了体制外，看得见的收入增加了，看不见的收入却没有了。当然，这几年的制度完善使腐败空间越来越小，但多少年形成的利益预期不是短时间可以改变的。

不愿离开体制，另外一个很关键的原因是缺乏在体制外竞争的能力，贪恋体制这个无竞争、无压力的温床。在体制内待了这么多年了，享受着体制的保护，享受着行政垄断带来的红利，一个高管无须什么管理经营能力，就可以依靠天然的垄断地位日进斗金。就像经济学家姚景源嘲讽那些富得流油的银行及其行长，小狗当行长都能赚钱。这个判断虽然偏激，对行长们也不太公平，却也反映了人们对行政垄断的愤慨。长期生存在体制的羽翼中，失去了竞争能力，没有了去市场中拼搏的能力。在体制中待的时间越长，竞争能力退化得越严重，对体制的依赖程度也就越深，所以50岁以上的国企高管，百分之九十九地会拒绝离开体制，而年轻的高管们倒是愿意到市场中去拼一拼。

当然还有其他原因，比如国企的特殊身份，是仕途的一种旋转门，可以通过这个行政级别过渡到政府序列。在既有的体制中，国企高管可以调到政府部门，退休后还可以到行业协会当个领导，延续自己的政治生命。而如今离开体制，一切都会归零。对体制的依恋，是官本位社会中对行政级别的依恋。

所以，"死也要死在体制内"是一种病，高管们宁愿降薪也不离开体制，见证着国企改革在某种程度上的失败，国企行政化的问题非常严重，实现市场配置资源的改革目标还很遥远。

(《南方农村报》2014年9月13日)

"伍皓情绪"暴露自我改革的局限

连日来,云南红河州委宣传部部长伍皓公布公车牌号引起的热议一直持续。主动公布车牌号接受监督本是好事,可不小心暴露了另一问题,质疑者称,作为副厅级官员的伍皓没资格享专车待遇。支持者则认为应当看到体制内此类改革的积极努力,不应过度苛责。伍皓回应称,这不是"专车"而是"公车",主动公布车牌是"微改革"。如果全国每个地方、每个部门、每个单位都能坚持"微改革",就可能汇成改革的最强音。

从规定看,伍皓确实没有资格配专车,而伍皓在被质疑后将"专车"偷换为"公车"的辩护也是站不住脚的,如果事实上这不是伍皓的专车,而是官员们公用的车,伍皓怎么会、又怎么有资格将车牌号公开接受监督?自曝公车牌号让公众监督自己有没有公车私用,事实上已经承认这是自己的专车。秀形象时不小心暴露了问题,既然错了,就应该认错,这是自命改革者应该有的磊落精神。不要拿"我主动公布车牌号接受监督"的光荣来掩饰"违规配备专车"的问题。公开车牌后面对质疑,是接受监督的应有之义,不能以"你们所质疑的不是我所期待你们监督的"来回避。

对伍皓公布车牌有赞有质疑,其实两种声音本来形成不了冲突,一方面舆论赞赏伍皓向自己开刀、主动接受监督的"微改革"精神,对于推动体制变革很重要;一方面舆论是在质疑伍皓"专车待遇"的资格,从而批评官员乱配专车的潜规则和坏习惯。注意,人们赞赏伍皓公开车牌接受监督,并没有质疑他公开车牌,而是质疑他违规配专车,两者并没有矛盾。在如今声音多元的微博时代,寄望舆论一律是不可能的,你公开车牌,舆论表达了应有的赞赏和支持,但并不意味着你就可以在"自我改革者"的光环下站到一个孤芳自赏的道德高地,让那些质疑者闭嘴,好像你作为一个可贵的改革者就获得了"不被苛责""需要呵护"的道德豁免权。

从伍皓对此事的各种回应可以看出来,他对舆论的质疑是有充满撒娇的情绪,诸种抱怨隐含着这样的意思:有几个官员像我这样主动公开了车牌号接受监督了呢?我都如此光明磊落了,你们还质疑我,这不是打压官员们的改革积极性,让体制内改革者寒心吗?如此苛责之下,我还敢改革吗?其他官员还敢像这样自我改革吗?这些话伍皓虽然没有说出来,但情绪已然就在那里了。以往我们也看多听多了类似的抱怨。

这样的情绪,暴露出政府和官员自我改革的局限和硬伤。这些局限与硬伤,也是当下中国改革难以推进的困境和僵局所在。

中国很多领域的改革,都缺乏来自异体的、外在的、民主的改革压力,走的都是一条"自己改自己"的自我改革之路。也就是说,很大程度依靠政府和官员的改革自觉和道德自觉。典型如公车改革,至今并没有一种自上而下或自下而上的力量迫使地方政府去改,改不改,何时改,如何改,愿不愿意作试点,愿意推进到什么程度,基本都凭地方的自觉,于是就有了各地花样各式的改革方案,也有了"这地改那地不改"的多制并存。伍皓的自我改革就是在这种语境下推出的,这个向来喜欢向舆论传递自身改革形象的个性官员,在同僚都避着舆论监督的语境下,主动公布了自己的车牌号。

显然,作为一个自我改革者,他是带着"自我改革很光荣"这种傲娇心态走到舆论聚光灯下的,说是"接受监督",但他首先并没有接受监督的心理准备,而是做好了接受舆论盛赞的心理准备,想的都是鲜花和掌声。可某些评论员竟然那么可恶,不仅没有迎合他的期待去夸夸他的这种超越同僚道德一大截的"自我改革",反而从好事中挑出了问题,这让伍皓非常尴尬、非常恼火。

这是自我改革者的通病，他们习惯了赞美，但并不真正习惯被批评和质疑，稍受质疑便会撒娇，脆弱的小心灵便受到了伤害，很多时候便立刻赌气地回到不改革。他们有温室中的小花朵那样的自命，觉得"自我改革"需要舆论捧着惯着哄着，需要赞美的滋养。因为可以选择不改革，而且也确实有很多人在道德上比他们差多了，所以他们便容易膨胀出一种道德优越性，沉浸于"自我改革"的道德幻觉中自负地拒绝外来的批评。有那么多不改革者，为什么对改革者还这么苛刻，他们经常以这样受害者的悲情指责那些质疑。撒娇的结果就是：你们好坏好坏，人家也不改了！

中国很多地方的公车改革和财产申报改革，一遇到舆论质疑就停滞，都带有此种情绪。既然可以选择不改，我改了还被质疑，于是干脆就消极不改了。

自我改革者还有另一重专断逻辑，就是对舆论监督议题的操纵。就拿伍皓来说，他也许确实是欢迎舆论监督的，但他觉得舆论应该按照他所期待的、他能接受的、他所暗示的方式，在他划定的内容上选择性地去监督。比如，他公开车牌号让舆论监督其公车私用，舆论就应该限于此，而不应该质疑他其他方面。这当然不是真正的舆论，而是为权力涂脂抹粉的"奉命监督"。舆论监督不是官员的工具，它有着自身的逻辑和自主的安排，监督什么、如何监督，这是媒体人和公众的事，官员作为被监督者，只有顺应的份儿，而无权选择和操纵媒体。不只是伍皓如此，地方推出某个改革政策，记者前去采访，地方官员常会带着强烈的操纵欲去指导记者：你们媒体应该从这个角度去报道，不要报其他的。

拿什么去拯救受伤的伍皓部长，又拿什么去解决"自我改革"的局限和硬伤？需要做的不是顺应那种傲娇的小情绪，而是改变"自己改自己"的自我改革路径。改革不是对民众的施舍，改革不是党的恩泽，而是为官者的责任和使命，你如果不改，异体的力量会强迫你改。官员们把那种小脾气小情绪收起来吧，老百姓的脾气和情绪大着呢。

(《中国青年报》2013年2月21日)

权力与民粹的合流是改革的大敌

放眼当下改革,有两种看得见的阻力,阻碍着改革朝着"法治市场经济"的方向前行。一种阻力是每个人都能感觉到、明摆着的,就是作为既得利益者的权贵阶层,他们是旧体制的最大受益者,他们既有的利益都依附于那种权力集中、弊病重重的旧体制,当然不愿放弃嘴中的肥肉,不愿放弃专车,不愿公开财产,拔一根毛都不愿意。

另一种阻力每个人也都能感觉到,却不一定愿意承认,就是网络上的民粹主义。这些情绪化、狂热的匿名者以键盘为武器,扛着"反权力反富豪反精英"的大旗,以"劳苦大众"的弱势受害者身份自居,逢权必反,逢富必骂,逢精英必唾弃,逢专家必嘲弄,逢涨价必抵制,不满一切带着强者标签的符号。他们利用多数的优势、匿名的盾牌,"反抗不公""杀富济贫"的道德优势,提一些反改革反市场反法治的要求,阻碍市场化的改革努力。

民粹主义并无恒定的价值取向,在现实中有很多表现,有的只是源于对现实的不满,有的是兜售一些极端主义主张,而有的甚至怀念"文革",常在网上网下为"文革"招魂。

两种阻力,分别指向不同的改革价值。权贵阶层主要阻挠的是法治化进程,因为在旧体制中,他们是能够凌驾于法治之上的特权阶层,他们就是从"反法制"中获益的,确立法治的地位,意味着收回他们的特权,将其关到法律的笼子中。权力的手被绑上了,就无法肆无忌惮了,所以,法治是权贵眼中最大的敌人。而民粹主义，则主要将矛头指向了市场，他们固执地认为"自身的弱势地位是市场经济带来的"，社会不公的罪魁祸首在于市场，市场使财富集中到了少数人手中，他们是市场的失意者、失利者、失败者。所以，民粹主义将市场当成最大的敌人。

这两种阻力虽然可怕，但我觉得，中国改革前行的最大阻力也许并不是这两种阻力的某一种，最可怕的阻力、最令人担心的改革倒退在于，这两种阻力可能联合起来，互为手段，形成合流，结合成一种可怕的"反改革怪兽"。也就是说，改革最大的敌人是权力与民粹的合流。

什么是权力与民粹的合流？这不是一个臆想出的概念，在现实中已有表现，就是权力阶层与网络民粹主义联合起来去阻碍"法治市场经济"的改革方向。权力阶层利用民粹主义的"多数人暴力"，而民粹主义则利用权力阶层手中的决策权，将"民意的道德优势"和"权力的决断优势"结合起来，将反改革的理念变为实践，拖改革的后腿，开历史的倒车。这样结合起来，很有欺骗性，一方面似乎有着"民意支持"的道义正当性，有部分民意的支持，有专家的论证，占领着道德高地；一方面突破正当程序和制度规范，绕过舆论和制度的监督，绕过法律，冠冕堂皇地作恶，理直气壮地拍板。

某些权力是反法治的，民粹主义是反市场的，而中国改革又朝着"法治市场经济"的方向去深化。于是，权力和民粹就从这个方向中找到共同的"敌人"。其实，民粹并不喜欢权力，因为民粹同样是反腐败的，仇恨权力的；而权力当然也并不把民粹当朋友，垄断着资源的高富帅们，内心当然瞧不上苦逼的网络屌丝们。可是，他们在反对"法治市场经济"上却找到了共同点，找到了彼此身上可以利用的价值，于是一拍即合，臭味相投。权力把民粹当做"民意的人肉盾牌"，而民粹将权力当做实现"均贫富"的工具，于是一种叫"权力民粹主义"的怪兽便横空出世。这种怪兽，公众并不陌生，改革开放之前，这种怪兽在中国制造了至今让人不敢回忆的灾难。

一些不合市场不合法治方向的政策和决策，却打着民意的旗号招摇过市，名为"为了民众"，实际是权力自肥。这些决策，往往带着"劫富"的特色，往往把矛头指向市场和富人。可这些"劫"到的"富",并不是用于"济贫",而是都落到了权力的腰包里。民粹不过是权力实现"反法治"的工具,是权力绕过法治的堂皇借口。而民粹得到了什么呢?并没有得到正义、公平和财富,得到的仅仅是一种"报复市场""修理富人"的宣泄感,屌丝还是屌丝,不过是当了高富帅们的炮灰。

拉美某些国家的改革之所以遭人诟病,问题也在于此,权力民粹主义的怪胎组合,并没有带来民主,要法治没有法治,要市场没有市场。于是,"拉美化"成为一个贬义词。

回到对改革阻力的反思上。其实,单纯是权力阻力,倒不怕,虽然这个"利维坦"很强大,但在滔滔的改革洪流下,民权日益彰显,权力受到越来越多的约束,公然作恶的空间越来越少。而另一方面,单纯是民粹,也不是大患,它只是一种"多数暴力"的舆论声浪,虽强大,虽能绑架舆论和政府,却没有直接的行动能力,也会受到理性声音的约束。最可怕的是两者的结合,民粹成为权力反改革的肉盾,权力成为民粹的牙齿,加上一些无良专家的论证,"左妖左祸"便会露出狰狞的面目。

要驯服权力,要警惕民粹,更要警惕权力和民粹狼狈为奸绑架改革。

(《中国青年报》2013年3月1日)

改革时代寻找失踪的个性官员

在急剧变化的改革时代,网络和媒体创造的流行语各领风骚没几天,有些流行语是在我们的眼皮底下以能让我们觉察得到的方式消失的,而有些流行语,则是以我们觉察不到的方式不留痕迹地悄然消失的,直到有一天有人偶然提起这个词时,我们才猛然发现,那个熟悉又陌生的词,似乎已经成为一个久远的历史。消失的也许远远不只是一个词、一句流行语,而是一种现象、一个群体、一段历史。

我说的这个词是"个性官员"。这个词,已经从我们的媒体辞典中消失了,这个群体,好像已经成为改革历史的失踪者。

曾几何时,这个词是多么的热,他们是媒体的宠儿,媒体捧热了好些个个性官员,我们能列出一串长长的名单:曾刮过好几场"环评风暴"、敢向政府和企业开罚单的环保部副部长潘岳;曾经炮轰教育乱收费的教育部副部长张保庆;曾经以一次次审计风暴使审计署获得巨大声誉的审计署长李金华;曾经一次次奔波于矿难现场痛斥无良矿主的安监总局局长李毅中。他们敢说敢言、敢于向陋俗开刀的鲜明个性给公众留下了深刻的印象。

不知道是从什么时候开始,"个性官员"这个词开始淡出舆论视野,似乎是集体从媒体前台退场。那一代的个性官员,高升的高升,退休的退休,沉默的沉默,作为一个群体和一个现象成为人们的记忆。

不知道这个词是如何消失的。有的是因为官员的个性融于制度之中而成为一种常态的制度，比如李金华的个性就给审计风暴的制度化带来了强大的推动力，在提升审计地位中，使风暴成为了常态，继任者不必再像前任那样张扬个性；有的是因为岗位的变化而磨灭了个性，比如充满个性的潘岳作为当年分管环评的副部长时，以自己的个性在一次次环评风暴中提升了环保部门的公信力和话语权，使这个部门赢得了巨大的舆论声誉；而张保庆的退休，也带走了他的能言和敢言；仇和的高升，那种使他成为万众瞩目的政治明星的个性也被隐藏了起来。

不知道这个词为什么消失，但我们知道的是，中国的改革深化需要负责任、有担当、敢作为的个性官员的推动。铁板一块的既得利益和种种已成痼疾的官场陋习需要个性去撼动，"宁做庸官而不敢承担改革风险"的保守政治取向需要个性去刺激，"不敢创新、害怕当改革先行者"的鸵鸟思维需要个性去针砭。

当然，公众所期待的个性，不是那种无视民主的专断和铁腕，拿"听不见不同意见"的强硬当个性；也不是"人治"的代名词，将个人的意志和偏好置于组织和制度之上，一言堂下为所欲为，拍脑袋决策拍屁股走人，拿不负责任当个性；当然更不是那种人们所厌恶的作秀姿态，台前说这一套，背后做另一套，所谓个性不过是一种欺骗大众的表演，说得无比漂亮，爱出风头，爱唱花哨和取悦大众的高调，却从没有实质性的行动。

公众期待的个性，是一种在改革问题上的勇气与担当。敢于当领头羊，但不是去出风头；敢于做决断，但不是反民主；敢于对陈规陋习动真格，但不是做样子空放炮；敢于创造创新，但不是盲目折腾；敢于顶着压力得罪人，但不是一意孤行。政治家身上最让人肃然起敬的个性，是不与弥漫于周遭的庸俗人格和官场恶习为伍，以"改革就是我们这一代人的历史使命"的责任感去做改革的马前卒，看到旧体制的重重弊病并用点滴的努力去清除。作为一个权力的拥有者，自身并不迷恋权力，而是主动将自身置于制度之下。不与官话套话为伍，用老百姓喜闻乐见的语言，就是个性；不与庸官懒官为伍，以成为改革先锋为伍，就是个性；不是为了安全而在观望中随大流，而是敢说不一样的话敢做不一样的事，就是个性；敢于为自己的决策负责任，有真正的自信，不害怕成为舆论关注的焦点，不害怕网络上的争议和骂声，这就是个性。

如今不少官员面对网络争议时缺乏面对的勇气，不敢表现个性，担心被人说是"出风头"，害怕"枪打出头鸟"，焦虑于被关注后媒体带着放大镜找问题，反而做不成事了。其实这是缺乏自信的表现，公众并不会苛求真正的改革者，官员要习惯在舆论的监督下去推进改革，习惯自己的个性受到制度的约束和舆论的围观。

在我看来，有没有一批敢于担当的个性官员和明星官员的出现，是衡量改革有无活力的一个标准。改革已经成为我们这个时代最大的强音，但接下来的改革之路怎么走？在法治框架之中，民主自下而上的倒逼，改革委员会自上而下的启动，个性官员巨大执行力的推动，才会形成最大的改革合力。

(《中国青年报》2013年12月6日)

在解放思想中释放被压抑的改革动力

没有一个词比"改革"更能激起公众的讨论热情。这么多年来,"改革"一直是中国社会的关键词,是媒体报道、官员讲话、百姓热议、专家建议、网言网语中出现频率最高的词。这一波中国社会的改革讨论热,显然是"习李"新领导层上任后带来的:一方面,新领导层的一系列改革动作让人耳目一新,让公众看到了高层推动改革的决心;另一方面,人事变动的换届周期、新人新面孔新提法,习惯性激起了公众对社会变革、制度革新、攻坚过关啃硬骨头的期待。回顾不长的改革史可以清晰地看到,中国社会的几次改革大讨论与换届基本重合与伴随。

当然了,讨论改革更深层次的源流来自民众对现实的不满,中国很多社会矛盾已经累积到了不得不改的地步,改革走的基本是一条"先易后难""先民后官""先经后政""先下后上""先边缘后中心"的渐进路径,很多关键问题和核心矛盾在"摸着石头过河"中绕过去了。绕到今天,很多问题绕不过去了,绕无可绕,退无可退。这一点高层也非常明白,所以一再强调:长期执政安于现状终将积重难返,"精神懈怠"是第一位的危险,改革必须稳步向前推进。

必须深化改革,不反腐败就有亡党亡国的危险,上下已经形成共识。方向是清晰的,道路也是明确的,都知道往什么方向改,走什么样的道路,也知道用什么样的方法——"改什么"和"怎么改"不是问题,最关键的是"谁来改",也就是需要寻找一个设计、推动和实施改革的动力。空谈误国,实干兴邦,当下改革最大的问题,不是"说",而是"干"。"干"需要行动,很多改革之所以陷于渐而不进、"只轰油门不挂挡"的停滞困境,就在于缺乏动力。改革大讨论,应该聚集于寻找、激发和解放被遏制、被遮蔽、被压抑的改革动力。

失去动力是改革最大的危险

回望并不算太长的中国改革史,可以发现,每一次改革红利的释放,都源于背后有一种巨大的推动力,推倒了各种阻挡着改革前行的障碍,解放了生产力,解释了被束缚着的人性,激活了人们的创造热情。

当初为什么要改革?最初改革之所以能启动,源于自上而下改变现状的共识,这种共识就是改革最大的动力。十年"文革",政治浩劫,把中国人和中国社会折腾得没什么可以折腾的了,把国家折腾得精疲力竭,百废待兴,百乱待平,人心待收,从官方到民间每个阶层都厌倦了斗争、贫穷和混乱。这种自上而下改变现状的人心,就是启动中国改革的第一推动力。"真理标准"的大讨论为改革清除了"文革"遗留的观念障碍,邓小平复出大刀阔斧,于是改革高歌猛进。

比如高考改革,就是在一种教育系统近乎崩溃的情况下开始的,所以后来有人反思中国教育改革三十年的时候曾提到,那种改革,不管怎么改,不管是什么样的改革方案,只要改革就能带来红利。很多改革,都是在这种"近乎崩溃"的基础上重建的。举国上下人心思变,人们的热情一下子释放了。

再看第二次思想解放,也是在改革缺失动力的情况下出现的。90年代初,改革趋向保守,市场经济的发展遇到了观念和现实障碍。这一阶段改革的动力来自三方面:民众致富的欲望、资本创富的冲动、开放带来的外界压力。可这些都被"姓资姓社"的观念魔咒束缚着。小平同志"南巡讲话"带来的思想解放新风,冲破了"计划经济崇拜",中国起码在经济上开始融入世界。第三代领导集体接过了改革的衣钵,进一步冲破了"唯公有制论",那些在边缘戴着镣铐跳舞的诸种资本被解放出来,民众开始全面分享改革带来的红利。顺应着民众的期待和企业家的诉求,党内务实开明的改革家们小心翼翼地在政治领域松动一些体制坚冰,为经济的发展扫清障碍。这一波改革释放的生产力,支撑着中国经济高歌猛进了十多年。当然,发展也暴露了很多问题,"科学发展观"是一种纠偏。

改革的接力棒到了今天,不得不追问的是:都说要改革,可今天的改革动力在哪里?我们的改革有失去动力的危险。都说改革,由谁来改呢?今天改革所面临的问题,很多都与改革者本身相关。此前的改革,基本都集中于社会和经济领域,改革者利益无涉(甚至改革者本身会因此受益,被改革者也是受益者),相对好改。可随着改革的深入,会触及改革者本身的既得利益,需要改革者向自己的利益开刀。当改革触及的是普通人的利益时,改革者会让人"忍受改革的阵痛",义无反顾地改,可当改革矛头指向官僚阶层、能源垄断利益集团、房地产利益集团、官商结合体这些伪市场改革下所形成的强势既得利益者时,自己改自己,动力来自哪里呢?

昔日的改革动力,今天依旧存在,比如民众的民主诉求、资本的创富冲动,还有外部世界的压力。可变化了的改革参数是,阻力越来越大。阻力一方面在于改革者自身的惰性,一方面在于作为旧体制受益者的垄断利益集团的抵抗,当然还有社会的摩擦力。正如车的牵引力必须超过阻力时才能前行,一个国家的改革要启动和前行,它的动力系统必须超过阻力,改革的正能量必须压过负能量。可在严峻的问题上,民众的诉求、外界的压力、资本的力量无法与保守的力量抗衡。

另一种改革动力可能来自党内开明官员的危机意识,再不深化改革的话,在长期执政条件下,一旦躺在过去的功劳簿上,安于现状、止步不前,就会暮气丛生、积弊日深,最终积重难返。我遇到过很多的开明官员都有这样的危机感。可是，这种执政危机感在官场中并没有成为主流的问题意识，一方面是部分人有一种盲目自信，认为能通过手中的强权维持社会的稳定；另一方面，这种危机感其实是很微弱的，只要事情没有恶化到失控的那一步，只要在自己任内不出大的群体性事件，微弱的忧患意识就难以转化为迫切的改革动力。在既得利益的绑架下，还是"稳"字当头。如果让官员选择改还是不改，在不改风险与改革代价的衡量下，很多人更愿意选择维持现状。能维持多久就维持多久，我任后哪怕洪水滔天。

因为失去了动力，我们的改革才出现了像经济学家所描述的"只踩油门不挂挡"——表面上轰轰轰，车子就是不往前走。很多人在喊口号，重要领域的改革光说不练，没有时间表，没有改革方案。失去动力是改革最大的危险。

改革动力来自法治和民众参与

改革动力来自哪里呢？我想，新领导层对此看得应该是非常透的。在党的第十八届中央委员会第一次全体会议上当选为总书记后，与其他常委第一次集体亮相时，习近平讲话的关键词就是"人民"，他说："人民是历史的创造者，群众是真正的英雄。人民群众是我们力量的源泉。"

人民群众是我们力量的源泉——这不是官话套话，而是一个改革者对时势的判断，当下改革的动力，只能从人民身上去寻找。

靠改革者自身的自觉，靠党内的开明派、务实派和改革派，可能是靠不住的。不否认有很多伟大的改革家，他们有改革的政治热情，志存高远胸怀天下，有一颗为公之心，也有改革的紧迫感和危机感，还有改革的智慧和能力。可是，在这个开放的时代，我们不能像过去那样把一个国家的未来、13亿人的命运寄托在强人、伟人、好人身上，而必须寻找一种制度性、可预期而且可控的动力源。

一两个官员可能会超越自身的利益，支持对自己不利、让自己让利的改革方案，但无法期待所有官员都能向自己开刀。可是，破除特权，驯服权力，革权贵资本的命，又是一个无法逾越的改革难题。任何回避这个核心问题的改革，都是伪改革。

如何解决"自己改自己"的改革动力缺失问题？高层也已经意识到：唯有依靠人民的力量。具体而言，就是使改革成为一个开放的事业——改革不是一种特权，不是少数官员垄断着的专门用来改别人的工具。使改革成为一个开放的事业，就是让人民成为改革的主人，让每个人成为改革者，成为改革的一部分。

在我们的语境中，很多人对"改革"这个词一直有一种认知误区，它设置着一个改革者和一群被改革对象。少数掌权者是改革者，作为多数的民众是被改革的对象。在这样的改革格局下，一群人改另一群人，必然会走向"改革到官为止"的死胡同，很容易使改革成为一个自闭的系统。其实改革绝不是几个人关起门来开会、设计一个方案去改别人，决定别人的命运，分配别人的利益。而是每个人都有权参与改革，每个人都是改革者。只有当人民群众成为改革动力的源泉，改革获得一种来自异体的力量，才会摆脱渐而不进的僵局。政府拒绝改革，会被民主的力量推动着前行。

民众不能当改革的旁观者，让每个公民都成为改革者，就是通过完善全国人民代表大会制度，真正地还权于民，理清执政党、政府和人民之间纠结的关系，将政府权力置于民众的监督下，让民众参与决策，参与立法，让民意的分量在决策中占更高的权重。如果有一天，官员敬畏民意而不仅是敬畏上级，改革才会获得动力；如果有一天，人民成为改革的设计师，而不是一两个人或几个人去设计，老大难的改革问题就没问题了。

民众要想成为改革的推动力，必须有法治作为保障。中国法律体系越来越完善，但我觉得还缺一部"改革法"。很多时候改革无法可依，当下的改革完全是凭政府的自愿和官员的自觉，比如官员财产申报制，完全听凭地方自愿；还有公车改革，愿改就改，不改的话也没有强制，爱怎么改就怎么改，甚至出现借机乱发福利的荒诞场景。如果有一部"改革法",既会对政府和官员形成改革压力,还会使改革在法治轨道中进行,民众参与改革、推动改革也有了法律保障。

(《中国青年报》2013年1月14日)

"无解的迷惘"需每个人成为改革者

养老金双轨制，是公众深恶痛绝的体制之一，媒体两会前的社会问题调查显示，98%的受访者都支持应该废除这种看得见的不公平制度。能力再强，行业再一样，可因为单位性质不一样，你是公务员，我是企业职工，退休后养老金竟有天壤之别。每个人都觉得应该废除双轨制，可一谈改革就容易陷入"无解"的境地，怎么并轨呢？如果让事业单位的养老金降得跟企业一样低，肯定不行，既得利益者的阻力太大了。如果让企业的退休金跟事业单位一样高，虽然皆大欢喜，可政府财政承受不了。怎么办？似乎无解。

中国很多老大难的问题，难就难在，讨论到最后，都会推出"无解"这个悲观的答案。讨论改革问题时，人们充满着"无解的迷惘"，人们被一种找不到出路的悲观情绪所笼罩着。比如，一说到财产公示制，人们就悲观地摇摇头，官员自己改自己，他们怎么可能主动放弃既得利益呢？一说到建设法治社会，就谈到政治体制改革——可这个层面的改革又不是一蹴而就的事，但这个不改，其他的就难动，因为能改的都改了，没改就因为改到硬骨头都改不动了，所以，无解。

小到呼吸新鲜空气，大到破除户籍制度，中国很多社会问题最后都得推到"政改"，一推到这里，似乎就无解了。跟很多人大代表和政协委员聊起社会问题时，这些为改革献计献策的人，开始还充满乐观，说到最后也会眉头越来越紧锁，表情越来越沉重：唉，这个问题是个死结，无解啊。加上现实改革中很多问题渐而不进，比如财产公示，还有公车改革、事业单位的养老金改革，一次次遇到阻力后陷入停滞，加剧着公众"无解的迷惘"。

"无解"对应的是"没救"，对一个国家来说，这是一个可怕的诊断，类似癌症这样的不治之症。可是，真的就无解了吗？也许不一定。

是不是既得利益者就不会成为改革者呢？是不是"自己改自己"就必然走向无解？很多人都这样看，但经济学家张维迎并不这么认为，他在最近的一次演讲中论证了一个让公众看到希望的观点：既得利益者是可能变成改革者的。他的论据有三点：其一，理念的力量，人的行为并不完全是由物质利益支配的，人是有理性的，许多伟大的变革都是由观念的变革引起的；其二，既得利益者之间是有博弈的，他们并非铁板一块的一个整体，他们之间的博弈为改革带来了空间；其三，改革是避免革命的最好的办法，宁要微词不要危机，不改革就会发生暴力革命，这迫使着清醒的既得利益者去当改革者。

张维迎在演讲中讲的一个故事很有冲击力：华盛顿总统在1799年去世，他要求他的妻子玛莎去世之后，把所有的277位奴隶都解放了，但是玛莎在第二年就把所有的奴隶都解放了。问她为什么，她说："我不想生活在那些盼望我死的人当中。"

张维迎的这个观点，对破解弥漫于中国社会"无解的迷惘"很有启发。比如，我们能从湖北省政协常委叶青身上找到例证，作为"既得利益者"，他却成了有名的改革者，到统计局副局长位置的第一天就革了自己特权的命，废了自己的公车，此后一直为公车改革鼓与呼。还有不少官员都支持官员财产公示，清醒地意识到"不反腐就亡党亡国"的危险。他们的清醒和明智，有理念的信仰，有博弈，更有深刻的忧患意识——他们把"既得利益"看成一个更长远更公共的利益，他们深知，当有一个社会承受力到了临界点，就不是那点儿既得利益的问题了。

既得利益要想成为能够长久存在、阳光的、不被仇视的利益，既得利益者必须成为改革者！绝不能"一改到官就改不下去"。

不仅是既得利益者，其实每个人都应该成为改革者，才不至于事事陷入无解。前几天北京雾霾下仍是鞭炮震耳欲聋，让人特别尴尬。特别是元宵节那天，雾霾非常严重，政府建议少放或不放鞭炮，可那天仍在上演"最后的疯狂"，加剧着爆表的污染。雾霾如此，为什么就不能不放鞭炮呢？说到污染和雾霾，都会把责任推给政府，可在像这样的公共问题上，每个人都应该成为改革者，意识到自己的环保责任，并节制自己的自私和蒙昧，从自己做起，污染才不会成为一个无解的问题。

(《中国青年报》2013 年 3 月 4 日)

以积极的行动消除"无力的焦虑"

在这个交织着希望、焦虑、梦想、喧哗和躁动的改革时代,在我们每个人在经济的高歌猛进中充满力量和信心的时候,无力感不时会像病毒一样向我们袭来。平平安安什么事也没有,会感觉很有力量,一旦"摊"上什么事儿,需要寻求解决之路和治理之道时,可能就会产生一种无力感。

比如一些代表委员身上可能就有这种无力感,好几位在接受采访时都谈到了无力感,不少曾经的两会"炮手"都变得很"安静"了,广东2007年任代表至今的梁凤莲称履职时"时常会感到无力"。一位就某个"老大难"问题连续提了好几年议案并曾宣称屡沉屡提、绝不气馁的人大代表,如今也有了疲劳感,相关部委虽礼貌却敷衍的回应让他很不满意,"斗"志昂扬的他也无力了。

不仅是代表委员,这种无力感像病毒一样,潜伏在很多人身上。在这个大国镀金的时代,一面是很多人在创富时浑身充满着无穷的力量,一面是遇到问题时求解无方、维权无径、求告无门、有话无处说、有理无处讲、有力无处使的无力感。

我遇到过一个采访对象,他无力的表情至今让我无法释怀。辽宁普兰店养猪的老高,投巨资养种猪,可他正憧憬着自己的"中国梦"时,高速公路修到他的猪场旁,逼着他让路。按照法律,应该让的是高速公路,可地方逼他让路,他的猪场又因为建在高速路旁,违反了动物防疫规定,猪不能卖。

他又是求人大代表,又是求记者,没用。现实逼得他只好诉诸法律,可地方"拖"着他。拖来拖去,一场疫情发生,价值数千万元的猪全部染病,被政府扑杀,老高陷入绝望。

相信很多为"解决问题"而奔忙的人都体验过这种无力感。面对一些"老大难"问题,甚至连我们的官员都会感到无力。此次两会,被媒体逼问奶粉安全问题,谈到"市民买一罐安全的奶粉都没有信心"时,工商总局局长都落泪了——泪水中有愧疚,也表达了作为主管者对社会痼疾的无力感。

拿什么让无力者有力,让悲观者前行呢?在现代民主社会,当然不是寄望于一个明君和包公,而是依赖良法的权威。如果"法治市场经济"能真正建立,法律成为一个国家至高无上的权威,一切均依法而行,公权力被驯服于法律之下,权利就有了力量。无力的实质在于权利的无力,而法律是权利的保护神,法律至上,能让做生意的人有稳定的利益预期,让守法者得到法律的保护,让平民的私宅"风能进雨能进国王不能进"。人们对"习李新政"最大的期待,就是想找到一个有力的支点,改革真正地行动起来,才能给人们以力量。

当然,有时候我们身上的无力感,也源于我们的消极、惰性以及被互联网上的负面情绪传染的悲观。正如那句常被人引用的诗句所云:"你怎么样,中国便怎么样。你是什么,中国便是什么。你有光明,中国便不黑暗。"——如果我们选择相信我们作为公民的力量,那么我们就不会无力。

让无力者有力,自然也依赖于公民在行动中的自信。本报十八大代表刘万永的一句话颇有深意,当有人问他参加十八大投的那一票有没有用时,他说:"如果我那一票就能决定什么,那就不是民主了。"我明白他的意思,民主是多数决,票累积起来就是力量。投票者需要有这样的自信,突破无力的焦虑,需要这样的公民自信。

公民行动起来,就会超越和击败那种无力感。比如雾霾来袭的时候,我们把所有的责任都推给政府,然后"坐等"蓝天白云,必然无力;但假如我们自己首先行动起来，过低碳生活，向自己的内心灌注正能量，就不会悲观和无力。比如反腐败反行贿，整天盯着那些此起彼伏的腐败案，必然产生无力感。假如你一边反腐败，一边在遇到问题时选择行贿的方式去解决，无力感就更加强烈。但如果你像王石那样"坚持不行贿"——他说他做企业这么多年来，从来没有向官员行过贿——就在内心找到了一种力量的支撑。我对身边这些积极行动的公民充满敬意，行动就是力量。

（《中国青年报》2013年3月5日）

"无受益感的怨愤"警醒分配不公

从"城乡人均住房面积增加 2.8 和 5.5 平米"到"过去 5 年 GDP 年均增长 9.3%",从"居民收入年增长连续 5 年超 8%",到"已实现居民基本养老保险全覆盖,扶贫标准提到 2300 元",总理的政府工作报告很务实,一个个如数家珍的数字,见证着中国经济的发展,见证着民众权利和福利保障的增长,体现着社会的进步,以看得见的方式阐释着人民分享的改革红利。

虽然有些人"拿起筷子吃肉,放下筷子骂娘",但客观地看,我们都是改革的受益者,都是改革开放和经济增长的受益者,都从改革的蛋糕中切到了一块——即使作为最底层、最弱势的农民和农民工,也是实际上的受益者,社会保障得到了更广的覆盖,工资增长也扩展到了他们。还有那些有着"弱者舆论形象"的被拆迁者,绝大多数其实也是受益者,他们拿到的拆迁补偿并不少。公众普遍从增长中受益,但不得不承认的是,一种"无受益感的怨愤"却弥漫于社会中,尤其是在情绪化更加浓厚的互联网上,这种情绪更被放大。这就形成了一种貌似矛盾的现象:数字统计上明明普遍受益,从网络舆情看,却流行着普遍无受益感的愤懑情绪。

问题出在哪里呢?

首先可能是网络舆论传播的规律,好消息、好心情的传播是算术级数的,而坏消息、坏情绪的传播却是几何级数、爆炸式、传染病式的。受益的人,很少愿意公开表达自己的受益感,尤其在充满着仇富暴力的网络中,人们更愿意信守"闷声大发财"。而不满的人，更愿意通过倾诉和抱怨发泄情绪。受益的声音保持沉默，而抱怨的声音众声喧哗，于是就形成了一种沉默的螺旋，"无受益感的怨愤"主导了互联网这个舆论场。加上非理性情绪的推波助澜，这种怨愤传染到了每个人身上。而网络又是一个放大器，愤懑感被无限放大并形成一种主导性的情绪。

当然，更关键的问题出在分配不公上，多重不公的存在，让实际上的受益者也涌动着一种"相对被剥夺"的郁闷，觉得自己未能受益，甚至是受害者。很多代表委员都谈到了这一点，比如全国政协委员迟福林也说是分配不公滋生着"钱包鼓了却心理还不平衡"。

就拿养老金来说，企业职工这些年的养老金其实是一直在增长的，甚至连续涨了九次，涨的幅度也还算高——企业职工应该是受益者了。可是，一项调查显示，90%以上的企业职工对增长都很不满。主导着人们受益感的，不仅是养老金简单的数字增长，更在于比较。养老金双轨制的存在，始终让企业职工感受着看得见的强烈不公。"不患寡而患不均"，双轨制不废除，涨得再高，也不会有受益感。

养老金双轨制只是中国社会问题的一个缩影，从教育、医疗到住房，福利上的双轨制和多轨制充斥于社会生活。每每提到社会增长，政府喜欢使用平均数字来彰显发展，可抽象的平均数字能说明什么呢？"被平均"已经成为人们常用来嘲讽"统计蒙人"的笑话。每每提到社会发展的时候，政府也习惯用现实与历史对比来凸显进步，可民众并不会这样比，而会跟同事、邻居、同行、外国比较，从而产生强烈的不平等感。

所以，相比数字的增长，人们也许更看重公平。人们的受益感也来自公平的规则。还是回到养老金双轨制的问题，不公平的制度制造着普遍的受害者情绪，没有人觉得自己是受益者：与机关相比时，事业单位觉得不公平；与事业单位相比时，企业觉得不公平；与城里的职工比较时，无处养老的农民工当然有理由怨愤。不同地方的机关之间，事业单位、企业单位之间，比较中都会产生类似的愤懑感。一个公平的社会，肯定是一个怨愤最少的社会，因为即使是弊端，也是大家一起公平地承担。这就是为什么人们明知道高考有那么多弊端，却还坚挺力挺高考的原因，是为了捍卫最底线的公平。

当政者一定要读得懂人们对公平的期待。确实，中国每个人至今都仍在分享着改革的红利，我们都是受益者，但不是"受益"就可以赢得民心的，还必须是"公平地受益"。没有公平的发展，"相对被剥夺感"甚至比"纯粹的受损"更让人难受，更容易撕裂社会。实现公正，即使天塌下来！

（《中国青年报》2013年3月6日）

官员其实是这个社会最大的沉默人群

前段时间到某地讲课,与当地官员谈到当下的改革时,他的一番言论很让我侧目,因为在媒体公开的报道和公开场合,很少听到有官员这么说。

他说"谈到官员福利时,舆论都有这样的印象,好像官员花钱是很随意的,无数的公款可以随便用,吃喝拉撒衣食住行都不用花自己的钱,每月的'工资基本不动',而且办什么事都可以靠特权走后门。我说了你可能不相信,如果没有单位的住房,我的收入在本地买房连首付都付不起。每年春节的时候,我都犹豫要不要回家过年,心疼机票钱,一家三口来回机票就是一万多,今年就没回家。春节机票又不打折,好几次我都是带家人转几趟火车回家过年的。老家人都觉得我在大城市当一个处长,手上权力很大,什么事都能摆平,其实什么事都摆不平,跟其他人一样,孩子上学得求人,老人看病得求人。"

他接着说:"我也想公开自己的家庭财产,可如果我高调表态了,在那些不愿公开财产的领导眼中我就成了敌人。再说了,我公开了,你们又会不相信,公务员怎么可能这么清贫?再说公车改革这事儿,取消公车肯定是不行的,现在打车这么难,政府没有公车的话,你们又要骂政府部门的行政效率是多么低下了。"

他还一直强调:"也就饭桌上跟你聊这些,千万别写到报道中去。我有一位同事被你们媒体坑得很惨,饭桌上这样的话被当成采访写进报道里去了,结果成了网友炮轰的对象,被当成了'雷人雷语',单位在舆论压力下不得不处理了这个同事。"

常与官员交流，常听到他们讲类似的话，并且同样强调"千万别写到报道中"。他们对媒体讲的话，与饭桌上与朋友聊天时讲的，完全是两套话语体系、两种完全不同的内容。我相信，饭桌上的聊天，才是他们真正的心里话，而在媒体上讲的，要么是言不由衷的套话，要么是应时应景的官话，要么是迎合公众需要而讲的假话，要么是害怕惹麻烦而讲的永远正确却永远无用的空话废话。只有闲聊扯淡时讲讲真话，正经公开的场合就都不得不装腔作势起来。

这不是个案，而是很普遍的现象，官员这个貌似喋喋不休的群体，貌似掌握着巨大话语权的群体，其实是这个社会最大的沉默者。虽然我们每天都在各种媒体上听官员群体的各种讲话，然而一方面，发言的只是少数领导；更重要的是，在重重有形无形的压力下，他们最想说的话无法公开表达出来。

这就形成一种似乎充满矛盾的舆论景象，掌握着最多话语权的群体，在公共舆论中却是一个沉默的人群。掌握着越多的权力，垄断着最多的表达渠道，却是一个最少发出自己内心声音的群体。畸形的体制制造着他们的人格分裂，制造着话语与权力的失衡。

他们很多人不敢说真话，对舆论中的多数人暴力充满恐惧。因为官员手中掌握着权力，反而使他们在话语表达上处于一种道义上的劣势。舆论批评了，官员不能辩护，一辩护可能就会触燃新的舆论火星，一辩护就是"以权势压人""傲慢对待批评"。官权与民权的不对等造成了话语权的不对等，掌握着权力的人，在事实上可能肆无忌惮地"通吃一切"，可在舆论上却输得一塌糊涂，官员成为被仇视、被妖魔化的对象，政府无论说什么公众都不信，公务员群体在网上成为一个被批得体无完肤的标签。于是，形成了这样的尴尬境地：掌握着越大权力的人，越没有表达自由，越只能保持沉默。

倒是有一些敢说的官员，说的也是真话，可很容易遭到舆论的修理，不少官员都因为"说了公众不愿听的实话"而陷入"政治正确"的讨伐中。"说公众不愿听的真话"的人受到媒体修理，自然形成了一个沉默的螺旋。

压力不仅来自舆论，更多来自官场内在的潜规则，谨言慎行是官场的传统。在很多发达国家，官员能说会道是一种政治优势，会在仕途上获得加分，选民喜欢善于与民众交流的官员。而在中国的官场，"会说"却不是优势，甚至是一种劣势，人们信奉的是"言多必失""少说为佳""多做少说"。高谈阔论和张扬是一种政治禁忌，寡言是典型的官员形象。于是，公众更多看到的是沉默者形象。

保持沉默，不参与公共讨论，在某种程度上也是"不屑"，掌权者不屑与民众交流和辩论。因为很多决策，官方可以绕过民意而直接实施；很多改革，没有官方认可就不会得到推进。官方与民间并没有平等的身份，大政府对小社会带着一种权力优越感，有一种"我们就这么干"的强势和霸道。所以，当公众批评官员财产不公示时，你听过官员的辩护吗？没有。公众批评公车私用时，你听过有谁站出来参与讨论吗？没有。因为官方掌握着决断权，讨论变成了一种民间单方的抱怨，你批评你的，我自岿然不动。

我们常把官员看成一个整体，甚至，官员内部的分化和贫富差距，远比这个社会的贫富差距更大，分化更明显。很多基层的官员，其实有一肚子的苦水想倒，有很多意见想表达，可他们的声音常常淹没在舆论对公务员形象的刻板认知中。作为权力阶层中真正的弱势群体，他们常常被误读为"强者"。

中国的改革，需要利益相关群体真正的博弈，而博弈的前提是发出声音，但在这个失衡的舆论中，最大的利益相关者——官员却是社会最大的沉默者。在财产公示改革上听不到他们真实的声音，在公车改革上无法听到真正的意见表达，改革自然寸步难行。

（新浪网观察家专栏 2015 年 3 月 13 日）

为何越不发达的地方官本位越浓

我到苏南一座城市讲课，与当地官员交流，虽然这些官员在当地应该都算是"不小的官"，可从他们身上看不出什么"官样儿"，没有官腔官威，没有前呼后拥。谈到这个问题，他们自己也说，整天各种忙各种累，自己也没啥"当官的感觉"。一个朋友谈到，好像越是欠发达的地区，官本位似乎越浓，当官也越有感觉。屁大的官都威风得不得了，细微的眼色脸色都有人揣摩迎合。领导肩膀耸一下抖一下，立刻就会有下级体贴地接过大衣。一个从苏北调到苏南任职的官员开玩笑说，现在一点感觉都没有了，以前抖一下就有人接大衣，现在抖多少下都没用。

细想一下，越是不发达，官本位越是浓，这还真是个问题。随手一则新闻就是佐证。

有报道说，地处苏北的宿迁一位网友在发帖称，宿迁湖滨新城管委会花巨资购买了一艘豪华游艇专供官员游玩。网帖透露，"购买该游艇花费 1200 万；游艇内部装修花费 100 多万；该游艇专供官员游玩享乐"。"八项规定"之下，又是"豪华游艇"，又是"专供官员"，又是在欠发达地区，自然引发舆论风暴。虽然当地回应称"游艇系私人公司购买"，但众多疑点无法平息公众怀疑。

来看这条新闻，虽然官方否认了，真实性有待调查，但人们之所以本能地相信，是因为这类来自欠发达地区的负面新闻实在太多了。盘点一下我们的新闻记忆，会发现很多关于地方政府购买豪华超标轿车、地方官员修建豪华办公楼、地方耗巨资建官员别墅之类的负面新闻，都发生在欠发达地区。还有很多关于公款吃喝、公费出游的曝光，多不是发生在经济很发达的地方。还有常曝出雷人雷语、粗暴对待舆论监督的地方，经济发展也不是太好。很多败家子的行为，前面都有"贫困县"的标签。这些新闻印象，强化着公众"地方越落后负面新闻就越多"的刻板印象，所以一看到"豪华游艇专供官员"这种符合其新闻想象的信息，就先入为主地信了。

在这些新闻镜像中，也能看到"越是落后，官本位就越浓"的影子。因为无论是豪车，还是豪华办公楼，还是别墅和雷人雷语，官腔官威都是官本位的体现。巧的是，11日有媒体报道了"很多地方存在再穷不能穷干部现象"，曝光黑龙江省巴彦县人民法院院长刘玉海购置并驾驶一辆价值75万元的豪车，而巴彦县是哈尔滨市下辖的一个国家级贫困县！国家行政学院竹立家教授表示，他曾实地前往多个贫困地区调研，在很多地方，都存在"再穷不能穷干部"的现象，特别是在一些相对偏远、欠发达地区。

为什么越是落后的地方，官本位越浓呢？背后有着深刻的社会原因。

首先是这些落后的地区往往地处偏远，缺乏足够多的外界监督。监督的力量少了，公权力肆无忌惮，那种自上而下、逞官威摆官谱就顺理成章了。有两个现象值得关注，一是经济越发达的地区，媒体业的发展往往都比较发达，比如北京、上海、广州、深圳等，都市报和党报都比较发达，舆论监督的能量较强，媒体有时虽不敢打"老虎"，但"苍蝇"还是敢打的；媒体越有力，官权就越被驯服了。另一方面，越是经济发达的地区，民众的权利意识就越强，公民意识强烈的他们习惯通过各种途径维护自己的权利，见多了世面，不怕官，不把官当回事。而且发达地区的人大、政协等各种力量也敢于监督，但落后地区的四套班子往往是一体的。

官威官谱是需要顺民臣民的滋养的，如果民众都成了站着的公民，官本位那套就不吃香了，你肩膀抖中风了都没人帮你接大衣，包自己拎，伞自己打，车门自己开。你是民众养着的公仆，官怕民才是，哪有民怕官的。

另一个重要原因是，越落后的地方越容易形成封闭的圈子，而封闭的社会圈又是滋养官本位最好的土壤。有一个很有意思的现象，很多年轻人抱怨北京、上海、广州竞争压力太大，生活成本过高，曾有过逃离"北上广"的潮流，回到房价低又熟悉的小县城去生活，可没几年又逃回"北上广"了。为什么会逃回呢？关键就是小县城是熟人社会，官本位太浓，家庭没有背景的话很难融入其中，好岗位都被大官小官权贵家族占了。曾有一个段子嘲讽官本位下小县城的圈子化："人事局王局长您好，在您六十岁生日之际，您的大女儿市财务局主任王晓英，大女婿市交通局副局长李阁奎，二女儿计生局处长王晓霞，二女婿市中心医院副院长郭亮，小儿子工商局质检科科长王晓飞，儿媳妇市妇联主任张宁，还有您唯一的小孙子市实验小学副班长王小帅为您点播一首歌，祝您生日快乐，下面请听点播歌曲：《好大一棵树》。"

在这种情况下根本没法公平竞争，其后隐藏着无数腐败。而发达地区的大城市则比较公平，外来人居多，大家都没有背景，生活成本虽高，但环境更公平，有能力的话还是能脱颖而出的。

当然还有其他原因。因为地方落后，经济落后，观念也落后，官员缺乏现代政府的服务意识，爱逞官威。还有，地方穷，收入相对发达地区要低不少，能从官本位的利益中找到一种补偿机制。

(《中国青年报》2013年4月12日)

当政府替代上帝，所有天灾都会归咎政府

"刘铁男案"后，限权和放权改革再次成为舆论热议的焦点。总理甩开膀子要推动放权改革，强调不能什么事都到北京来批，强调以简政放权促进经济稳定增长。"放权"是新一届政府一直强调的关键词，李克强总理上任之初就称"放权是新一届国务院要办的第一件大事"，这届政府的改革线路图由此可以看得非常清晰，就是以放权改革释放制度红利。

"放权"确实把握住当下中国诸多社会问题的根本，贪污腐败是源于官员手中权力过多过大，市场化改革的烂尾是过多权力被垄断在政府手上。所以，无论是治理公众深恶痛绝的腐败问题，还是解决种种经济问题，都要从限权、放权和分权改革着手，不仅是把权力关进笼子，更首要的是把关在笼子中的权利放出来，即还权于市场，还权于社会，还权于民众。当然，我更看重放权改革的效应在于，能提升政府的公信力，摆脱"政府说什么公众都不信""什么问题都归咎于政府"的被动舆情。

在这个问题上，好几位高层领导都推荐过托克维尔的《旧制度与大革命》，这位政治学者说过一句非常经典的话："当政府取代上帝时，连最无法避免的灾祸都会归咎于它。"这句话的意思是说，当政府自命万能的上帝，手中掌握着太多太大的权力并对万事大包大揽时，人们会习惯性地将所有问题都推给政府，将一切不该由政府负责的灾祸都归咎到政府身上，政府会成为所有责难的中心，成为所有怒火的集中发泄点，成为所有愤怒的目光聚焦

的地方。

权力是个让人着迷的好东西，似乎掌握着越多越大的权力，就垄断着越多的资源和福利。所以自古以来，人们都迷恋着追逐权力，依附权力，分享权力，想方设法去占有权力，迷信占有了权力就能通吃一切。可是人们忘了权力的另一面，权力并不是单面，它往往与责任和义务相伴而生，有多大的权力，就须承担多大的义务。这种理念投射到政府身上就是，无限责任对应无限政府，有限责任对应有限政府。

从这种分析中，就能看到当下政府公信坍塌的一大症结在于：政府和官员手中掌握着太大的权力，在舆论和公众面前树立了一种"全知全能"的形象，把什么权力都揽在手中，像毛细血管般无孔不入地深潜进人们的日常生活，处处有审批的身影，时时有监管的目光。虽然经过这么多年的市场化改革，政府已经向社会和公众分了不少权，但总体而言，政府手中的权力依然不逊于上帝。当政府以全能的上帝自居，手中掌握着似乎是无限的权力时，自然就会被舆论和公众课以无限责任。

很多官员都抱怨过，舆论对政府过于苛刻，赋予了政府很多他们无法承担的责任：地震预测是一个世界难题，每次发生地震后，政府部门都会受到批评；泥石流是自然灾害，可灾难发生后人们本能地会想到政府，比如政府应承担何种责任，是不是乱建水电站或水土治理不力导致的；全球气球变暖，南方冰雪灾害，政府应该为产业政策和环保不力负责。从人的生老到病死，只要有坏消息，无论怎样不可避免的灾难，政府总会被千夫所指；从人的吃喝到拉撒，只要有需求，人们就会理直气壮地把目光投向政府，这要管那要管，这要负责那要负责。不要怪民众苛责苛求，这就是政府手中权力带来的恶果，享受着权力集中带来的利益，就必须为所有问题负责。

当这所有问题都归咎于政府时，公信没有办法不坍塌。当政府承担了不该承担的责难，被赋予了种种不切实际的期待时，官民矛盾的激化变得不可避免。民怨沸腾地指向政府，可政府又无法满足这种期待，变成一个无解的问题。这时候，权力成了一个烫手山芋。

所以，放权改革对政府是一种减负改革，分权给社会和民众，失去的是权力，得到的却是轻松；放手的是权力，同时减去的是重负的枷锁。交给社会去自决，出了问题，社会会分担责任；交给民众去民主决策，出了问题，民众自己选择，在享受民主的同时民众自身也承担了选择的责任。这是民主决策最大的好处，政府虽然放弃了专权，同时也卸掉了责任，不至于一出问题矛头就都指向政府。

政府有必要谦卑地示弱，承认"这事儿政府办不了""那事儿政府无能为力"，不仅无损政府的权威和公信，反而能树立实在的形象，政府能力确实是有限的：官员的理性有限，政府的财力有限，很多事情交给市场和企业办会更好，这没什么羞耻的。一味地逞强，将什么权力都揽在手上，岂能不成为众矢之的？"那事儿政府无能为力"对应的其实是"那事儿政府不应该负责任"。

专权的结果，是把所有矛头都集中到专权者手中，而民主的结果则是，参与决策的每个人分担了责任。一个民主的社会虽然也有民怨，但不至于事事归咎政府。

（《中国青年报》2013年5月21日）

重建公信力的关键在于政府"去私化"

近来，舆论形成了一股质疑"官二代上位"的热潮，从耒阳到揭阳，官二代的身份及任用程序遭到舆论习惯性的质疑，人们以"必有黑幕"的思维盯着这些少年得志的官二代们，无论官方如何解释"程序正当"，人们都不相信。虽说择业是自由的，官员子女也可以当官员，而且也合逻辑，但也不能怪舆论"逢官二代当官必疑"，不要带着"凭什么官员子女就不能当官"的委屈去反驳舆论。没有说服不了的公众，请用正当的程序去证明未受官一代庇护，请用制度去驱除公众心中的迷雾。

官员子女当然可以当官，公务员的职位向任何人开放，当然也包括官员子女。"官员子女当官"是正当的，不正当的是"官员凌驾于制度之上利用权力优势将子女推上前台"，因为存在着后一种可能，所以常使前者的正当性受到质疑。要使前者正当，必须将心比心地预判到公众对"官员子女当官"的合理怀疑，并尊重这种怀疑，用看得见的透明和公正程序消除人们的怀疑，让官二代清清白白、堂堂正正地获得职位，即要在招聘过程中全面地去除官一代的影响，最大限度地回避，走最阳光的程序。人们不会拒绝一个家庭虽有官员背景，但能力却真的很强，也有公共服务热情，完全凭个人努力在公正程序上脱颖而出的年轻人。

说到底，要想让人们相信"官员子女当官"是正当的，招考过程必须全面地"去私化"：去除任何可能影响公正的私人因素，也就是去除官一代权力的影响，避免官一代动用手中权力及影响将"公考"变成权力的私下交换，将开放的竞争变成封闭的世袭。

"官员子女当官"受质疑，无论怎么解释公众都不信，这是政府在诸多社会问题上失去公信力的一个缩影。失去公信力的一个典型表现是，公众不相信政府说的任何话。为什么不相信呢？根源在于人们觉得政府失去了公共的代表力，公权力不是为公，而是为私；不是为公共服务，而是为私人服务；不是为了公共利益，而是为了私人利益；公共性已被吞噬和磨光，每个毛孔里都流着亢奋的私益追求。就拿"官员子女当官"来看，虽然可能并不是普遍现象，而是个案，人们却从这些个案中看到了公权私用的缩影：官场封闭化，公权力成了父子间私相授受的私器，官一代副县长通过私下勾兑将副县长位置传给了官二代。

当公权力被"私有化"时，一个处处显现着私人属性的公共部门，怎么还会有公信？公信的前提在于，权力要姓公、要为公，也就是要驯服于公。权力姓公，权力部门才会有公信。

所以，政府重建公信的过程，不是官员上几次舆论应对课，增加一些媒介素养，提升一点与媒体打交道的技巧就能实现的，也不是抽象地喊几句"公平、透明、公开"就可以实现的，关键在于政府要"去私化"，即通过制度化的途径让公权力回归姓公的忏悔，全面去除夹杂、渗透、融入公权力中的私人因素，将人治从法治中清除出去，将人情从制度中驱赶出去，全面地将权力被私用的可能性以制度封堵，在公与私之间筑一道坚不可破的篱笆，避免公私不分所导致的权力私有化。可想而知，当人们清楚地看见掌握着公权力的人不受约束地以权谋私、徇私舞弊、以私代公时，公共部门怎么可能有公信？

首先有"公"，然后才会"信"，此之谓公信！人们不相信习惯了私用公权的人会敬畏公益，这就是公信的丧失。

前几天发生的一件事就是公权被滥用到极致的表现。广西柳州市一条繁华交通要道的一处红绿灯突然熄灭，导致该路段严重拥堵、交通瘫痪。媒体披露的内情让人大跌眼镜，原来，因为交警处罚了柳州市城市照明管理处一辆违章车辆，该处红绿灯遭到了报复性的拉闸。我违章你扣我的车证，我就用管理照明之便停红绿灯的电，哪管这权力本是为公用的，哪管红绿灯停电的后果。这也是公权私用的一个缩影，有多少类似的公权力被人拿来私用于谋利、报复和交换。柳州照明管理处有了此次的丑闻后，无疑，在公众心中的信用也必然破产了。这是很多政府部门失信都走过的路径，每一次的失信，都必然夹杂浓厚的权力私化因素。

"去私化"不是喊几句"权为公用"就能让人信的，而是需要用程序和制度说服公众。当公车私用得不到遏制，公款私用常被曝出，公费旅游司空见惯，公权力行使的过程中处处见到私的影子时，拿什么让人们信任和信赖呢？"去私化"包含着两个重要方面，一是程序上的"去私化"，用法律去驯服权力，去除人为操作和自由裁量的空间；一是监督上的"去私化"，让公众监督公权力的行使，以阳光保障权力只能为公用，公共监督是权力"保公"的制度基础。说到底，就是用制度的笼子去驯服权力，从而实现"权为公所用"。

权力的"去私化"，这是政府重建公信和自我救赎的关键所在。对政府而言，有私益，就必无公信。

（《中国青年报》2013 年 5 月 25 日）

政府最容易听的意见就是加税收费

遗产税是近来舆论争议比较大的一个税种,虽然有关部门竭力低调避谈此事,但难以平息公众对这个话题的讨论热度。有报告指出,现代市场经济国家遗产税收入一般可达税收总额的1%—2%,中国按遗产税收入达税收总额的2%计算,2012年此项收入就能达到2000亿元。虽然舆论和公众一直呼吁征收遗产税,以这个税种来平衡中国当下不断拉大的贫富差距,可为什么"拟征收遗产税"的风声一放出来,舆论会有那么大的反对声?

关键在于,民众担心政府开征遗产税的目的不是减少贫富差距,不是把钱用于转移支付,而只是为了钱,成为政府增收的一个手段。如果遗产税的起征点定在80万,那征的哪里是富人税,而是对民众财富的一次掠夺。

网上一个段子很有意思:你说交通拥堵,给你限号了。你说私家车太多,给你摇号了。你说油不合格污染空气,给你把油价涨了。你说房价太高买不起,给你征税20%了。你说国产奶粉垃圾,给香港下禁令了。你说出租车不好打,给征房产税了。你说,你说,你再说一句试试?这个段子表达的是公众对政府收费的一种警惕和批评,如果政府陷入对收费的痴迷的话,任何一种公众抱怨都可能成为政府收费或加税的借口。因为收费对政府有利,政府解决任何问题的方案都是收费。收费和增税手段被政府用多了、用顺手了、用习惯了,已经到了"除了会收费不会其他办法"的地步,条件反射般想到收费和加税。

同样，遗产税也是如此，舆论和公众呼吁遗产税，本是寄望这一税收能够实现"取富济贫"的效果，避免差距拉大的财富在代际间传递，从而富人恒富穷人恒穷。可从网上流传的方案看，税收的目的很容易发生异化，"闻税则喜"的政府部门很可能借此增税，将其变成财政增收手段。这是一个最坏的结果，贫富差距没有得到遏制，只是钱转移到了权贵手中，形成更坏的贫富分化。官员的家庭财产不公开，富人的财产不透明，征不到房叔房姐们的遗产税，征的都是中产阶层的税。

在舆论和专家在增税议题的设置上，一定要非常警惕政府"闻税则喜"的偏好。经济学家周其仁有一句话说得很好，他说："我在北京作为一个经济学家，多年来有一个经验，就是不要轻易去提加税的建议。因为这建议很容易被政府吸取，政府最容易听的意见就是加税的意见。"

确实如此，一些政府部门最爱听的建议就是"增税"。说到让政府承担某种义务时，没人愿意当试点，没地方愿意做领头羊，而都是在观望，在等着别人先行，让改革陷入渐而不进的僵局。比如公车改革，让官员让渡既得利益，没地方愿意真正改革；房产信息的全国联网，阻力重重；义务教育12年的改革，甚至连上海都说财政不足。可一说要增加某个税，各地就都争相试点了，一说要收拥堵费，各地都说已经做好准备了；一说要收环境税，"试点之地"争得头破血流；当然遗产税也是如此，财产信息不透明，缺乏基本的征税条件，就这么提上日程了。

专家还是少给政府提增税建议了，现在最大的问题就是，政府太富有了，而民众太穷了。男人一有钱就变坏，政府一有钱就乱花钱，所以当下中国最需要做的是做减法——减税。经济学家张维迎在一次演讲中曝光说："目前各高校都争相索要经费，然而经费如果花不完，根据教育部规定是要受到处罚的，去年清华大学就被罚了几千万，这到年底，各高校都在比赛花钱。所以出现这种乱象，除了体制问题，另外就是钱太多了，烧的。"

可一些专家和代表委员，不仅不去遏制政府收费冲动，不去阻止政府扩张税收的胃口，反而成为政府增税的急先锋，迎合增税欲望，替政府增税摇旗呐喊，为政府的收费和增税提供论证，想出五花八门的新税种。提议案收物业税，不首先想想中国人在房子上已经交了多少税；提建议收环境税，不考虑纳税人在汽车上交的税已经够多了；提建议收拥堵费，他们不首先去问政府在治理拥堵上作了什么努力；提建议收什么绿税、气候变化税、能源税，却从来不思考民众如果交这些税，这些钱是真的被用在治理环境和气候变化上，还是为某些官员的花天酒地增加了一个新财源。

(《晶报》2013年10月15日)

交通拥堵费是让政府从自身错误中受益

据新华社"新华视点"微博消息,北京 2016 年将研究试点征收拥堵费,并针对小客车、机动车实施更加严格的限行措施。最近 6 年,北京征收交通拥堵费的消息,每年都会上一次头条。13 年前即有北京的专家学者进行交通拥堵费的理论研究,这一概念真正浮出水面是在 2010 年 12 月的"28 条缓解拥堵措施"中。征收拥堵费的消息,上一次在网上刷屏是在 2014 年,称"北京市有望最快在 2015 年开征低排放区拥堵费"。(综合近日媒体报道)

关于拥堵费,这几年不少地方政府一直在研究,一直将此事提上议程试探舆论反应。一再放风试探民意,背后是一些地方政府亢奋的收费冲动。一些地方在公共管理上已经养成了懒政习惯,遇到问题一拍脑袋首先想到的就是收费,对收费形成了强烈的依赖。而且总喜欢拣软柿子捏,拿没权没势的人欺负,不敢向垄断寡头们收费,不敢向大企业大集团开刀,最喜欢从没啥话语权的车主们身上拔毛。所以,每次治堵治污,最终的成本多会落到车主身上,一辆车上已经叠加了无数重复的、不正当的税费,因为这个软柿子最好捏!

交通拥堵费,实际上是让车主为一些政府部门的错误埋单,让政府部门从自己的错误中受益。一个基本的市场规则和法治原则是:不能让任何人从自己的错误中受益,犯错者必须付出代价,如果一个人犯错了不仅不受到惩罚,还会因错受益,这等于是鼓励人犯更多的错。一般情况下,犯错者都会受到惩罚，可由于政府掌握着决策权和惩罚权，既当裁判又当运动员，很多时候拥有"犯错了却让别人埋单""不仅不受罚还受益"的特权。比如这个交通拥堵费，就是典型的"从错误中获益"，先把城市弄堵了，然后再借拥堵收费。

跟一些地方官打过交道，他们对本地的拥堵不是太当回事，有的甚至引以为豪，真有"堵车是城市繁荣的象征"之想法。某地前几年刚出现堵车时，当地媒体当成一条正面大新闻发在了头条，大有"我们终于也堵了"的意思。据说要想成为国际性大都市，必须有两个条件，一是房价要足够的高，一是城市要拥堵。房价不高，城市不堵，都不好意思说自己是"国际性大都市"。于是，一些官员为官一任后，常引以为豪的政绩是：房价终于被我搞起来了，面上特有光。城市终于堵起来了，这是多大的政绩啊。大拆大建，乱规划乱建设，没有长远眼光，只有短期政绩；只看GDP，不看幸福感，城市怎么可能不堵！

城市在大拆大建大摊饼的过程中，GDP上来了，官员收获了政绩。在大工程大项目的上马过程中，官员腰包也鼓起来了。只顾建设不顾城市承载力，只有短期政绩不顾长远发展，加上吝啬于公共交通的投资，加剧了城市拥堵。那没事啊，堵起来了，开始收拥堵费啊，又是一笔收入。在把城市弄堵的犯错过程中，一些政府部门和官员受益了；在治堵的纠错过程，收费又让他们受益。政府部门两头受益，而车主两头受损：堵，受害的是车主；治堵，拔的还是车主的毛。交通拥堵费不一定治得了堵，政府却有了一个新的收费项目。

城市越来越堵，公众没有见过哪个官员因拥堵而丢官，车主却一次次地被拔毛。治堵的政策不断地出台，限号限牌，提高停车费，治堵效果不知几何，对治堵者缺乏约束，似乎可以无限地试错，无限制地把所有责任都推给广大车主。

城市拥堵有多方的责任，政府、企业和车主都有责任，可如今车主承担着无限的责任，似乎所有的治堵政策都在打车主的主意。作为重要的责任方，政府部门不仅没有担应有之责，甚至想从治堵中获益，这怎么治得了堵？而是添堵。一方面需要对政府治堵进行考核，不能无限制地错了再试；一方面需要对治堵的权力进行限制，防范地方借治堵敛财。不能出现这样的逆向激励：城市越堵车，反而对政府越有益，因为可以冠冕堂皇收更高的费。

　　拥堵费虽然在逻辑上很符合上人们对治堵的想象，但为什么国际上许多比北京更堵的城市没有选择这种治堵手段呢？关键在于正当性上说服不了民众，通不过民意关，政府只能尽可能把发展公共交通作为缓堵之法——拥堵费不能说收就收，应有严格讨论和民主程序。我们税负压力本就世界领先，压在中国车主头上的税费更是繁多。公众并非"逢收费必反"，当一种收费真正必要时，公众不会没有公共意识，毕竟谁也不愿意整天堵在路上。

（《中国青年报》2013年9月9日）

一个北京人为什么反对廉价地铁

对于北京地铁2元固定票价将调整,有网站最新的民调显示,近六成网友反对。因为是面向全国网友的调查,这个数字还算平衡。如果对北京网友进行调查,估计反对率起码在九成以上!"屁股决定脑袋",逢涨价就反,这是经济人的一种利益本能。十多年来,北京人已经习惯了2元的地铁廉价通票,提价自然会遭遇巨大的民意阻力。

虽然是受益者,但作为一个北京人,我是一直反对廉价地铁票的。并非因为我日常较少坐地铁,而是出于对经济规律的尊重。

中国人很喜欢免费,曾有一个段子嘲笑这种民族性,说一架客机迫降海面,空姐让乘客从滑梯下海,乘客不敢。空姐求助机长,机长说:"你要对美国人说这是冒险,对英国人说这是荣誉,对法国人说这很浪漫,对德国人说这是规定,对日本人说这是命令!"空姐回答:"可他们都是中国人"。机长笑了:"那更容易啦,你告诉他们这是免费的。"

我们一直呼吁免费和廉价的公共品,高速免费、医疗免费、地铁廉价、公交廉价,好像享受廉价能占政府多大的便宜。其实,"占政府便宜"完全是一种经济幻觉,哪里有便宜好占的?政府是一个抽象的存在,它并没有一分钱,它所掌握的公共财政,并不是从天上掉下来的,而是以征税的形式从纳税人那里收上来的,"羊毛都是出在羊身上",是自己占自己的便宜。廉价的地铁票其实已经让公共财政越来越不堪重负,每年亏损达十几亿,而且随着北京地铁网越来越发达,这意味着建越多的地铁亏损越多。亏损了怎么办?需要政府补贴上百亿,可政府没钱,只能加税,还是要从纳税人口袋里掏。但我们又不愿意承担高税收,一听加税就反对。又想享受免费和廉价的公共品,又不想承担高税负,那钱又从哪里来呢?

北京地铁的廉价票是传统继承而来的,已经多年未调过价。当初只有1号钱和2号线时,2元的定价是比较合理的,可随着北京地铁网的完善,每年都有好几条地铁建成通车,再维持廉价的2元通票就极端反市场了。到底定多少合适,当年北京曾有讨论,但出于政治和社会因素的考虑压过了对市场的尊重。廉价获得了民众支持,但却受到了经济规律的报复,每年100多亿的补贴成了一个无底洞,而且随着地铁网越来越密,这个无底洞越来越大。

看得见的问题是,廉价导致了北京地铁的暴挤;隐性的问题是,因为资金瓶颈,地铁未来的规划和发展受到制约;另一大不可忽略的问题是,隐藏着巨大的安全隐忧,很多地铁线年久失修,可拥挤的人群又常使地铁处于超负荷运载状态。低廉的票价使维修和维护都成为问题。关注新闻的人能够注意到,近两年北京地铁似乎进入了故障高发期,我常乘坐的10号线就时不时发生故障,就在我动笔写这篇文章的时候,5号线刚又发生故障。

从另一个角度看,过于低廉的地铁票价也违反了社会规律。这话可能很多人不爱听,记得曾有一位专家谈过城市的生态门槛问题,中国房地产学会执行会长、北京房地产学会常务副会长陈贵称,高房价、高租金和高生活成本,是控制北京等特大城市人口无序膨胀的唯一生态门槛。他的这个观点受到了很多批评,他说,北京想成为国际化水平的都市,必须要有生态门槛。马路上的车子档次不能太差,人的素质整体水平不能太低,生活起来不能太容易。北京人口激增必须得到有效控制,还要遵循物竞天择、适者生存的道理。所以,像北京、上海等特大城市的房价不能再降了,10万以下的车不能在北京上牌照了,外地低收入、低素质和低学历等群体数量不能再增加了。加大一切在北京的成本是唯一的生态门槛。

这个观点确实值得商榷，不过也提出了一个真问题，城市的承载力是有限的，而生活成本是城市维持一定规模人口的门槛之一。我们不要人为地去设置这样的门槛，但也不能反市场反常识而为，去无视这样的客观规律。交通成本本来是一个城市天然的生活成本之一，过于廉价的地铁车票扭曲了交通成本，客观上会加剧城市人口膨胀的压力。

另外，北京出于政治和社会考虑而实施的廉价地铁政策，会对其他地方形成压力。当前地铁票价的定价模式，主要有两种，一是各地的市场化模式，一是北京模式。这就让其他地方产生了"被比较"的压力，比如广州、上海的市场化模式，常常会受到舆论和公众的质疑：为什么北京能维持廉价的地铁票价，而本地却不能呢？可北京模式这种特殊政策却是无法持续和无法复制的。

（《上海观察》2014年9月24日）

延迟退休可能是对一代人的违约

加速到来的人口老龄化又一次把延长退休年龄推向了风口浪尖。全国社保基金理事会党组书记戴相龙日前受访时表示,面对三十多年后的人口老龄化高峰,国家管理的公共养老金收支会有较大缺口。他建议应逐步延长退休年龄,提出采取每五年把退休年龄延长一岁的制度设计。专家称阶梯式、渐进式的延长退休年龄是国际上通行的做法。

相比此前"一步到位"的激进方案,"五年延一岁"的设计温和多了。不过这是一个容易撕裂社会情感的话题,争议和阻力并未因方案的温和而减少。这种撕裂从不同阶层的态度可以看出。从舆情分析看,支持延迟退休的主要是两大社会群体:官员和专家。而其他阶层则多数反对延迟退休,辛苦了一辈子快到领退休金安享天年的时候,突然要延误退休了,心理上接受不了。

从支持者和反对者身上可以看到一个有意思的现象,支持延迟退休者,他们都是既有养老体制的受益者,而反对者则是相对被剥夺群体,甚至是受损者。中国在养老上实行的是双轨制,机关和事业单位发养老金,而企业单位是自己缴养老保险,从企业退休领到的养老金往往比从机关退休领到的差数倍。官员和专家支持延迟退休方案,因为这不仅不触动他们的既得利益,还能给他们带来利益;而多数公众之所以反对,是因为这种改革没有触动他们最反对的养老双轨制。人们"不患寡而患不均",养老账户的空账问题虽然严重，但他们可以接受一个低的养老金，不能接受有些人比自己高那么多。人们其实不是反对延迟退休，更多是反感政府在双轨制改革上对民意的漠视，动不了官员和专家，就拣软柿子捏。

公众最大的期待是养老双轨的并轨，让每个国民一起置于平等的体制下，先解决平等问题，再解决空账问题。而"延迟退休"则回避了这个核心问题，这正是作为双轨制受益者的官员和专家所期待的。

延迟退休对官员和专家是有益的，官员多希望延迟退休，因为延迟的不仅是工作，更是权力利益。按现在的退休年龄，一般官员到了60岁就得退，很多人都不适应这种退休后手中无权的落寞感，而延迟退休则延长了他们的政治生命。专家也是如此，大学和科研院所多已高度行政化，是官场的翻版，退休的院长和教授自然比不上在位的。但对普通劳动者而言，工作则是一种负担，没有权力利益，辛辛苦苦熬了一辈子，好不容易熬到了退休，却又赶上了延迟退休。延迟退休可能会让这类人产生一种双重的双损感：双轨制已让他们受损害，延迟退休进一步伤害了他们的利益。

从另一个角度看，延迟退休可能是对一代人的违约。制度和政策应该保持一定的稳定性，尤其是这个政策关涉大的公众利益时，应给公众一个稳定的预期。什么年龄退休，什么时候能拿到养老金，是国家对国民的一种承诺和约定，不能轻易打破这样的契约。不能以"延长退休年龄是国际惯例"作为打破契约的借口，发达国家延长退休年龄是经由正当的法律程序和民主途径与国民协商而订立的契约，不能想当然和随意地改变。即使因为空账问题需要调整，也应经过民主决策，让每个利益群体都参与到博弈中。

而且，不能一说到养老金缺口，就把所有责任都转嫁给社会和公众，在提起延迟退休这个议题时，首先要追问政府在养老金问题上有没有承担应有的投入，履行好应有的政府保障责任。毕竟，公众纳的税不是白纳的，里面有对自己未来养老的一份投资。

在养老问题上，改革的次序应该是，先改掉双轨制，再谈延迟退休；先加大政府投入,再谈公众责任。先公平,再效率。

(《中国青年报》2013 年 4 月 20 日)

不学会慢就永远走不出垃圾处理困境

"垃圾处理厂"在中国已经成为一个敏感词,一提起就都是负面情绪,一传闻上马就立刻街头抗议,一街头抗议就只好搁置项目。各地的垃圾处理厂无一例外地都陷入了这个无解的死循环。现代化的高速发展生产出越来越多的生活垃圾,可现代化也使公民权利意识和环保观念不断增长,每个人都希望视界内没有垃圾,却没人愿意垃圾处理厂建在自己家附近。原以为这只是"中国问题",像日本这样的发达国家已经走过了这个过程,但没想到让垃圾处理厂远离自己家园的"邻避运动"在这类国家一点儿也不弱。

国庆期间访问东京有明垃圾处理厂时,厂长二阶堂先生无奈地说:"无论我们怎么耐心地说服,总有人会反对,他们觉得我们的存在就是一个错误。"我问他怎么解决这个问题,他说:"除了更加耐心地去说服公众,别无他法。"在访问几家垃圾处理厂的过程里,给我印象最深刻的就是这种慢慢说服的耐心。

日本上马一座垃圾处理厂,从筹备到开工,起码需要十年的准备时间,而这个"准备时间",主要就是用来与居民进行沟通和说服,充分听取民众意见和进行协商。相比之下,中国很多类似项目用来与民众进行沟通的时间太短了,一般只有两三年左右。"欲速则不达",想绕过这个必要的说服过程而快速上马,是不可能的。习惯了独断决策的人总觉得民主没有效率,花十年时间沟通太没有效率了。其实从最终结果看,倒是那种想省略沟通时间的选择最没有效率,因民众的抗议而陷入"一抗议就死"的无解循环,上马会变得遥遥无期。

十年时间的耐心说服，不仅仅是从专业和技术上说服公众，让有权威性和公信力的第三方告诉公众垃圾处理厂完全无害，各种排放完全不会对环境造成危害，更值得学习的是政府为适应公众需求而在很多细节上所做的改变。因为公众闻"垃圾处理厂"色变，不仅出于安全和环保的考虑，还有习惯上的不安，就是视觉和心理上对"垃圾处理"这个符号的抵触。通过听取民众的意见，在垃圾处理厂的外观设计进行符合公众审美的改造，甚至让公众参与到设计中来，是说服工作很重要的部分。

垃圾处理厂的一个标志性符号是其烟囱，公众最忌讳的就是烟囱。看到冒着烟雾的烟囱，就会引起很多不安的联想，浮现很多有关垃圾处理的负面标签。意识到公众的这种不安后，厂方对传统的烟囱进行了修改，将圆柱体改成了三角圆锥体，上面进行了很多美化，让人看起来不像一个烟囱，而像一个观光设施。虽然烟囱里冒出的烟雾就是水和二氧化碳，但民众看到白色的烟雾还是不安，为了消除这种不安，厂方发明了一种技术，可以将这些排出的水和二氧化碳变成透明的，人的肉眼根本看不到。虽然这样做从技术上根本没有必要，甚至因为多了一道程序而增加了碳排放，但为了说服公众，有必要尊重公众对烟囱和烟雾的心理障碍。烟囱只是一个小的细节，在外观的很多设计上都考虑到了公众对垃圾处理的心理障碍，还有尽可能地去除异味，让人从外观和嗅觉上根本不觉得这是一座垃圾处理厂。

遇到民众抵制时，我们的很多部门常会把矛头指向公众，指责公众缺乏环保意识和公共观念。其实永远都无法苛求公众能够像专业人士那样理解垃圾处理厂，需要的是尊重他们的感受和习惯。试着改变垃圾处理厂，而不是改变公众想法。从一开始就让公众参与，比如参与烟囱的设计和建筑风格等，会让民众产生归属感而不是排斥感。在日本，为了说服民众支持，垃圾处理厂还常会为相邻社区建一些健身馆、音乐厅、游泳池之类的公共设施，向邻居表达友好相处的善意。

虽然如此耐心地说服，但不少人还是本能地反对，只能靠更大的耐心了。日本文部科学省要求学生在三、四年级时一定要考察一次垃圾处理厂，了解垃圾处理厂及工作流程。相信这些学生参观垃圾处理厂后，会更多一份了解，而不像他们的父辈那样去抵制。着眼于更长时段内的说服，从娃娃抓起，这是更深层次的耐心。还有垃圾分类从孩子教育起，也是工作的前移，因为垃圾分类工作如果做得好，垃圾处理的过程就会减少很多成本，避免了很多污染。

我们很多地方政府部门迷恋"快"，带着只争朝夕的劲头急吼吼地上马各项工程，很多社会冲突和矛盾爆发都源于这种"快"：不想走程序，不想等还没有接受的民众，不想付出沟通成本，最终让问题陷入僵局。其实无论是PX项目，还是垃圾处理厂，并没有陷入无解的死循环，关键是政府太急于求成了。在很多事情上，"快"是一种病，"慢"倒是可贵的政府能力，不学会"慢"，没有走法律程序的习惯和说服的耐心，就永远走不出垃圾处理的困境。

(《中国青年报》2012年9月26日)

别用"钱少为何不辞职"去呛公务员

一谈公务员涨工资，舆论往往就会上火，公务员就会挨骂。这一次得到证实的涨薪，也再次引发舆论热议，不过，反对声没以前那么大了，对公务员群体表示理解的声音多了。这种舆情变化也许是反腐带来的，反腐挤压了官员和公务员很大的隐性福利空间，为涨薪赢得了一定的正当性。

不过，还是有不小的反对声，比如下面这种说法就很流行：公务员收入低，可为什么很少看到他们辞职呢？为什么不辞职去找收入高的工作？这种论点貌似有理，其实是一种对立情绪的流露。讨论公务员的薪资问题，应该基于事实本身，而不是用"钱少为何不辞职"去呛公务员。

"钱少为何不辞职"的质疑有两个问题。

其一，"不辞职"是不是事实？没人辞职往往只是想象，并没有得到数据支撑。实际上，我的好几个公务员朋友都因为待遇问题而辞职，到企业拿高好几倍的薪水了。公务员辞职一般都比较"低调"，他们的正常流动确实比以前频繁了。其二，即使辞职的公务员很少，但不辞职的原因有很多，不辞职并不代表公务员的收入就很高，工资就不需要涨。

公务员工资低却很少辞职，不是不可以理解的。相比而言，公务员的稳定性高，有人就喜欢这个职业。再者，换工作的成本很高，重新择业，重新上岗，很折腾。如今就业很难，千军万马挤独木桥考上公务员不容易。最后，工资只是衡量择业的一个因素，公务员岗位还有其他吸引力。

这么将心比心考虑一下，就不会动辄拿"钱少为何不辞职"去呛公务员了。这种诘问难以形成理性交流与沟通，只能强化民众与公务员的对立，让涨工资的话题变成一场口水战——一边在晒工资单哭穷，一边说"嫌钱少就走人，外面排着一群抢这个岗位的人呢"。纳税人可以监督公仆，但别像恶老板那样由不得人讲理，拒绝正当的涨薪，把复杂的事实变成一句不由分说的"嫌钱少就走人呗"。

讨论公务员收入高低，应该有一个可衡量的客观标准。比如，跟公务员付出的劳动比，跟社会的平均工资比，跟城市的生活成本比，跟其他国家公务员在社会阶层中的收入对比程度比——拿这几个标准去衡量会发现，中国的公务员尤其是基层公务员，收入确实偏低。

讨论公务员工资问题，需要基于同一标准。现在很多貌似激烈的争论，都是"关公战秦琼"，根本没有形成对话。你说公务员收入低，他说公务员有很多隐性福利——某些地区某些领域到了一定级别的公务员，确实有隐性福利，但并非每个公务员都有，多数基层公务员还是靠工资过日子。

讨论这一问题，还需要区分贪官和普通公务员。反腐败让公众得以看到贪官们让人瞠目结舌的巨额财产，其工资基本不用，日用全部靠送，花天酒地，生活极尽奢华。现在，横在涨薪话题上的一个明显障碍是，一提到公务员，浮现在人们眼前的往往是一个个被腐败养得脑满肠肥、油光满面的贪官；一提起公务员涨工资，激起的都是"贪官家的钱多得烧坏了多少台点钞机"之类的愤怒。把这种扩大化的想象延伸到多数无辜的公务员身上，涨工资的话题就没法聊了。

我觉得，广大公务员应该是财产公开的最大支持者，因为，他们是收入不透明的最大受害者。因为收入不公开，每个人的形象都被与贪官绑在一起，享受着无数莫须有的隐性福利。还是别说"钱少为何不辞职"这样的伪问题吧，多讨论这些实在问题。

(《中国青年报》2015年1月30日）

"单双号限行能治堵减污"纯粹是废话

《北京单双号行驶路网压力降五成》——看到这则报道时,我心里一咯噔,近来媒体都在谈单双号限行带来的各种好处,以我对某些部门的了解,这难道是在为本地全面或定期实行单双号限行作舆论铺垫?

近来各大媒体集中为单双号限行唱赞歌,从各个角度报道限行带来的有利之处。比如,记者从北京交通发展研究中心了解到,自2007年有监测数据以来,北京市实施了6次单双号行驶措施,期间上班日全市路网交通压力比措施采取前降低一半左右。环保部门对单双号行驶的初步评估效果为:在空气重污染红色预警应急措施实施后,污染物浓度下降了10%至30%(综合近日媒体报道)。各大媒体近来一直在强调这几个数据。

这些貌似客观描述"限行评估效果"的数字,隐含着的取向其实很明显:瞧,单双号限行的效果多好,立竿见影,路网压力立刻降五成,污染物浓度立刻降10%至30%,看来这是一个不错的治堵和减污选项,还等什么呢?加上近来坊间一直在传言"供暖季要实行单双号限行",舆论铺垫的意味似乎就更明显了。

怎么看待"单双号行驶路网压力降五成"这样的报道呢?在我看来,这纯粹是废话,以行政手段让一半车停在家里,路上只有平常一半车,路网压力当然能立刻降五成——根本不用试,肯定会有这样的效果。显而易见的是,限行的车越多,路网压力会越小,如果所有的车都停驶,没有车上路,路网会完全没有压力了。同样，在减少污染物上的效果也是如此，无论机动车是不是造成雾霾的罪魁祸首，单双号限行下那么多车停驶，肯定是会有一定效果的。

好处肯定是有的，而且是立竿见影！但问题是，这种"单双号限行效果评估"不能只评估好处，片面地宣扬单双号限行之利，而不评估这种政策给市民和社会带来的成本，有意无意地回避单双号限行带来的问题。有些部门就是这样的习惯，为了给政府准备施行的某个政策作舆论铺垫，会为政策出台营造好的舆论环境，一边倒地宣传政策之利，而根本不谈可能隐藏的问题和带来的社会成本。

为什么不好好算一算单双号限行给市民带来的诸多麻烦呢？单双号限行难道只有利而无弊？政策成本怎么就忽略不计呢？不能为了推行这一政策而回避政策带来的成本和弊端。

确实，路网压力是了降五成，可掌握着决策权的老爷们，你们知道地铁高峰期的拥挤程度增加了几成吗？单双号限行时你们有没有去地铁试着挤几次才能挤上车？有没有试着在寒风中排着让人绝望的长队等公交？这些不能提都不提一下吧。

确实，路网压力是降了五成，可是，车主为此付出的成本呢？自己花那么多钱买的车，税费不会减半，年检不会减少，报废期不会延长，只能用一半时间。一个车主是那么多成本，所有车主加起来是多大成本。

并不是说不能付出这些成本，而是说，须重视单双号限行带来的成本，别把这种成本付出当成天经地义的事，甚至提都不提一下。制定政策，需要对利弊进行衡量，对成本和利益进行权衡，经过审慎的专业讨论和民主决策，再判断付出的这些代价是不是值得，民众在权衡中愿不愿意为了"不堵车"和"空气干净一些"而让渡那些权利和承担那些成本。

政府对私车限行，不是天经地义的事，而需要论证和说服，需要经由相关法律程序。如果可以随意进行单双号限行，随意削减公民使用自己私车的权利，以后是不是也可以禁止公民开车出行，像封停公车那样封停私车？实际上，车主的完整权利就是这样一步步地以公益的名义被蚕食的，各种治理都拣车主这个软柿子捏——限牌，限号，限行，尾号限，单双号限，天知道单双号限行后还会不会有更狠的。

（《晶报》2016 年 1 月 13 日）

体制内外真有一堵无形的铜墙吗？

在这个断裂与失衡的社会中，人与人之间有很多堵墙。有一堵常被某些人挂在嘴上的"墙"，叫体制内外。

作为评论员，听多了这样的话：你们体制中媒体如何如何，我们体制外的就超脱很多；你们体制中的人肯定会为体制说话，体制外的人就可以保持相对的自由和独立；你在体制内，拿得多一些，福利保障好一些，我们体制外的没法比。写评论批评某些地方政府时，有人就会说：你是体制中人，吃体制饭，拿体制钱，还批评政府，还骂体制，实在是吃里爬外。

人们习惯了抽象、笼统、空泛地说"体制内体制外"，但很少有人仔细地分析过，到底"体制"是个嘛玩意儿，"体制内外"又是怎样的一堵墙。体制内外真的有多大的差别吗？两者之间真有一堵不可通约不可逾越的墙吗？

"体制"这个词内涵很丰富，并没有一个清晰的定义，不同的人嘴里，可能有着不同的指向。比如，有的人谈到"体制内外"时，意指的是一种利益分配，认为体制是一种利益，体制中的人都是既得利益者，在体制的温床中获得体制外的人得不到的利益。比如，公务员的福利和保障就比普通人好很多，从住房、教育、医疗到养老都有比平民有更多的保障。

直观感觉好像对，其实不对。说到受益者，应该说，多数人都是中国改革开放的受益者，都是中国社会发展的既得利益者——这是大环境和基本面。接下来是蛋糕的分配问题，体制内外的差别，可能也是一个幻觉。中国的贫富差距和分配不公，跟"体制内外"没有多少关系，主要是以权力为分界点，权力独大并通吃着：权力越大，掌握的资源越多，掌勺者自肥，在分配资源时就可能往自己的碗里多盛肉；垄断着可兑现为利益的权力资本，在缺乏有效监管的制度下，随时可以将权力变现为金钱、美女、学历、吃喝等。

不正当的利益，不是"体制身份"带来的，而是未受约束的权力所隐含的。体制身份是一个没什么用的东西，权力才是硬通货。很多人有意无意地忽略了这种差别，将对权力的不满发泄到了"体制身份"上，偷换概念。掌握着权力的人，决定着体制内外的资源分配和利益安排，所以进入体制并不意味着就能享受到利益。

常有人说"你吃着体制的饭"，这个判断是很奇怪的，我像其他人那样自己赚钱自己养家，怎么叫"吃体制的饭"呢？我的财富，是靠自己的辛苦、汗水、智慧、劳动赚来的，吃的是自己的饭，不是天上掉下来的，不是其他人或什么"体制"供养的。要说供养，是我们纳税人供养着政府，供养着官员，而不是一个抽象的体制"哺育"着我们。

另一种对"体制内外"的理解，是官方与民间、事业单位和企业单位的分殊，认为国家垄断着更多的资源，成了"国家的人"就成了"体制中人"，就能分得更多的羹，这也是似是而非的判断。实际上，社会学家在各种研究中早就揭示，昔日那个国家垄断着社会资源、个人高度依附着国家的时代已经过去了。如学者孙立平所言，过去，资源和活动空间都是被国家高度垄断的：举凡生产资料、就业机会、居住的权利，都直接控制在国家手中。在这种垄断和配置的过程中，形成了个人对国家的高度依附性，失去了这种依附，意味着最基本的生存权利的丧失。正因为此，"开除公职"成为一种令人生畏的重罚措施，对一个人的惩罚是毁灭性的。

但随着分权让利的市场化改革的推进，资源正在从国家向社会流动，"社会正在成为一个与国家并列、相对独立的提供资源和机会的源泉"。实际上，当市场渐渐主导着资源分配的时候，体制内外的墙已经被推倒了！"开除公职"已经不再那么让人生畏,"此处不留爷,自有留爷处",离开体制,甚至能活得更好。许多富豪,都是在离开体制之外创业而积累起财富的。跳槽成为常态,而且是常从内往外跳,"下海"成为致富的代名词,"体制"成为僵化和阻碍创富的另类说法。体制内外,没有什么差别,除了权力粗暴干预外,影响利益分配的还是市场。熊培云先生也在《重新发现社会》中注意到了这种变化,呼吁"从国家解放到社会解放"。

其实,改革之后,体制内外的身份已经非常模糊了,很难界定一个人是体制内还是体制外的。除了网上吵架、愤青站队拿"体制内外"说事外,日常生活中少见到这样的身份区隔了。

所以,不要动不动将"体制内外"挂在嘴上了,更不要以此来分人站队。看人看问题,需要去体制化,不要将"体制身份"当做一个敌人,然后充满优越感地说什么"我不在体制内""你有本事离开体制"。当然,更不要将"我在体制内"当做一种身份优势,俯视社会。这是一堵想象出来的墙。就事论事,所谓"体制中人",当然可以批评体制,批评政府,只要言之成理即可;所谓"体制外人",当然可以赞美体制,不是什么"自带干粮"。交流的规则,应该是讲理,讲逻辑,而不是鉴定体制内外的身份。公共空间的交流,比的是谁的道理更有说服力,掌握着更多的事实,或更站在真理那一边,而不是无聊地拿"体制内外"这种想象的身份去党同伐异。

说到体制,其实,我们都生活在同一个体制之下。一个坏体制之下,我们都会深受其害,所以要共同去批评它,促其改进。一个好的体制之下,我们都会受益,所以都要去捍卫它。连岳先生说得很好,我们就是体制,每个人都是体制。体制不是一个外在于我们之外迫害着我们的东西,而是我们自己,坏体制的存在,有我们的不作为,有我们人性的恶。共同生活在这个体制之中,需要共同的利益感觉,你无法以"我是体制内"而去护短,无法以"我是体制外"站队划圈子并推卸责任。

(《中国青年报》2012 年 9 月 14 日)

应该允许新闻发言人说错话

前段时间参加一个新闻发言人的聚会,在评价这几年中国新闻发言人制度在进步的同时,一个过去常因发言而成为"新闻当事人"的新闻发言人抱怨说,这个位置真是个高危岗位,现在自己是以随时准备"牺牲"的心态坐在这个位置上的。他说完这话,很多人都鼓掌表示认同。另一个做得很成功的发言人也表达焦虑,说现在自己还没被顶上过舆论的风口浪尖,那主要是因为领导很支持,他担心现在重视媒体沟通和懂新闻发言的领导一离任,换了新领导,自己的工作就难做了。

熟悉网络舆论和舆情发酵的人都知道,几位新闻发言人所言的"发言人是高危职业""随时准备成为舆论牺牲品",绝不是职业撒娇,看看新闻发言人经常"因言获灾",突发事件后经常被架到火上烤,经常因为一两句话被舆论穷追猛打,就知道他们所言不虚。

经过当年非典事件的倒逼,加上后来几起大事件的洗礼,中国的新闻发言制度在这几年得到了不小的推进。起码多数政府部门都有了新闻发言人,建立了新闻发言制度,一事当前先向媒体公开信息,已经成了常态习惯。但不得不说,新闻发言人的生存状态并不好,生存在体制和舆论的夹缝中,受到了来自官方和民间的双重夹击:媒体和民众对新闻发言人有太高的期待,期待他们能给出一个满足公众知情渴求的答案。而官方对他们的授权又相当有限,领导只是希望他们扮演一个面对汹涌舆情的挡箭牌和官方声音的传声筒。这种角色期待的冲突，使他们很多时候两面不讨好，想用尽可能的人性化发言让公众满意，可当引发争议时，官方又怪他们添麻烦了，成为"麻烦的制造者"。在尴尬的夹击下，"两边不是人"的发言人承受着巨大压力，一旦在某个公共事件上，舆论的愤怒到了某种临界点，发言人就会成为平息舆论的替罪羊。

一位发言人抱怨过，他真的是两边不讨好——跟媒体说了实话，领导会怪罪说"你到底屁股坐在哪边，怎么能跟媒体说实话，怎么能跟媒体不设防"。因为跟媒体说了实话，被媒体报道后又被舆论围攻，当成了"雷人雷语"。可事实就是如此，他说的是实话，即使"雷人"，也是事实雷人，而不是他说的话是"雷人雷话"。新闻发言人应该是打通官方和民间两个舆论场的"使者"，倾听民众知情需求，回应民众关切，把生硬的官方宣传语言转化成民众听得懂的人话。官方和舆论都应该善待和善用这个使者，多宽容这个尴尬的群体，尤其应该有一种"容错"的机制，就是允许他们有时可以说错话，不能因为说错一两句话，或一两句话可能有问题，就否定这个人。

为了激励官员的改革创新机制，让官员放手大胆地去试去闯，不少地方都出台了改革容错机制，比如，重庆就出台了《重庆市促进开放条例》，宽容官员在创新上的犯错：开放工作效果不好，或者造成损失，只要程序符合规定，未谋私利，可以减轻或免除有关人员的责任。深圳也有类似的容错条款。

我觉得，最应该享受到"容错"条款的，是新闻发言人岗位。因为这个位置处于舆论的风口浪尖，开新闻发布会，面对那么多记者和公众，网上舆情又在不断发酵，发言人有时难免紧张，现场直播时，说错一两句话很正常。而且，在中国的信息发布体制下，很多地方新闻发言人并不是掌握最多信息的人，一些政府部门甚至会在内部"防"着新闻发言人，担心发言人知道了某个信息会向公众公开，重要会议也不让发言人参加。既不掌握关键信息，又要在发布会上应对各种突发状况和刁钻问题，挑战和风险可想而知。所以，有时说错话在所难免。舆论不必盯着一两句话去"群殴"发言人，政府内部也要保护新闻发言人，给发言人营造一个宽松的环境，不能用惩罚发言人的方式去"平息"舆论不满。

  我的一个感觉是，某个地方一把手如果曾被舆论"修理"过，经历过某个负面舆情，他肯定会非常重视媒体沟通，非常重视和体贴新闻发言人的不易；而没被负面"修理"过的领导，常常觉得新闻发言人是"添乱"的，那么这个地方的发言人的生存环境就会比较恶劣。有关部门正在推进让地方和部门一把手走上新闻发布的前台，定期直接面对媒体和公众，是骡子是马拉出来走走。我想，这既能提升官员的媒介素养，也能产生共情效果，让他们在"亲自"发言中体会到新闻发言人的不易，也会对发言人有起码的容错心理准备了。

（《中国青年报》2015 年 4 月 8 日）

第四辑
从社会公器到商业机器

卢跃刚在香港中文大学新闻学院讲座时对大陆传媒的分析很有道理,他说:"大陆新闻媒体与世界其他国家媒体一样,有着共同的'两面性'属性,概括有三:一,既是社会公器,又是商业机器;二,既是利益集团的监督者,又是独立的利益集团;三,既被管制,又享有特权。稍不谨慎,便会堕入另外一面。"

别用莫须有罪名烧烤赵本山

娱乐圈近来最郁闷的应该算赵本山大叔了。这个给老百姓带来无数笑声、得到市场和美誉的双重回报、曾被舆论捧上大师地位的赵本山,近来成为舆论的弃儿,被舆论摔到了地上——不仅是摔,甚至是狠狠地踩。赵氏幽默给中国人带来无数欢笑,但此时网络制造一个个关于他被抓起来的谣传,真让老赵每天生活在心惊肉跳中了。

似乎每天舆论和坊间都能生产出无数关于赵本山的负面新闻,暗示着他很快就会被"办"。一个大V看《智取威虎山》时随口一句关于20吨黄金的玩笑,无意之中提到片中的"三爷",竟然在"聋子听哑巴说瞎子看到鬼"的荒唐传播中,扭曲成"山爷",并很快发酵成"从赵本山家中搜出20吨黄金"的无耻谣言。赵本山老家一个官员被调查,媒体也能自然地扯上赵,称这个官员在赵的朋友圈,曾狠夸过赵本山,暗示赵也有问题。党报评论中提到低俗文化,也被解读为影射老赵已经"失宠"。

赵本山一次次出来辟谣,根本平息不了每天媒体上那些明里暗里说他已经"进去"的谣传。舆论以生产一个个谣传来将一位曾经红极一时的小品演员如此架在火上烤,不仅是不厚道,不仅是缺德,更是对一个公民正当权利的恶意侵犯。

我不知道背后是怎样一种力量在"整"赵本山,在网上和媒体上放出这些关于他的负面消息,感觉赵本山这时真的挺可怜的。老赵犯了什么法,那就依法抓他、审他、办他，人家没犯法，就别这样整人家，整天把老赵架上火上烤。很多人把跟政商走得很近、生意做得这么大的赵本山当成一个权贵阶层的代表人物，以看权贵倒霉的心态来围观，以"眼见他起高楼，眼见他宴宾客，眼见他楼塌了"的心态来看戏。可是，每个人都可能成为这种舆论暴力的受害者，这种肆无忌惮的大众暴力会把每个人都变成可怜的弱者。

起码从眼前的公开信息来看，赵本山并没有什么问题，他只是跟政治人物靠得比较近，与几个落马、涉黑的敏感人物关系很好，跟几个贪官合过影，几个贪官特别喜欢他的小品和二人转，大人物到他的大戏台看戏总是前排就座。可是，这算什么罪呢？与落马贪官关系好，并不证明他也跟那些贪官一样也有见不得人的事，并不证明他就进入了腐败的利益链。指控一个人有罪，是需要拿出证据的。不能因为与贪官走得很近就给他制造无数莫须有的罪名，并以谣传吓人和舆论审判的方式把人架在火上烤。

赵本山作为一个出身农家后来发迹暴富的艺术家，他身上有不少缺点，比如高调爱显摆，有小农的狡猾，有封建意识，深谙很多世故；但这不影响他成为一个令人尊敬的艺术家，他的小品给公众带来无数欢乐，他拍了很多反映农村变化与发展的电视剧。他确实与一些"问题政商"走得很近，但如果老赵并没有问题，"走得近"算什么错呢？至多只是交友不慎吧。不能因为仇富、仇官、仇腐、仇黑的情绪，而用那一个个想象中的莫须有罪名去烧烤赵本山。

面对纷纷的谣言，赵本山的徒弟曾愤怒地反问"咱国家法律管不管谣言"，我也有此问。为什么一个个毫无根据的谣传能四处传播？为什么媒体能把一看就很荒唐的传闻刊登出来？为什么那些冠以"传""据称"之类无信源的消息能大行其道？为什么再荒唐的消息都有那么多人相信？为什么被证明是谣言的信息还有那么多人在传？为什么造谣传谣者得不到惩罚？因为这些问题没有答案，所以针对赵本山涉黑被抓的传闻已经产生了恶劣的"破窗效应"：反正对老赵造谣了也没事，会有更多的人去打碎窗户。"破窗效应"又会滋生更可怕的"自我强化自我实现"。

(《晶报》 2015 年 1 月 21 日)

别在被放大的网络舆情中误读中国

近来有媒体提起了一个话题,很意味深长,题目是《网络舆情并不完全等同现实民意》。文章分析的是看起来似乎矛盾的"红会现象":一方面这个组织遭遇信任危机,雅安地震后的募捐遭遇一片骂声;一方面却能收到社会捐赠款物 5.66 多亿元,占所有捐款的 53% 以上。文章得到的结论是:中国红十字会尽管遭遇信任危机,但是在社会上仍然有相当高的信任度。网络舆情与现实民意之间,有着巨大的差异。

这个判断很有意思,触及了人们常有的一个认知误区,容易放大网络舆情,尤其是整天生存在微博中、习惯从网络中获取信息的人,更容易把网络舆情当成所有的民意,从而对中国社会做出有很大误差的判断。对这种断裂,一个网友说得非常好:"中国社会各阶层好像完全是断裂的,看微博感觉明天社会就要乱了,去菜场兜一圈又发现,啥事儿也没有,一百年也不会乱。"

确实如此,就拿微博来说,身在其中的人每天从中接受到的都是负面信息和负面情绪:拆迁悲剧、红会丑闻、人伦惨剧、官员吃喝、公车私用、雷人雷语、群体性冲突、警察打人、企业污染,等等,仿佛身边到处都是坏消息。其实现实生活远非如此,不要在网络舆情中误读中国。网络舆情需要重视,但不要误以为网络上的声音就代表了民意,那至多只是民意的一部分。

中国有 10 多亿人,上网的人毕竟不是多数,而且,多数上网的人其实也并不发言,而是静默中围观的大多数,这使得网络舆情的代表性是很有限的。

生活在网络世界的人，容易把网络声音当成"多数民意"，这是环境所形成的幻觉。人们的视界多很狭隘和封闭，习惯把自己生活的环境当成整个世界。如果整个人生活在网络中，通过刷微获取信息，在论坛中与人交流，新媒体和社交平台是最主要的交流平台，很容易就把这虚拟的平台想象成中国的舆论场，代表着中国的"多数民意"了。因为微博上负面情绪比较集中，就误以为中国的基调就是负面的；网络上坏消息处处可见，就以为社会处处都是坏消息，到处都是黑暗和丑陋了；微博上整天群情激愤、充斥着浓烈的仇富仇官情绪，就以为这个社会已经分裂和混乱到无以复加的程度了，仿佛维持不到明天。

这是典型的环境造成的错觉，其实，中国远比网络所呈现出的舆情要复杂得多，民意远比网络更加多元。网络舆论场，只是中国民意舆论场的一部分，因为这个舆论场最积极最活跃，最有话语权，也最有影响力，所以我们常常误以为这里就是民意的全部。

网络上一边倒地对红十字会喊"滚"和"捐你妹"，可现实中的人们并不一定就都不信任红十字会了；网络上一边倒地反对水价上涨，其实现实中很多人是能够理性地意识到资源性产品涨价的必要性；网络上一边倒地支持政府各种限购，现实中的投票却可能是完全相反的结果；网络上一边倒地反对政府取消长假，换个平台进行的民调结果却完全不同；网络上提起拆迁都是一片受害者的骂声，现实中很多人却寄望于拆迁改变自己的居住环境；网络上提起"高房价"好像人人都咬牙切齿，现实中很多有房者都期待房价上涨房产增值……

够了，这些已足以能说明网络声音的欺骗性和局限性，群情激愤的一边倒声音常常让我们产生幻觉。意识到网络舆情的局限性，并不是漠视它，而是清醒地意识到这些声音并不是民意的全部，而只是一部分。只是因为网络的强大，让那部分片面的、情绪化的声音放大了，甚至在传播中扭曲了。

当然，这个世界没有所谓的"全部的民意"，任何一种表达出来的民意，都只代表着部分人，都是片面的，没有谁可以"全部民意"的代表者自居，那只会是强奸民意。民意不是一个结果，而是一个民主决策的过程；民意的关键在于表达，每个人都有表达的途径，博弈中达成一个结果。网络民意也是民意，但网络只是表达的一个途径，本身并不足以形成民意，须尊重多元的表达。

别在被放大的网络舆情中误读中国，这对于了解一个真实的中国非常关键。当下的问题在于，因为网络表达的途径最为畅通，人们的表达过于依赖网络，网络声音就被过度放大了。由于网络传播的特点，极端声音更容易得到传播，温和理性的声音被淹没；极端民粹主义和狭隘民族主义的情绪化声音更容易得到传播，建设性的声音成为沉默的螺旋；对抗性的声音和对立性的观点得到最大程度的呈现，沟通性的声音被弱化；负面的声音集中呈现，正面的声音只是弱弱地存在。因为网络舆论场的过于亢奋和强势，非常容易形成主导性的舆论。

有必要明白，"新闻联播"里的中国不是真实的中国；同样，网络上的中国也不是真实的中国。拓展多元的表达途径，让人们有话有处说，有理有处讲，有更多的地方去表达，在人大表达，在媒体表达，在法庭上表达，当一个社会不那么过度地依赖网络，不是什么都逼到"到网上发个帖子""到微博上吸引关注"时，也许网络才不会那么亢奋。

(《中国青年报》2013年5月3日)

克制"死咬一句话群殴"的大众狂欢

"死咬一句话群殴"是当下一种流行的舆论批评现象,常表现在,某个官员或专家在某个语境下说了一句不合其身份的错话,或者是情绪化的失态之语,或者是话语冲突中的对抗性语言,或者是毫无准备下的口不择言,或者是利益立场过于直白的表达,总之就是不合逻辑且让公众反感,媒体常称其为"雷人雷语"。媒体对这些"雷语"如获至宝,批评者们兴奋地死咬住这一句话,将这句话当成靶子,形成一场舆论群殴和大众狂欢,好不热闹。

近来不幸成为舆论群殴的几句话是:成都有一名医生在微博曝光一位进行完手术的教授拒绝进入普通病房,称"自己的命十个人都换不来",这句话激怒了舆论,这位教授差不多被批评家们的机关枪打成了筛子。然后,北京酝酿地铁涨价,一位支持涨价的专家称"2元确实太便宜,让一些人有事没事就坐地铁"。好家伙,惨不忍睹,专家就这句话所收获的板砖,可以够盖好多层楼了。最新被舆论"群殴"的是西部地区的一个官员,青海煤业鱼卡矿发生事故,记者采访时,青海海西州委宣传部的一位副部长称:"小题大做,我找你们社长。"一句"我找你们社长"又成矛头。

说这些昏话胡话,当然应该受到批评。这说明我们很多官员还缺乏基本的媒介素养,还没有学会说话,骨子里很排斥媒体,身上那种面对媒体时的匪气和霸气还根深蒂固。一些专家和教授的素质也确实堪忧,这些口不择言的蠢话进一步降低着这个精英群体的舆论形象。不过,批评也就止于此了,不必死盯住那一句话、一个字眼不放。这些话绝对是错误的，这无可争议，对于这种明显的昏话、错话、蠢话、瞎话，并没有太多的讨论和批判价值。众人围绕着一句明显的胡话蠢话大加鞭挞，甚至变成一场"群殴"，其实也挺无聊的。

比如那个引发无数批评的"自己的命十个人都换不来"，且不说这只是一名医生发的微博，只是医生单方面的描述，记者并没有采访到那位口出此胡言的教授；盯住一句不明来源、无法确证的话群情激愤地大做文章，不觉得挺滑稽吗？再说了，医生口中所描述的那位教授，他刚做完手术，在手术之后情绪的焦虑中，或者是某个冲突语境中，很激动地说出这样一句话，我们真的没有必要去较真。他的这句话是绝对错误的，批判也仅于此了，对这样一句绝对错误的话群起攻之，有什么认知价值呢？

记得还有一次，在某年参加世界卫生组织《控烟公约》谈判时，国家烟草专卖局的一位官员就曾指着卫生部官员大骂："你们要控烟？我告诉你们，这是在卖国，你们是公务员，工资的1/10都是拿我们的钱！"这句话也立即刺激出舆论的兴奋，媒体总结出"控烟卖国论"大加批判。这种批判貌似很过瘾，批评快感十足，读者快感十足，但一场简单的道德批判后什么也没留下。前段时间我给一个评论大赛当评委，看到一名评论员针对"控烟是在卖国"写的一篇正义凛然的评论，我的评语是："拿这种明显的混账话当靶子不是本事，把这种明显愚蠢的言论驳倒了，体现不出你的水平。"

还有针对"有事没事就坐地铁"的"群殴"也是如此，对专家明显的失态和失语，没必要过度放大和较真。那位专家在地铁涨价上谈了不少有价值的观点，不必盯着明显错误的一句话。还有一些所谓的"雷人雷语"，纯粹是言语冲突中的"话赶话"所激发，或者是从一堆不能脱离语境的发言中单拎出来，或者是无从查证到底有没有说过和具体对话的语境语义（如"我爸是李刚"）。众所周知，那些话是错误的，就不必死盯住"群殴"了。批评一个明显错误的简单观点，也会拉低了自己的智商。

这种"群殴"只会使本就喧闹的舆论场更加口水化和充满对抗性，动辄盯住一句话、一两个字不放，甚至让很多人不敢开口说话了。当然，很多炒作和营销抓住的就是舆论的这种弱点，刻意用"北京太堵是因为房价太低"之类一两句话刺激舆论和制造话题，舆论从来抵制不住这种诱惑，炒作者和营销者屡试不爽，一放线，鱼儿们就咬钩。

(《中国青年报》2013年12月20日)

"扶人反遭讹诈"新闻的挑逗与诱惑

众多媒体的官方微博爆出一条猛料称：北京街头，一位中国大妈讹上了一个外国小伙子。一名东北口音的大妈在经过一位骑车的老外时突然摔倒，自称被撞，并死抱对方不撒手，急哭外国小伙。最后经调解，外国小伙不得不给付1800元医药费，大妈才作罢离开。一天的疯转后，媒体调查发现，此新闻失实，有目击者证明，外国小伙的确蹭到了那位大妈，在目击者提供的视频中，外国小伙不断用中文辱骂被撞者。

又是一起关于"扶人反遭讹诈"的乌龙事件，又是媒体差不多集体中招，从《人民日报》《环球时报》到《钱江晚报》……众多媒体官方微博，都转了开始那条描述"外国小伙扶大妈反遭讹诈"的微博。

为什么人们本能和先入为主地就相信了这是一起"扶人反遭讹诈"的事件呢？很多起初被这条假新闻牵着鼻子走的人，看到最新的报道后，恼羞成怒地将问题归咎于媒体的不负责任，认为自己是被误导、欺骗和蒙蔽了。可问题不只是被误导这么简单，"外国小伙扶大妈反遭讹诈"的信息一出现就被疯转，除了"聋子听哑巴说瞎子看到鬼"式的浮躁传播外，更重要的是这条假新闻太符合很多人的想象和期待了，太符合传播者的需求了。

问题首先出在新闻源上，首先发布这条新闻的人并没有客观地描述，而是将自己预设的立场嵌入到新闻标题中，"扶大妈反遭讹诈"其实不是事实，而只是记者和网友的想象，但当这种想象变成新闻标题的时候，在这个"不看事实只看标题"的浮躁阅读时代,已经设置了议题,人们只会被这个倾向性很明显的标题牵着鼻子走,而缺乏颠覆标题党误导的独立审慎能力。

一些媒体的官方微博之所以不加核实就立刻转发和评论,是因为这条新闻太符合他们对新闻价值的要求了:多有冲突性,多有故事性(中国大妈讹诈外国小伙,可谓"中国大爷"讹诈中国小伙的升级版,国际元素的加入更增添了不少反讽反衬色彩),多能激起网友的愤怒,多能反映出这个社会的道德变异!于是,根本不问信息源靠不靠谱,根本不关心事实有可能被裁剪和扭曲,不假思索地就拿来作为增加微博访问量和炒作话题热度的利器了。

这条假新闻不仅满足了一些媒体及其官方微博的期待与需求,还迎合了很多人内心的想象、期待与需求,于是便能以所向披靡的侵略性迅速攻陷了网友本就不堪一击的理性防线,被网友疯狂地转发。

"扶老人反遭讹诈",这类新闻信息是非常能够滋养一些人内心的道德优越感的。很多人之所以喜欢消费这类负面新闻和反道德事件,不仅出于审丑的需求,更在于这些新闻最能按摩他们的道德优越感。在庸常的日常生活中,大家谁也不比谁高尚,但面对这种"自己摔倒了,人家好心来扶你,你反而去讹诈别人"的小人,平常不太高尚的我们中的很多人,于无形中立刻显得高大起来,立刻有一种站在了道德高地上俯视小人的优越感。以这种"消费负面新闻"的方式寻找优越感,是很有挑逗性和诱惑力的,正如一些人爱听别人不幸的经历来衬托自己的幸福感。"说说你不高兴的事儿,让哥高兴高兴;看看那些阴暗无耻的事儿,让哥体验一下高大感。"这显然是另一种方式的幸灾乐祸。

集体转发未经确证的"扶人反遭讹诈",自以为是在表达一种正义感和愤怒感,其实不过是找一个堂皇的理由去集体秀道德优越感。失去了追求高尚的能力,一群市井俗人通过比下比烂来寻找优越感。这是多便宜的事啊,轻松转发之间,就能够完成一次对自己高大感的确证,就能够在鄙视中寻找到一种优越感,太有诱惑性了。不要怪我太毒舌,反省一下我们内心这些不愿示人的幽暗吧。

为什么人们本能地就相信那名摔倒的大妈是在诬陷那个外国小伙呢？从另一个角度看，我们常常忽略其中的话语权问题。每每发生这类事情，人们都会本能地站在年轻人那一边，为什么呢？无关正义感，也没有是非，无非是"屁股决定脑袋"的站队罢了。毕竟，当下主宰着网络话语权的不是那些可能摔倒的大伯大妈、老奶奶老大爷，而是可能是摔别人的年轻人。这些人主导着网络的话语权，可想而知，当发生老人与年轻人的道德冲突时，这些人会本能地站在哪一边？当我们看到"扶人反遭讹诈"的新闻时，很容易立刻进入角色，选择一个最符合自己身份的角色，让自己进入到那个被大妈讹诈的外国小伙的位置上，自然会去充满正义感地批判那个无耻的"讹诈者"。

　　人们轻易地选择相信"扶人反遭讹诈"，还源于大众骨子里的一种劣根性：喜欢把责任推给别人——不是我们不想做好事，而是外在的环境逼着我们不敢做好事。你看，做好人被讹诈了，不是我们没有道德担当，不想做好人，而是人心险恶，这样做有很大的风险。很多人在没有证据的情况下，选择相信"是讹诈而不是助人"，潜意识中是想为自己的冷漠寻找借口，为自己推卸责任寻找正当性。

　　当然，还可能是我们内心的一种撒娇，为自己的赌气和推卸责任找到一个借口：我以后也不扶人了。其实，助人的道德，是源于内在的一种良心驱动，这种的道德，不应该因为一两个小概率事件而改变，不要为自己坚守这种道德设置什么条件。做好事不需要理由，不管别人怎么看怎么做，自己心安、自己快乐就可以了。

（腾讯网大家专栏2013年12月3日）

做一个让人安静的平静讲理者

围绕上海女和江西男的话题争论了一整个春节假期，众多评论和分析文章中，我觉得陆晓娅老师的那篇文章《上海女生的文化休克和知识青年的精神休克》无疑是最好的，既有知识和经验的附加值，更在这个争议话题激起的一片喧嚣和敌意中给人心传递了安静的能量，让人静静地思考，让人在一个撕裂的话题上有了宽容和理解。这篇文章谈的虽是一个人年轻时的痛苦经历，甚至是一代人的身心伤痕，却能通过耐心的叙述和理性的分析向躁动的人心传播一种静能量，文字让人充满暖意，涌动着思想的暖流。

上海女跟江西农村男友回老家，震惊于贫穷而一顿饭后就逃离。上海—江西，城市—农村，城市女—凤凰男，这个故事中带着天然的对立和撕裂，很容易让人陷入喋喋不休的标签口水战中。可撕的点太多，以至于让很多人怀疑这是一个营销和炒作者设置的话题。舆论场上本就涌动着关于地域、年龄、城乡、代际等一触即发的情绪冲突，这个话题像火星一样，将这些情绪全部点燃，舆论场上一片战火，评论文章各种站队，地方媒体的加入更像火上浇油一样，向人心输送愤怒、对立和敌意。

一片吵闹和戾气之中，这时候，晓娅老师的文章让人安静下来。

这篇文章并没有回避问题，但不是停留于那几个容易让人愤怒的标签，而是向文化冲突和历史深处去寻找答案。她引入了"文化休克"这个概念（指一个人进入到不熟悉的文化环境时，因失去自己熟悉的所有社会交流的符号与手段而产生的一种迷失、疑惑、排斥甚至恐惧的感觉），认为这个上海女生经历了文化休克——她没有纠缠于讨论上海女生，而是讲起了自己年轻时所经历过的文化休克。晓娅老师15岁就到陕北插队，当过赤脚医生、生产队会计、大队妇女主任，在她所叙述的文化休克经历中，不仅让人看到了知识青年当年接受贫下中农再教育的真实心路，更让读者了解到上山下乡的真实历史，土窑洞中的各种shock，忆苦思甜时听到的真相，目睹逃荒时的心理冲击，苦闷、感到没有出路时被击垮的精神世界，以及80年代读到法国诗人波德莱尔《恶之花》中诗句时被击中的感觉。

读完了晓娅老师的文章，你只会沉浸于历史的深处久久回味，安静地思考那些沉重的真问题，回忆自己所经历的那些文化休克，而不会纠缠于"上海女""江西男"这些肤浅标签中。好文章就是有这样一种力量，让人超越口水而去思考，超越对抗而去理解，超越浅表的吐槽而在心灵深处去寻找共情感。这个闹腾的舆论场中，我们的情绪常被卷入各种热点，被偏激的氛围干扰，被充满撕咬的戾气感染，被不断反转的新闻所绑架，跟着浮躁热点的节奏一起感动、愤怒、热情、无聊、吐槽、讨伐、消费流行语，很少能够安静下来去思考。

我常说，人在热血沸腾、激情澎湃的时候，可能是最脑残的时候，陷入某种受操纵的情绪中而没有了思考空间，失去了判断力；而安静的时候才有思考的能力。晓娅老师的这篇文章，就在一个可能让人不安的话题上，传递了这样一种让人平静思考的静能量。她保持着知心大姐的耐心和细腻，还有老派报人的深刻和情怀。

这个喧闹的舆论场上，做一个像晓娅老师这样让人安静的平静讲理者，很不容易。流行的快餐文风在降低着人们的思考能力，比如像上海女与江西男的话题，流行的评论或者是急于去寻找一个"撕点"，站到某个立场去挥舞道德大棒。或者是找到一个批判对象，寻找到一个靶子，去激烈地抨击，用语不惊人死不休的激烈言辞获得病毒般的传播效果。或者是当道德的判官，急于对一件还不清楚的复杂事实做出简单的是非判断。或者停留于就事论事，根本没有到历史中寻找答案的智慧和耐心。可并不是每件事中都有一个敌人，并不是每件事都是那么黑白分明，然而，流行的快餐文风并不鼓励读者安静和独立地思考，而是急于和乐于把读者带进自己感动、激动、冲动的浅薄情绪中。我们常常看到的是，非理性的评论者让本就不理性的大众进入更癫狂的境地。

晓娅老师擅长心理咨询，是本报著名记者。她1991年创办了本报的青春热线，为成长中的青少年提供电话和心理帮助，后来成为这方面的专家。本报培养了一批专家型记者，比如谢湘老师是教育方面的专家，卢跃刚老师是报告文学专家，贺延光老师是摄影专家，曹竞老师是体育报道方面的专家——陆晓娅老师是本报培养的专家型记者中的代表。我2004年进报社的时候，晓娅老师快退休了，给我们做入职培训——清晰地记得，她的培训方法很独特，一个细节是：给我们新记者每人一张纸，让我们在上面写下自己的从业理想，想成为什么样的记者，以及自己的职业规划，然后一个个地用信封装起来。多年后我们都忘记这事儿了，有一天晓娅老师来到我办公室，把这个信封还给我，让我自己去看几年前写的职业规划。

就像那篇深刻的文章，那张白纸和那个信封也是一样，晓娅老师总在致力于给人创造一个安静思考的时空，用她充满情怀的叙述温暖我们的精神心灵。

(《中国青年报》2016年2月19日)

狂躁轻浮的新媒体时代，做一个冷媒体

这几天，很多媒体都在热炒一条题为《怕同学讥笑 女大学生让临时工母亲滚》的新闻，称重庆一女孩，母亲是一家政公司临时工，常像"跟屁虫"似地在她学校附近摆地摊和做清洁工，她觉得母亲让自己在同学面前很丢脸。有一次粗暴地把母亲推出校门并让她"从哪里来就滚回哪里"。后来，这个女孩良心发现，写了一封忏悔信。又有女大学生，又有临时工母亲，又有"滚"，又折射出当下某些世相，一发出立刻被微博转疯了，很多人一边转发一边感慨"现在的年轻人如何如何"。时评家当然也不会放过这样的题材，一个个高谈阔论"社会之痛"。

在微博上看新闻，我已经养成了一个习惯，即越是像这样吸引着我的眼球、让人本能愤怒、让人感觉充满冲突和故事性的新闻，我越是警惕。越是面对这种传奇的消息，越需要审慎的判断，避免被"离奇"的魔弹所击中。

细看了一下报道全文，根本不像一篇报道，只有引人眼球的"新闻元素"，而缺乏基本的"新闻要素"，没有时间，没有采访当事人，没有可确证的源头，粗制滥造到了极点。查了一下新闻源，媒体多称转自《重庆晚报》，可在这几天的《重庆晚报》上没有找到这新闻。源头是5月5日的《钱江晚报》，可《钱江晚报》写得清清楚楚是转自《重庆晚报》。各家从《钱江晚报》那里扒新闻的媒体不问真假，不去溯源，便称转自《重庆晚报》。更有趣的是，《重庆晚报》的官方微博没弄清楚新闻源，也转了这条新闻，称转自《环球时

报》，自摆乌龙。央视不问真假转了这条新闻后，很多媒体更当了真，称"据央视报道"。你抄我，我抄你，以讹传讹，新媒体传播时代的混乱与浮躁，由此可见一斑。

查了一下源头，《钱江晚报》5月5日刊登的这条新闻，确实是转自《重庆晚报》，但并非近日报道，而是四年前，也就是2009年5月6日该报的一篇报道。这样隐去时间且改头换面、掐头去尾、重新裁剪后再登出来，遭遇到这个浮躁的舆论生态，便又成了大新闻。其实细看四年前的那篇报道，就充满了疑点，多是记者的想象，如"插上门，她脸颊绯红，心'怦怦'直跳。她把早已充满电的手机捧在手心，那串熟悉的号码她摁了无数次，却又挂掉了"之类的描述。中间疑似有不少不实成分，像一个段子、一篇小说，更像一篇为整容医院做广告而写的软文。（报道中说，"现在，她除了忏悔，还有一个愿望：想让妈妈年轻10岁"。煽情催泪的报道最后这个愿望就由"美仑美奂整形医院"去完成了，这家整形医院决定提供免费整容，帮母女圆梦。）

可因为报道那么富有戏剧冲突性，那么符合我们当下的口味，隐喻着某种社会问题，大家便不愿去追问真假和来源了，而是沉浸于对奇葩故事的消费中津津乐道。

从"深圳最美女孩"到"流浪汉成千万富翁"，再到荒诞的"微服私访"新闻，都是在这样一个浮躁的传播语境中以讹传讹，酿成笑话。看很多新闻，粗制滥造到了令人发指的地步，疑点明摆在眼前，可因为故事是那样的诱人，或是我们所期待的，或充满着狗血，或那么活色生香，人们便轻易地就进入了故事的逻辑而添油加醋地四处传播，于是越传越像真的："央视新闻"都转了，还有假吗？网上都是这消息，怎么可能不是真的呢？盲从盲信，没有独立审慎的判断力，当一条消息放在你面前时，你的眼睛呢，你的耳朵呢，你的脑子呢，你的判断力呢？你不应该是没脑子的跟屁虫和转发机器。

在这种众声喧哗、狂躁轻浮的新媒体时代，需要我们做一个冷媒体。当到处都是狂热的情绪和热得发烫的激情，当周围都是让我们热血沸腾、让人满腔愤怒、让人恨不得立刻想干点儿什么的时候，需要媒体扮演一种"静"和"冷"的角色。无论是自媒体，还是公共媒体，在狂躁主宰的新媒体环境中，应该有让人看了之后能静下来的品质，而不能是火上浇油，在本就快烤焦了、烧煳了的舆情上再拱一把火，让情绪燃尽理性。

在一个死气沉沉、无人呐喊的时代，在缺乏激情的社会中，需要媒体扮演"点火"的角色，让麻木者清醒，让死灰复燃，让死一般的寂静被打破，说出真话和常识，刺痛沉睡者和装睡者。而在一个处处冒火、无比喧嚣的时代，需要一种冷的声音和静的力量去让过剩的热情降温，向亢奋的社会输送理性，向被激情、偏见、仇恨、对立、怨恨急红了双眼的人，输送一种让他们静下来思考的东西。

比如，当大众在带着亢奋的激情消费"怕同学讥笑 女大学生让临时工母亲滚"时，需要一种静的力量去核实，去当公众信息消费的把关人，去避免公众被假新闻误导。可让人悲哀的是，这一次自媒体基本上又是集体沉沦，只负责转载和消费，不负责判断信息的真假。

这个社会不缺正能量，缺的是冷能量和静能量，情绪过剩，理性不足。我欣赏这样一种媒体，看到它的版面和听到它的声音，我不会热血沸腾，而会静下心来思考。我不缺热血，因为在接触到那些沸腾的新闻后，我的热血都快爆炸了，没有静心思考的空间，它压迫着你去冲动地作出判断，急躁地表达情绪，浮躁地跟上庸众那降低自己智商、摧毁一切、杀气腾腾的节奏。这样的媒体，无论是个人的自媒体，还是公共媒体，虽然显得与这个时代格格不入，但在一片喧闹之中，有一种直抵人心叩击灵魂的静默力量。微博太闹了，挑动公众情绪的元素太多了，媒体要让人们静下来去思考，这种安静的力量更让人肃然起敬。

我们的四周充斥着过剩的热情，"静"和"冷"是这个时代最稀缺的品质。当大家激情满怀、热血沸腾的时候，"静"确实有点儿煞风景，让那种待发的高潮戛然而止，当你静下来想一想，确实会为自己的冲动而惭愧。

一事当前,先问真假,再说是非,后谈利害,这是新媒体时代公民面对一条信息时应有的价值判断次序,这样才能避免被虚假信息的魔弹所击中。现在很多人都大谈自媒体,可我觉得这是一个被夸大的概念。面对一个漏洞百出的信息,自媒体却少有人质疑,而都被牵着鼻子走,这样的自媒体有何价值?只有当形成了"自己动脑子"而不是简单和偷懒地跟随,不被别人的情绪牵着鼻子走,不去标签化、概念化、段子化和简单化,有了"自己去冷静思考并对自己的判断和言论负责"的自伦理时,微博中原子化的个人成为负责任、爱思考的个体,每个自媒体才能成为独立的冷媒体,自媒体才会有实质的意义。

(腾讯网大家专栏2013年5月6日)

拿官员表情做新闻很容易摆乌龙

有网友发微博称,陕西汉中市某社区开发商与业主发生冲突,业主被打后向现场的汉中住建局领导下跪求助。这位网友发布的照片显示,一名穿条纹T恤衫和深色裤子的男子,正被三名女子抱住双腿哭诉,被抱住的官员双手提在腰间,甚至面露笑容。媒体报道了这位"微笑局长",并批评这是对百姓善良的嘲笑,笑得百姓心酸,笑得百姓心寒。事后这位局长受访时称微笑是"为了缓和现场的紧张气氛"。(综合近日媒体报道)

到底那位官员当时是为何而笑,是对百姓哭诉麻木不仁,还是缓和紧张而笑?表情背后的心态只有那位官员自己清楚,别人无从知晓,也无法还原。公众可以判断的只能是:冲突因何而生,相关部门是否有失职,冲突有没有得到化解。在新闻镜头中,官员的表情形象直观,很容易激起公众的情绪,不过还是应该少拿静态的、瞬间的、模糊的官员表情做新闻。

不少官员都曾因为表情而成为新闻焦点,著名的有在车祸处理现场"面露笑容"的"表叔"杨达才;前几天是义乌官员被指"叼烟笑对村民跪求";还有去年,湖北某地一男孩蓄水池不幸溺水身亡,其父母与街道干部协商,却发现相关负责人"面露笑容",由此质疑其诚意。当然,这些官员后来都对自己的表情作了解释。

拿官员在事故处理现场的表情做新闻,很容易吸引眼球。因为在这些事件中,官员一般不愿直接接受采访,媒体喜欢从其表情判断其态度。而且表情比文字描述更有感染力和现场感，有图有真相，一个表情能抵过千言万语。并且，表情与事件常有着某种冲突，灾难现场的笑容、跪求的百姓与叼烟微笑的官员，强烈的反差会形成巨大的新闻效应。

应该慎用这种表情做新闻，因为对瞬间表情的过度解读，很容易扭曲事实的原貌。人们经常说有图有真相，其实图像最有欺骗性、迷惑性和误导性。照片记录的只是那一个瞬间的表情，而没有反映整个过程中的变化。人的表情很丰富，那一个瞬间能说明什么问题呢？事情的发展有其前因后果过程，身处其中的人也有情绪变化，不能拿一个瞬间表情当全貌。而且，人的表情很复杂、很模糊，不能从瞬间"看起来比较像微笑"就判断他是不合时宜地笑。笑有很多种，有的是快乐开心的笑，有的则是尴尬的、自我解围或缓和紧张的笑，瞬间的记录所隐含的信息其实很简单。还有，有的人天生就是一副苦脸，而有的人则是一副笑脸，什么时候看起来都在笑，不了解的人捕捉到那个笑容瞬间，很容易发生误读。

拿一个官员瞬间的表情做新闻，很容易脱离具体的语境和真实的场景，变成一场"谋杀表情"和"诛心"的网络狂欢。公众觉得有图有真相，那就是麻木不仁的、冷血的笑；而官员觉得被冤枉了，认为那是缓和紧张氛围的笑。如此，根本无法还原笑背后的心理状态，只能各说各话，最终陷入喋喋不休的口水战中。

不要在模糊的"表情判断"中完成一次对官员莫须有的审判，还是应该以事实上的行动为判断依据，比如，官员在对事件的处理中，有没有失职和渎职行为，有没有尽到政府的责任，有没有推诿卸责把百姓当皮球踢，有没有妥善地处理好冲突。这种可考评的"行为"才是对政府和官员进行评价的核心。当然，毕竟是人在处理问题，公众需要官员在处理问题时有人的温情，能够将心比心地传递人的善意，而不能是僵硬和冷漠的。但这种人性关怀也不能仅根据一个瞬间的表情作判断，需要完整的事实。过于拿官员表情做新闻，放大瞬间表情的负面意义，只会让官员哭笑不得，哭也被骂，笑也被骂，面无表情也被骂,真不知道该以何种表情示人。

(《中国青年报》2014 年 8 月 2 日)

两会报道：喧哗和骚动背后的空洞

在李克强总理精彩的答问中，今年两会画上了句号。媒体对两会的作用，正如李总理在结束语中答谢记者时所言："如果没有新闻记者的话，这个世界上就没有新闻了。"这句话意思是说，人们看这个世界，主要是通过媒体去看的。没有记者，当然就没有新闻了，媒体报道了什么样的世界，人们看到的便是怎样的世界。两会也是如此，人们并不能像代表委员那样身临大会堂看到全景的两会，而只能透过媒体去看。

中国的媒体越来越发达，而且价值越来越多元，尤其是两会时，更是媒体间的一场新闻大战。拼抢新闻的激烈程度，从大会堂外的拥挤、部长们的奔跑速度、名人明星们的躲闪技巧和发布会上长枪短炮的多媒体设备，可以窥见一斑。看起来两会异常热闹，堪称一场新闻大片的媒体盛宴：海量的信息、海量的新闻、高端的访谈、高层的讲话、代表的炮轰、委员的批评，此外还是微博舆论场上热烈的讨论。

可喧哗和骚动的浮华背后，报道中却隐藏着很多问题。轰轰烈烈的背后是空空洞洞，身处热闹报道的舆论场中，似乎觉得很多话题有很多争议，可等两会结束后回过头来看时，却很少能留下多少有价值的内容，一地鸡毛和四处口水后，什么也没留下。

走火入魔的娱乐化

与一个媒体圈外的朋友交流两会观感，虽然媒体各显神通，从各个角度、各个层面对两会作了全景式的报道，满眼的两会信息甚至让人有了疲劳之感。但这位朋友对媒体的两会报道显然很是不以为然，他对我说："你们媒体能不能报道一些真正的时政新闻，而不要整天盯着那些明星代表委员鸡零狗碎的八卦，追着冯小刚的屁股走，盯着姚明不放，甚至把成龙堵在厕所里。有意思吗？我们看两会又不是看'春晚'的，记者为什么不能多点两会政治素养，而一个个都像八卦杂志的狗仔。"

这话说得让咱做媒体的很是脸红，不止朋友一个人这么认为，网上很多人都有这样的观感，觉得媒体不务正经，记者缺乏两会素养，两会报道成了代表委员"雷人雷语"的大杂烩和名人明星打情骂俏的花边。很多媒体两会特刊的主打照片都是文体明星。一个著名媒体人在自己的微博上哀叹："咱们的媒体怎么了？手头的几家首都大报有三家在头版使用文体明星参加两会的大幅图片，又不是'春晚'和奥运会，干嘛还是他们？"

这个朋友比较熟悉两会的媒体报道史，还提到了《中国青年报》当年几篇著名的两会照片。二十多年前，《中国青年报》摄影记者贺延光第一次拍两会，就抓到了具有历史意义的瞬间，人大代表黄顺兴在七届全国人大一次会议上公开发表反对意见，这是全国人民代表大会历史上首次出现的不同声音。贺延光拍下的这张黑白照片名为"民主的进程"。同年，香港的廖瑶珠代表在通过第一个专门委员会民族委员会人选名单时声明弃权，理由是"我不会投我不了解的人的票"。还有两会"第一张反对票"，也是《中国青年报》记者敏锐捕捉到并率先报道，产生很大的舆论影响，成为中国民主政治开放的一种象征。

朋友问我，为什么现在这样有政治内涵，能反映两会特点，又有新闻性的真正时政报道越来越少了呢？我也有这样的疑惑，两会议政厅不是娱乐秀场，不是体育赛场，而是参政议政的政治场，中心本该是代表委员的参政议政，为什么媒体那么不约而同地把镜头对准了明星面孔，让人民大会堂成为明星写真照的背景呢？每年最喧闹的都是这类娱乐化报道，曾有一个女记者为采访到张艺谋，竟然当众抱住了他，电影导演冯小刚也多次被堵在了厕所中。为追逐明星签名而引起会场混乱的事情更是很多。

过度娱乐化是当下媒体的一大恶疾，仿佛所有的事务在媒体上都被娱乐化了：反腐败娱乐化了，如赵红霞之于重庆不雅视频案；政要来访娱乐化了，如奥巴华访华后媒体炒作的红衣女郎；房产调控被娱乐化，如在微博上任志强和潘石屹的二人转。眼球经济下，娱乐化无坚不摧，新闻竞争激烈的两会报道难免成为娱乐化的重灾区。其实，适度的娱乐化并非洪水猛兽，相反可以淡化过于严肃的政治对公众产生的疏离感，以娱乐化让政治变得有趣。相比昔日过于沉闷的两会报道，如今的报道却走向另一个极端——过度娱乐化。

娱乐化表现在三个方面，其一是采访对象的娱乐化，正如前面所列举的，镜头聚焦于名人明星，忽略了更有关注价值的大多数。两会是聚焦代表委员如何监督政府，行使公民参政议政的权利，而不是娱乐大众的"春晚"舞台。应该让更多平常无力发声者说话，给每个阶层的代表者都有发声的机会，让更想表达、更会表达、更能履职的人去发出声音。可媒体对文体明星的选择性关注，屏蔽了那些有价值的声音。

其二是两会议题的娱乐化。很多媒体都热衷于去聚焦代表委员的"雷人雷语"，确实有一些参政素质低的代表委员的不合常识的建言成为笑话。但也有不少"雷人"的标签，是媒体贴上去的。有的提案议案其实本不雷人，而是媒体断章取义的结果，把接受采访时的只言片语单独拎出来，刻意制造出争议，以吸引眼球和方便批评。有的则在报道中将代表委员的建议刻意"漫画化"，或者简缩成一句有新闻兴奋点的标题，或者用娱乐化的视角去报道代表委员言论，制造出雷人的效果，误导舆论。甚至有记者为了出新闻，诱导一些口无遮拦的明星委员随口说出一些易引起争议的话，然后如获至宝地做成大新闻，于是就成了"雷人提案"。

其三是记者提问的娱乐化。记者缺乏专业知识，缺乏代议制常识，对社会问题缺乏专业的认知和关怀，而喜欢哗众取宠。典型如此次两会中《时代周报》记者向民政部门的提问："此次浙江省大规模死猪事件，据说是因为付不起火葬费，所以才把它们'江葬'了，请问是不是这样？"

当时新闻发布会的现场一片哄笑声，记者们应该都听出了这个问题的调侃意味。显然，记者这样提问题是很不合适的，太坑人家部长了！民政部管的是民政，而不是猪政，关于病死猪无害化处理问题的"猪事"，应无关民政殡葬，当问农业部长。如果把死猪随便往江里扔，污染了水源，应该问水利部长和环保部长，八竿子打不到人家民政部长身上。记者提问当然可以用段子调侃，用调侃活跃氛围，甚至用段子表达一种批评，但最终应归于严肃专业的提问。这样的娱乐化提问，最终果然将严肃的发布会变成了一个娱乐化事件，将民政部长拉下了水。

总理见面会后，某报女记者抢矿泉水瓶并喝"剩水"一事，成为网民吐槽的对象，也是两会报道娱乐化的一种表征。

我非常欣赏央视两会记者柴静的姿态。在采访中，她宁愿不去挤那些人多的地方，不去扎堆凑热闹，不追那些明星人物，不像许多记者那样都挤到人民大会堂，而是守在人大分组审议的现场（这个地方在往年是一个门庭冷落的地方），因为这里最能反映参政议政的真实全景的表达。这种不扎堆、不围观、不追星而是关注实际问题、倾听真实表达的态度，很值得赞赏。

报道碎片化使议政浅表化

两会热闹的信息海洋里，每天都会看到无数种声音，七嘴八舌各抒己见。这个代表说"一下子敲掉公务员饭碗不太合适"，那个委员说"建议无条件放开生育管制"；这个代表说"长期分居致大量农民工在外结临时夫妻"，那个委员说"国人生老病死都要求人"。一个声音还没被倾听、被关注,迅速被另一个声音淹没了;一个提案还没被充分讨论,很快就被另一个议案所遮掩。在这种喧嚣嘈杂的舆论场中,在每人一两分钟发言的小组讨论中,话题完全被碎片化,议政被琐碎的口水和浅层的批评所淹没。

这种碎片化,是"民意拥堵"的两会舆论场所滋生的现象。民众平日缺乏表达的机会,媒体热衷于"终于逮着官员"的两会效应,代表委员也没有养成日常政治中议政的习惯,这便使只有十多天的全国两会,发生了严重的"民意拥堵"。大家都想赶着这几天将自己想表达的说出来,争相表达,争相"上达天听",争相借助两会效应放大自己卑微的声音,抢话筒和争眼球是必然的,"民意拥堵"无法避免。

当然,这种碎片化也与媒体报道密切相关,因为很多议题都是媒体设置的,媒体关注的碎片化导致了议题的泡沫化。比如,媒体总在疲于追逐热点,而缺乏对某个社会问题的深入追踪和持续关切。养老金双轨制改革热,大家立刻都去追养老金的问题;第二天大部制改革成为了热点,又都去追大部制改革。其实,养老金问题根本没有进行深入的讨论,在此起彼伏的碎片化热点中,迅速被新的热点所淹没。

媒体经常批评所谓的"烂尾新闻",指那些有头没尾、烂在热点的此起彼伏中、没有结局的新闻。一些新闻,无论开始多么热得发烫,引发了多大的关注,但总会在某种力量的支配下沉下去,没有真相,没有结果,也许会成为永远的谜。其实,新闻之所以会烂尾,除了官方的掩盖和回避外,另一方面是媒体的浮躁。对新闻的关注是碎片化的,这个新闻所反映的问题还没有得到解决,媒体赚足了眼球,消费完了关注点,很快焦点就转移到其他热点上去了,很多新闻和问题就这样一次次在碎片化的关注兴趣下被烂尾。

在这样碎片化的报道下,再热的话题,再重要的问题,也只是一小朵浪花,在热点变换和话题翻新中,很容易被其他浪花所淹没。这其实不是议论政治,而只是观点声音的罗列和提案议案的简介,"议政"需要"议",但在海量信息的井喷和热点频换的节奏中，根本没有"议"的时间和氛围。

这种碎片化的另一个表征是，记者报道时缺乏主见，不是自己去找新闻，而是有闻必录。就像一个记者批评的："许多场合，不少记者往往是看见有人围堵，就赶紧掏出录音笔，被采访对象说什么，记者就记什么，甚至根本不知道说话的人是谁。本报一位两会记者讲过一个他亲眼看到的场景，人大开幕那天，有记者堵住高铁专家王梦恕，其他记者马上蜂拥而至，围得里三层外八层。一会儿，最里面记者问完出来了，外围问，里面人干什么的，答曰高铁专家。谁想记者听岔了，听成是高考专家，挤进去就问怎么看待异地高考，没想到老爷子还真能侃侃而谈，于是高考问题一个接一个来了。"

缺乏主见，缺乏"问题意识"，不是提起问题和解决问题，而是被浮华的热点牵着鼻子走，自然满是碎片化的口水。

喧闹的伪问题与嘈杂的假冲突

今年两会时，"中国青年网"的一篇评论批评一些媒体报道变味了，这篇题为《两会看点多，媒体责任重》的评论称："比如卖淫嫖娼合法化建议本是黑龙江代表迟夙生 2003 年提出的一个建议，今年两会上，又被某些网络媒体翻出来突出处理，大肆炒作；毛新宇作为全国政协委员、毛泽东的孙子，他的建言献策固然值得关注，但是，一些网络媒体并没有把目光停留在毛新宇的提案上，而是揪住他的一些表情、一些话语进行演绎和狂欢；当'铁道部将进行大改革，将并入交通运输部'的传闻满天飞时，全国政协委员、铁道部原副部长孙永福因一句口语'是个方案，正在研究，要等换届，不是现在'，被网络媒体衍变成'改革'的代言人。片面追求、制造新闻效果成了不少媒体，特别是网络媒体聚拢受众的法宝。"

这篇评论点出了两会报道的另一个问题，热衷于渲染和消费一些伪问题。我曾经碰到过一个来自湖北的基层人大代表，她就身边的问题写了好几个议案，有的关于农村教育，有的是解决农村留守儿童问题的建议，都是她经过长期的田野调查和咨询相关专家后认真写出来的。她想让自己的意见被更多人知道，就找媒体记者报道，可许多记者都表示不感兴趣。在他们看来，这些问题公众可能早有关注疲劳，没有兴奋点和新闻价值，报道出来后难以引发争议、围观和成为热点。相比之下，报道一些有娱乐价值和争议性的话题，能引发的关注就高多了。真问题，对媒体来说无争议价值，就不算问题；伪问题，对媒体来说有炒作价值，就是个问题。

另一个"炮手"穆麒茹，她某年"钉子户造成了房价上涨"的炮论曾引起热烈讨论。后来她在两会上发言就非常谨慎，于是记者对她用了"激将法"，激她放炮："你是不是有了去年的事情，不敢发言了？"穆委员没有接茬，而是淡淡地说："我的提案还不是很成熟。"穆委员透露说，会前曾有人怂恿她："人家都盯着你呢，最好让你再说两句，让你再说点爆炸性的、能引起话题的东西。"

在这种价值偏好下，有些媒体特别喜欢去追逐一些两会"炮手"，寄望于他们能够"放炮"。他们关注的不是"放炮"的议政价值，也不关注"放炮"有没有反映真问题，而是热衷其炒作价值。比如某年两会，因敢言而获得"炮手"称号的政协委员张茵，当年准备提关于环保和循环经济的提案，记者听后不无遗憾地对张茵说："感觉今年您这提案挺温和，今年不打算再做'炮手'了？"

期待政协委员敢于代民立言、敢于"放炮"的心情可以理解，但这种不关注具体问题、只对"放炮姿态"感兴趣、引诱委员做"炮手"的偏好，很不理性。张茵委员的回应非常好："不是温和，要看当时那个环境，我要提那些建议；现在这个环境，我要提这些建议。至于'炮手'什么的，还是别谈了。"这样的回应，给那些刻意追逐和围观"炮手"，热衷制造伪问题、伪冲突的记者，上了很好的一课。

"放炮"毕竟只是一种外在的姿态，代表委员敢不敢行使民主权利，关键不仅在于这种外在的尖锐姿态，更在于议政的内容和效果。说的是不是真话，反映的是不是真问题，代表的是不是民意，表达的是不是心里话，提的建议具不具体、有无操作性、是否击中体制要害，等等。可我们的两会报道，看起来很是热闹，媒体经常渲染一些"炮手"，可在这种关注趣味下，常常都是一些伪问题。

很多代表委员对媒体的这种起哄式的选择性报道是深恶痛绝的，比如前证监会主席郭树清就曾总结道："差不多三分之一，我们说什么你们报什么；差不多三分之一，跟我们说的不一样；还有三分之一，差不多是断章取义，甚至无中生有。"郭树清的这种评价，激起了很多代表委员的共鸣。每年两会都会发生记者围堵部长的盛况，很多部长之所以对记者的围堵三缄其口，并非傲慢，而是担心在这种情况下的发言被断章取义。

再举个例子，比如这次两会成为媒体热点的申纪兰，媒体围绕着这位老代表做了很多负面报道，以她的言论制造了很多话题和争议。在媒体的报道中，申代表好像是一个只知道举手而完全没有议政素养的人。可我的一位常驻山西、熟悉申纪兰的朋友说，一些媒体在故意下套"坑"这位实诚的代表。比如，有记者问："你平常跟选民有交流吗？选举的时候跟选民有交流吗？"申纪兰回答说："没有。我们这是靠民主选举，你交流就不合适，不选你，你就不要去'各'（麻烦）人。"明眼人一看就知道，申纪兰说的是选举时不可以和选民打招呼，而传播者的意思是人大代表不与选民交流了。如此故意断章取义，甚至刻意歪曲理解被采访者话语，不只是缺德了。

我的那位朋友也曾经在两会上采访过申纪兰，他说，有时一下午至少有五六拨记者来房间采访她，他旁观一下午的体会是，很多来访者对申纪兰其实根本不了解，他们喜欢变个法儿地套申纪兰说话，准备很多非此即彼的问题让申纪兰回答，只要申纪兰一张口就中招。这正是来访的记者们想要的东西，他们回头便写出一篇"申纪兰如何如何"的稿子。申纪兰对来访的记者几乎来者不拒，有记者在山西代表团驻地外给她打电话，她会亲自出门把记者领到房间里聊，而且几乎不设防，记者问什么她答什么，自己怎么想就怎么说。但令人遗憾的是，很多记者恰恰就利用了她的坦率做文章，将一个年过八旬的老人放在舆论的火架上烤。

大而空的提问降低新闻质量

在总理的记者见面会上，多家媒体获得了提问的机会。总理的专业回答赢得了广泛的好评，比如，当美国记者问"中国是否停止对美国的黑客攻击"时，李克强敏锐地意识到这个问题是一个坑儿，不仅以一句"有罪推定"跳出了记者设的坑儿，还反过来幽了美国记者一默。这种快速和专业的反应，让人看到了一位有着法学专业背景的官员的睿智。

去年人大闭幕时，温总理答记者问，一个记者提问："最近，社会上非常关注一个案件，就是浙江吴英案，您个人觉得吴英到底该不该被判死刑？"这个问题就是一个坑儿，因为当时吴英案还没有判。作为总理，在一个案件还没判时就对"该不该判死刑"表态的话，无疑会影响法院的独立审判。如果总理说"不该"，那法官能怎么判呢？还好，当时温总理非常清醒，绕过这一"坑总理"的问题，直接回答了另一个问题。今年两会上，民政部长稍不留神，就被《时代周报》那个记者的问题坑了。

并不是这些记者故意想挖坑儿"害"总理，而是缺乏专业素养。如果记者有相应的法律素养的话，就不会问出"是否停止对美国黑客攻击"这种有罪推定的问题；如果记者对司法独立审判有了解的话，就不会问总理"您个人觉得吴英到底该不该被判死刑"。总理的专业回答，更显出了这些提问的不专业。

不仅不专业，一些媒体问的问题过于大而空，甚至李克强都委婉地批评"问题太大了"。一场好的新闻发布会，不仅需要好的回答，也需要好的问题，被提问者是需要激发的，好的问题更能激发出回答者的智慧，让发布会碰撞出火花。在这方面，我们几个获得提问机会的官方媒体还要向外国记者多学习。某报记者表演性、诗朗诵式的提问在网上引起很多批评，央视主播张泉灵也感慨："媒体自己再不改语态，要跟不上趟儿了。总理实在的回答，更让那些空洞的提问相形见绌。"

自吴晓莉之后，香港记者在总理记者会上形成了推销个人和展示个性的花哨风格，胡一虎的问题，花哨而无实物，也在网上受到批评，其实是可以问问舆论热议的"香港限购奶粉"事件的。

中央正在自上而下地推行"改作风转文风"的"八项规定"，其实不仅应该在官员中推行，媒体圈也应该践行"八项规定"，少说官话套话，少提大而空的问题，少写废话连篇的报道。作风要接地气，提问才会接地气，报道也才能接地气。

(《新闻记者》2014 年 7 期)

讨论"站票半价"不是比拼道德优越感

每年春运的时候,火车票"站票半价"的议题都被提起,这个很容易激发公众情绪的问题,被很多人看成了一个"铁老大蛮不讲理"的老问题。支持者似乎理直气壮:"站着的和坐着的,明明享受着不同的服务,为什么还要付相同的车费?为什么座票与卧铺在价格上有差别,站票与座票却没有?"那么辛苦地站十几个小时回家,却还要和坐着的买一样的票,怎么想都不公平。

这种质问貌似有理,其实不然。站票、座票享受不同服务,应该价格不同,似乎很合市场化逻辑。其实中国的铁路是很难以市场化逻辑去衡量的,因为其承担着很多本不该由其承担的公共职能。如果从纯粹市场化的角度分析,到了春运这种一票难求的时候,火车票资源变得无比稀缺,应该以涨价来平衡供求关系。可如果铁路总公司涨价了,全国人民立刻不答应了,会把"铁总"骂得狗血淋头,会说"怎么能用市场化逻辑来经营铁路"呢?

客观地看,这十多年来我们身边各种商品的价格涨了多少倍?从房价到肉价,一个个跑得比刘翔快多了,可翻翻今天我们手边火车票的价格,跟十多年前的价格变化不大。正是公共事业的补贴体制支撑了让多数人买得起的火车票价格,支撑了火车廉价交通工具的属性,也使火车成为最大众的交通工具,一到春运就人满为患。当然,因为坐的人最多,加上"一票难求"是个无解的题,铁路部门也承载了最多的怨言。

一方面反对铁路市场化，反对铁路以市场的理由涨价，一方面又以市场的名义要求铁路"站票与座票同价"，这显然是自相矛盾的。从我们的直观和本能来看，站票与座票价格应该有差别，可其实这个价格本就不是一个市场化价格。"无座"不是一种座，而是在春运这种特殊的情况下为了满足井喷的、远超过铁路运力的回家需求而采取的无奈之举。其实，从技术的角度看，"站票半价"也难以实现，因为火车上的座位是流动的，这一站没座位，下一站很多人下车，也许就有座位了，无法精确地统计。退票的信息无法立即反馈，很多无票者可能会坐到有票的位置，半价对买全票者是不公平的。

有人可能会继续说，买站票的多是返乡的农民工，怎么忍心既让这些弱者站着回家，还让他们付与座票一样的钱。这种逻辑也是站不住脚的，是将经济问题道德化了，将"站票半价"问题变成了一个煽弄情绪的道德问题。好像支持半价，就站到了"同情农民工"的道德高地而拥有了道德优越感，这是辩论中常用的诡辩技巧。可这真不是一个道德问题，第一，买站票的并不只是农民工群体，"一票难求"之下，谁都可能遇到"无座"；第二，农民工是弱势群体，但购买火车票是一种经济行为，应该让这类弱势群体在社会保障中获得补贴和救助，而不是让每个部门和企业都当慈善机构，以"站票半价"的方式去"补贴"弱势群体，这是不切实际也无法承载的期待。

在公共政策的讨论中，常常脱离了专业而泛道德化，变成一种秀道德优越感的比拼。比如讨论得正热的"北京拟提高地铁票价"问题，就被偷换成了一个道德问题。北京地铁网的密度越来越高，地铁亏损越来越严重，政府每年须补贴100多亿，出于政治和社会因素而一直维持的2元廉价地铁票，实在无法维持了。这应该是一个正当的诉求，不让地铁运营赢利，起码不能总背负这么大的亏损。不过对于地铁票调价，一些反对者称："你们开车的人当然不在乎涨不涨价，可你们要考虑一下农民工，考虑一下城市低收入者啊，涨价是很不道德地掏他们的腰包。"显然，这样的判断也是将这个问题道德化了。其一，地铁是公共交通工具，并不是阶层专属；其二，地铁公司不是做慈善机构的，不承担慈善功能。

摒弃泛道德化思维，回归问题本身，公共讨论才会回归理性。

(《中国青年报》2013年12月18日)

防范和克制我们的"灾难情绪"

有网友爆料称,余姚三七市镇某领导下乡视察水灾,因穿高档鞋,迫不得已由年近六旬的村书记将其背进灾民家里。水灾汹涌下民众苦不堪言,穿着高档鞋来视察的领导却让六旬书记背,这消息自然在舆论中炸开了锅,当地也在舆论压力下迅速严惩了那位干部。可据媒体最新调查称,那位干部穿的是布鞋而不是高档鞋,也不是耍官威"骑"在村书记身上,而是两人关系很熟很好,互称"小哥"和"小阿爸",纯粹是开玩笑背过去的。

综合常识和在场其他人的表述看,这位干部被舆论和网友"冤枉"了,成了救灾舆论场中"由不得你解释""一点就着"的情绪化舆情的牺牲品。

这事一曝光就在网上炒得很火,不少网友都留言@我,让我也发表评论。网愤滔滔之下,当板砖和口水如雨点般砸向那个干部,并由此批评余姚救灾不力时,我一直没有参与评论。这种沉默,是刻意与这一情绪保持距离。因为事实和背景不清楚,针对"余姚镇干部视察水灾让老人背",只是干巴巴几个标签,只是一个网友语焉不详的描述和一张图片,很容易据这几个标签进行让人义愤填膺的文学想象。不评论,是因为对网友的描述有不少怀疑,但不在现场又无法求证,只能等待后续报道;不评论,是想与网愤的距离远一些,才能与事实近一些。保持距离,在静默中等待更翔实的报道,也才能客观理性。等情绪热度过了,事实才会浮现出来。

果然,记者对此事的调查颠覆了网友轻率的曝光。记得在雅安地震救灾时，也有一位基层干部被冤枉而受到处理，但他并没有脱岗，而只是深入到更艰难的灾区抗震救灾。舆论后来对那位被冤枉者充满愧疚。眼见未必为实，有图未必有真相，尤其是在我们看来很陌生的基层，尤其如此，不能用自己的经验和想象妄下结论。你自以为是的大义凛然和远离事实的道德优越感，可能只是在不明真相下对一个好人的伤害。

这里想谈一个词——"灾难情绪"。通过这几天对余姚救灾网络舆情的观察，我注意到一个无法回避的现象，就是灾难来临时，舆论会弥漫一种与平日不一样的灾难情绪，这种不冷静的情绪如果得不到防范和克制，会滋生很多冲突，带来很多与自然灾害而伴生的"次生社会灾害"。

灾难情绪有很多方面的表现，它表现在灾难来临时人们天然产生的消极心态、发泄需求、安全焦虑和归咎追责的冲动。一方面是受灾者的不安和不满，身处灾难之中，突然遭遇地震或洪灾，猝不及防，日常生活被打乱，财产受到损失，生活带来不便，甚至不少人的家人失去生命，身处其中的人肯定会有情绪。另一方面是围观者的不满，尤其在信息传播极为发达的新媒体时代，人们眼看到一座城市陷于洪水之中，看到很多人的求救，目睹灾难带来的伤害，自然感同身受，并习惯性地去追问责任，追问政府在救灾工作中的不力，批评相关部门预警的滞后与应急的不足。

这就是灾难情绪。这种情绪，一方面源于弱小弱势的人们在自然灾害前的惊慌，一方面源于对政府工作习惯性的不满。我们看到，从以往的地震救援，到今天的抗洪救灾，网上网下都充斥着这样的灾难情绪。其实，"余姚镇干部视察水灾让老人背"事件的发酵，就是灾难情绪的产物，人们带着负面情绪看待政府和官员行为，自然就把一个简单的、可以理解的行为，想象和解读成为"骑在人民身上"，然后对着这个假想敌发泄不满，情绪越放越大。

这种灾难情绪还会驱使民众带着放大镜和"找茬"心态去解读官员的一言一行，官员言语稍有不慎，就可能引发强烈的反弹。灾难舆论场中的人们的心态比平常要敏感和脆弱很多，容易被激怒和点燃，也容易发酵成集体的不满,将对灾难的不安和伤痛都转移和发泄到一个假想的"稻草人"身上,大加鞭挞。让人悲哀的是,这种失去理性的情绪所激发的冲突会耗散救灾的力量,形成社会性的"次生灾难"。

　　政府和官员需要重视这种灾难情绪,意识到公众的脆弱和敏感、不安与不满,少说话,多做事,以实际行动安抚民心。另一方面,舆论和公众也应该防范和克制我们的灾难情绪,不要不分青红皂白去苛责,不要不问真假就轻信轻疑,不要被别人一两句话就点燃。客观看待所发生的灾难,是天灾还是人为,是否人力不可及。不是在所有的灾难下都有一个不负责任的部门。这时候不能有内耗,不能有习惯性的卸责和攻击,共同的敌人是灾难,而不是官民,不是彼此,放纵灾难情绪只会造成更大的灾难。

(《中国青年报》2013 年 10 月 17 日)

我们还没有养成敬畏专业的习惯

北京大学肿瘤医院遗传室近来陷入了舆论漩涡。因为其在北大未名BBS和北师大论坛"蛋蛋网"上，分别发帖招募"未发生过性行为"的女大学生，采集其静脉血，用于医学研究。这个"未发生过性行为"的充满了想象空间的条件，激起了大众围观的亢奋，立刻被媒体解读为"网帖招募处女大学生供血做研究"。"处女"的标签进一步刺激了公众的八卦欲，使医院和医学研究者陷入一场让他们哭笑不得的娱乐口水中。

医院在引发争议后删除了招募网帖，解释说是"志愿者已招满"，可能是不堪舆论压力和大众争议。这是很多专业问题遭遇大众狂欢后，专业机构的无奈选择，他们缺乏应对大众误读和围观的强大心理，跟大众讲科学和专业知识，大众听不懂也不愿意听，娱乐化的误读还是铺天盖地，秀才遇到兵有理讲不清，越解释越触碰着大众的兴奋点，媒体和公众越亢奋。惹不起舆论，只有沉默和躲避，这是很多专业机构的无奈选择。在缺乏尊重科学和敬畏专业的泛娱乐化氛围中，这样的事件很难变成一次向大众普及专业知识和提升公众科学素养的机会，而沦为一场大众狂欢。

对专业性非常强的领域和自己不理解的事物，应该有一种敬畏，意识到自己知识的有限和专业的匮乏，去听专家的解释。社会有分工，知识有专业，而且随着社会分工的细密化，专业性变得更加强。专业是小众的，而讨论是大众的，当一些科学问题或专业话题成为公共话题时，比如医患冲突、医学研究、食品安全等被媒体报道后，就会面临着专业性与公共性的冲突。专业不是神秘和不可评论的，专业话题公众当然可以插嘴，但这种"公共表达"的过程中应该尊重专家和专业的权威，应该尊重专家在这个领域中的话语权，克制那种自以为是的轻浮，而虚心地接受专业的解释。

可我们很多人还没有养成敬畏专业的习惯，对自己不懂和无法理解的事物，缺乏一种"不懂就虚心聆听专业解释"的公民素养，而是习惯于用一知半解、不懂装懂或自以为是的想当然，去粗暴地攻击科学和粗俗地调侃专业，在贬低专业和科学中完成一次"消解权威"的想象。这种在专业和科学面前的无知无畏，也是民粹情绪的一种表现形式，挟大众暴力以令正义的民粹主义，不仅反智、反精英、反权威，更反科学和反专业，专家就是民粹主义者的敌人，他们要把对专业问题的判断权从掌握着专业知识的专家那里夺过来。

这种反专业、反科学的情绪也表现在大众对"专家"的无情调侃中，"专家"在当下社会已经成为一个贬义词，成为骂人的话。专家被贬低，一方面与某些专家经常曝出一些反常识的"雷人雷语"有关，连累所有专家被人瞧不起。可毋庸讳言，这种反专家的社会情绪，也与大众和社会反智、反精英、反专业的轻浮一脉相承，同构同源。缺乏对专业的敬畏感，不把专业当回事，在道德上将大众和民意的权威置于专业知识之上，越无知越狂妄，越不学无术越容易成为"舆论领袖"，自然就瞧不起掌握着专业知识的专家了。哪个专家胡说八道了，可以批评哪个专家，但不能形成一种全面地反专业、反科学的民粹情绪，将专家驱逐出科学的殿堂和专业的领域，而由无知者去主宰。

毫不客气地说，在社会养成的这种对专业缺乏敬畏的习惯中，媒体在专业面前的傲慢，要承担很大的责任。如今很多媒体都在谈新闻专业主义，新闻专业主义有两个内涵，一是对自己不熟悉和不掌握的专业领域，要保持谦逊，尊重专家的判断。一是采写新闻报道的过程需要专业，要把真实和客观放在第一位。可不少掌握着话语权的媒体人缺乏对专业的尊重，通过不专业的报道方式和反科学的描述，将误解传播给了大众。比如，"茶水发炎"事件就曾让媒体被医学界狠狠地鄙视过，某媒体拿着茶水冒充尿液去医院检验，结果检出"发炎"，以此证明医生和医院的不负责任，这显然就是在专业上无知的表现。还有媒体拿着食品企业的冰块去检测，发现冰块很脏，然后报道说"某某企业冰块不如马桶水"，这也招到了来自专业的批评，因为媒体不具备检测的资质和条件，取样和检测过程很容易发生污染。这些不专业的报道，既对相关企业造成了很大的伤害，也向大众传播了谬误。

曾有传言称，某医院的保温箱烤死了婴儿，缺乏专业知识的大众很容易将医院的保温箱想象成自家的"烤箱"或"微波炉"，从而想象出"烤死"，可媒体怎么能顺着这种无知的想象去报道呢？还有报道说一家医院的护士在ICU病房中扇心脏病术后的女童耳光，看到视频后大众很容易有这种误解（其实从专业角度来看，那是麻醉后的唤醒动作），可媒体难道不应该采访医学专业人士再作判断吗？

调查显示，中国公众的科学素养普遍偏低，越偏低，越应该尊重科学和专业，否则只会形成一种恶性循环，越无知越反专业，科学素养就越来越低。媒体在提升公众科学素养方面应起引导作用，而不能去迎合那种嘲弄和消解专业的娱乐化暴力和粗疵的习气。

（《中国青年报》2013 年 9 月 18 日）

用人性温暖突破新闻盲区

很少有人能想到此次海南灾情这么严重。媒体报道称，7月18日以来，今年第9号超强台风"威马逊"在海南文昌登陆，最大风力达到17级，很多地方一片汪洋。截至7月20日21时，"威马逊"已造成海南18个市县216个乡镇300多万人受灾，24人死亡或失踪，直接经济损失超过100亿元。从当地媒体报道的图片来看，树被连根拔起，车被台风掀翻，灾情非常严重。

数字也许让人没感觉，一个网友从灾区发出的短信或许更有冲击力："没有水没有电没有气，已经几天了，还得持续一周。手机无法拨出和接听，我这会刚有信号，一会就可能断了。家里玻璃全碎了，家里车里全部泡水，无法出门，外面的车辆也无法进入，场面太惨烈，任何灾难片都弱爆了。"

与惨烈的灾情相比，媒体的报道严重缺位。灾区不仅成为救援孤岛，也成了新闻信息的孤岛，除了网络和海南本地媒体，主流媒体对灾情的关注很不够。数量不多的灾情报道，也被淹没在对马航事件连篇累牍的滚动播出中。灾区成了媒体报道的新闻盲区，成了公众眼球的关注盲区。公众很多时候依赖媒体的报道作出判断，因为媒体对海南灾情缺乏应有关注，不知情的舆论也没有救援和捐助的氛围。

从新闻的贴近性角度看，本来发生在本国的灾难更应该受到关注，可媒体更多沉浸于对发生在异国的马航事件的关注中，报道死亡人数，猜测背后各种阴谋，分析国际关系和可能引发的后果，发掘灾难细节，又是记者连线又是专家分析，铺天盖地连篇累牍。对远在天边的灾难那么热情，近在眼前的灾难却报道缺席。

海南成为信息孤岛，倒不是媒体刻意的选择性屏蔽，也不是缺乏对生命的关怀，而是关注视野的局限和扭曲的新闻价值追求所形成的新闻盲区。相比之下，马航事件和海南台风虽然都是灾难，但对媒体来说，马航事件的"新闻价值"似乎更大，非常事件后各种意外、各种悬念、各种阴差阳错、各种阴谋想象、各种复杂关系，挖掘其后的任何一个故事都有足够的吸引力。海南灾情虽然严重，但在一些媒体看来缺乏"新闻价值"，台风在中国造成的灾难很常见，一方面，媒体没想到这次如此严重，缺乏准确的判断；另一方面，对于这种自然灾难已经很麻木了，不觉得是什么新闻。

只看眼球吸引力，而不看灾难的严重程度和救援需要，不看公共价值，在这种新闻价值追求下，自然就形成了媒体集体看不见的新闻盲区。

这种不健康的新闻价值观还有另外一种表现，就是热衷于关注和挖掘"负面"，而对没有负面元素的事件缺乏关注兴趣。马航事件中有着足够的负面元素，一架国际航班在战乱纷争的敏感上空被不明来源的导弹击落，伤亡惨重，关系复杂，差不多集中了能够想象到的所有负面元素：什么马航坠机调查迷雾重重，地缘政治博弈明显升温……这些自然让媒体亢奋。而海南台风造成的损失虽然巨大，但它是一场纯粹的自然灾难，缺乏可挖掘的负面元素，找不到可以吸引眼球和消费情绪的新闻。对一些新闻价值观扭曲的媒体来说，自然灾难不是新闻，人为灾难才是新闻，因为"人为"中能挖掘到阴暗和负面，能够寻找到可以指责和抨击的矛头。

海南台风灾难后来之所以进入媒体视野，也是因为负面——指向公益慈善组织的"棉被门"使自然灾难中有了负面事件，媒体便循负面而来，严重的灾情也"顺带"受到了关注。很多网络炒家深谙某些媒体的这一病态癖好，知道如何制造让媒体亢奋的"负面点"去吸引媒体的围观，说一个穷人急需救助，可能没人献爱心；可如果炒作者制造个噱头，发帖说这个人是权力迫害的受害者，便立刻会成为关注的焦点。

新闻之上，还有人道。新闻除了吸引眼球，更担当着报道真相，让公众充分知情并做出理性判断的公共责任。每一个新闻盲区，都是对无数应得到关注的人的生命的漠视。

(《中国青年报》2014 年 7 月 22 日)

评论永远不能走在新闻的前面

时评方兴未艾，在推进社会进步中起到了很大的作用，堪称推动中国的一大"功臣文体"，但时评在关注这个时代进步的同时，不免也染上了这个时代的很多病；时评在解剖这个时代种种病象之时，也累积了很多病症，所以有人曾感慨"时评已成为一种脑残文体"。脑残之说未免偏激，但确实有很多值得反思之处，比如有一种病态就是：缺乏审慎的思考，缺乏对新闻事实的尊重，而急于跑在新闻的前面。

时评依时事而评，也就是说，须依附于新闻事实。有了新闻报道的事实，才有时评判断的基础。新闻是客观的报道，评论是主观的判断，但评论要想摆脱主观臆断而尽可能保持客观理性，必须以新闻事实为基础，而不是依靠自己的想象。这决定了评论永远只能跑在新闻的后面，有了新闻报道，才有相应的评论，有多少事实，只能做出相应的事实和价值判断，而不能跑在新闻的前面，不能做出超越新闻事实的判断，不能根据碎片化的想象去拼凑出一个事实然后大加鞭挞。

可在浮躁的新媒体传播语境中，在情绪化的信息逼着人仓促地作出判断的压力下，评论常常跑到了新闻的前面。

比如，复旦投毒案刚曝出的时候，基本的事实还不清楚，不了解作案者的动机，事实远未浮出水面，但以时事飞速运转、过度追求时效的判断节奏中，各种"根本不关心事实"的评论立刻粉墨登场，竞相表现自己对此事倚马可待的"深刻思考"和"人文关怀"。有人反思中国的功利教育让人没了灵魂，有人反思被忽略的大学寝室关系，甚至有人讨论起独生子女政策对青年人格的影响。这些可能都是真问题，但这些讨论跟眼前发生的这起投毒案有什么关系呢？当时事实还不清楚，凭什么就判断投毒跟独生子女政策、大学教育、大学寝室关系异化有关系呢？这是典型的新闻事实不足下的过度反思，评论跑在了新闻前面。

还有一例，前段时间华南理工大学一名学生千米跑后猝死，看到这个标题，立刻有人开始反思当下年轻人的身体素质，感慨年轻人缺乏运动，甚至说要取消长跑。然而新闻事实证明，这个年轻人并不是那种只爱学习而不爱运动的人，他身体很好。这种离题万里的评论，又是用想象替代事实，评论跑在了新闻前面。

这两天的另一案例更为典型。频发的性侵案激起全民愤怒，有人以"开房找我，放过学生"的行为艺术表达不满，"开房找我"一时成为热词。有网友便PS了一张日本AV女星苍井空举着"开房找我"的照片。一个媒体人不辨真假，见风就是雨，未去该女星微博进行基本的求证和核实，就义愤填膺地对着一张PS照片，批评"苍井空'开房找我'违反了商业道德"，指责日本女星消费中国问题。媒体未做基本核实，就将此篇论据明显有误的文章刊了出来，于是在网络上成为笑话。

这也是评论跑在了新闻前面。那只是一张PS照片，而不是新闻事实，起码应首先判断那是事实时，才去评论。仓促判断的结果，只能是丢人。

有个俏皮的说法，过去的"笔者"如今都成了"键人"和"鼠辈"。过去的传统媒体时代，我们都是在纸上写文章，所以都自称"笔者"，而如果都是在电脑上打字，用的是键盘和鼠标，则都是"键人"。从"笔者"到"键人"，不只是称呼的变化，更是思维方式的变化，对我们的判断提出了很多挑战。用笔写字，有思考的空间，到最后发表在报纸上，更有把关空间。而如今在电脑上打字，是非常快的，快得没有了思考的空间，情绪、偏见和浮躁就会轻易被输入电脑，加上便捷的、没有把关的发表平台，更没有了距离去思考。这种浮躁很容易让评论跑在新闻前面。

　　避免这类问题有三种方法。其一，要克制冲动，事实不清时不要仓促作出判断，有时保持沉默也是一种理性，要有等待事实的耐心；其二，克制自己的偏见，如果想着要去批评苍井空，看到一条对其不利的消息时，很容易就不辨真假而猛扑上去；其三，要克制自己的偷懒，核实需要时间和精力，这是做新闻和评论所必需的功课，你写的是新闻和评论，不能把自己的层次降低到普通跟帖的层次。

（《中国青年报》2013年6月6日）

我为什么替东莞市委书记辩护

路见不平，为东莞市委书记充当了一回辩护人。

看一条新闻说，东莞书记回应涉黄报道："央视没打招呼，难免生气。"只看这个标题及内文中简略的叙述，肯定会形成对东莞市委书记非常不好的印记，显得这个书记是多么的心胸狭窄，缺乏对媒体监督的尊重。媒体曝光东莞涉黄，不去反省自身问题，不去积极整改，反而怪罪媒体，对媒体生气，太不像话了。

这条源于某媒体的一则短微博的新闻，迅速被各大网站转载，受到标题的诱导，网友评论基本都是负面的，批评东莞这位书记。实际上，每天网上都有很多类似的新闻，摘出官员只言片语，听起来就很找骂，然后舆论围观形成热点，大加讨伐。

一般情况下，对这种摘录官员只言片语的新闻，我都很怀疑是不是脱离语境而断章取义了，我总觉得官员不至于如此缺乏媒介素养。可怀疑归怀疑，一般由于缺乏信息源只能作罢。可这一次我在现场，亲眼看到了市委书记的讲话是怎么被媒体扭曲的，作为现场看到完整真相的媒体人，自然要把真相说出来，避免舆论被标题党所误导。

东莞市委书记与网络名人座谈时，我是第一个提问的。我首先很不客气地批评书记照着稿子念材料，我说既然材料已经印出来了，我们每个人手上都有，都认识字，不必浪费大家时间了。然后提到了东莞涉黄问题，称东莞的袁市长接受央视采访时称没想到涉黄问题这么严重，作为主政者怎么能没想到呢？全世界都知道东莞的问题，不知情是不是更大的失职？知情了却不治理，是不是也是失职。

问题提得很尖锐，东莞市委书记的回答大意如此：不知情是不可能的，但不知道问题这么严重，却是现实。毕竟书记和市长不会去这种场所，不清楚具体情况。但确实要反思，领导不知情确实是严重的官僚主义。后来座谈会结束后，东莞市委宣传部长还拉着我继续谈了这个话题，称当地是知道情况的，已经准备采取行动了，不过央视比他们早了一步，显得他们很被动。我觉得东莞市委书记回答得很坦诚，当他回答完后，我还说了一句：相信书记的坦诚，说的不是官话套话。

后来另一个网友提问，问书记对央视的曝光生不生气，这位网友说，如果是自己，一定会非常生气。书记就接着他的话说："刚开始本能确实有点儿委屈和生气，不过很快就意识到这是自身的问题，必须尊重媒体的监督，反省，积极整改。"书记当时的这个回答，赢得了在场网友的掌声，大家普遍认为书记回答得很坦诚，不装，没有回避问题，实话实说，不玩应对媒体的技巧。生气确实是人之常情，官员也是人，也会有自己的情绪，不过很快意识到不应该生媒体的气，而应该生涉黄问题的气。

市委书记坦诚的回答，只言片语被断章取义放到了网上，竟然成了"拒绝媒体监督"的典型，实在让人不满。相信每个在场者都会同情书记观点被标题党歪曲了。作为一个在场听到完整观点者，看到观点被扭曲，我自然要出手去澄清，告诉不在场者当时的事实。所以，我发了好几条微博还原当时的现场问答，替书记澄清。

倒不是为东莞市委书记辩护，而是纯粹捍卫事实真相，无关身份，只关事实。如果被歪曲的不是书记的观点，而是普通网友，是媒体记者，或其他官员，我一样会为被歪曲者辩护。媒体人的责任是说出事实，尤其当媒体人身在现场时，更是义不容辞。作为媒体评论员，我的观点也曾经被其他媒体歪曲过，本来一个很正能量的观点，引导舆论理性思考问题，但网络编辑为了吸引眼球，从文中挑出一句与文章观点不相关的话做成标题，刻意误导公众和消费负面情绪，把作者往争议的火坑中推。因此，将心比心，我深知被歪曲者的难受。在浮躁的网络传播中，每个人都可能成为网络标题党的受害者，替东莞市委书记辩护，就是为事实辩护，也是为自己辩护。

我也担心媒体的这种刻意扭曲，会破坏媒体与官员的关系，让官员以后面对媒体时变得更加保守，不敢说话，不愿说话，反正说什么总会被媒体歪曲。座谈会前，东莞市委书记曾与主办方有个交流，问自己应该怎么说，主办方说来的都是很坦诚的网友，应该坦诚相对。所以，整个座谈会中，东莞市委书记都很坦诚，有一说一。可媒体的这种歪曲，只会在官员心中留下阴影，明明是好事，最终经由媒体报道后成了坏事，以后谁还敢再坦诚说话？为东莞市委书记辩护，是想让官员们看到，媒体多数还是客观公正者，标题党毕竟是个别，事实和真相终究会还原，舆论不会伤害一个说实话说真话的人，会保护那些敢于说话、有担当的官员。

这种辩护是向官员传递一种善意，不必担心被歪曲，事实就在那里，公道自在人心，白的不会被说成黑的。

（新浪观察家专栏 2014 年 7 月 29 日）

"罐头思维"下的过度评论是一种病

斯宾塞先生在《有效思维》中，批评过一种错误的思维叫"罐头思维"。人们很容易养成一种习惯，接受一些可以免除他们思考之劳的简明论断，这就是罐头思维，即便于偷懒而提供的一些现成的、压缩性的答案，让你看到某件事时，根本不用细看事实和思考，拿现在的答案就可以去套。公众在日常思考中充斥着这样的罐头思维，这种思维病体现在评论员身上，就是"过度评论"。比如，对"大学男生千米跑体能测试后猝死"这条新闻的评论就是如此。

5月16日晚，华南理工校园人气微博用户"华工新闻头条"发出此消息："在华工大学城校区，一男生在体育场进行体能测试时休克，抢救无效后死亡。他在健身课上还笑着跳远，跑完步躺下以后就再没听见他的声音。一个鲜活的生命就这样走了。"这条消息后来得到了确证，媒体报道用的标题是"大学男生千米跑体能测试后猝死"。

到底为什么猝死呢？事实还没有清楚，很多评论就开始反思了，这是一种很浮躁的评论病。评论员不在新闻第一现场，很多时候得根据新闻事实作出判断，评论应该走在新闻报道的后面。可自媒体的传播速度很快，很多评论员在对时效的追逐中习惯急于作出判断，常使评论走在新闻报道的前面，难免会有离题万里的过度阐释和过度评论。

没有"为什么猝死"的新闻报道，那评论员拿什么作为论据呢？只能根据自己的想象和罐头思维了，用一些现成的、压缩性的答案去套到这条新闻上，而不顾具体的事实。

不少人看到这条新闻标题后，都开始悲天悯人地反思当下年轻人身体素质问题："1000米，不算长跑，竟然就猝死了，现在年轻人的身体素质太成问题了！"有些人开始反思起高校的长跑："已经发生好几起大学生长跑中或长跑后猝死的事件了，从当下大学生的身体素质来看，是不是该取消长跑了。"不少人质疑起教育部这一规定。这些评论员谈的未必不是真问题，年轻人身体素质确实不容乐观，可是，这起大学生猝死的事件，是长跑导致的吗？是因为身体素质差诱发的吗？

细看新闻，就能发现这种罐头思维的可笑，事实也映照出了"评论走在新闻前面"引发的判断错误。从新闻报道中可以看到，猝死似乎与缺少运动、身体素质差没有什么关系。死者的同学接受采访时称，"他不是只读书，喜欢动漫，体育课也会去跑跑步，课间会踢毽子"。他几乎每天到学校附近的内环路跑步，喜欢打羽毛球，而且没有熬夜的习惯，基本上能在晚上11点就入睡，他不是那种只顾学习不爱运动而导致体质羸弱的书呆子，生活习惯良好。

生活习惯良好，爱运动，身体素质很好——在这一事实下，反思"现在大学生缺乏运动"有什么意义呢？很多人的罐头思维是：长跑猝死，都是身体素质差引发的。所以一看到这样的新闻，根本不看事实，条件反射般地会想到"现在的大学生身体素质太差"。可当这种罐头思维遭遇特殊的事实时，就暴露出了问题。评论员不能用一个普遍的判断去套在任何个案上，而应该将判断建立在对事实的分析基础上。

警惕自己脑海中诸种罐头思维，克制妄下判断的浮躁病，将所有的判断建立在事实的基础上，而不是用罐头思维去剪裁事实，使之符合自己的偏见。评论是一门经验的学问，而不是算命学。

（《晶报》2013年5月21日）

"以公开报道研究性侵现象"非常不靠谱

5月21日各大网站一条热度很高的新闻是,"儿童性侵公开报道案例中45%施暴者系公职人员"。又是"儿童性侵",又是"公职人员",加上近来沸沸扬扬的海南校长性侵幼女案,每一个字眼都吸引着公众的眼球。这条转自《钱江晚报》的报道称,某法律援助中心与媒体发起"儿童性侵害调查",对近年来公开报道的儿童性侵案件进行梳理,结果显示,性侵案中八成为熟人作案,其中公职人员占45%。(5月21日《钱江晚报》)

网站转载这条新闻时,标题还比较客观,称"儿童性侵公开报道案例中45%施暴者系公职人员",没有像很多标题党那样故意屏蔽"公开报道案例"这个影响调查结果的关键信息。不过,在这个浮躁的网络浅阅读环境中,这个标题同样会被一些缺乏阅读耐心、只选择性地根据标题关键词进行想象的人误读。果然,立刻在某门户网站的手机新闻中看到了这条新闻的变异——儿童性侵近半施暴者系公职人员。

看这条新闻的网络跟帖,很多人也都作这样的解读,认为儿童性侵近半施暴者都是公职人员。这样的误读,一方面源于网众缺乏审慎的理性,不细看新闻就下判断;一方面暴露出公众对公职人员的习惯性偏见,心里对公职人员充满情绪,并经常看到公职人员性侵儿童的新闻,因此当看到一条新闻符合自己的想象和偏见时,就对"公开报道案例"这个关键信息进行了选择性屏蔽。

人们在生活中有很多错觉,一种错觉就是容易被媒体报道所误导,心理学上称为"可得性幻觉"。很多心理学家都做过这样的试验:"你认为龙卷风与哮喘,哪个更容易致死?被闪电击中致死与食物中毒致死,哪个概率更大?"人们认为龙卷风比哮喘更容易致死,尽管后者的致死率是前者的20倍。人们认为被闪电击中致死的概率比食物中毒要小,不过,前者致死率却是后者的52倍。这种错觉,都源于媒体报道传递的错觉,媒体更多地报道龙卷风致死的新闻,更多地渲染食物中毒的新闻,让人们在判断上产生了错觉。

社会学家伊斯特布鲁克说过,美国人被杀人狂谋杀的可能性,比被雷电击中的可能性还要低。可媒体上充斥的都是杀人狂的坏消息,而对雷电击人关注甚少。这便营造出一种"杀人狂谋杀比雷电击人多多了"的感觉谬误。

同样,在性侵现象上,也容易产生这样的幻觉,因为公职人员身份的特殊性和敏感性,他们的一言一行都被媒体关注,性侵更是大新闻。所以,一有公职人员性侵儿童的新闻,都会被报道,久而久之就形成了一种集体印象——公职人员更容易性侵儿童。而研究机构的"儿童性侵公开报道案例中45%施暴者系公职人员"的结论,则进一步强化了公众的这种错觉,强化了媒体报道所形成的拟态环境。这样的消息是那么的符合公众的日常认知,所以很多人不假思索地、选择性地屏蔽了"公开报道案例"这个关键限定条件。

其实,"公开报道案例"的限定条件已经传递了一个信息:并非公职人员更容易性侵儿童,而只是公开报道的案例显示如此。因为媒体报道的局限性,"公开报道案例"并不对应着现实。

从这个角度看,这个研究机构选择以"公开报道案例"为研究对象分析性侵现象,也是非常不妥的,这必然会产生误导,也得不出有价值的、符合现实的研究结论。很多时候,调查要得出权威的结论,关键看研究对象的取样。在性侵儿童这种特殊且敏感的现象上,应该去公安部门或法院那里获取调查样本,那里的数据才权威,才有代表性,也才能全面地反映现实问题。而媒体的报道很多只是符合媒体报道价值的极端个案,对一些媒体来说,普通村民性侵儿童不是新闻,公职人员性侵才是大新闻。研究"公开报道案例",而不是去公安部门获得第一手资料,这也是研究者偷懒的表现。不具代表性的数据,能得出什么有权威的结论吗?

  媒体总喜欢消费极端个案,总喜欢追逐有新闻价值的个案,所以媒体报道的性侵案件并无代表性,以此为研究对象,会大大地失真。人们很容易被媒体报道误导,研究机构本应该选择更有代表性的案例消除媒体报道的局限,可选择媒体报道为研究案例,只能进一步强化误导。研究机构不能为骗课题而偷懒,不能被媒体的报道牵着鼻子走。

(《中国青年报》2013 年 5 月 22 日)

多少人成了郭美美的免费炒作工具

郭美美被警方大起底,人们并不惊叹这个女人的脏,而是惊叹巨大的新闻反转。这个女人开赌局,每场赌资都在百万以上,她通过"抽水"非法牟利数十万;这个女人从事性交易,她经常说去外地演出,到当地后与陌生男子开房,第二天会有成捆现金;"澳门豪赌欠2.6亿赌债"实为谣言,意在帮网上赌场增加点击量。就这样一个女人,为了炒作,竟然在网上搅得翻天覆地,用一个组织的声誉和形象为她做了垫背,借助莫须有的阴谋思维,成功地操纵了舆论的眼球。

新闻发生了巨大的反转,虽然郭美美已成千夫所指,虽然正在忙于为云南地震筹款的"红会"称"这一刻,请忘记郭美美",但"忘记"是何其之难?一场恶意的炒作激发的网络风暴所给一个部门留下的阴影,不可能立刻消散。当人们在嘲弄、谩骂、围观、诅咒被起底的郭美美时,不要假装之前的炒作跟自己一点关系都没有,这场产生了巨大伤害力的风波,不是郭美美一个人能够炒起来的,多少人成了她免费炒作的工具,成了她发帖一呼应者云集的应声虫,成了她指哪儿打哪儿的炮灰。

有必要回望一下,这些年郭美美编过的那些谎言、传过的那些谣言,你信过没有?当她谎称自己是"红会"工作人员时,你信了没有?当她说自己的干爹背景很硬时,你信了没有?当她说在"澳门豪赌欠2.6亿赌债",最后又有人替她还赌债时,你信了没有?当她将自己打扮成了一个"揭丑"战士,用"曝光红会丑恶"的正义外衣为自己遮羞时，你信了没有？当郭美美事件甚嚣尘上的时候，你是不是也用这些谣言朝"红会"身上扔了一块石头。每一个骗子背后都有一大帮信徒，骗子被起底了，狂热的信徒们不能只把自己描述成无辜的、被蒙蔽的受害者。

是的，郭美美太懂网络了，娴熟地掌握了网络的弱点，知道网民的逻辑：看到女人炫富，背后肯定有一个有政府背景的干爹；看到车祸现场有奥迪车，必然是政府官员横冲直撞、为非作歹；听到有人说"上面有人"，就立刻悲情地顺着一个传言完成一场权力凌辱弱者的受迫害想象；听到有人喊"警察打人"，立刻不分青红皂白地抢着板砖去围观砸人。她明白有些网民根本不问事实，不顾是非，逢政府就反，逢官员就反，政府说什么都不信，官员说什么都质疑，看到跟官方相关的一切符号都会热血涌上脑门去狂砸。

郭美美的骗术和谎言并没有太高的技术含量，无非就是借助这些网络弱点去操纵网络情绪，用"揭露红会"的堂皇名义吸引人气和掩盖丑恶。郭美美成功地通过炒作提升了自己的名气，抬高了自己的出场费和卖身费。舆论又是审丑和逐"臭"的，电视台请其上节目，参加名人访谈，参加各种活动，利用网络的弱点博得大名，再在逐"臭"的大众文化工业中完成身份的镀金，部分热血沸腾的网众不过是其抬高卖身费的免费炒作工具。

闹剧和丑剧收场了，假冒"红会"名号的郭美美被起底了，虽不能证明"红会"一点问题都没有，但起码能证明"郭美美事件"中所泼的那些污水并不存在，"郭美美"这个符号与"红会"并没有关系。"红会"需要在"去郭美美化"中重建信任，需要反思这个百年老店何以轻易被几个谣言打得落花流水。但舆论和公众更应该反思，何以被一个女人编造的拙劣谎言和谣言骗得团团转，带着正义感被郭美美牵着鼻子一起干坏事。

(《中国青年报》2014 年 8 月 4 日)

"语不惊人死不休"是一种得治的病

微博浏览各种言论，发现很多言论都有一个共同的特点，就是爱用全称判断，爱走极端，喜欢刻意将一个观点说得非常犀利。比如，如今能写和认繁体字的人越来越少了，就有一个艺人在微博里充满愤慨地批评："在中国写中文正体字居然过半人看不懂，哎，华夏文明在大陆已死。"一个并非研究汉字的人，在关于汉字判断上本应谨慎克制一些，别满口跑火车，可这位先生竟毫不谦虚地上升到了"华夏文明已死"的层次，让人瞠目结舌。

在我看来，写不写繁体字，无关文明，有关方便，一代人有一代人自己的活法写法，干嘛非用前代的器物束缚后代人，孔乙己知道"茴"字的六种写法，他就代表了华夏文明了吗？还不是成为被人嘲弄的笑话。华夏文明有着丰富的内涵和"日日新"的生命力，今天其实已少有"笔者"（用笔写字的人），而多是"键人"（在电脑键盘上打字），但改变不了我们华夏子孙的文化DNA。不能将华夏文明偷换和简化为繁体字，华夏人在，华夏文明就死不了。

我理解，这位艺人的观点可能并没有这么极端，也不至于会蠢到将华夏文明和繁体字单纯挂钩，现实中与人交流时，他绝不会作这么极端的判断，可他是在微博这么说的。微博似乎非常流行这种"什么什么已死"的极端、全称且耸人听闻的惊悚性判断。其实，这位艺人只是想批判一下如今的一些年轻人不会认繁体字，而很多文明都蕴藏于繁体字中，这种对繁体字的陌生会割断我们与祖先的文化血脉，导致文明的传承出现问题。看，如果像我们这样表达，就不会引起争议了，因为每下一个判断时都很谨慎，都有余地和限定，而没有用全称和断语。

可如果这么表达，在微博上就很难引起关注，所以网络流行的是"语不惊人死不休"，必须走极端，必须用惊悚的判断，必须用诱人的比喻，你得用"史上最美"，甚至"宇宙最美"，才能让已经有了审美疲劳的人抬一下眼皮；你得用"什么什么已死"，才显得你的判断"高端大气上档次"。发生一起违法乱纪事件，你得说"法治已死"，才吸引眼球；一个孩子犯错误了，你得用"90后如何如何"，才显得认识深刻。这位艺人其实也就是对"年轻人不认繁体字"不满，这种问题批判表现在微博上，就成了"华夏文明已死"。

不仅艺人，一些专家也是如此，现实中还算严谨，一上微博就满嘴跑火车，为了迎合围观者的消费快感，而说了很多"逞口舌之快"的极端言论，没有严谨的推理与论证，不讲理不讲科学。

微博上每天都是各种"掐"，"掐"得鸡飞狗跳、四处口水，"掐"死一个算一个，为什么会"掐"？问题就出在"语不惊人死不休"上，很多观点如果表达得缓和一些，有余地一些，少用全称判断，就不至于引发那么大的争议。求同存异，就能天下大同。而一些人的表达，偏爱的是求异而存同，用极端的判断放大分歧，沉浸于讨伐和口水的快感中不能自拔。动不动就"中国如何如何"，动不动就"西方价值观如何如何"，动不动就"中国房价永远会涨"，还喜欢说"东方文化如何""外国人如何""河南人如何"，这些全称的极端判断就是纷争之源。争来争去毫无价值，你说有的美国人是好的，他说有的美国人是坏的，有啥好争的？

"语不惊人死不休"是一种微博病，有人身患此重病还不自知。这病得治，不治害己害人害微博。

（《中国青年报》2013 年 7 月 19 日）

娱乐没底线，独家新闻成独家耻辱

王菲与李亚鹏令人意外的离婚，不仅让粉丝们大叹"又不相信爱情了"，更引发了媒体一场火爆激烈的新闻大战。当事人、身边人的说法，离婚现场的照片，离婚原因，孩子的归属，返京所乘坐的航班，下飞机后的表情，都成为媒体竞争的焦点。中国严肃的政经新闻不怎么样，可娱乐八卦花边却异常发达，一点不逊色于国外同行。偷拍的专业程度、话题的娱乐程度、狗仔的无耻程度、窥私的无聊程度，与国外同行相比，有过之而无不及。

这也不是什么坏事，聊聊名人明星的私事，也是人民群众娱乐文化生活的一部分。某种程度上，娱乐是媒体与明星之间的一种合作的利益关系，明星依靠媒体报道出名，靠媒体的曝光提升自己的身价，收获粉丝掌声和广告利润。为此，名人就不得不让渡出自己的部分隐私，去满足媒体和公众的窥探。但这种窥探不是没有限度的，娱乐不能是没有底线的，狗仔不能是不要脸的。某些媒体在此次王菲离婚一事上抢独家新闻时所表现出的不择手段，实在让人不齿。

一家媒体在描述抢到"王菲在车内流泪"时的独家新闻时，不无得意地写道："00：10，王菲乘坐的车驶出机场高速，腾讯娱乐迅速将王菲的车截停在了桥下，王菲的车只得停在原地。记者下车拍摄到了王菲在车内的独家清晰图片，从图片可以看出，王菲眼眶发红、含泪，似乎哭过。00：12，在拍到王菲坐在车内的清晰的图后，媒体主动让出道路'让王菲回家'，王菲的车重新上路送王菲回家。"

这家媒体兴奋在这张清晰的照片上打上了"独家新闻"的水印，可我看到的不是独家新闻，而是这家媒体独家的耻辱。

很多网友都谴责此事件中表现出的媒体暴力。拍到独家照片的记者在叙述经历时那么充满职业成就感，可人们读到的分明是深入骨髓的冷漠、自私和无良。离婚对当事人来说是很痛苦的事，名人也是人，不去骚扰和消费其痛苦应该是人之常情。即使想拍到照片，也应该使用专业的、正当的方式，而记者则使用了流氓的、非法的手段，将王菲的车截停在了桥下。这一惊险的运作，使很多人立刻想到当年的戴安娜就是为了躲避媒体的追踪而丧命于车轮下。可冷漠的记者毫无不妥感，反而是当做莫大的"战绩"，充满成就感地写到了新闻中。

截停下了车，拍到了王菲在车内"含泪"的独家清晰图片，记者得逞了，抢到新闻了，然后带着"打败了敌手、收获了战利品的"快感，"让出道路让王菲回家"。那种不以为耻、反以为荣的狗仔嘴脸，尤其让人恶心。

这不是偶然现象，而是长期以来娱乐失范的一种表现。在我们的传播语境中，娱乐似乎已经成了无底线和不要脸的代名词，"我是流氓我怕谁"已经变成了"我是狗仔我怕谁"。娱乐似乎就代表着可以不择手段地追求点击率和收视率，娱乐圈中的人，可以没节操；采写娱乐新闻的人，可以不要脸；做娱乐节目的人，可以把礼义羞耻都丢掉，赤裸裸地面对收视率。

理解了这一点，可能就会理解电视台何以会逐"臭"，热衷于请干露露母女这种争议人物做节目，并热衷于消费其丑陋言行；也会理解记者为何能如此自然而毫不脸红地写下"迅速将王菲的车截停在了桥下"这段冷血文字。"如入鲍鱼之肆，久而不闻其臭"，在没有底线的娱乐追逐下，已经失去了敏锐的道德嗅觉和人性温度。眼中除了点击率，别无他物。别人的安危、别人的痛苦、别人的不幸，都是可以作为提升点击率的利器，他们唯恐别人幸福，唯恐别人的冲突不够血腥暴力，唯恐神情不够悲伤以至于够不上新闻的标准。

记得当年王菲生孩子被狗仔们围观时,"资深狗仔"王小鱼当时却宣布,出于人道考虑,决定放弃拍摄王菲生子的照片。他说,自己追求职业理想,但当听说李亚鹏要在家里生孩子的时候,就担心,王菲是高龄产妇,没有安全的生产环境,不是好事情。所以想来想去,还是决定放弃。这种放弃赢得了公众尊重,狗仔亦应有狗仔精神,别把独家耻辱当独家新闻了。

(《中国青年报》2013 年 9 月 15 日)

把"惊天大逆转"挂在嘴上的多是骗子

当下舆论场有个恶劣习气，我称之为"逆转想象狂"——看那些新闻标题，充斥着诸如"南京惨烈车祸事件，剧情大逆转了！""剧情逆转，'僵尸肉'或为假新闻""惊天大逆转：成都被打女司机是如何一步步'作死'自己的"——很多新闻就在这种不以一惊一乍中制造着戏剧效应，以颠覆先前报道为乐，抓住一个细节的变化以点带面，或拿着某不靠谱的反方说法，或仅仅提出某个不成熟、无权威来源的质疑，就以垄断了真相、发现了真理、打了先前报道者的脸的兴奋、得意和优越感欢呼"出现惊天大逆转"。

无论是真的逆转，还是一惊一乍的伪逆转，都见证着当下舆论场的浮躁。

并非不可逆转，事件的呈现需要一个过程，并非第一天报道的就是真相，随着调查的深入和细节的公开，一开始语焉不详的报道和猜测可能会被新的、更全面、更权威的说法所替代。这也不能叫逆转，只是随着调查深入之后新的事实浮现出水面，是新闻符合舆论传播规律的正常呈现。

比如前段时间南京那场惨烈的车祸，一开始有网友猜测可能是毒驾（从场面的惨烈来看，用常识无法解释，我觉得这种怀疑属于合理怀疑），还称警方在肇事车内搜出冰毒，并称"肇事驾驶人在派出所时疑似毒瘾仍在发作，用头撞墙，警方给肇事者戴上头盔，以防不测"。不过后来警方否定了这些说法，排除酒驾毒驾嫌疑。这算不算"惊天大逆转"呢？当然不算，至多只能说先前的新闻属于假新闻，只是对肇事者身份的认定，并没有让这场车祸的

"基本事实"发生逆转。所谓逆转，是对事实颠覆式的全面否定、基本是非的反转，可仅仅是"是否毒驾"问题上的质疑澄清，并没有颠覆什么。

有一些新闻确实可以算是"大逆转"，比如成都女司机被打事件，先是在视频的诱导下将矛头全部指向打人的男司机，但第二天公布了新视频后，又把矛头指向违章"别"人的女司机——新的视频让公众看到了"男司机的愤怒事出有因"，舆论的情绪立刻发生了逆转。这可能说是一种逆转，其实也算不上是事实的逆转，而是舆论和公众太浮躁，看到一段视频就立刻做出是非判断，其实这只是一个片断。看到另外一段视频，又惊呼逆转——有新的视频出来了，又把先前的判断全盘否定。为什么就不能耐心地等待一下更为完整的真相？事件本身跌宕起伏，如果没有耐心看完整的视频和等待完整的真相叙述，截取某个片断，很容易产生逆转效应，就像我们看冲突性很强的故事时的情绪反转。

另外一些事件，并不是事实有多大的逆转，而是事件本身有不同的观察维度。同一事件，不同的人去叙述，施害方的叙述跟受害方的叙述，会完全不一样——如果只片面听取某一方的叙述，比如医患冲突中，只听患者的说法，而不采访医生，很容易被患者充满悲情、对患者有利的故事牵着鼻子走。另一家媒体不采访患者，只采访医生，说法当然不一样，于是也"反转"了。

浮躁之下的"反转新闻"泛滥，使某些人出现了一种病态的"新闻审美"和报道预期，看到一条新闻之后，总是将信将疑，总觉得"说不定明天就会出现大逆转"，事实会被颠覆。当然，这也是浮躁的"反转新闻"产生的恶果，对媒体公信力的透支，人们不相信媒体的报道，翻手为云覆手为雨，一眨眼事实就完全颠覆了，叫人如何相信媒体的判断。当以这种"逆转想象狂"看待一切新闻时，眼中就没有了事实和是非，而是无根据地怀疑一切，想象着所有新闻背后都有反转可能。有了对先前报道的重大的、颠覆性的、确凿的事实变化，才可以叫逆转，那种仅仅只是某个不影响整体事实判断的细节不同、一面之词的反方说法，或者没有铁板钉钉事实为依据的质疑，不能说是

"逆转"，至多只能说是"引发争议"。

现在舆论场上那些耸人听闻的逆转狂，各怀鬼胎，有的是用惊耸的标题党去吸引眼球，吸粉丝吸流量，营造逆转的戏剧效应，悬羊头卖狗肉；或是水军转移视线搅浑舆论之水，用"无根据的另一种声音"搅乱公众的是非判断；或是刻意标新立异，什么都想反着来，大家都说是，我偏说非，彰显相反炒作营销；或是走向偏执和极端，什么都想颠覆，臆想逆转一切，以颠覆为乐，以颠覆常识来表现优越感。当然，也有以这种"逆转"来站队的，不符合自己立场和想象的就想去颠覆，对手说是，我偏说非，敌人的敌人就是朋友，对手眼中的真相必是别有用心的谎言。

善良的人啊，别被那种"惊天逆转"的标题所误导，有等待真相的耐心，有恒定的价值判断，不浮躁不狂躁，就不会被逆转所消费。

（微信公众号"吐槽青年：曹林的时政观察"2015年7月15日）

滋长歪理邪说和道德绑架的网络温床

明星范玮琪就因为抗战七十周年胜利日在微博发了张亲子照，竟然被一群喷子攻击，上纲上线到"不爱国"的层面——我很认同李方的评论《范玮琪道个P歉，喷子们网个P友》中的观点，这有什么好道歉的？那些喷子算什么网友，算什么民意？面对一群狂热的喷子，这种道歉只会让那种歇斯底里的绑架和碰瓷得寸进尺，并且会更加疯狂。昨天逼捐，今天逼歉，明天逼着你跟他保持一样的表情、一样的观点、一样的愚蠢，在这些看不见的狂热蠢货的面前不断妥协让步，不断息事宁人，总有一天社会的底线堤坝会被冲垮，你我都失去任何自由的权利。

舆论不能总这样被一些匿名、不负责任、狂热的极端者设置的"伪民意"所绑架。不能是个人说句什么蛮不讲理的话，都当成"民意"。那些人是什么人呢？他们不是某个具体的、能为自己言行负责的人，而是人性在网络中放大的阴暗的一面，网络像个放大器，把人性的那种在现实生活中隐藏起来的起哄、猥琐、自私、狭窄、狂热暴露出来。

网上骂范玮琪的人那么多，那么多恶毒、毫不讲理的谩骂大行其道，可仔细看看，都是一些没有头像、没有身份、没有实名的隐形人——他们隐藏在匿名的账号背后，释放着人性中最丑恶的一面。这些人貌似制造了一种"声音"和"民意"，形成了一种裹胁，可问问我们身边那些有名有姓的人，有哪个会持这样的观点呢？

"服务员开水烫顾客"的新闻,并没有随着热点的消散而淡化,人们在编各种段子调侃"不能得罪服务员"的同时,也在关注一个现象,就是用开水烫顾客的服务员在部分网友那里不仅没受到谴责,反而获得了他们的同情。有人责怪顾客对待服务员的态度不好,有人同情服务员"从小没妈"。

对此,一个著名网友在微博里愤怒地写道:"这两天我特别心塞的一件事,就是那个用热水烫女顾客的人居然有这么多人同情,媒体还在'深挖'其根源,挖了半天也不过是从小没妈。你是媒体啊,你不是蓝翔技校。"

激烈的批评,表达的是对网络上那种不明是非之同情之滥情的不可理喻。确实不可理喻,无论发生怎样的口角,用开水烫顾客,显然都是极端错误,更何况也不是什么多严重的口角冲突。

现实中一个哪怕有着起码理性的人,在此类事情上都能做出起码的是非判断,谴责这种"用开水浇顾客"的暴行。注意,我说的是现实中,到了网上就不一样了。到底哪些人在同情那个服务员呢?仔细寻找会发现,你找不到一个有名有姓有身份的人,看听不到身边有人这样说,他们有一个共同的身份——匿名的、隐身的、对自身言行不负责任的网友。支持一个用开水烫消费者的人——这种歪理邪说是见不得阳光、站不住脚的,现实中要脸的人是说不出口的,只有在匿名和群体中以多数人暴力的形式,才会表现出来:匿名就可以不要脸,隐身就可以肆无忌惮,群体的掩护也会让他们有恃无恐地将人性中最阴暗的一面表现出来,在群体的掩护下理直气壮地表达一些歪理。

利用网络的匿名和网众的狂热,像"开水烫人有理"这种歪理邪说在网络上找到了最佳温床。

想起另外一条新闻下面的跟帖,因为跟帖中那种龌龊的歪理太多了,以至让人无法忘记。那条新闻的标题叫《快递员上门取件强吻女客户被咬伤警方介入调查》,看到标题就知道大体事实,也能做出基本的是非判断了。可这条新闻下面数千条留言,真把人吓到了,看得人心惊肉跳,竟然多是这样的评论：有的说"那女的当时应该穿着睡衣，害了别人"，有的说"人家都跪下磕头了还不饶人，小女人真狠心啊"，有的说"苍蝇不叮无缝的蛋"，有的说"如果是个富二代就没事了，谁让你是个穷人呢"，有的说"只能说大哥运气不好，没有碰到好女孩，其实女人最喜欢装的"，有的说"我觉得最主要原因是价格没谈好"。

不亲眼看到这些留言，你可能无法想象，一个人心里究竟有多脏，才能说出这样歪理邪说。当然，现实中你是听不到的，因为现实中的人都有着起码的羞耻感，可网络给了人一副把脸遮起来、把身隐起来的面具，于是，"开水烫顾客情有可原""快递员强吻女客户肯定是女的穿着太暴露"之类歪理邪说在网上大行其道，以让人不可思议的方式获得了滋长空间，并设置着议题。也因此，像"普通人发生冲突，有钱一方错；开车的发生冲突，开好车的错；两个无赖发生冲突，不会发微博的那个错"之类明显错误的思维，成为了屡被验证的网络规律。

还有前段时间的微博逼捐也是如此，天津爆炸事故后，马云遭遇网络逼捐，一群键盘侠蹲守在马云微博下，齐呼"你要是不捐款，我再也不淘宝"，逼马云捐款。这种赤裸裸的"逼捐"引发了极大的争议——其实谈不上什么争议，只要脑子稍微正常、有点基本判断力、能讲道理的人，都不会有脸去逼别人捐款，也不会认为逼捐有任何理由。所以，媒体公开的评论，都是一边倒地力挺马云，批判那种无耻的逼捐言行。可喷子们就以多数人暴力成功地制造出一个议题，以歪理邪说形成舆论压力。

社会在进步，民智在提升，歪理邪说越来越遭人唾弃，在正常语境中已没有生存空间，但要防范它们在网络上获得滋长的温床。网络是个好东西，让信息透明，让选择多元，但要警惕它会降低人的智商——匿名隐身的状态，能把人性中最卑劣的一面暴露出来，多数人的狂欢状态，更会成为一种极具伤害性的暴力。所以网络的双面性非常明显，一边让聪明者变得聪明，一边让卑劣者变得更卑劣，让那些被正常社会所抛弃和唾弃的歪理邪说，重新获得了空间和市场,拉低着社会的整体智商。

(微信公众号"吐槽青年:曹林的时政观察"2015年9月6日)

抢发阎老去世摆乌龙，有些媒体就是不长记性

上午打开网站弹出一条新闻：著名艺术家阎肃老先生去世。我们这代人真是听阎老先生写的歌长大的，他写的很多主旋律的歌曲影响了几代人，去年他在参加文艺座谈会时对"风花雪月"的新解也让人眼前一亮。他"去世"的消息让人很难过，所在的好几个微信群都在点蜡烛。自己作为一个媒体人，习惯性地看了几个抢发这条消息的媒体的信息源，都是同样一条源头：歌唱家于文华的微博。

因为只有唯一的信息源，于文华又不在医院，所以出于职业的谨慎，没有转这条新闻，也没有点蜡烛，等等看接下来来自医院的权威消息源。听过一句话，新闻不能宣布人死亡，医生才能——医院和医生是"逝世新闻"最权威的信息源，然后是家人。这种事情，慢一点没关系，没必要急于去抢新闻和点蜡烛。

看来在这种事情上"慢一拍"永远不会错。后来正如大家所看到，这又是一条假新闻，慢下来等来的是于文华的道歉和阎老家人的谴责。于文华删除了该微博，并发布微博郑重声明：刚刚所转阎肃老师的消息不实，严重失误，向老人家及家属严重道歉！阎老家人称医院还在抢救，谴责了抢发新闻的媒体。

涉及名人去世的这种新闻最好不要抢发。"独家"抢对了，抢快一秒在这个全媒体时代没有任何意义，瞬间刷遍全网；"独家"抢错了，既会对当

事人和亲人造成伤害，也会成为"独家耻辱"。新闻需要核实，涉及名人去世的新闻尤其需要一再核实，不能为了抢先的"消费"和"快一秒"带来的新闻效应而不顾家人的情感。比"重要的事要说三遍"更重要的是，重要的新闻得核实三个信息源，避免出现"聋子听哑巴说瞎子看到鬼了"的荒唐传播。

别人还在抢救，却急着抢发"别人去世"的新闻，这种"好像等着盼着别人去世"的乌龙新闻，不仅损害了媒体公信力，还会在尴尬中伤害很多人的感情，且有很大的法律风险。从金庸去世的假新闻，再到抢发李光耀和张震将军去世的乌龙新闻，有些人就是不长记性，不管什么新闻都去抢，什么新闻都迷恋"快"，根本不顾新闻专业主义和媒介伦理，不顾在"逝世新闻"上应有的谨慎，不顾无数次被打过脸的尴尬。

于文华因为自媒体误发消息而道歉，很多人可能会原谅她无意的疏忽——也许是爱师心切，陷于悲痛之中急于表达哀痛才没有核实信息源。但人们很难原谅抢发这条消息的媒体，于文华自媒体发消息，看到的人有限，人们可能也会怀疑，但当媒体抢发了这条消息后，立刻进入大众传播链条，产生病毒式的扩散。因为媒体报道了，人们也会相信这是事实。因为这种公信力、影响力和传播力，从自媒体消息变成大众媒体的报道时，媒体一定要非常谨慎地进行核实，核实权威信息源，再多核实几个信息源。看到于文华的微博，向医院打个电话核实一下，或者找阎老身边人核实一下，能花多长时间呢？即使花一点儿时间，难道不也是对一个人生死消息应有的慎重吗？

当"快一秒全网转的都是我们的消息"这种新闻功利主义主宰大脑时，就不顾专业主义和家属的情感了。当把那点儿眼球利益置于一切之上时，就不在乎抢发可能带来的问题了。当被施了"快"的魔咒后，一些媒体已经失去了慢的能力，没有耐心慢下来去核实，没有能力去遵守专业规范。

于文华道歉了，抢发消息的媒体可能会习惯性地假装什么都没发生，或者都归咎于于文华，或者借口说"网络有强大自我辟谣的能力"，今天无人道歉。让人痛心的是，"霉体"的骂名就是在像这样一次次乌龙和反转中累积成的负面标签。

(《上海观察》2015年10月27日)

奇闻已成假新闻最大寄生地,别再当"奇闻白痴"了

昨天批评全网疯转的奇闻《重庆:亲热中妻子急拿手机抢购 致丈夫生殖器断裂》疑似一条假新闻和医疗软文,网友后来又扒出这家医院和这个记者炮制的多篇类似文章,让人触目惊心,用这个记者的名字搜索,继续扒下去,能扒出很多料来。

越生动越容易露出马脚

我之所以质疑《重庆晨报》这条新闻,源于基本的常识理性。很多人看到这种奇闻,多数都是呵呵一笑,感慨"双十一"剁手党抢购之凶猛。而我对媒体报道的各类奇闻一向充满警惕,总觉得奇怪之处必有蹊跷,反常的背后必有掩盖。仔细读这种新闻,缺乏必要的新闻要素,缺乏靠谱的信息源,多次提到男科医院的名字,太像营销了。最关键的是,"导致断裂"的这个过程写得太细了,越细越露出了马脚。从常识常情来看,如果有一对夫妻真遇到这种事情,会羞于启齿的,不至于绘声绘色地描述细节,生怕别人不知道他们的房事。即使患者向医生叙述病情,至多只会笼统地描述,而不至于把过程描述得那么细:"什么为了'双十一'抢购,上好闹钟,闹钟突然响起,丈夫唉哟一声。"只有编故事和写段子的人,才会这么描述。这完全不是患者的叙述口吻,似乎是黄色小说的套路,是宣传医院的套路。

越是令人反应过度的消息，越不准确；越是生动的描述，越需要警惕。说谎者为了掩饰，往往在描述的时候容易添油加醋和用力过猛，将本来不可能那么"生动"的事情描述得很生动，显得好像比真的还真，这种"过度生动"就是假新闻的马脚。

2013年我批评过重庆另一家报纸的一条新闻《女儿嫌母亲是清洁工不认 10年后发千封忏悔邮件》。读题目，觉得是一条新闻，仔细看到最后，才露出营销意图：现在，她除了忏悔，还有一个愿望，想让妈妈年轻10岁。煽情催泪地报道最后这个愿望就由"美仑美奂整形医院"去完成了，"美仑美奂整形医院"决定提供免费整容，帮母女圆梦。这篇报道之所以引起我的警惕，首先也是其中过于细节的描写，比如描述这个女孩想跟母亲忏悔时的心态："插上门，她脸颊绯红，心怦怦直跳。她把早已充满电的手机捧在手心，那串熟悉的号码她摁了无数次，却又挂掉了。"太生动了，嗯，假的。

奇闻利用人性和网络弱点进行病毒传播

这也让我更加警惕那些奇闻，奇闻已经成为当下假新闻的一大寄生地。那家医院还以同样套路炮制过这样一篇文章《90后夫妻亲热时母亲误闯入 儿子紧张折断生殖器》。我们还看过其他奇闻，如《小偷入室发现太穷，留200元给户主换锁》《一句梦话"我老公回来了"引起离婚案》等，最后都被证明是假新闻，将段子改头换面，或者是将各地不同的事情嫁接拼凑，或者直接就是编造。

奇闻之所以成为假新闻的寄生地，利用的是人性和网络的弱点，人们很容易成为"奇闻白痴"——面对一个奇闻，沉浸在奇闻效应的消费中，一笑而过，没人在意奇闻的真实性，对于明显的漏洞变得像白痴一样无判断力。人们需要奇闻乐一乐，网站需要奇闻提高点击量，记者需要奇闻挣工分，奇闻形成了一个利益生态链——人们只想消费奇闻，而不顾真假。就像这篇《重庆：亲热中妻子急拿手机抢购 致丈夫生殖器断裂》，如此多的疑点和漏洞，从值班老总到各大媒体官方微博的编辑，难道就没有一个人看出问题来吗？可就是不去质疑，而是疯狂转载，借这条"三无"新闻提升阅读量，把性和奇闻当成吸引眼球的武器。

无论是奇闻，还是其他什么闻，都应该受到常识理性的拷问。面对一个消息，怎能不问其真假？而且越是奇特，越需要弄清楚为什么奇怪。我的经验就是，世界上哪有那么多奇怪的事，之所以反常和荒唐，要么是叙述时隐藏了什么关键要素。比如这条新闻《河南警方悬赏大不同：新乡3万抓偷葱贼，洛阳曾五百寻副市长》，荒唐之外就省略了一个关键信息，那个人不仅偷了葱，而且还打死了人，才悬赏3万。还有这条新闻《成都男子爬树偷窥女邻居被判强奸罪》，其实这人不仅爬树偷窥了，而且还下树推门了，还有其他行为。要么是纯粹的谎言，要么是设置反常的议题进行营销炒作。比如这条新闻《拿国产手机不能上飞机》，正常的人会说"拿国产手机还有脸坐飞机"吗？后来果然证明是某品牌手机的营销炒作。

看到这些就要防范是假新闻

与读者朋友们分享几条我判断假新闻的经验：

一，防范"热点搭车陷阱"，借助时事热点进行营销，比如"双十一"到了，借助"双十一"进行炒作或设置议题。真现象假事实，让人防不胜防，"双十一"的剁手党现象是真的，而具体的事实是编的。

二，防范段子，越像段子的，越是假的。生活不是段子，现实没有那么多巧合和充满戏剧性。很多假新闻就是从网络段子改编而来的，加个某地某人，故弄玄虚地弄个化名，迎合你对段子的消费需求。

三，警惕你的期待，很多假新闻就是为迎合你的期待而编造的。比如，元旦放假五天、各种免费陷阱，等等。

四，越强调本不应强调的东西越假，不断在新闻中提到医院的名字、医生的名字、某公司的名字、某产品的符号，十有八九是软文。

五，别被新闻元素迷惑，而要看新闻要素。《重庆：亲热中妻子急拿手机抢购 致丈夫生殖器断裂》这条新闻有很多新闻元素（看起来像新闻），比如"双十一"抢购，可是缺乏成为新闻的要素，所谓要素是指，如果别人不相信，可以根据新闻中的信息源去核实。要素也就是可求证的信息源。

（微信公众号"吐槽青年：曹林的时政观察"2015年11月13日）

"知道越少却判断越多"的时评癌，恶评论也是一把刀

"湖南邵东杀师案"震惊了舆论，18岁凶手的残忍和冷血让人不寒而栗。新华社和《中青报》同日推出的深度调查，还原了这一沉重得让人窒息的血案背后的很多细节。从记者的采访中，公众看到了那个被杀老师的善良，看到了这个家庭的悲剧，看到了杀人嫌犯身上可怕的反社会人格，极其偏激、狭窄和自私的病态心理，让人无法理解的凶残。接受记者采访时，嫌犯一直在微笑，对杀师毫无悔意，根本没把杀人当回事，对将要受到的惩罚也毫无畏惧。"我从来没把他的命放在心上，看到他痛苦的眼神我想笑，我的世界就我一个人"——嫌犯深入骨髓的冷漠从这些话语可以看出，越是让人无法理喻，越让人觉得可怕。

从记者翔实的调查报道看，这应该是一起极端个案，一个身上有着极端反社会人格的病人制造的一起血案，并没有什么深刻的社会原因、体制根源或教育症结，更与师生关系恶化的教育生态没有关系。可反观杀师案刚发生时，一些评论者在事实还不清楚的情况下就根据脑补而迫不及待所做的判断，实在让人觉得荒唐。他们习惯性地在追热点，在事实还不清楚的情况下根据碎片化的信息进行迫切归因：有的指向留守儿童问题，有的批评师生关系恶化，有的反思教育顽症制造的悲剧，有的自以为是地把问题归咎于老师的问题和学生压力过大。

真是服了这些评论作者，在事实不清的情况下就让评论远远在跑在了新

闻前面，在不了解事实的时候就敢这么胡说八道。

能够感觉到新华社记者对这种喷子评论是很不屑的，记者在题为《我们了解得太少，评价得太早》的手记中很克制地批评了那种论调。记者举了一个例子，被杀的滕老师很爱学生，曾做过一个让学生们非常感动的比喻：我就是个老母鸡，学生像小鸡，将学生呵护在羽翼下，抱在怀里关心。这样温情的、让学生在回忆老师时泪流满面的比喻，到了某些时评家那里，竟然被阐释成制造问题的母鸡教育和动物教育。滕老师的学生实在无法忍受自己的老师在被残忍杀害后还受到这种喷子评论的曲解和侮辱，写了一封信反驳那种论调，看了让人落泪。

一句话说得很好，一个手拿锤子的人看什么都像钉子。有些评论写手就习惯拿着锤子写评论，根本不顾事实如何，而是用自己脑子里所储备的那几个"万能的评论套路"去套新闻，看到一个热点，就扑上去评论，根本没有耐心去分析事实，而是在键盘前闭上眼睛脑补，用"体制弊病""教育顽疾""贫富差距""道德沦丧""大学沉沦""底层沦陷""留守之痛""权力霸道"等罐头词汇去硬套事实，一篇篇高谈阔论却远离事实的喷子评论便横空出世。

时评人并不接触新闻事实，而是远离新闻现场，所以应该有一种远离现场的谦虚与谨慎，耐心等待那些在新闻现场采访并接触过新闻当事人的记者写出的报道再作判断。缺乏对具体事实的把握，不了解前因后果，如何去归因归咎并透视问题根源呢？可一些人不仅仅没有那种不在场的谦逊，甚至洋溢着一种不在场者的道德自负，将自己的脑补凌驾于事实之上，越是远离事实越是自负。一位著名记者说过一句话，说的就是这些人："我们对于一件事情知道的越少，就越容易形成判断，而且是越容易形成强烈的单纯判断。"在现场的记者都还不敢轻下判断，而网上的喷子评论迅速泛滥成灾。

"知道越少却判断越多"已经成为一种不治的时评癌，喷子时评家在网上听了一半，只理解了四分之一，进行了零思考，最后却表现出数倍的反应。

这样的喷子评论不仅生产着情绪垃圾，误导着公众，更带来了很多伤害。一个在学生眼中那么好的老师，却被想象成了"逼得学生拿起屠刀"的恶人，这样的恶评论，难道不跟那个凶手刺向老师的刀一样可怕吗？难道不是刺向那些爱老师的学生心中的一把刀吗？

（微信公众号"吐槽青年：曹林的时政观察"2015年12月10日）

如何看待"谣言是遥遥领先的预言"

记者近日从湖南岳阳市相关方面获悉,岳阳临湘市市长龚卫国因涉嫌吸毒,目前已被公安机关正式立案调查。而此前当地官场和网上一直传此人吸毒被抓,但官方曾"辟谣"称其因病请假。先"辟谣"后被证实,事实狠狠地打在了当地官方脸上,对政府公信力是致命的自黑。这样"以谣辟谣"的政府部门,以后拿什么让公众相信自己说的话是真的。

每一个某个地方政府类似的"以谣辟谣",都会让其他地方政府受到"连坐",影响到政府整体的公信力。因为每一次发生这类事情后,媒体都会进行一次盘点,把过去地方政府和官员说过的那些谎言都集纳一下:"休假式治疗"的弥天大谎,各地在限牌时的"以谣辟谣",福建"首虎"徐钢落马前曾骂举报者是叛徒,生气地说"若非我身份还在,我就要和你单挑",杨卫泽落马前曾咬牙切齿地骂过网络举报,称"现在国内的网络比'文革'大字报更险恶,海外敌对媒体比侵华日军更残酷"。关于他们涉贪的传言,都曾被视为谣言。

这些案例集纳起来,强化着公众"谣言是遥遥领先的预言"的认知,并对"严惩'民谣'放过'官谣'"产生强烈的失衡感。

其实,本来不应该有"民谣"和"官谣"的区分,判断和惩罚的标准是同一的,无论官民,造谣了就应依法受到同样的惩罚。"官谣""民谣"的符号对立,既见证着官民情绪的撕裂,什么事都要分成官与民两大阵营进行站队,更见证着惩罚标准的不统一——常见民众因造谣而依法受到严惩,而某些官方的"造谣式辟谣"却没有付出过代价。某些城市昨天还在辟谣说,绝对不会限牌,民间传说都是谣言,第二天立刻就限牌了,这跟普通的造谣有多大的区别?不对某些地方官方的说谎行为进行治理,不对"封锁信息"这个滋生谣言的源头进行治理,单纯打击谣言难以让公众信服。

再来看"谣言是遥遥领先的预言"这句网络流行语。其实,这句话本来是完全站不住脚的,是对谣言的美化,是一种情绪化、报复性的狡辩。谣言就是谣言,违背事实、胡编乱造、颠倒黑白,哪里是"遥遥领先的预言"。即便谣言偶尔被后来的事实证明了,也不能将谣言美化为"遥遥领先的预言"。但某些地方官方一再撒谎,用造谣的方式辟谣,用洗白的方式对抗"抹黑",实际起到的效果不仅仅是"高级黑"黑了自己,并且进一步"洗白"了谣言,让很多人对本不相信、本无好感的谣言,反而有了一定的信任。人们并非不明是非而相信谣言,而是表达一种"更不信某些官方"的逆反情绪。

是啊,面对岳阳这一次在辟谣上的表现,拿什么去反驳那种非理性的"谣言是遥遥领先的预言"呢?

理性地看,即使一些谣言事后被证实并非空穴来风,但并不能根据个案去美其名曰"预言",这里需要区分几种情况。其一,开始确实是谣言,子虚乌有,但后来随着事实的发展,一两年后情况发生了变化,先前不存在的事后来发生了。比如,一个人说,某地明天要地震,但第二天并没有发生,而在半年后发生了,能不能就说先前的谣言是预言呢?当然不能。传闻某个官员涉贪,可当时确实不存在这种情况,纯粹是造谣,可两年后这个官员落马了,被查出腐败问题,自然也不能证明此前不是谣言。

其二,有些事情在调查和侦查阶段,确实不宜向社会公开。虽然有政务公开的要求,但并不是每一种信息都必须公开。比如,一些官员涉嫌贪腐的问题还处于调查阶段,是否贪腐还不一定,纪委需要保密,防范打草惊蛇影响调查,也防止冤枉好人。这时假如信息不小心泄露,导致网上议论纷纷,纪委和官方也是无法回应的。而且,这时即使被调查,但还没有公布调查结果，这位官员还正常履职，自然也只能说"在正常履职"。这也不属于"以谣辟谣"。

最大的问题在于，一些地方明明掌握着真相，却想瞒天过海、颠倒黑白，甚至指鹿为马、满口谎言，而公众又拿出了相关证据。事后噼噼地狠打脸，这当然是把公众推向更相信"谣言"的那一边。当然，不必因为某些官方说谎了而情绪化地美化谣言，谣言就是谣言，没啥好涂脂抹粉的，但官方如果一再"高级黑"，一再真诚地说谎造谣，真怪不得老百姓都成了"老不信"了。

（《晶报》2015 年 4 月 28 日）

不爱事实爱"脑补"是一种病

网络上有一种刻板的思维，我称之为"一看到就想到"的条件反射思维。比如，一看到"官员自杀"就想到"畏罪自杀"，一看到"官员抑郁自杀"就想到"官方掩盖真相"，一看到女官员就想到权色交易，一看到临时工就想到替罪羊，一看到年轻干部就想到官二代，一看到宝马肇事就想到富二代，一看到"点赞"就想到"五毛"，一看到美女就想到干爹，一看到干爹就想到淫乱，一看到辟谣就想到说谎，一看到"名人嫖娼"就想到"肯定是被迫害"的。

这种"一看到就想到"的刻板思维，见证着官民之间巨大的不信任，也见证一个个政府丑闻、一次次官员说谎、一起起媒体曝光在舆论和公众心中累积的负面想象。当政府在"临时工"问题上说过一次谎，甚至养成了拿临时工当垫背的做法，就别怪公众一看到"临时工"就哄堂大笑了，即使某一次惹祸的人真的是临时工。当一次政府辟谣随即被揭穿，后来被无情的事实证明完全是"以造谣的方式辟谣"，当传言原来是"遥遥领先的预言"，就无法阻止公众"看到辟谣就想到说谎"的联想。

政府与民间的信任就是这么脆弱，一两次看得见的谣言也能引起塌方式的怀疑。每一个"一看到就想到"的搭配背后，都必然有一些实际发生过的案例支撑着这种想象。不过我这篇评论不想鼓励这种"一看到就想到"的思维习惯，而是想谈谈这种思维的误区，还是应该走出这种根本不顾事实而是使劲往坏处想的情绪化想象。

这种"一看到就想到"的思维，其实就是网络上流行的"脑补"——当事实不完整的时候，不是耐心等待调查、搜索更多相关报道、采访更多的人、深入现场去发掘真相，即掌握更多的信息去了解真相，而是坐在电脑前想象，根据自己的经验用"大脑的想象"去补充那个不完整的真相，从而让碎片化的网络信息在脑子里构成一个完整的故事，没有原因的"脑补"上原因，没有结果的想象一个结果，使碎片和标签成为有头有尾、有声有色、有背景有曲折、有施害者有受害者的故事，听起来也很符合经验和逻辑。

很多人特别迷恋这种"一看到就想到"的"脑补思维"，因为它迎合了这些人的思考惰性。如果要了解完整的事实，需要在看到标题后还得看完整的新闻，看完新闻还得需要花时间和精力去调查和核实，用脑子判断很多信息的真相，综合各方信息判断新闻靠不靠谱，这真是一件很麻烦的事。而"脑补"解放了这些不想调查、不想思考、不想辨析的懒人，无须动手动脑耗精力，坐到电脑前就可以想象，用想象把残缺很多元素的故事补充完整。这是一件多好办的事啊，没什么比"脑补"对那些网上的"键盘侠"更有诱惑力了，足不出户，盯着一个标题，脑子里立刻完成了对一个故事的构建与阐释。

而且那些"脑补"的故事往往多迎合着网络的受害者逻辑、仇富仇官逻辑、怀疑一切逻辑，并且充满蛊惑性，这又让"脑补者"觉得这是一件正义无比的事业。这么想着想着，就不觉得这是"脑补"了，而自我暗示为铁板钉钉的事实。当很多网民的脑子不是用来思考，而是用来想象和编故事时，就形成了网络上可怕的乌合之众。当"脑补"的阴谋论故事成为流行的版本时，一句煽动性的口号就足以让那些"脑补"故事的信徒热血沸腾，并形成一种能够摧毁理智大厦的强大戾气。

虽然"脑补"带着这个时代的背景，很多也建立在以往负面想象的经验基础上，但不得不说，"脑补"实在是一种得吃药的病。当对事实毫无兴趣，对调查缺乏尊重，对真相缺乏起码的敬畏，根本不顾事实到底是什么，而是沉浸在自己构建的想象中时，有何客观和理性可言？脑子是用来对事实进行思考的，而不是臆想出一个"事实"去批判。很多偏见、偏激和偏执都是在脑补中产生的。这种"脑补"有时会被事实所验证，但不代表这种思维方式的正当性。

回到开头那些"一看到就想到"的案例，官方需要反思，舆论何以形成那些条件反射般的联想？舆论也需要警惕，这些充满诱惑的"脑补"只是在任性地宣泄一种情绪。宝马肇事就是富二代作恶吗？年轻干部就是官二代抢官吗？辟谣就对应着说谎吗？没有就事论事、疑必有据的事实逻辑支撑，任性地"脑补"只能使官民不信任陷入无解的死循环。

（《中国青年报》2015年4月16日）

"贪官受贿数额"已成假新闻最重灾区

说到贪官的受贿信息,比如,有多少情妇、多少别墅、多少名表、多少本护照,人们总是眉飞色舞、唾沫横飞,一边痛恨着、一边羡慕着、一边惊叹着贪官之贪。贪官的受贿数额确实一次次地突破着公众的想象力,但我告诉你,网上看到的多数关于贪官受贿清单的描述,都是假新闻,那些说得越细的,往往越是假的。"贪官受贿数"这个话题已成假新闻的最大滋生地,成为假新闻的重灾区。

今天就有一则,某媒体兴奋地发出一条"独家新闻",称刘铁男及其家人在北京、青岛、太原拥有住宅 5 处,有伯爵、江诗丹顿等名贵手表 9 块,齐白石、傅抱石真迹 5 幅等财物,还有 12 本外国护照,并随身藏有 12 张机票。贪官魏鹏远涉案金额和房产达 3.3 亿元。这种"重磅消息"来自哪里呢?来自河北省检察院一位检察官的一份内部授课稿内容。

这条新闻迅速被媒体和网友疯转,河北省检察院随后辟谣称:"经初步核查,该检察官到省总工会授课系个人行为,相关资料为其自行从网上搜集整理,未经单位审核。"原来又是一条以讹传讹的不实传言!在网上搜了一下,确如这个辟谣声明所称,以前网上就有很多关于刘铁男、谷俊山、魏鹏远受贿多少的各种小道消息,这位检察官将网上消息当成了权威消息写进授课稿,而媒体未经证实,想当然地把这位检察官的内部讲稿当成权威消息,公众又把这家媒体的报道当成"权威报道",再次上演了一场"聋子听哑巴说瞎子看到鬼"的传播闹剧。

　　这位检察官的职业素养显然存在很大问题，如此重要的信息，竟然不去正规渠道和权威部门获取，而是从不靠谱的网上拿来，拿这些网络噱头去误导学员。更大的问题出在报道这一消息的媒体上，其一，从新闻规范来看，这种"内部授课稿"并不能成为新闻源，内部授课时，讲师面对的是学员而非公众，并没有面对公众的准备，很多材料就不像公开发表时那么注重准确。其二，这并非其职务行为，如果是职务行为，比如检察官以官方身份在"预防腐败、警示教育"活动中作公开发言，那种发言有组织公信作担保，媒体可以作为消息源。但对其他系统以私人身份进行的内部授课，就不能成为信息源了。

　　即使退一步，非要以此作为消息源，也应针求一下那位检察官的意见，求证课件是否存在，内容是否属实，能否向社会公开。不加求证，就把一个内部课件当新闻报道出来，害了那位没职业素养的检察官，也把媒体的公信力搭进去了。随意把这种内部课件当新闻报道的媒体，能让人相信他们的新闻品质吗？

　　当然，这家媒体还不算离奇和过分，起码还有一份客观存在的内部课件作为消息源。很多关于"贪官受贿数额"的报道，都不交代信息来源，而以一句你永远无法证实也无法证伪的"据知情人士透露"来蒙混，严重地小道化和小报化。这些报道往往都非常吸引人的眼球，什么"贪官家藏的巨款烧坏了多少台点钞机""纪委抄家时拉走了几卡车的赃款""贪官别墅内景曝光，现9000万电视墙"，等等。关于刘铁男受贿数额早就在网上传播，最早源于2013年6月，《香港商报》的报道很是活色生香，称其有12本护照，有8个情妇，生活如何糜烂腐化云云，信息源来自"内地网络风传的一篇帖子"。那位检察官显然就是从这篇报道中扒出数据来的，但其"检察官"的身份把这条网传消息给洗白了，迷惑了另一家媒体。

　　很多假新闻的传播途径都是这样，先是网帖，再是媒体引用，再是专家引用媒体，另一家媒体再把这位专家的言论当成权威来源。好，谣言就被这个不负责任的传播渠道洗白了，摇身一变，华丽转身成有"权威来源"的信息。

"贪官受贿数额"之所以成为假新闻的重灾区和滋生处，主要有以下原因：首先，信息不对称，很多案件还处于调查阶段，不便公布，但公众又有强烈的窥探需求，信息不对称下滋生传言。其次，受众只围观猎奇，追求一种窥视的快感，而对真相不感兴趣，管你事实上是不是真的，说贪了那么多钱我绝对相信。最后，是当事人的缺席，贪官被关进去了，你说他贪了100亿，养了100个情人，他都没法现身辩护。浮躁的媒体、浮躁的传播环境，再加上浮躁的受众，制造着一起起关于贪官受贿数额的弥天谎言。

其实不只是贪官受贿数额成为假新闻重灾区，贪官一落马，立刻会围绕他的其他方面滋生无数假新闻。比如，"贪官是在哪里被纪委带走"，也是各种臆想和编造，前段时间某媒体的报道称，某位官员在女儿婚礼现场被带走，后来迅速被纪委"打脸"。还有某媒体活色生香地描述，"某大贪在南京某酒店与两女玩三P时被带走"，才不管真假，反正读者爱看，反正你也没法"证伪"，反正贪官也没法辩解了。

(《中国青年报》2015年4月2日)

事实不清时耐心等事实是最好的姿态

监督公车私用的区伯被报道"在长沙因嫖娼被抓",消息传出后立刻让舆论大哗,有人惊讶于口口声声为公益者的私德败坏,有人斩钉截铁地说肯定是一次报复、一场阴谋,有人分析"即使区伯嫖娼了也不能否定他的监督公车行为"。各种观点纷呈,喋喋不休的争论声远远多于"媒体提供的事实"。嫖娼的事实并不清晰,舆论场上各种争论和判断,远远地跑在了事实前面。

一个网友一直在微博里问我:"区伯这事儿是网络热议的焦点,作为一个时事评论员,你怎么一直没有对这件事作评论?难道不是一种缺席吗?"我回复说,评论员并没有必要对每个热点事件都凑上前去"说几句",特别是当这件事的事实还很不清楚的时候,能说什么呢?为了显示自己的"舆论领袖"身份,或者表现自己"不缺席",当事实不清时也习惯性地"说几句",对公共讨论毫无贡献,反而把本就混乱的判断搅得更乱,对公共理性是一种干扰和误导。

评论员并不掌握事实,媒体在前方调查,警方还没有通报,区伯本人也没有发声,这时候评论员能说什么呢?说绝不相信区伯嫖娼了?——凭什么"不相信"呢?说这完全是一场报复和阴谋?——证据呢?说"即使区伯嫖娼了也不能否定他的监督公车行为"——这似乎是自己设了个靶子,这明明是两件事,事实上谁也否定不了监督公车的行为。如果嫖娼是真,反过来也可以说"监督公车的正义也不能遮掩嫖娼的不堪",在事实不清下,玩庸俗的辩证法和讨论伪问题毫无意义。

还有这几天舆论炒得沸沸扬扬的胡舒立与郭文贵之争，争来争去也是一地口水，"财新"已经报警，会诉诸走法律程序，对方当事人也继续通过媒体发声。事实并不清晰，这时候舆论场上的观点和站队也是过剩的，"相比之下我更相信胡舒立""不能任由流氓往媒体人身上泼污水"之类的表态只是一种站队，对公共讨论并无意义。当看不清楚事实的时候，"非得说几句"的结果就是往舆论场输送混乱和对立，使公共讨论变成两个圈子的对立。

真的没必要啥事都要凑上前去说几句，寻找存在感。不懂的事，别轻易评论，比如讨论转基因，那真是一个需要专业门槛的事。崔永元可能做了很多知识准备、新闻调查和信息积累，才敢介入这个话题。不了解的事，别妄下判断，等了解了事情的前因后果和相关背景，再去表达意见，别一听到"方、韩"之争就以脑残粉的姿态，站在某一方摇旗呐喊。当事实不清的时候，静默地等待事实逐渐浮出水面，等事实清楚后再作判断，那才能凸显观点的价值和可贵。

热点和真相的节奏常常是不同步的，事件处于大众围观的热点高峰时，事实往往不清，但这时候公众和时评家往往最兴奋，对"判断"的热情往往最高，趁着这股热乎劲儿去"评说几句"，热点的时效压力会一种无形的力量，"逼"着舆论领袖去表态。可事实的完全浮现往往没有这么快，真相完整地呈现是需要时间的，可当真相完整呈现时，乌合之众可能早已转移去消费新的热点了。政府的回避会制造"断头新闻"，舆论的浮躁健忘也是制造者之一。人们很多时候感兴趣的可能不是真相，而是围观热点、猜测真相、想象阴谋、消费情绪、享受吐槽的快感。

很多事情，本来并不混乱，但评论多了，人们反而更混乱了。就因为"即使区伯嫖娼了也不能否定他的监督公车行为"之类没话找话的分析，把讨论给搅乱了。另外，看不清事实的时候就站队表态，也让讨论变成一场敌友划分，网络在很多问题上变得越来越对立化、尖锐化和极端化，与这种习惯有很大关系。

　　区伯这事儿,虽然我也充满各种怀疑,但这种怀疑只是逻辑上的,缺乏事实的支撑。舆论场的一大浮躁表现是,人们轻易就把某种本能的怀疑抛出来,根本没有做好提供证据和论证这种怀疑的准备,而是任性地说"我就怀疑""我就更相信谁"。评论员评说一件事,需要自己先想清楚怎么论证,不能自己还没想清楚就"急于说几句",结果只会是把自己的"不清楚"传递给大众,带来了更大的混乱。没人强迫你非得说几句,有时候静默等待比夸夸其谈可贵多了。

(《中国青年报》2015 年 4 月 1 日)

数数看你被多少条"反转新闻"打过脸

所谓"反转新闻",是指公众态度的反转,某条新闻刚出来时,舆论会把矛头指向某一方,可新公布的细节会使新闻剧情突然发生逆转,舆论态度立刻随着新剧情情绪化地摆向对立的另一个方向,被同情的受害者瞬间成为被唾弃者,被攻击的作恶者立刻成为被同情者,180度的情绪大挪移就在一瞬间。近日的舆论场上演了好几场情节巨大逆转的新闻反转剧,在成都女司机被打事件中,女司机瞬间从舆论天堂摔到了地狱。在云南女导游事件中,公众也立刻翻脸不认人,开始被同情的游客很快成为被攻击的对象。而在学生给老师打伞事件上,舆论也上演了一场先攻击后同情老师的反转剧。

稍有不慎,就可能陷入这种摇摆的舆论情绪中,数数看你被多少条这样的反转新闻打过脸?新闻反转后,很多开始骂这个人的网友,对自己情绪化之下的误信误判毫无反思,会毫无心理障碍地转向骂那个人。在此起彼伏的热点转换和新闻反转中,一些人缺乏等待事实的耐心和审慎的判断力,很容易随波逐流,先是无脑地一边倒点赞,等新的事实出现了,再不加辨别、一边倒地谩骂,缺少被打脸后的羞耻感。一次被"反转新闻"牵着鼻子走,可以理解,常常像这样在"反转新闻"中情绪化的摇摆,就是典型的没脑子了。

避免被"反转新闻"打脸,需要培养以下的判断力:

其一,警惕被标签所误导。新闻反转剧的背后,就是标签的反转。贴上这个标签,公众会是一种态度;换另外一个标签,态度就完全不一样了。人们的情绪很容易被变换的标签牵着鼻子走，而不问事实和是非。比如，发生一起交通事故，路人违反交通规则，闯红灯被车撞死，网友就会骂路人，批评不守规则的中国式过马路。可如果媒体报道那辆撞人的车是宝马车，开车的人是官员，被撞死的是保洁员，舆情立刻会反转，都去骂开宝马的官员了。还有，医院发生了患者打护士事件，因为公众的偏见，舆论常会站在患者那一边，认为患者相对医生是弱者，舆论会同情患者。可如果媒体告诉你那个患者是官员，舆情立刻反过来，去同情护士了，因为医生相对官员是弱者。

瞧，新闻之所以发生反转，就是标签的反转，换一个标签，态度就完全不同。一说男人打女人，在本能的护弱下，就会毫不犹豫地站在女人那一边。可如果换个标签，说那是女司机，在这个男司机掌握着话语霸权，并且在常把道路混乱归咎于女司机的舆论场中，"女司机"这个被妖魔化的标签就会成为被网络审判的对象。

其二，警惕被碎片化的微博信息和浮躁的热点节奏所误导。热点的节奏与事实真相的节奏，在互联网环境中是不一致的。在热点节奏之下，往往是一哄而上、一哄而散，追求时效，事件一出来就立刻去仓促判断、迫切归因归咎，根据碎片化的信息去判断。而事实真相的浮现出水面，需要比热点节奏长得多的时间，节奏比较慢，起码两三天才会有一个完整的事实。可在微博的热点节奏下，人们习惯于看到新闻就立刻判断。一看到"女司机被打"的视频，不问前因后果，立刻站到被打女司机那一边，不问被打的原因是什么。第二天出来新的视频，曝光了女司机"别车"的"路怒"过程，又都站到男司机那一边。

云南女导游事件也是如此，根本没有耐心去等新闻，一看到女导游骂人就去"群殴"女导游，第二天冒出一封《曝光导游骂人视频的游客，你们欠导游一个道歉》信之后，网友又开始骂贪便宜的游客。正如后来有人评论，对云南导游辱骂游客一事，网上这几天从对女导游的愤怒，又转到对游客参加低价团的不满。真是奇怪了，这件事情最应该追责的，是云南旅游管理部门，一直以来默许"低价团"的存在；出事情了，只会处理导游和旅行社，而现在又声讨这个录下视频的游客，完全搞错了方向。

其三，警惕被某方新闻当事人牵着鼻子走。有些新闻之所以发生反转，是因为偏听偏信，开始只听信这边新闻当事人，进入对他有利的叙述逻辑。第二天采访到另一个新闻当事人，又进入他的叙述逻辑。缺乏兼听则明的公正旁观者心态，听这个就站在这一边，听那个又站到另一边，没有原则，没有客观的辨别力。在学生给老师打伞事件中就是如此，女老师第二天接受媒体采访后的哭诉，赢得了不少人的同情。可一开始人们愤怒地讨伐这名老师时，并没有倾听她叙述的心理准备，只是一味地脑补"霸道老师在学生面前如此耀武扬威。"

最后一种应该警惕的是水军干扰。很多新闻出现反转，并非事实出现逆转，而是水军的干扰。微博已经成为各种力量争取话语权的表演秀场，商业、权力、派别等各方力量的介入干扰和"制造"着舆情。我写过一条微博，获得很多人的认同："玩了这么多年微博，有个经验跟诸位分享，一条'热门微博'下的评论，一般'半小时后'到'一小时前'的评论是相对比较客观和真实的。刚发某一条微博，一开始的评论多是支持，因为关注你的基本都是认同你观点的。半小时之后，转发中各色人等都来了，这时比较多元。一小时之后水军就杀来了。"不能因为水军介入干扰舆论，就失去基本的判断。

（新浪观察家专栏2015年5月13日）

第五辑
文化批判

激烈的对立和脑残式的追捧与棒打，最终使"韩寒"这个名字在网上成了一个火药桶，只要提起这个名字，必然会引发激烈争论。"脑残粉"和"脑残黑"的极端对立，使这个话题根本没有任何的理性讨论空间，提到这个名字就都是火冒三丈的攻击谩骂。于是，谈论韩寒在网上成了一件非常危险的事，无论褒贬，无论说什么，都会被某方骂得体无完肤。

让公共话题处于"可讨论状态"

思想激荡的时代，每天舆论场都会生产出无数话题，持各种价值、各种立场、各种利益的人喋喋不休地争论着，从官员财产公示到大学老师该怎样讲课，从带鱼能否养殖到什么是真正爱国，舆论场充满四溅的口水和看起来颇激烈的"斗争"。口水和争论不可怕，真理越辩越明，哪怕辩不出一个有共识的结论，讨论过程中各方的充分表达就足够了。令人担心的是，有些时候，在有些话题上并没有形成真正有来有往、各抒己见、增进公共理性的讨论，而是互扔标签，进一步强化彼此分歧，把各方观点推向极端的对骂，甚至在上纲上线中将本来可以讨论的话题给敏感化了，变成了不可讨论的敏感话题。

形成共识对于公共讨论可能是一件很奢侈的事，说服一个人太难了。一个人可能永远都说服不了另一个人，在我看来，作为过程的"讨论"远比作为结果的"说服"更重要，可以没结论，但要有"可以讨论"的氛围，不能聊都没法聊，上来就以话语暴力大打出手，有必要让公共话题处于"可讨论状态"。所谓"可讨论状态"，其实就是和而不同，认同双方观点存在分歧，分歧需要通过讨论去澄清，而不是你死我活不共戴天，把不同观点者看成"亡我之心不死"的敌人，那就没法一起愉快地玩耍了。

从近来教育部长的讲话引发的争议，到"求是网"一篇网评触发的风波，都能看出让公共话题处于"可讨论状态"是多么重要。当观点之争上升到群架式的"围攻"时，舆论场就退化到"不可讨论"的对立状态。三种恶劣的文风导致一些话题陷入不可讨论状态。

其一是挥舞道德或政治大棒乱贴标签，没有讨论问题的姿态，上来就站队——你是敌人还是朋友，你是我派还是敌派，你是"公知""五毛"还是"自干五"？标签化就是简单化，贴上了一个标签，已经赋予了对方一个符号，根据这个符号去做出价值判断，而根本不看别人到底说了什么、观点中有没有可取之处、所言是否合事实逻辑。比如，当给对方贴了一个"公知"或"五毛"的标签后，就表达了一种"拒绝跟你交流"的封闭姿态：你是逢美必赞的"臭公知"，你是只为政府说话的"五毛"，有什么好跟你交流的？——根本无视别人观点中可能合理的部分，而是根据这个标签去联想出无数负面的符号，在想象中进行一场"大战敌人"的斗争。

标签总是成双成对，"公知"与"五毛"就是在互贴标签中报复性出现的。标签只能换来标签，谩骂只能换来对骂，结果就陷入了"不可讨论"的标签战状态。

其二是用泛政治化的政治正确和僵化教条压死人。一些人动不动就把"砸锅党""推墙派"之类大帽子戴在别人头上，动不动就拿"姓资姓社"的政治棒子打人。甚至连作为市场现象的"倒奶"，都要区分出"社会主义倒奶"和"资本主义倒奶"的本质不同。把普通的观点问题上升到政治问题，没法进行讨论，因为有一个"反动"的政治陷阱在等着你，开口就可能被上纲上线。很多问题都涉及政治，需要讲政治，但不能把任何问题都用泛政治化的眼光去衡量，用僵化教条的尺度去审度，以真理自居，用标准答案去分析，那就没有讨论空间了。

泛政治化的思维也将一些本可以讨论的问题变成了"敏感问题"。说观点的对错，还可以商榷，但如果上升到认同这观点的就是社会主义，反对的话就是资产阶级，等于给讨论的嘴贴了一个封条——这个问题不用讨论，不能讨论，这是讨论的禁区。

最后一种病态表现为思维的封闭，根本就不给别人说话的机会，也没有可能被别人说服的心理准备,而只想表达自己的观点,只想强制灌输到别人的脑子里。只能我说,对方得闭嘴。"别说,别说,我就是不听。快闭嘴,我们在讨论民主问题"——这就变成了各说各话、自言自语,是两人独白而不是对话,两个舆论场就是这么形成的。貌似激烈的"斗争",其实不过是不在同一逻辑层次和事实语境中的立场自我强化。

弥合社会裂痕,增强社会话题的共识度,首先得让话题处于"可讨论状态"。

(新浪观察家专栏2015年2月7日)

公共论争中的"棍棒文风"当休矣

前些天发了一条微博,谈某些媒体的文风问题,引起了很多同行和网友的共鸣。我在这条微博里说:"一些媒体的评论,说话为什么那么恶狠狠的?这样很不好。评论需以事实、逻辑和理性去说服人,有理不在声高和语狠,不是用恶狠狠的口号去压人,不是挥舞意识形态大棒去打人。将领导内部训话的那套凶巴巴的语态拿到网络舆论场上,可能只会招致反感,越狠效果越适得其反。笔杆评论的穿透力在于逻辑理性,还是别用枪杆思维来写评论。"

这番感慨是源于近来对一些评论的读后感,光看标题就让人感觉不寒而栗,什么"不许历史虚无主义毒箭射向先烈""防止别有用心之人暗中夺权",还有动不动就给别人贴上"反党反社会主义"的大帽子。杀气腾腾,充满戾气,让人想起"文革"期间经常看到的大标语:"敌对势力亡我之心不死。"这些文章也许确实提出了一些值得警惕的思想问题,也有一定的现实针对性,但上纲上线的"棍棒文风"让人很反感。先别说内容,标题就拒读者,尤其是年轻读者于千里之外,一阵令人生厌的"极左"之风呛面而来,唤醒了民众对"文革"思维的深痛记忆,谁还会再去认真读文章的内容?

评论是一种说理的文体,不是喊口号,不是打棍子。评论的观点是需要论证的,这是评论与网络跟帖拉开距离的一个特点,要用事实和逻辑说服人。我给学生上评论课时开过一个玩笑——泼妇只能骂人是蠢货,评论会通过材料翔实地论证,让读者得出结论,那就是一个不折不扣的蠢货——这就是评论讲理和泼妇骂街的区别。永远不能把评论降低到网帖骂街的层次。

人们常习惯于将评论和杂文定位为"投枪匕首",要犀利尖锐,要直接"插向敌人的胸膛"。在战争年代,这样来理解和定位评论与杂文也许可以,评论和杂文这种批判的武器需要承担特别的功能。但在今天这个和平时代,在舆论场中讨论公共话题时,需要弱化和淡化"投枪匕首"的功能,去除杂文评论的战争语态。敌人在哪里?谁是敌人?如果已经将论争的对象定义为需要在肉体和精神上消灭的敌人,那就没有讨论和讲理的可能了。

我们的身边哪里有那么多"敌对势力"?前段时间著名社会学家孙立平谈了一个观点,很有价值,他说:"最近一段时间,诸如'敌对势力'这样的提法越来越多,敌情观念越来越强。能不能起作用?真的能。心理学有个概念叫'自证预言',简单说,你本来不是这样,但别人老说你是这样,说不定你就真的成了这样。在社会中制造敌意,最后,敌意可能真的如期而至。"——确实,我们不能总是图"棍棒横扫一切牛鬼蛇神"的文字快感,在舆论上为自己制造敌人。评论需要用文字去说服,而不是打倒。

没有逻辑的"棍棒文字",听起来轰轰烈烈,很有气势,其实不堪一击,因为脱离这个时代的语境和语态而成为被围观的笑柄。这种"棍棒文字"听起来很有自信,其实恰恰是缺乏自信的表现。有理不在声高语狠,只有没事实和逻辑自信的人,才会用恶狠狠的语言和空洞的口号掩饰道理上的苍白。

这种"棍棒文风",一方面只能在社会中制造对立情绪,根本说服不了谁。过去那种靠"两报一刊"式的口号就想振臂一呼应者云集的时代已经过去了,在这个时代,人们只认道理,只认逻辑,只认你说的是不是事实。你不讲道理,想生硬地用"只许我说,不让你说"的话语霸权,把口号往人脑子里灌,只能激起抵触反感。这种"棍棒文风",不仅说服不了论争的对方,更会把本来中立的围观者推向对立面。评论本来是为了在讲理中凝聚社会共识,寻求最大公约数的,结果反而撕裂了社会情感。另一方面,这种"棍棒文风"也让人不敢说话了,别人一开口就给人贴上"推墙派""砸锅党""反党反社会主义"的标签,谁还敢说话?别以为没人说话,舆论一律就没事,舆论失去听取不同声音的减压阀之后,社会会隐藏着更大的危机。《人民日报》曾发评论说:"宁要微词,不要危机。"讲的也是这个道理。

(《晶报》2015年1月27日)

谈论韩寒是一件很危险的事

前几天《中国青年报》"文化周刊"发了一篇题为《天才韩寒是当代文坛的最大丑闻》，像炸弹一样扔进舆论场，引发了一场网络狂欢。很多人把矛头指向这篇文章的作者及发表此文的媒体，认为此文完全是"文革"批斗语言和"棍棒文风"，不讲理，充满攻击漫骂。而媒体发表这样的"倒韩"评论，背后肯定有阴谋——有人说这是自我炒作，有人说是官方授意，还有人说发这样的文章是为了刻意引发争议，从而转移对其他热点新闻的视线。

这些分析，纯属瞎扯，这世界哪里有那么多的阴谋。根本没有哪个"官方"在背后授意，就是编辑的偏好，选了一位作者的自由来稿，并不代表媒体的立场。对韩寒，不同的人有不同的观点，事实上，在这篇评论引发舆论争议后，《中国青年报》当天就刊发了另一位学者的来信，批评那篇文章的文风和观点。

很多人把矛头指向了此文的文风，认为是大字报式的"文革文风"。现在"文革文风"已经成为一根打人的棍子，不喜欢别人的观点和批评，就给对方贴个"文革文风"的标签。虽然我也不喜欢这篇评论的文风，也认为他的论证非常牵强，情绪多于理性，帽子多于论证，偏激且霸道，如果我是编辑，肯定不会让这样的文章上版。但文章语言和文风本就是见仁见智的事，并没有一个统一的标准，真理越辩越明，也有读者支持此文的观点。媒体刊发了观点相异的评论，孰是孰非，交由读者去评判。

我很反感"文革"式的"棍棒文风",同时也一样反感以"文革"语言暴力去攻击所谓的"文革文风"。一些人似乎已经失去了好好说话的能力,习惯于用我们所反感的批评对象的那种语态去污染网络,骂别人不讲理,用的是更不讲理的语言和逻辑。最后,对韩寒的讨论完全变成了一场隔空的暴力撕咬,让本就充满戾气的舆论场变得更加脏。事实上,网络上很多人对那篇评论以及媒体的攻击,语言之肮脏狠毒,逻辑之无理取闹,比那篇文章厉害百倍千倍。这些人以自己的语言和逻辑,现身说法证明"文革"并没有走太远,"文革"的毒素不断寻找着机会去爆发。

事实上,很多人之所攻击这篇评论,并不在于文章本身的语言,而在于作者是一个坚定的"倒韩派",而这篇文章的"倒韩"观点又是那么的彻底和尖锐。韩寒作为文化名人和青年偶像,在网络上拥有一大批拥趸,形成坚定的"拥韩派"。"拥韩派"与"倒韩派"在网络上势同水火,每天都争得口水横飞,不可开交。这种支持和反对已经进入极端的脑残状态,很多都是盲目的,完全没有基本的是非,不问真假和对错,对真相不感兴趣,只是站队。对"拥韩派"来说,只要谁敢批评韩寒,就是自己的敌人,不管你说的有没有道理,必然群起而喷之殴之。而对那些极端"倒韩派"来说,所有"挺韩言论"在他们看来都非常脑残,必须狠打。

这种激烈的对立和脑残式的追捧与棒打,最终使"韩寒"这个名字在网上成了一个火药桶,只要提起这个名字,必然会引发激烈争论。"脑残粉"和"脑残黑"的极端对立,使这个话题根本没有任何的理性讨论空间,因为一提到这个名字就都是火冒三丈的攻击漫骂。于是,谈论韩寒在网上成了一件非常危险的事,无论褒贬,无论说什么,都会被某方骂得体无完肤。

不仅"韩寒"这个名字被网络"自我敏感化"了,脑残式的站队已经把很多名字变成了不能提的敏感词,一提起必然激起情绪化的口水混战。提起方舟子,必然是对骂;提起郭敬明,必然是两方"群殴";提起"日本",也必然是情绪化的攻击。所以,熟悉网络的人,对这些名字以及相关话题会非常谨慎，不敢介入，不敢谈起，不敢表态，避免激起无谓的争端和惹一身臊。在自我敏感化的沉默螺旋中，只剩下一地鸡毛、满屏口水。

前段时间看完《后会无期》后，失望的我立刻发微博批评这是一部烂片。刚发完微博，立刻收到朋友善意的提醒："天啦，你竟然敢这么说，不怕被'韩粉'骂死吗？一大波'韩粉'正向你袭来。"果然，后来受到无数脑残粉的攻击，幸好我的内心足够强大，见惯了脑残粉的这种"群殴"表演，害怕被喷就别当评论员了。《中国青年报》的这篇评论之所以引发狂欢，正在于触碰了"韩寒"这个被网络自我敏感化的话题。编辑也许对舆论江湖的恶劣缺乏充分的了解，掉进了"韩寒"话题这个危险的陷阱。

（《晶报》2014 年 8 月 27 日）

中国人为什么这么喜欢"抢"

这几天感冒,去医院看医生。挂号后坐着等护士叫号,可环境让你没法淡定地坐着等,因为前面一堆人站着。一堆还没有到号的人围着医生,也不知道有什么好看的,让医生根本无法安心看病。更重要的是,这种围观打乱了医院里的秩序,后面按规则坐着等号的人,会非常焦虑,担心围着医生的那些人会插队,于是只好也都起身围过去,现场就更乱了。本来如果大家都讲规则,会很有秩序,但出现不讲规则的人后,就乱套了,从医生到病人都很暴躁焦虑。

正在看病的人很焦虑,觉得自己的隐私被围观者侵犯了;医生很焦虑,因为旁边不断有人打扰;后面排队的人更焦虑,总担心前面围着医生的人随时想插队。其实根本没必要"围着医生",因为电脑会像银行那样"排序叫号",不可能围在医生旁边就可以插队。

当我把这个抱怨发在微博后,没想到引发了一场热烈的讨论,很多人对此都深有体会并深恶痛绝,我的抱怨唤起了很多人的这种痛苦的医院体验。其实不仅医院如此,很多公共场所秩序的混乱,都源于这种"抢"。

很多人会习惯性去"抢",虽然这种"抢"实际根本没有必要。比如,乘飞机登机有什么好抢呢?乘客上完了飞机才会关舱门起飞,又不会谁先上就让谁先走,可大家都在抢着登机,完全置检票员"后排乘客"先登机的提醒不顾。还有,下飞机有什么好抢的,过道那么窄,飞机一落,立刻起身拿行李抢着下飞机,机舱立刻乱成一锅粥。上火车也是如此,其实,提前半小时左右检票,时间充裕得很,对号入座,有什么好抢的,可很少有车站检票进口不混乱的,人人如逃荒一般抢着挤进,仿佛迟一点就赶不上火车了。

甚至有朋友说,很多人到幼儿园接孩子,也要抢。到放学时间,幼儿园门前人山人海,抢着站在前面第一排,这又有什么好抢的呢?自家孩子别人又抢不走。其实没什么好抢的,就是习惯使然,什么都抢。大家都在抢,自己也得抢,仿佛不抢会失去什么一样。"抢"成了一种文化,成了一种融入血液和肌体的根深蒂固的生活方式。

所以,条件反射般地去"抢",首先是历史上的资源和物质匮乏所形成的国民性,穷怕了缺怕了,这种惯性已经融入到文化基因中。人都会有老的那一天,我并没有年龄歧视,但可以看到的是,公共场所中爱抢的,往往都是上了年纪的人,超市抢购、放学接孩子、医院围在医生旁边的,很多都是老人。这可能是他们那个年代物质匮乏的后遗症、饥荒年代的记忆,担心晚到了就被抢没了。我爷爷奶奶那一辈,物质极度匮乏,吃大锅饭,排在前面的可以吃到稍稠点儿的稀饭,排到后面就没东西了,清可照人的稀饭里只有几颗米粒儿。习惯了抢,虽然如今物质丰裕,但还是条件反射般地去抢,不为什么,只为心安。

再者就是对规则缺乏尊重。对破坏规则有一种刻骨的恐惧,规则一直没有在社会生活中主导过人们的行为,相反,潜规则、隐规则主导着社会,比的是拳头、关系、机巧和钻漏洞。现在突然要按规则办事了,人们总担心有人不守规则,有人会插队,有人会走后门,缺乏遵守规则的自信,无论如何都往前排挤,这就导致后面的人更焦虑,于是就没规则了。规则被打乱,不是去完善规则、坚守规则,惩罚破坏规则的人,而是自己也去钻规则的漏洞。

还有就是缺乏公共意识的自私。其实,每个习惯"抢"的人,总能为自己找到一点理由,比如坐飞机时抢登机的人,是担心行李架太小,登机晚了没地儿放行李了,或者是为了早登机早坐下。接孩子抢排在前面的人,是因为等得太久了，想早点接到孩子。下飞机抢在前面的人，是想赶时间早回家。我们为了自己的这一点便利，可以完全不顾规则，不顾破坏秩序而给别人带来的不利。为了自身那点小利，而不顾别人之利，不顾社会秩序和公共利益之大利。

中国人多，人与人之间对资源有着很强的竞争心态，这种"基本面"也加剧了见什么都抢的习惯。

上周在北戴河火车站，退票窗口排了长长的队伍，业务办得非常慢，一群人扎在窗口插队，都说"我的车快开了，麻烦让我先办一下"。都插队，导致后面排队的人很焦虑。后排一位排了半小时的大爷实在火了，到前面挡住插队者，谁插也不行。一大姐快跪下了："车真快开了，孩子在外等着我。"可后面齐声说："绝不让插队。"我问火车站管理者，为什么不专门开一个应急窗口，他为难地说："如果开了这个专门针对急客的窗口，必然有很多人都围过来假装急客要求优先退票，真正着急的人还是享受不到优先。"无解。

(《晶报》2014年8月19日)

"他肯定得罪谁了"背后的斗争思维

导演王全安嫖娼被抓,当仁不让地立刻成为网络头条新闻,成为网友热评的焦点。令人诧异的是,有些人并没有惊诧于一个家有娇妻的名导演竟然去嫖娼,或者去谴责嫖娼行为,而是意味深长猜测议论"他肯定是得罪谁了"——如果没有得罪谁的话,在小区嫖娼这么隐秘的事,怎么会被群众知晓举报并被警方抓住呢?

"他肯定得罪谁了",这话人们听得太多了,非常熟悉,已经成为很多人的口头禅。一有名人被抓,很多人不是首先去问这人到底违了什么法,为什么被抓,而是条件反射地先说"他肯定得罪谁了"。黄海波因嫖娼被抓时,网上最多的评论是"他肯定得罪谁了";某演员吸毒被抓时,铺天盖地的跟帖也都是"肯定得罪谁了"。记者被抓,媒体被调查,"肯定得罪谁了"的声音也是甚嚣尘上。企业传出丑闻,老板受到追究,"肯定得罪谁了"的想象更是弥漫网络。

为什么就不相信他们是因为违反了法律而受到追究,却相信"肯定是得罪谁了"?为什么习惯性地将本来非常单纯和简单的法律问题复杂化?这种条件反射般的公众反应很耐人寻味。

反腐败赢得高度认同,但一些人面对反腐风暴时,也是这种思维。哪个高官落马了,坊间也都会传播着多个"他肯定得罪谁了"的阴谋论版本。判断的逻辑是:都坐到这个高位了,竟然还被反腐败,肯定是得罪谁了,必然是对手整他。在这种思维下，反腐败被当成了政治运动或斗争。近来，最高人民检察院副检察长邱学强在《学习时报》上的文章谈到了这种论调，一些媒体和网络上推出了所谓"运动风暴论"，持此种观点者认为，十八大以来的反腐主要是因政治需要而发动的政治运动，是新一届中央领导集体释放执政理念、赢得群众支持的权宜之计，等到群众的积怨平息了，政局稳定了，反腐败运动就会自然"降温"。邱学强反驳了这种观点，认为这一观点是对当下反腐败斗争性质的误读，是对反腐败基本方式的误解。

"肯定是得罪谁了"的习惯性想象，深深地浸染着阴谋论的盲疑思维，背后是对法律根深蒂固的不信任，是"信阴谋不信法"的深刻体现。中国人在过去很长一段时间中，都生活在人治思维下——不是制度之下的治理，而依赖于某个人的意志，有人凌驾于制度和规则之上操纵、玩弄着规则。"顺我者昌，逆我者亡"，听这个人的话，就有牛奶面包，不听话就会找个借口收拾你。制度只是个人手中的橡皮泥，想捏成什么样子就捏成啥样，想怎么整人就怎么整人。人治之下，虽然惩罚也是依据某个"规定"，可那个"规定"不过是人选择性整人的工具。

"他肯定得罪谁了"——这个"谁"是关键，它预设着背后有一个掌握着强大权力的人主导着一切。而法治时代应有的口头禅应该是"他违了什么法了"。

人们对那个时代的人治思维有着深刻的记忆和恐惧，养成了"某个人受到惩罚肯定是得罪谁了"的刻板判断。人治思维下，必然是"人斗"心态（人与人之间的斗争），再加上政治的不透明和信息的不对称，促使人们很容易将惩罚想象成一场整人、斗人的阴谋。虽然中国正努力建设法治社会，致力于推进法治至上，可因为人治思维太符合一些人的思考惰性，法治也还没有真正地树立自己的权威，一事当前，"肯定是得罪谁了"的判断首先涌现。

十八届四中全会将研究依法治国，如果贯彻到实践中，将极大地增加公众的法治自信。要消除"肯定是得罪谁了"的焦虑，需要提升法律的权威，增加人们守法的自信，也需要矫正弥漫于人心的习惯。想象出一个复杂的阴谋论，永远比骨感的事实更有诱惑力。从人治迈进法治时代，需要将公权力关进笼子，也需要大众尊重事实和法律，尊重依据事实和法律程序做出的裁决，不要什么都往阴谋和斗争上想。对于依法做出的裁决，不要总臆想出"顺我者昌，逆我者嫖娼"之类的受迫害逻辑，把嫖客或贪官描绘成一个被体制迫害的倒霉蛋和斗争的牺牲品。

（《中国青年报》2014年9月18日）

"已经很不错了"中的底线失守

中国网络上有一句流行的口头禅,叫"已经很不错了"。

厦门大学校长被该校一位副教授炮轰在校园食堂耍特权,普通教工没好菜吃,校长来了,食堂员工立刻端上好菜。当很多人批评大学校园中的行政和校长的官僚气时,有人立刻说:"这位校长没去豪华酒店胡吃海塞,还能到食堂去吃饭,已经很不错了。"

上海一家国有旅行企业的党办主任被人拍到在地铁上骚扰女性,两次用手摸女孩的腿部,有视频有真相,没法抵赖。当网友都在批评这个色狼的猥琐行为时,有人站出来替他辩护:"一个国企的党办主任,还能坐地铁上下班,已经很不错了。"

贪官落马,被曝贪了数千万,在人人喊打的声音中,也有辩护的声音:"这人虽然很贪,但收钱了还能办事,虽然贪了,还是为百姓做了一些实事,已经很不错了。"明星嫖娼被抓,被公众嘲讽时,也有声音为其辩护:"明星不去潜规则女学生,不去玩女演员,不去玩未成年少女,花自己的钱满足自己的生理需要,已经很不错了。"一个处级官员才贪90万,已经很不错了;小偷偷走钱包,拿走了钱,还能把身份证留下,已经很不错了;商人卖的虽然是假药,假药虽然对治病没用,却没把人毒死,已经很不错了。

一个个"已经很不错了",从坏事中品出好事,让人感觉非常刺耳,让人看到世风日下,更看到"比烂逻辑"在日常生活中的大行其道。人们说"已经很不错了",并不是赞同某种罪恶,而是觉得生活中还有更坏的,相比那些更坏的,已经算不错了。在道德沉沦的背景下,人们习惯了把"次坏的"跟"最坏的"比,而不会跟好的比。这种"比烂逻辑"的背后,是社会底线的失守。

道德底线不断下沉,下沉到让人瞠目结舌,很多罪恶让人无法想象。看看这些新闻就知道底线已经退到何种退无可退的地步了:公安部公布数起肉制品犯罪案,竟有丧尽天良者用老鼠肉加明胶冒充牛羊肉售往各地,这些老鼠肉未经任何检验检疫,这种冒充不仅是谋财,更是害命了。河北省平山县两河乡两河村的两所幼儿园因生源问题产生矛盾,一家幼儿园负责人伙同他人用注射器将毒鼠强注射到酸奶中,导致两名女童误食死亡。

我们的社会每天都曝出很多常人不可理喻的疯狂事件,也许仅仅是因为宿舍日常琐事中的口角,就能生出杀心,投毒将另一个人毒死;偷车的时候发现车后座有一个小婴儿,也许仅仅因为觉得这个婴儿是个麻烦,就能残忍地将一个毫无反抗能力的婴儿掐死;开车撞了人,也许仅仅担心处理事故的麻烦,就倒车回来将被撞的人碾死,没死就再碾一次。

比这些极端罪恶更可怕的是,人们对这些罪恶的麻木,很多人并没有在谴责罪恶中去做一个好人,而是从罪恶中找到了降低自己道德标准的堂皇借口。"我并不是最坏的,还有比这更坏的,相比之下我已经算不错了。"做坏事没了负疚感,因为总有更烂的在后面衬托。我们的社会之所以在一次次对罪恶的谴责中没有变好,而是变坏,就在于"比烂逻辑"的逆向刺激,极端罪恶不断拉低人们的道德底线,每一次对冷漠和罪恶的声讨,反而加剧、渲染着社会的冷漠和罪恶,人心变得更加冷酷、无情。

社会的道德重建、人心的拯救,需要从"已经很不错了"的"比烂逻辑"中走出来。罪恶就是罪恶,永远不要找更恶的作垫背。

(新浪观察家专栏2014年6月14日)

"生活作风问题"的污名效应

一个朋友近来很郁闷,他跟我抱怨,在单位被人举报"生活作风问题"了。他的上级和同事们都收到了一封匿名举报信,称他与多名女下级和女同事有不正当男女关系。"都是无中生有的捏造,不知道谁写的,又不好去辩护和澄清。"他感到非常委屈。我问他:"向你祝贺,你是不是要升职了?"他说:"是啊。"呵呵,难怪呢!举报信与升迁如影随形,这是中国特色的单位文化的一部分。

我跟他开玩笑说:"哥儿们,有'生活作风问题'是需要资格的,你终于混到被别人举报'生活作风问题'的资格和资历了。"

玩笑归玩笑,但理解朋友的郁闷,在过去,"生活作风问题"对一个人的声誉基本是致命的武器。十几二十年前,在"生活作风问题"上攻击一个人,对其公众形象的损害绝对是毁灭性的,没有什么比"私生活上泼污水"更有毁人的效果了。如果被贴上"破鞋""出轨""偷情""嫖娼"的标签,一个人这辈子在社会上基本就抬不起头来了,会一辈子被人戳脊梁骨。一方面,这最能激起闲人们的围观狂欢,无论有没有,只要传言你跟这事儿扯上了关系,你就会成为大家七嘴八舌的议论对象,坏名声立刻传开,别人才不管真假,这是多么好的谈资。长舌妇嚼舌头最爱嚼的就是这种事情了。

另一方面,在一个以儒家伦理作为主导价值观的社会,"私德"是压倒一切的评价,你职位低、能力差、人品不好没事,但如果"生活作风"有问题,在道德上基本就被判了死刑，每个人在你面前都会产生一种道德优越感，单位和居委会"大妈"们盯着你看的犀利眼神，会让你觉得无地自容、生不如死。

所以，在中国特色的"整人文化"中，想将一个对手置于死地，想毁掉一个人，最恶毒的方式就是写这种匿名举报信，往人身上泼"生活作风问题"的污水，追求那种"虽查无实据但能将你恶心死"的桃色效应。

这种效应也被用到了官场权力斗争中。官场中如果要整一个对手，说这个人贪了多少钱，公众可能根本不会当回事，只会感慨"哪有当官不贪的"，甚至将"有得贪"当做一种本事。说一个官员"不作为"，某个决策造成了多少损失，基本没人关注。可是说一个官员包二奶、养情人，或者嫖娼，就会产生爆炸性的结果，产生桃色效应和剧场效果，引发集体围观。如果再有一点不雅视频或性事日记，公众的眼球就更惊爆了。所以网友曝光官员的贪腐也是深谙此道，很多都是以情色之事为"引子"去吸引公众关注，以性事将舆论目光吸引到这个官员身上，再去扒他的其他腐败。

当然，在党纪中，"生活作风问题"也是严重问题，一般官员落马时，都会带上一句"道德败坏，与多名女性保持不正当关系"。贪腐，那是在法律上将贪官打倒，而"生活作风问题"，则是在道德形象上将这个官员批臭。

不过，随着社会价值观的多元和观念的进步，"生活作风问题"不再像过去那样能够压死人了。一方面是人们不再把"生活作风问题"太当回事，虽然人们仍然批评对婚姻的不忠诚，但对于包二奶、养情妇、肉体出轨、嫖娼之类的行为不像过去那样深恶痛绝，而是见惯不怪。另一方面，人们的隐私意识大为增强，人们会觉得这是别人的私事，过度关注别人的私事是很不礼貌的。在社会交往中，人们更看重一个人的能力和素养，而不太关注与工作无关的私德问题。公德归公德，工作归工作，私德归私德，分得很开。再就是，人们反感那种借"生活作风问题"将别人声誉搞臭的龌龊行为，痛恨那些把眼睛伸到别人的床上并借机实现龌龊目的的阴暗和猥琐人格。

虽然拿"生活作风问题"说事的单位文化还在,但已经压不死人了,这或许是看得见的进步。

(新浪观察家专栏 2014 年 7 月 14 日)

从《人民日报》的逻辑硬伤谈谈逻辑

《人民日报》今天刊登了一篇评论,大意是谈"拉平退休待遇将对公务员产生新的不公"。该报谈此观点并非偶发随感,而是有起承转合的。该报前天所发的"海外公务员退休待遇比普通人高"的调查,应该是为这篇评论的观点作铺垫。这种旗帜鲜明地站在公务员立场的观点,还有"公务员是国家公职人员,掌握并行使公共权力。养老待遇差了,队伍可不好带,积极性和清廉度都会受影响"之类的表述,自然引发了公众巨大的不满,网上一片吐槽之声。我觉得《人民日报》这篇评论的最大问题倒不在立场、表述和价值观,而在于明显的逻辑谬误。

这个明显的逻辑硬伤叫"稻草人谬误"。所谓"稻草人谬误",也即"假想敌",这样的谬误常常出现在观点交锋中——设立一个根本不存在的靶子进行批判。对手的观点明明是A,可为了自己批评的方便,或偷换话题,将对手的观点推向某个极端或贴上某个标签,说成是B,然后对着B观点这个稻草人大加批评。

《人民日报》这篇评论称,一般来说,能考上公务员的,文化程度较高,读书时间长、教育投资大。非要让公务员的养老金和蓝领工人水平一样,对寒窗苦读十几载的公务员来说,是否也不公平?于是得出结论,在养老金待遇上不能搞简单的"一刀切",如果要一味拉平公务员与企业职工的退休待遇,以"平均主义"偷换"公平"的概念,将会对公务员产生新的不公。

这显然是设了一个稻草人，叫"平均主义"。从那个大锅饭时代中走出来后，其实"平均主义"已经完全成为一个贬义词，社会已经有了基本共识：要公平，不要平均。在养老金改革问题上，并没有人寄望于平均主义，将公务员的养老金拉到和蓝领工人一样的水平。公众对养老金改革的期待是去除双轨制，是并轨。人们并不是患不均，而是患不公，公务员是一套制度，企业职工是另一套制度。前者财政出钱，不用自掏腰包；后者财政不出钱，由企业和个人分担。两者在这个双轨的制度基础上，养老金差一大截。人们是期待破除双轨而并轨，而不是希望平均主义跟公务员一样高。"并轨"与"平均"是完全不同的两个概念，在同一轨之下，根据能力、贡献和所缴费用，拿到的养老金是不一样的，而不是根据身份。公务员能力、贡献和缴费多，养老金完全会比蓝领高。

你看，用"平均主义"偷换了"并轨"概念，对着"平均主义"这个稻草人大加鞭挞，以反对"平均主义"的理由去阻碍养老金的并轨，以反"平均主义"的矛去戳反"双轨制"的盾，完全错位了。

我不想批驳《人民日报》的观点，因为这个观点错得太简单了，不值一驳。只想谈谈逻辑谬误，类似的逻辑谬误在我们的主流媒体和网络舆论场中很是常见，似是而非，很有欺骗性。

比如，还有一种常犯的逻辑谬误叫"假性因果"，就是将没有因果关联的两件事生拉硬扯上关系，很多事情只有时间上的先后关系，但我们习惯将先发生的当原因，后发生的当结果；或者其间的逻辑链条太长，长得完全没了关系，但我们习惯屏蔽其间长长的逻辑链条而直接扯上关系。比如，前几天在某都市报看到一条新闻，标题叫"情侣买不起房相约殉情 女子死亡男子获刑"。

你看，标题预设了一个直接的逻辑关系：因为买不起房，所以相约殉情。新闻是这样描述的："在广州，有一对年轻的情侣爱得死去活来。可是因买不起房，女方父母不同意。于是这对情侣相约一起自杀，两人拿刀互捅又打开了煤气。结果，女子死了男子活了下来。法院以故意杀人罪判男子13年有期徒刑。而女方的父母希望判男子死刑。"

新闻标题所预设的逻辑诱导，加上新闻的描述，人们很容易顺着这个逻辑将矛头指向当下的高房价，认为是高房价逼出的悲剧，然后去控诉高房价。网上的跟帖确实都习惯性地把高房价当成了靶子。可是，细看这起悲剧中的因果关系，是高房价导致殉情自杀的吗？不是，是两个极端人格的相遇导致的悲剧，不能把账算到高房价上。

有人会说，高房价起码可以算是一个间接诱因。高房价让年轻人买不起房，然后丈母娘没房不同意结婚，可两人又爱得很深，于是相约自杀。怎能说高房价不是原因呢？差矣，从逻辑上讲，原因的原因的原因的原因，它就不是原因了。这世界很小，再陌生的人，通过几个人的关系网，总能扯上关系。逻辑也是如此，再不相关的两件事物，通过长长的逻辑链条总能扯上关联。网上有篇"史上最牛的小学生作文"，甚至能从"我不好好学习"，经由长长的逻辑链条后推出"人类就会毁灭"。我们常常会被这样的假性因果所误导，比如"多难兴邦"，还有"报复社会"的逻辑的病态。

还有一种常犯的逻辑谬误，叫"个案统计"，也就是将结论建立在罗列极端个案的基础上，而没有科学的统计。前几天看到"中国之声"的官方微博转了一篇心灵鸡汤帖，鼓励那些将要参加考试的人："(两份名单) 1. 傅以渐、王式丹、毕沅、林召棠、王云锦、刘子壮、陈沆、刘春霖；2. 李渔、顾炎武、金圣叹、黄宗羲、吴敬梓、蒲松龄、洪秀全、袁世凯。第一份名单你知道多少？第二份名单你不知道哪个？第一份名单全是清朝的科举状元，第二份全是当年的落第秀才。送给即将参加考试的你。"

很显然，这篇鸡汤是想通过这"两份名单"鼓励考生，别把考试太当回事，考不上也能成材，甚至更能成材。唉，真不想打翻这碗心灵鸡汤，但太不合逻辑了，不能用错误的逻辑误导年轻人。这两份名单都是个案。其实，清朝的科举状元中是有很多名人的，比如咸丰六年的状元翁同龢、光绪元年的状元张謇，都是名人，而第一份名单只选择了相对陌生的面孔。再看另一份名单，似乎都是名人，但不能得出"落榜更能成材"的结论，科举每年落榜无数，无数人中当然能出几个名人，但绝大多数都被历史淹没了。考上比考不上更能成材，这是规律。个案统计的逻辑谬误，只会误导社会和公众得出"读书无用论"的谬论。

"个案统计"和"假性因果"之谬误谬到一定程度，就容易迷信了，比如一份著名的右派报纸曾经刊文称："信自由，娃聪明；信自由，得长寿。"它们的论据是："科斯，享年103岁，在自由主义学者的长寿单上创造了新纪录。米瑟斯，92岁；哈耶克，92岁；以赛亚·伯林，88岁；波普尔，92岁；布坎南，93岁；阿尔钦，98岁。"信自由，得长寿。可这些难道不是个案吗？信自由而早死的大有人在，而且，长寿跟什么样的价值信仰有因果关系吗？

虚假两难也是常犯的逻辑谬误，即营造了一个虚假的两难困境，其实根本不存在两难，而可以有多元的选择。有人经常说："不能只要民主，而不要发展；只要自由，而不要稳定。"可是，为什么民主和发展不能兼得呢？为什么要把自由与稳定对立呢？

(腾讯网大家专栏 2014 年 1 月 8 日)

从医生、记者到"公知"
——传统精英职业在中国的"下流化"

对当下中国舆情很敏锐的人,可以清晰地洞察到一个现象,昔日那些带着神圣光环的职业群体,都面临着巨大的形象危机,都被拖进了一个受到大众排斥和仇恨的舆论漩涡中。过去添加于其身上的神圣性已经被暴戾的大众击得粉碎,一个职业昔日越是被神圣化,今日越是被污名化和妖魔化。

这绝不是想象出来的伪问题,我说出以下这些职业,你就会认同我的判断了:医生、教师、知识分子、记者。

一

医生是最典型的。在过去,身为一名医生,这个身份是多么令人尊敬,这个职业是多么的体面。"白衣天使"是人们赋予这个职业的美誉,它背负着很多神圣的使命,这些使命使医生披着很多光环,并使他们成为社会的中上层。可是,这一切已经成为过去,从最新发生在浙江温岭的杀医事件以及由此引发的风波,可以看到医生的生存状态已经到了何等恶劣的地步。被社会仇恨,戴着头盔防医闹,医院需要警察入驻才能防范医生被殴打,被舆论骂成"白眼狼",神圣性已经荡然无存,而只剩下了敌意和屈辱。

然后是教师。医生是天使,教师是园丁,这是我们儿时常用的比喻,"园丁"的比喻就是一个神圣的光环,但如今这些比喻都已经成了嘲讽。不断曝光的丑闻，从性侵女童到体罚孩子，从唯利是图和贪得无厌的收礼到层出不穷的师德败坏新闻，已经使"教师"和"校长"成为贬义词。教师和学生的关系曾经是最和谐的关系之一，可如今也充满了强烈的敌意与对抗。

再就是知识分子。这个职业就更明显了，"专家"被称为"砖家"，"教授"成为"叫兽"，知识分子被称为"公知"，可以看得出舆论对这个群体的不满。知识分子和医生一样，身上也曾被赋予无数光环，传道授业解惑的期待，社会良心的期许，"为天地立心，为生民立命，为万世开太平"的责任，见证着这个职业的神圣性。可那都已经是过去，如今的舆论场中人们以骂专家为流行，以嘲讽教授为乐事，以"公知"作为骂人的标签。

最后是记者。记者也是一个被赋予了很多光环的职业，人们称之为"代言者"，喻之为"瞭望者"，尊之为"第四权力"，记者也自诩为无冕之王。可今年的记者节，记者们感受到了这种尊重吗？没有，尤其是一系列新闻敲诈案曝光后，本就被诟病的记者职业受到了进一步的嘲讽。"防火防盗防记者"，不仅是一些官方的态度，民间也对这个群体流露出这种敌意。"假新闻""有偿新闻""有偿不新闻"，将那些神圣的光环击得粉碎。

二

是什么使这些过去被神圣化的职业反被污名化？为什么越神圣化的职业，在今天反而越遭遇着被妖魔化的危机？

是现代化发展所导致的吗？马克思在《共产党宣言》中曾这样描述现代化的场景："一切固定的僵化的关系以及与之相适应的素被尊崇的观念和见解都被消除了，一切新形成的关系等不到固定下来就陈旧了。一切等级的和固定的东西都烟消云散了，一切神圣的东西都被亵渎了。"马歇尔·伯曼后来借用马克思这段话所写的《一切坚固的东西都烟消云散了》表达了同样的忧伤。职业身份在现代化中也经历了一个无可奈何的祛魅过程，传统的时代给医生、老师、记者、知识分子之类的职业赋予了太多神圣意义,而现代是一个世俗化的过程,这个世俗化的过程会无情地撕去添加在这些职业上的神圣光环,而回归一个普通的职业。

尤其是在市场化的进程中,这些曾受到尊崇的职业都已经成为"服务业"。上帝已死,教师不是上帝,医生不是上帝,知识分子不是上帝,客户才是上帝!人们不再以充满敬意的目光看待这些从业者,而是站在一个高高在上的消费者角度来看待这些提供"服务"的人:医生提供的服务能不能让患者满意,教师提供的服务能不能让学生满意,记者提供的信息服务能不能让读者满意。当神圣的崇敬被抽离而只剩下服务者与消费者的关系时,会产生一种报复性的反弹,具体表现就是这些职业在舆论中的污名化。

三

那么,是这些群体的道德滑坡导致社会不满吗?可能也有,因为这些职业被赋予了很多神圣职责,一旦这些行业曝出一些丑闻,人们会更加无法容忍。商人生产有毒食品,人们虽会感慨世风日下,但不至于捶胸顿足,因为人们对商人的道德本就没有过高的期待。但如果医生、教师、知识分子出了问题,哪怕只是极端个案,哪怕只是一句冷漠的话,人们都无法容忍。因为在那些神圣的光环下,人们对这些职业有较高的道德期待。

这个时代的道德生态确实出了问题,互相伤害,互相投毒,城市给农村生产假药、假酒,农村给城市提供农药蔬菜、催熟西瓜,做馒头的不吃自己做的馒头,建房子的不住自己建的房子。相比之下,客观来看,医生、教师、记者、知识分子还算是道德水平较高的群体,这些行业还有着较稳固的职业精神,失德是个别的,但因为人们对他们期待过高,这些职业给人的"相对堕落感"可能是最强烈的。

四

　　这些职业遭遇无情的污名化，还有一个很重要的原因，就是这个时代正在发生的权力转移。

　　医生、教师、记者、知识分子之类的群体之所以能在传统时代获得那么尊崇的地位，源于他们掌握着权力资源。医生掌握着对患者治疗的权力，教师垄断着传道的权力，记者手中握有话语权，知识分子则享受着文化阐释权和价值生产权。这几种职业掌控着大众从身体、文化再到精神世界的生活，那些神圣的意义，就是在这种"我主宰—你崇拜"的支配性权力中所生产出来的。

　　而互联网改变了一切，互联网带来的绝不仅仅是技术革命，而是社会深处的革命使权力发生了颠覆性的转移。大众从互联网上获得了一种翻身做主人的民主力量，他们利用多数人的身份所形成的民粹力量，成功地实现了权力的逆袭，将昔日那些戴着神圣光环的职业群体踩到了自己的脚下。这是一场自生自发的网络"文革"，每个网友可能都是革命"红小将"。

　　浏览中国的微博就可以发现，其中充斥着反智、反精英的狂欢情绪。这是一种现实空间与虚拟空间的互相强化和激发，当现实社会越是崇拜权力、游戏规则完全受强者和精英支配、贫富差距阶层撕裂时，虚拟空间便越会呈现出反智、反精英、反权贵的特性。人们在现实中受到挫折，会选择在虚拟的空间中赢得精神补偿，获得一种虚幻的愉悦感。与之对应的一个现实是，现实中如鱼得水的人物，那些被大众看成是强者、既得利益者的人，在互联网上往往会被拍得体无完肤；而在现实中并不如意的弱势者，在互联网上往往能获得一种道义上的优越感，并常常在各种虚幻的网络讨伐中大获全胜。

　　医生、教师、记者、知识分子们的遭遇就是如此，这些群体虽然拥有权力，但在互联网上人数并不占优；相反，他们相对应的另一方倒是人数占优，患者、学生、读者、受众，等等。在实际的权力关系上，医生相对于患者，有一种天然的优越感，教师对学生、记者对受众、知识阶层对大众也同样如此。在互联网上获得麦克风和话语权的大众，带着"弱者"和"受害者"的情绪，将他们想象中的、对象化的强者当成了敌人，进行着一次又一次自以为"正义"的讨伐。

（《晶报》2013年12月7日）

骂孩子和批教育是一件很容易上瘾的事

近日,一篇题为《江苏女教师监考中去世,中学生平静做题——冷血无知的考试机器何以造就?》的网帖在微信朋友圈被大量转发。该文称,这群初中生在目睹自己老师最后挣扎呻吟时,仍平静地做完题——矛头直指学生的冷血和教育的失败,引发激烈讨论。可据媒体调查发现,事实真相与传闻有较大出入,教师坐在教室后排监考,学生背对着老师,专注于考试,不知道背后的老师犯病,后来发现时就通知了隔壁班上的老师,孩子们没有错。

那天开编前会编辑报这个选题时,我就觉得这条新闻不太靠谱。其一,网文的描述太情绪化,充满感叹号、问号和"情绪远超事实"的激烈批判,我对这样的网文向来非常警惕。其二,只是一个自称学生家长的人的描述,他并不在现场,只是听别人说,没有其他目击者和知情者,"目睹老师挣扎呻吟""平静地做题"等都属于脑补,是想象而不是事实。其三,不太合常识,如果真目睹老师挣扎呻吟,可能会有学生会无动于衷,但那么多学生不可能没一个人站出来。

看过那么多反转新闻后,不得不对这种写满愤怒、洋溢着道德优越感、非常反常的单方描述充满警惕。果然,事实证明这又非事实,场景是脑补出来的,孩子们被冤枉了。所以我在给学生们做讲座时常这样提醒:往往是越不在场的人越容易形成强烈的判断,所以不在场的人一定要克制、谨慎和谦逊,克制那种不在场者的脑补冲动和道德审判冲动,排除那些情绪描述的干扰，倾听和尊重在场者的判断，先问事实再问是非，永远不要让评论跑在事实的前面。

先来看这篇网文的题目：《江苏女教师监考中去世，中学生平静做题——冷血无知的考试机器何以造就？》差不多具备了一篇火爆网文的所有元素：特殊场景下极其鲜明的反差和激烈的冲突，死亡让人惋惜，女教师的死亡尤其让人惋惜，而且是在监考中去世；可学生竟然没有施援和呼救，怕影响自己的考试发挥和成绩，"平静地"做完题。这种脑补就足以激起愤怒了，一个好老师，一群坏孩子，巨大反差下形成了一个可供道德批判的清晰矛头，而且对这种具体、可感的矛头的批判，还可以引向一个更容易激起共鸣共愤的、貌似很深刻的靶子：既有教育体制下那些眼中只有成绩而缺乏关怀的冷漠的考试机器。

这些元素叠加起来，很容易迅速激起网众强烈的愤怒感和批判欲，形成网络爆点。当情绪被调动起来后，真相对这些人来说就不重要了，他们需要的是一个像"冷血无知的考试机器"这样可供批判的抽象靶子，所谓"事实"不过是佐料而已。

从另外一个角度看，对于成年人占主流的网络舆论来说，骂孩子和批教育是一件很容易上瘾的事。网络上最容易激起共鸣的网文，可能就是这一类骂学生自私、批教育失败的文章了。为什么呢？因为骂学生和批教育可能是网络上最安全的事情，就拿这件事来说，那些正在考试的孩子们在网络舆论场上是缺席的——不管你怎么去抹黑和污蔑他们，无论你怎么歪曲事实，骂他们多么冷血，如何自私，是怎样的考试机器，他们都不会出来反驳和澄清。可以说，他们是网络舆论场上最软的柿子，有着年龄优势和话语优势的成年人，最喜欢批判年轻的新一代了：无知、自私、狭隘、冷血、懒惰、功利，不高兴的时候就把"90后""00后"们顶出来抡几下。

教育也是一个软柿子，批评其他话题可能有风险，但骂教育体制是挺安全的，批判高考和炮轰应试教育更有绝对的安全，骂得越狠，越有观众，也越显得自己很正义。于是，骂孩子批教育便很容易上瘾，《江苏女教师监考中去世，中学生平静做题——冷血无知的考试机器何以造就？》这一网帖正是火爆于此。

(《上海观察》2016年1月19日）

论证上的偷懒是这个时代最大的病 *

生在这个时代,可能会让少华有不幸感;这个时代有少华,可能是这个时代的幸运。

不幸在于,少华是一个崇拜理性的人,热爱讲理,而这却是一个不讲理的时代。讲理的人遭遇不讲理的时代,犹如秀才遇到兵。少华是一个爱讲理的人,此前他在媒体当评论员,是以讲理为业;后来到高校教新闻评论课,是以"教人怎么讲理"为业;生活中,少华也是一个爱较真的人,事事都要讲个理。从少华的这本新著中,就能看出他对"理"的推崇。这些论文散论,我在少华的博客里都拜读过,都源于对鲜活时事的敏锐观察和媒体评论的专业透析。同为评论写作者和评论研究者,我常常折服于少华的理性洞察力,他常能从别人忽略的事理中和停止思考的地方找到一个分析的视角,讲出一个让人点头称是并愧疚于"自己怎么没有想到"的理来。

可这却是一个不讲理的时代,无论是方兴未艾的新媒体,还是日益衰落的传统媒体,抑或是世俗生活中,并没有养成讲理的习惯,四处充斥的都是不讲理、反理性、反逻辑的声音。

作为一个以讲理为业的人,央视主播张泉灵写下下面这段微博时,内心

---

* 本文中的"少华"为马少华,中国人民大学新闻学院教师,从事新闻评论教学。曾长期担任媒体评论员和专栏作者。——编按

应该也涌动着同样的失望。她说:"从小被教育要讲道理,长大才发现没那么多可以讲道理的地方。家里,不是讲对错的地方。职场里,期待以理服人的同学通常受过以职位服人的伤。网上,听你讲道理的人本来就懂那些道理。你想说服的人通常对事实不感兴趣和道理绝缘,他们只是按标签站队,寻找符合自己臆想的论据,感受板砖扔出去的快感,而已。"

当你刚想张开嘴跟人讲理,想用事实和逻辑说服对方的时候,却发现你面对的都是一群"只想感受板砖扔出去的快感"、无论你说什么他们都会回一句"脑残"的人时,你会悲哀地觉得,理性、理智、讲理的品质,在这个社会中正遭遇前所未有的鄙视、驱逐和羞辱。

这可能也是少华一直拒用微博的原因,他好像对新媒体都刻意保持着距离,微博如此盛行,他拒绝了很多朋友劝他开微博的好意。当初开博客,也是在好友多次劝说下才开的,并一直将博客严格用于教学分享与交流。之所以如此警惕新媒体,可能就是无法接受微博上的不讲理。像我们这类经受过微博暴力修理、内心无比强大的人,已经习惯了微博不讲理的氛围,而像少华这样对讲理要求近乎苛刻的人,是一分一秒都无法在微博上生存的。在这个新媒体当道的传播语境中,讲理的少华是不幸的。

为什么又说有少华的存在是这个时代的幸运呢?少华的讲理,声音虽然微弱,虽然经常被汹涌的情绪和激昂的反理性之声所淹没,但他通过课堂的教学和博客的写作,不断向社会输入理性冷静的能量,竭力影响那些有影响力的人,这是对这个时代莫大的贡献!

少华的这本厚重的文集,都是教人怎么去论证一个道理。论证,不仅是新闻评论的核心,也是日常交流中说服的核心。我们要让别人接受一个道理,是需要论证的,要以事实和逻辑去论证,要有论证的过程。而论证上的偷懒,有意无意地忽略论证的过程,只有结论而无论证过程,或者论证过程完全是狡辩,是这个时代最大的病。

对论证的藐视,充斥于社会生活的方方面面,不讲理像病毒一样流淌于社会的毛细血管中。

权力欺人，生硬粗暴的结论

不讲理首先源于官方，自上而下不讲理的官方语言，在社会传播了一种以权压人的反理性的戾气。这种不讲理，集中反映在一些领导干部空空洞洞的讲话中，我们常批评官员的讲话充斥着官话、套话、假话、大话、空话、谎话和瞎话，而没有人话。这些话最基本的特征就是不讲理，抛出一个观点、做出一个判断完全不去论证，而只有空洞的口号。在宣传性的话语中，多是生硬、简单、粗暴的结论，而不给出"得出这个结论"的理由。用权力去压人和欺人，而不是以理服人。

舆论常批评一些官员的"雷人雷语"，比如"为党说话，还是为百姓说话"之类，这些官话之所以让人感觉雷人，在于其缺乏逻辑，经不起事实和逻辑的推敲，纯粹是用强权去压人，从而成为笑话。

这些以权压人和欺人的官话，还经常性地以社论或评论员文章的形式刊登在一些党报党刊上。比如下面这篇评论就是典型的毫无逻辑。

厦门纵火案后，人们尚未从"烧死47人"的悲剧所激起的悲痛、愤怒、沉重、恐惧不安中走出来，当地媒体迅速开始炫成果表功绩了。《厦门日报》继发表了充满"文革"话语暴力的《陈水总如此丧心病狂 全社会必共诛之》痛批嫌犯后，又发表题为《让我们携起手传递正能量》的评论，表扬政府并进行自我表扬，充满了不合时宜的肉麻和莫名其妙的夸耀。试引用一两段与读者分享：

> 6月7日，既是一个令人悲痛的日子，也是一个凝聚大义与大爱的日子，且这种大义还在延伸，这种大爱还在传播……我们说，这种正能量，源自我们有中国共产党的坚强领导，有社会主义制度的优越性，有

最广大人民群众的铜墙铁壁……是的，我们看到，案件发生后，党中央、国务院和福建省委、省政府高度重视……我们看到，我市卫生、教育、交通、民政、安监、公安、消防等部门，在最短时间内调集精干力量赶赴现场施救，受伤的34名群众被及时送到医院，赢得了宝贵的治疗时间……

甚至连最官方的《人民日报》和新华社都不用这套话语和逻辑去做灾难及灾难后的报道，不再凸显领导在灾难中的位置和列举层层领导姓名，告别了那种"将丧事当喜事办"的陈腐宣传套路，而回归对受灾者的关注和灾情的报道。央视一位主播就曾在直播中打断地方官列举领导重视的废话，让其发布公众最关心的灾情，可某些地方党报仍在坚持这种灾难报道和评论的套路和腔调，可以想象，当读者拿着报纸读到这样的评论时，比吞了一只绿头苍蝇还难受。

最大的硬伤就是不讲逻辑。厦门纵火案这种令人痛心的惨剧，如何推理出"社会主义制度的优越性"呢？这种逻辑上巨大的断裂"断"得让人瞠目结舌！

记得"杭州最美妈妈"新闻曝出后，一家党报发表了一篇类似的奇葩文，在那篇题为《都来培植爱的沃土》的评论中，这样写道："是什么促使吴菊萍伸出了双手？尽管纯朴的她一直强调是出于一个人本能的反应，但，是这样吗？事实表明，她的义举与党和政府的正确引导、优良环境的熏陶密不可分。"吴菊萍是个好人，她伸手救人的善事完全出于她作为一个母亲的本能，可硬是说成了"与党和政府的正确引导"密不可分，这事跟党和政府有什么关系呢？这种生拉硬扯的生硬宣传逻辑简直成了笑话。

我常嘲笑一些缺乏论证过程的讲话是典型的这种句式："月落乌啼霜满天，社会主义就是好。飞流直下三千尺，社会主义就是好。停车坐爱枫林晚，钓鱼岛是中国的。"瞧，任何一句无关的话，毫无论证过程都能推出他设定的那个结论。

没有谁有"不论证不讲理就给出一个结论"的特权,无论是领导干部,还是党报社论的评论员,除了用事实和逻辑说服别人外,别无他路。告别官话套话大话空话,回归人话,就是回归讲理和论证的习惯。

群氓压人,多数暴力的绑架

这个社会有一种跟权力有着同样蛮横粗暴的力量,传播着反理性的戾气,而且这种力量常以受害者的道义优越感出现,并且站在反抗权力的那一边,这就是群氓!这种以弱者身份自居、以键盘为武器、以仇权仇富反智反精英为标签的多数,有时对理性产生的破坏,甚至比权力还大。

这种群氓的"多数暴力",活跃于新兴的微博舆论场中。140个字的短交流、微交流,实际上变成了没交流,变成了偏执狂的发泄地、表演狂的作秀场、投机者的欢乐园、煽动者的聚焦地。浮躁的交流环境,使其成为自说自话和党同伐异的温床。这里是一个圈子,"博"以类聚人以群分,相应立场的人在这里寻找观点一致者成为"好友",从彼此身上寻找认同和温暖,然后共同将矛头指向"敌人";这里是情绪的渲染场,很多人想在微博中所寻求的,不过是一种情绪,表达的是一种情绪,转发的是一种情绪,通过对话想传递的,也是一种情绪;这里是极端主义的发酵地,语不惊人死不休,语不极端就难以吸引到足够的关注和转发,极端便成为一种招来眼球的不二法宝。

当一个舆论场中处处流行着派系和圈子时,当情绪成为一种强大的气场而压倒性地占据主流时,当极端主义甚嚣尘上时,当匿名和愤怒的大多数肆无忌惮地发泄着青春期的亢奋、生存的焦虑和人性之恶时,微博中,讲理必然成为一种稀缺的品质,讲理者必然成为弱者。这就是可悲的劣币驱逐良币,可悲的素质逆淘汰——低素质的谩骂者,以乌合之众为盾牌,以键盘为武器,以"光脚不怕穿鞋"的流氓心态,有恃无恐地制造着暴力和伤害。讲理者被逼得只剩下了一句"哈哈",要想坚持讲理,必须锻炼出强大的、不受谩骂干扰的心理,否则只有选择逃离。

在这种群氓主导的舆论场中,是不会讲理的,更不会耐心地去论证,只有站队逻辑。

还有一种典型的群氓逻辑是标签化。比如现在网络上滥用的官二代、富二代、独二代、农二代、屌丝、公知,等等,标签泛滥成灾。一篇报道中很少看到具体的人,而充斥着各种流行的标签:一个官二代恃强欺弱的故事,一个富二代利用关系挤掉农二代的故事,一个屌丝的奋斗史,一个民间烈女反抗淫官的经历。

这种标签化有两大恶果。其一,预设着立场,传递着偏见,将先入为主的刻板认知嵌入新闻事实中,影响着公众的判断。因为这些标签在定义和命名的时候,本身都已经融入了命名者的价值判断和倾向。比如"富二代"就是一个贬义词,而"农二代"这个标签则满含悲情和同情,对应着被抛弃、被欺凌、被遗忘,它一"出生"就带着某种道义上的优越性。每当我们使用这类标签的时候,预设的立场就会植入事实的描述中。

另一大恶果是,左右着公众的判断,使公众放弃了对具体新闻事实的关注。面对一堆由各种标签描述的新闻,人们不再关心现实中具体发生了什么,而是会根据标签的想象去编织"事实"。看到了"官二代"这个标签,他们就不再关心这个人在具体现实是怎样一个人,他在这起事件中到底做了什么,只会根据这个标签去想象:他一定是飞扬跋扈的,一定不讲理,一定是依仗权力横行霸道,一定不是个好人。有了这种想象,再多的事实都听不进去了。只会相信自己由想象拼凑的碎片,而拒绝接受客观的描述。

标签往往都是成双成对的,它对应着一种二元对立的是非善恶观:飙车的富二代,受害的一定会是一个凤凰男;无助的摊二代,一定面对着一个凶神恶煞、妖魔化般的城管。

这些不讲理的逻辑,常常因为戴着多数民意的正义面具而招摇过市,对理性客观的判断形成了一种道义上的强迫。在汹涌的"多数"判断压力下，像少华这样娓娓道来、剥茧拖丝的耐心论证和理性分析倒反而成了异类。

修辞误人，类比逻辑中的戾气

重论证的少华好像一向是反修辞的，因为在他看来，修辞在很大程度上并不具备论证功能，只能强化说服效果。可以通过修辞让一种论述更有感染力和说服力，但不能由此推出一个结论。其实在教学过程中，少华已经作了某种程度的妥协，从不接受修辞，到有限度地接受修辞。不过，少华还是表示过对修辞性说服大行其道的悲观，专门写过一篇博客《修辞性说服效果的崇拜和对理性说服效果的怀疑》来表达自己的悲观。

在这个问题上，我很认同少华的观点。当下的舆论空间"不讲理"的一种表现，就是过于泛滥地使用修辞，最被滥用的修辞是比喻。

比如，出租车涨价引发舆论狙击，公众纷纷把矛头指向了旱涝保收、不拔一毛的出租车公司，质问其何以只捞乘客腰包而不让半分利。当有记者问"首汽"高管"您也认为这次听证会的涨价涨得越高越好"时，"首汽"高管回答说："对。我个人是这么看的。2块6其实都不是很满意的价格。如果说是暴利，那么去看别的行业吧，去看手表，去看包，去看女士的内衣，去看房地产，那是暴利。"

近来，那些垄断大佬似乎迷上了拿女性内衣作比喻。比如，前几天依文集团董事长夏华和当当网董事长俞渝向任志强抱怨房价太高，称"一套房把三辈子的收入都掏进去了"，任志强反问夏华："一个房产项目从开发到最终完成要好几年，你做一套衣服用多久？再说，胸罩那么大一点，要好几百块钱，按平米算，比房子贵多了。"

无论是拿女士内衣比出租车价，还是拿胸罩比房价，都属于少华所批评的"以喻代证"。

一个最明显的关于"以喻代证"的案例是：夫妻离婚争孩子，老婆理直气壮地说："孩子是从我肚子里出来的，当然归我！"老公说："笑话！简直是胡说八道。取款机里取出来的钱能归取款机吗？还不是谁插卡归谁！"离婚争孩子，应以事实为依据，以法律为准绳，是一个严肃的法律问题，可是一个"取款机里取钱"的比喻就完全偷换了论题。

其实，比喻都是蹩脚的，每一个比喻都隐藏着偷换论题的企图，都是选择对自己有利的比喻而偷换对自己不利的议题。从逻辑上看，比喻并不具备论证功能，比喻仅仅是一种修辞手段，方便人们的认知，比如用熟悉的、形象的事物让公众去了解陌生的、抽象的事物。比喻要是恰当的，两者需要具备本质上的相似性。可以通过比喻让人们熟悉一个事物，但不能推出一个结论。房子与胸罩是两件不同的商品，不可作这样的偷换。

出租车公司与内衣的生产商有可比较之处吗？没有，即使女性内衣利润较高，但内衣市场是充分竞争的，可出租车市场是吗？房地产市场是吗？尤其是出租车公司，拿了一块牌照等于就拥有了垄断利润，一劳永逸地旱涝保收。

还有不少类似不讲理的修辞，比如"反问"。

上个月某天坐国航回北京，飞机莫名延误，我有点儿焦躁，站起来问空姐怎么回事，空姐让我坐下，说飞机等下还要滑行。我抱怨了一句："近来坐国航一直延误，好不容易正点了，到机场了竟然还以这样的方式延误了一小时。"这时候，完全出乎我的意料，那名空姐冷冷地对我说："那你以后就别坐国航了。"竟然这么对乘客说话！我抱怨了一句国航延误，得到的回应竟然是"那你以后就别坐国航了"！这逻辑中充满着多少戾气，如果被激怒的我不克制一下，必然就吵起来了。

回想一下，这句话我们是多么熟悉啊。近来，互联网上闹得沸沸扬扬的贵州省副省长事件，也是同样的逻辑。贵州省副省长陈鸣明 7 月 28 日在实名认证的微博上转发一起美国枪击案新闻时引发网络"口水战"，陈鸣明称不爱国的人是"败类，人渣！""让他们赶快去美国"。这逻辑与"那你以后就别坐国航了"如出一辙，网友批评政府，就被戴上不爱国的帽子，批评国家，就别待在这个国家，"赶紧去美国"。

只要一批评，就会听到类似的逻辑。批评了高铁的服务，就会有人情绪激烈地说，那你以后别坐高铁；批评了上海的交通问题，就会有当地网友愤怒地说，那你以后别来我们上海。说得理直气壮，每个行业、每个部门的人好像都学会这种充满戾气的逻辑。

类似的逻辑有很多，比如还有一种逻辑模式，叫"要不你来试试"。城管成了近段时间最大的热点，从延安到临武，从踩人头到涉嫌打死人，不断突破底线的粗暴执法，使公众对城管的痛恨到了一个忍无可忍的地步。批评城管问题，就有人跳出来说，同意取消城管，唯一的条件就是让那些赞成取消城管的人到大街上当几天城管试试。这种奇葩逻辑在微博上特别盛行，你批评警察了，会说，你去当几天警察试试；你批评城管了，会说，你去当几天城管试试；你批评医生了，会说，你去当几天医生试试……

这种逻辑并非真正想让人设身处地地站到对方的立场去想想，诉诸"将心比心"，而是一种诡辩手段。明明知道你不可能"当几天警察试试"，也不可能"当几天医生试试"，就是以这种方式转移论题，回避论证，一句"你当几天城管试试"就省略了对城管正当性的论证。我倒是希望我批评政府官员时，会有政府官员用这句话来回应我——你觉得我当官当得不行，你来当几天官试试——呵呵，好啊。咱换换位置！

虽然我没有当过城管，但城管出了问题，我当然可以去批评他，无法以"你来当城管试试"来撒娇和推卸责任。还有一种耍流氓的逻辑是，如果谁批评城管，就有人说："号召摆摊的都到他家门前去摆摊，大家晚上都到他家楼下去烤羊肉串唱卡拉OK，看你还会不会批评城管？"

微博毁人，轻佻娱乐消解逻辑

社会的反理性化，也与交流平台和传播语境的变化有很大关系。

有个俏皮的说法，称过去的"笔者"如今都成了"键人"（键盘上打字的人）和"鼠辈"（依赖鼠标的人）。从"笔者"到"键人"，不只是称呼的变化，更是思维方式的变化，对我们的判断提出了很多挑战。用笔写字，有思考的空间，因为写错了改正很麻烦，所以下笔须谨慎，而且到最后发表在报纸上，更有好几道把关人。而如今在电脑上打字，是非常快的，快得没有了思考的空间，情绪、偏见和浮躁轻易就会被输入电脑，加上便捷的、没有把关的发表平台，更没有了距离去思考。

没有了思考空间，从写作上讲，就是没有了论证的空间。这典型地表现在微博上，碎片化的微博表达没有论证的空间。仅仅有结论和判断构不成讲理，还需要对这个判断给出理由，用事实、逻辑和论据去给出推理的链条，用论证过程去说服别人，而不是用学者的身份和耸人听闻的判断去压人。微博缺乏这样的论证氛围，一是因为技术上的限制，短短的140字说不清道理，只能给出一个笼统的判断，即使微博可以通过多次讲理去交流，但碎片化的表达和零散的思维构不成一个完整的论证链条。二是因为缺乏讲理氛围，人很容易情绪化，缺乏讲理的耐心，一两个回合的交流不合口味就容易立刻上升到攻击谩骂，讲理的人没耐心，听的人也没耐心，乌烟瘴气的吵架在所难免。

同时，这也决定了微博是反逻辑的，逻辑既抽象晦涩，又需要理解力，需要人付出脑力去思考，而喧嚣的微博是容易让人不愿思考、停止思辨、失去思考能力的地方，刷微博、求娱乐的人们需要现成的答案，需要犀利好玩且符合自己期待的观点，需要不须付出脑力的罐头式结论，需要精彩、奇妙、新鲜、极端、有火药味、听起来有趣好玩的观点，而不合这种浅薄消费需求的声音常常被淹没。悲剧的是，逻辑和论证常常就是那么无趣，需要人动脑筋思考才能领会。所以，微博上的很多网友本就缺乏讲理的准备，本身就排斥论证和逻辑，跟他们讲理是鸡同鸭讲、对牛弹琴，难免一地口水、满屏脏话。

所以，少华这本书中，没有一篇文章是以微博评论为研究对象的，我想，对评论有着严格规范意识的少华，一定没有把微博言论当成评论研究对象去分析，因为那构不成一篇评论，而只是碎片化的表达。因此，我也一直坚持，讲理需要合适的平台，讲理需要寻找可以说服和值得说服的对象，还需要可以形成交流的氛围。不是每个人都可以并值得说服，并不是每种媒介都适合讲理，评论员还是应该选择用文章去讲理，将自己的观点系统地写成文字。

教条蒙人，总有一个教条让你停止思考

我们自小受到的教育就是一套大道理的教育，讲个故事，一定要总结出个大道理，说句话，一定要有一套道理支撑。分析名家作品时，总得分析写作目的和中心思想。这种大道理，就形成了教条，当我们用教条去思考和分析问题时，就失去了思考力，没有了论证。因为大道理好像已经获得了一种不证自明的优越性，变成一种让人停止思考的教条。

斯泰宾在《有效思维》中说，在复杂、多有变化的事情面前，人们在简单、现成的语言中找到了方便的解答，感觉到了把握形势的力量。久而久之，很容易养成一种习惯，接受一些可以免除他们思考之劳的简明论断。这就是罐头思维。徐贲先生在分析斯泰宾所提出的罐头思维理论时也说，我们不应当让这种思维习惯堵塞我们的心灵，不应当依赖一些口头禅来解除我们思考的劳苦。罐头思维从本质上讲，就是不经思考，没有论证，就接受一个大家习惯接受的结论。

举个例子，我讲一个故事，读者听完这个故事，一定会立刻得出一个大道理。

李白小时候不爱学习，有一天他看到一位老奶奶在河边，准备把一根铁杵磨成绣花针。李白大笑："这得磨到什么时候呀！"老奶奶严肃地说："一

天不行，我就磨两天，两天不行就磨三天，只要坚持，总会成功的。"李白听了很惭愧，从此开始认真学习。

这个故事，中国人太熟悉了，我们脑海里立刻涌现出那个大道理——我们一定要刻苦努力，只要肯用功，铁杵能磨成针。对这样的大道理我们会不假思索脱口而出。注意，不假思索就是典型的"停止思考"。我们会觉得，得出这样的结论是顺理成章的，我们自小接受的教育就是这样的。

可是，一个小学生写作文时，却突破出罐头思维，他的思考是：为什么李白听了很惭愧，从此开始认真学习呢？因为他深刻地认识到：不学习，就会像那个老奶奶一样蠢。

小学生的思考让人忍俊不禁，却又觉得很有道理。是啊，用绣花针，可以跟别人借嘛，为什么非要磨。即使借不到，可以找一个细一点的东西去磨成绣花针嘛，为什么非要找那么粗的铁杵去磨以证明自己的耐力和韧性？我们的思维一旦被罐头化，就会停止思考，不会细想这些问题，而跟着流行习惯的答案跑。

还有一个故事，也说的是如何突破罐头思维。一个小学生写文章说："今天，妈妈清理冰箱时拿出三颗蒜头，已经腐烂变成紫黑色，长出了绿色嫩芽，妈妈拿着蒜头对我说，你看，虽然这些蒜已经烂了，但是它们仍然孕育了新的生命！这是多么顽强的精神啊！"我听了很受教育。

受到了什么教育呢？我们脑海里也立刻会萦绕那个大道理——生命是如此的坚强，甚至在冰箱那种恶劣的环境中，蒜头都能长出嫩芽，这就是生命的力量。我们对这个大道理是如此的熟悉，以至于又不假思索。可是，小学生的思维就是单纯，能突破僵化的教条，小学生的领悟是：以后找老婆不能找妈妈这种懒到把蒜放烂还有这么多说辞的女人。

少华讲逻辑，其实也是在教我们，结论都需要论证，很多反逻辑的元素常常就存在于这些让人不假思索的教条中。不能在任何地方停止思考，每一个判断都须接受常识逻辑的检验。

论证上的偷懒是这个时代最大的病,少华的这本书既是帮时评家治病的,也是给大众和时代治病的,很多逻辑谬误潜伏于我们的"不假思索"中,隐藏于我们自以为是、脱口而出的日常话语中。少华用他的学识和耐心告诉我们,这种病是可以治的。作为语言和思维上的病人,我觉得少华开的药对我的疗效非常好。

(《新闻记者》2013年10期)

比标签固化更可怕的是权威流失

近来一条名为"中国网络舆论的神逻辑"微博很是流行,激起了很多人的共鸣,描述了一种"不问事实而任性站队"的病态思维:警察和平民冲突,警察错;城管和小贩冲突,城管错;公务员和谁冲突都错……

总的说来,这种神逻辑的基本判断就是:强的一方永远是错的,弱者一方永远是正义的。这种逻辑有一个很文艺、很煽情、更大义凛然的表达,叫作"当鸡蛋和石头发生碰撞的时候,永远选择站在鸡蛋一边。"在这种标签转换下还会引发态度反转,比如,医院和患者冲突,医院错,但当媒体报道称那个患者是一个官员时,就成了官员错,因为已经从"医患冲突"变换成"官民冲突"。男人和女人冲突,男人错,但当换一种身份,男司机与女司机发生冲突,"女司机"这个标签就会被本能地想象成一个马路杀手的符号而成为众矢之的了。

每天在网络上演的,就是这种"标签战",很多人对事实和真相毫无兴趣,在网上所做的无非就是把自己想象成某个标签,然后寻找一个对立的标签去攻击,充满正义感地在想象中完成一次"正义与邪恶""民众与强权"的抗争。媒体标签化的报道强化着大众的这种标签化想象,比如这样的标题充斥于报端和网上:《国企员工强奸15岁侄女获刑5年》《52岁公务员灌醉会所服务员后趁机强奸》。从新闻看,这种禽兽行为与公务员的身份实际并没有关系,标题中强化这个标签很不妥,为了吸引眼球而放大"新闻点",在网络的标签传播中使个体行为成为群体污点。

无疑，新闻标题中与事实无关的身份强调，强化着"公务员和谁冲突都错"的标签，潜移默化地塑造着"公务员不是好东西"的符号暗示。

其实，标签化是人们的一种本能，人们为了简化，无法避免地会在描述时或多或少地使用一些标签，比如今天有一条热点新闻，一个开国中将的儿子接受媒体采访时称，"红二代"说法是"文革思维"翻版，是另一种出身论，对"红二代"和所有人都是不公平的。他是在批评"红二代"这个标签，其实他也在不自觉地使用标签，比如"文革思维"就是一种标签，我们习惯于给不喜欢的言论贴上"文革余孽"的标签。最大的问题不是标签化，而是人们已经习惯了依赖标签，而根本不问事实。把自己对标签的想象当成了唯一的权威，而根本不信其他权威。

普通网友固执己见地认为"老师和学生冲突，老师错；男人和女人冲突，男人错；开车的冲突，开好车的错"，这不算什么严重的问题，毕竟，事实终会浮出水面，真相总会还原。面对真相的时候，那套根深蒂固的标签思维就会让位于真相。可现实是，很多人已经把标签当成了铁板钉钉的真相，当真实"标签化的想象"不符合后来公布的真相时，人们只相信标签，而排斥真相。换句话说，当后来的事实证明：宝马车与奥拓车发生冲突，错不在宝马而在奥拓时，人们会觉得这肯定是谎言，怎么可能错不在开宝马的呢？

比标签固化更可怕的是权威的流失，众声狂欢的网络中，没有了权威。过去人们习惯把官方、专家、媒体当成"权威说法"，可召集专家已经成了"砖家"，媒体成了"霉体"，官方的通报被当成是谎言的代名词。网络在打倒了这些传统权威后，把自己塑造成了唯一的权威。

（《晶报》2015 年 5 月 26 日）

不能失去对历史和英雄的温情敬意

今年北京的高考作文题挺有意思。让考生以"假如我与心中的英雄生活一天"为题，写一篇记叙文。材料是："在中华民族发展的历史长河中，从古至今有无数英雄人物：岳飞、林则徐、邓世昌、赵一曼、张自忠、黄继光、邓稼先……他们为了祖国，为了正义，不畏艰险，不怕牺牲；他们也不乏儿女情长，有普通人一样的对美好生活的眷恋。中华英雄令人钦敬，是一代又一代华夏儿女的榜样。"让考生自选一位中华英雄，展开想象，叙述你和他（她）在一起的故事，写出英雄人物的风貌和你的情感。

在我们的民族英雄被遗忘、被质疑、被消解甚至被恶搞的今天，北京的这个考题很有意义。高考作文题不只是一道针对考生的考题，更已经成为一个全民参与讨论的公共事件，这道题不仅是让考生想象"假如我与心中的英雄生活一天"，更是给考生之外千千万万的考场外公众出了一道题，让每个人去反思自己对英雄的情感，去通过想象与英雄在一起的故事、回到历史的时空中体味一个有血有肉的民族灵魂。这不是追逐时下流行的穿越剧，而是给人们创造一个在历史时空中与英雄共情的"场"。

遗憾的是，这样一个有想象力的正能量好作文题目，却在网络空间中成为被恶搞的对象，一些网民用那种习惯性的痞气和油腔滑调去解构这道题，借"与英雄生活一天"的场景去贬损英雄，用今天的目光去苛求过去的英雄，用戏仿和嘲讽的方式去消解应该成为共识的主流价值。我觉得出题者应该意识到,网络上针对这个作文题的调侃和恶搞越多,越证明这样的考题真的很有必要。

记得钱穆先生说过,所谓对其本国以往历史有一种温情与敬意者,至少不会对其本国历史抱一种偏激的虚无主义,亦至少不会感到现在我们是站在以往历史最高之顶点,而将我们当身种种罪恶与弱点,一切诿卸于古人。看待我们的大历史,需要这样的温情。我想,这个作文题的出题者,应该读过钱穆先生这段话,对"对其本国以往历史有一种温情与敬意"有着强烈的共鸣,出这道让考生想象"与心中的英雄生活一天",就是为了让人们在想象中去体味对英雄的温情与敬意。

从岳飞到林则徐,再到张自忠和黄继光,随着他们生活时代与今天的远离,我们对自己的历史和民族英雄也越来越陌生。今天之所以有不少对英雄的质疑,甚至是否定,甚至价值观出了问题,很大程度上就是时空的远离。

与时代命运紧密相连的民族英雄身上的精神,我们今人未必能完全理解,时过境迁后有这种陌生和隔膜很正常。不过我认为,当对一种爱感觉很陌生的时候,不必急于用今天那套世俗理解去解构传统和苛求过去,而应当保持同情的理解和敬畏。尤其反感当下流行文化中那种痞化作风,当面对一种无法理解的崇高和牺牲时,就在标签化中去贬低和解构,用"我是流氓我怕谁"的粗痞逻辑去毁掉经典和嘲讽崇高。将自己无知的、无法理解的、无法做到的,都解读为虚伪、愚昧和装。在这种戏仿和解构潮中,许多承载着正面道德教育的传统课文被改编得面目全非,卖火柴的小女孩成为促销女郎,《背影》中父亲大耍双节棍,闰土摇身一变成为古惑仔,《沙家浜》中智勇双全的阿庆嫂成了胡传魁的姘头。

回到历史的语境中,走进英雄生活的时代,与他们生活一天,就是设置了一种情境让我们去理解历史和英雄。想起了另一个经典,"假如给我三天光明"——触动人心之处就在于假设的情境,以一个身残志坚的柔弱女子的视角,告诫身体健全的人们应珍惜生命,珍惜造物主赐予的一切。这道考题也是想通过假设的情境让人们珍惜自己民族的英雄,没有英雄的民族是可悲的,一个拥有英雄而不知道珍惜的民族是不可救药的。

都来做做这道高考作文题吧,抗拒对英雄的遗忘与消解,抗拒对历史的背叛。不是为了歌颂英雄,而是为了铭记和体味历史。

(新华网思客 2015 年 6 月 12 日)

动辄诉诸死刑类似"你怎么还不去死"

一边倒地呼吁"拐卖儿童应一律判死刑",表达的并非深思熟虑的判断,而是用"判死刑"表达一种强烈的情绪。就好像一个人在争吵时情绪失控歇斯底里地、咬牙切齿地说"你怎么还不去死啊"。"死"听起来似乎是最严酷的惩罚,一个人愤怒的最高级总是指向"死":咒别人死,以死要挟,或者是让最痛恨的人去死。

持这种观点的人,也许大多没经过认真的思考,并非真正认为"死刑就可以遏制拐卖儿童",而是表达情绪。其一,表达的是对拐卖儿童者极端强烈的愤慨,潜台词是"这些人怎么还不去死啊"。其二,表达的是对当下相关部门打击拐卖儿童这种犯罪行为很不力的不满,潜台词是"为什么不出台更给力的措施啊"。其三,表达的是一种恐惧,担心自己的孩子受到伤害,"幼吾幼以及人之幼",像一个暴怒的母亲护着自己的孩子,愤怒得浑身发抖,无奈无力中集体大吼:"怎么不让那些拐卖儿童的恶人去死啊!"

这种诉诸共情共鸣的母性声音很有感染力和号召力,尤其能够在情绪和情感易被操纵的网络上一呼百应,站在凌驾一切的道德高地上战无不胜。确实,作为一个父亲,我对每一种护子心切的情感都充满尊重并心生共鸣,对拐卖贩卖儿童的"禽兽"们有着同样的愤怒。

但,我不会急于把这种愤怒表达出来,我会静下来想一想,这种听起来很正义（这种诉诸在直观想象上似乎也挺符合逻辑推理，用每个人都怕的死刑去"吓"住那些禽兽不如的人，人都怕死）的情绪，对于保护我的孩子，是不是有帮助，能不能起到预期作用。很多时候，我会警惕自己的愤怒，警惕自己的"热血沸腾"，警惕自己的"强烈的感动"，因为人在陷入愤怒、感动、热血沸腾之类强烈情感和情绪之中的时候，是大脑停止思考和失去判断力的时候，被自以为正义的情绪牵着鼻子走。

其实，静下来想想可能就会明白，"拐卖儿童应一律判死刑"只是一种盲动的情绪，并不会带来预期的正义目的，并不能有效地遏制拐卖儿童的问题。就好像我们冲动的时候说"你怎么还不去死啊"，冷静下来会觉得自己失言了。

作为最高的刑罚，死刑不能随意使用。死刑之所以有威慑力，就在于它的"慎用"。如果由着我们那种任性，痛恨一种恶，就诉诸死刑，那么，是不是每种犯罪都判死刑，就可以终结这个社会所有的恶呢？当然不会，甚至会导致更坏的结果，反正每种犯罪都是死刑，那会诱引着犯罪者去犯下最恶的罪行。这会导致什么样的结果呢？反正拐卖儿童就是死刑，杀人也是死刑，当他们担心拐卖儿童行为败露的时候，他们会选择什么行为呢？

不仅没有保护孩子免受伤害，反而会使他们受到更大的、更可怕的伤害。善良的动机，反而种下了诱发更大罪恶的恶果。

也有充分的数据证明，死刑除了满足了一些人咬牙切齿的情感之外，并没有使犯罪率降低。在这个问题上，不得不温习一下犯罪学家贝卡利亚的这个经典判断："刑罚的作用不在于它的严厉性，而在于不可避免性。"从犯罪心理来看，一个人犯罪，并不是因为刑罚的成本低，并不是已经做好了承担刑罚成本的心理准备，经过理性权衡从而选择犯罪的，而都带着强烈的侥幸心理，每个罪犯都有一种冒险心理，总觉得自己可以逃避惩罚。所以，要遏制犯罪，并不是无限度地增加刑罚的强度，而是让人感觉"犯罪了不可避免地会受到严惩"。

也就是说，首先要做的是提高拐卖儿童犯罪的破案率，让每个犯罪者在既有的法律框架下受到惩罚。如果不先在这方面努力，一边侦破率很低，一边加大刑罚，并不会产生预期的威慑效果。

从我们的情感看，将心比心，一个人失去自己的孩子所带来的痛苦，比夺去生命还大，所以我们会在情感上认为，拐卖儿童跟杀人差不多。但从法律角度看，罪行需要相适应，正如我国《刑法》第5条规定："刑罚的轻重，应当与犯罪分子所犯罪行和承担的刑事责任相适应。"拐卖儿童应受何种刑罚，需要符合法理的判断，而不是根据我们的情感情绪。其实，拐卖儿童罪的刑罚中，对"情节特别严重的"，已规定可"处死刑"。应根据情节罪刑适应，不能迎合情绪而"一律"。

我们冲动时动不动会说"怎么还不去死"，平常冲动时可以这么说，但涉及立法和公共事务时，就不能这么任性冲动了。距离产生理性，评论和立法都应该和这种盲动的、自以为正义的网络情绪保持距离。

（新浪网观察家专栏2015年6月19日）

"看评论我就放心了"的自闭温暖

网上有一句流行语，叫"看评论我就放心了"。看到一个引发争议的事件，看到新闻背后的评论很符合自己的情绪，会说"看评论我就放心了"。看到某人的言论引发讨论，看到微博中的很多跟帖跟自己的观点一样，会说"看评论我就放心了"。看到自己"阵营"这边的人受到批评，但网络评论中也有不少支持的声音，寻找认同，也会说"看评论我就放心了"。

这句"看评论我就放心了"很有意思，见证着网络的自闭。虽然网络创造了一个开放的语境，自由、开放和海量的网络信息提供了多元选择的可能，但这种开放在我们的网络空间中并没有带来理性的对话和坦诚的交流，并没有让真理越辩越明；相反，在很多事件和话题上变得越来越撕裂和对立，很多话题陷入了一提起就互相撕咬攻击的"不可讨论状态"，极端主义思潮带来了很多网络戾气。网络在技术上提供了自由开放的可能，但因为人心的封闭，手拿锤子看什么都是钉子，党同伐异，以"敌人的敌人就是朋友"为原则，网络反而加剧着阶层的隔膜和人心的封闭。

网络上人心的封闭，在"看评论我就放心了"中得到淋漓尽致的表现。一些人上网，根本不是讨论问题，不是以理服人，不是了解未知世界和不同观点，而是寻找符合自己立场的评论，在"朋友的评论"中寻找温暖和慰藉，寻找"抱团取暖"的站队快感。

人的一个缺点是，求同厌异，听不得不同观点，一听相反观点就觉得别人是跟自己作对。所以，一些人写文章时有这样的习惯，就是到网上寻找与自己差不多的认同，搜索能够证明自己论点的材料。平常也喜欢看那些符合自己判断、跟自己价值观差不多的学者的书。这样的习惯，营造了一个虚假的观念世界，生活在自欺欺人和自我强化之中。有些人之所以越来越极端和偏执，就是总活在自己营造的圈子中，天天寻找"看评论我就放心了"的抱团温暖，于是心灵越来越封闭。

有句话是这么说的，如果只看自己认同的书，那么每天只能知道已经知道的事儿。一些人之所以变得越来越偏执，就是偏执观点的自我强化。本来观点有一定的合理性，但只跟符合自己观点的人交流，只看跟自己想法一样的观点，久而久之就形成一种自我强化，越来越偏执地认为只有自己才掌握着真理，其他都是扯淡。这种习惯打造了一个自我封闭的世界，否认了这个世界认知的多元，以人为方式屏蔽不同观点，看不到自身的局限和漏洞。

专栏作家侯虹斌在《胖一点的花木兰又伤害了谁？》中讲过一个故事：曾参加过一次讲座，谈的是三国里的真实人物。有一位嘉宾根据自己对谈史料的分析，称某位在传说中很正义很勇猛的将军可能也"好色"。结果，在场有观众很不高兴地站起来提问说："你怎么可以这么抹黑这位将军？这跟我们学的完全不一样，你让我们怎么能接受这样的关羽？听了多难受！"这位嘉宾很有修养地回答了这个问题："如果你看的书，都和你已有的知识一模一样，你还有必要再读吗？"作者感慨："同样道理，如果你看到的所有新事物，都和你已知的经典一模一样，让你躺在熟悉的认知里舒舒坦坦，这个世界还有存在的必要吗？"

人有一种思维的惰性，寻找认同和熟悉，看到熟悉的事物和道理才会有一种安全感，不需要论证，不需要思考，可以安全地使用。面对一个不同的观点，会颠覆以前的认知，会打破知识的平衡，会带来重新思考的负担。久而久之，天天接受那些不经思考的"免检信息"，思维在封闭中不断僵化，逻辑的思辨能力越来越退化，结果就成了墨守成规的保守者。斯泰宾先生在《有效思维》中也批评过这种"罐头思维"：人们很容易养成一种习惯，接受一些可以免除他们思考之劳的简明论断。它让人思想懒惰，先是不肯仔细思考，并最终完全丧失了仔细思考的能力。

我写作有个习惯，就是在写一篇评论前，先把自己的观点放到微博上求板砖，微博不像微信圈，微信圈都是点赞叫好的，微博可不给面子，人们喜欢在微博上通过否定和打击别人、找别人观点的碴儿来寻找优越感。把观点放出来后，各种不同角度的思考会喷涌而来，不必生气，这是一个让自己的逻辑更加完善和自洽的机会，听取那些有价值的不同观点，把不同的视角融入评论之中，再去动笔写文章，逻辑就会严密很多。自己坐在电脑前写文章，很容易陷入自闭之中，孤芳自赏，其他漏洞百出，因此需要不同的视角来帮你完善自己的有限理性。

所谓僵化，就是排斥新鲜事物——最新鲜的事物是什么，就是跟你以前认同不一样的东西。如果有足够的观点自信，根本不会拒斥相反观点。经常接受不同观点的挑战，自己的某种信念也才更有生命力。看不同领域、不同专业、不同视角、不同立场的书，丰富自己的阅读世界，才能锻炼在不同观点的冲突中如何判断是非的能力。所以，有一颗开放心灵的人，总能够抵制"看评论我就放心了"的诱惑，习惯在让自己不安的"不同观点"中挑战自己的偏见，从而增长知识，开阔眼界，提升见识。

（《晶报》2015年7月28日）

一群人跟着一个精神病人在狂欢

7月4日,因自己发布在网上的诗歌被"差评",湖南耒阳市文联主席熊艾春将耒阳社区网站的办公电脑砸坏。这事儿想不火太难了,"文联主席"这个适合网友调侃的身份,那些充满槽点的"老干部体"打油诗,被差评就砸人电脑的荒唐举动,砸个电脑还把"砸"字都写错了的滑稽行为,每一个点都挑逗和刺激着网络的兴奋,舆论很快进入一种围观和取乐的狂欢中,媒体深挖背后内幕,网友戏仿主席歪诗,微博追踪当地回应。

一片欢乐的海洋中,本以为这主席平常是被肉麻的吹捧惯坏了,真把自己当成超李白赛居易的当代大诗人,接受不了那些诗其实狗屁不如的真相,才愤而砸网站电脑。后来仔细看熊主席的诗,觉得实在不像正常人所写,很多纯粹是胡扯,再差劲的"老干部体"也不至于如此。别人差评,就砸人电脑,这种行为也太不正常。果然,后来他同事称,此举疑因工作压力大,精神亢奋和躁狂所致。该同事表示,目前熊艾春已前往长沙某医院进行封闭式治疗。

在这个话题上,可能是一群人跟着一个精神病人在手舞足蹈地狂欢。熊的同事称此举是精神亢奋和躁狂所致,而放眼望去,微博上一片欢腾,话题热度无与伦比,戏仿恶搞竞相迸发,网友在此事上所表现出的精神亢奋和躁狂,一点不比躁狂的熊主席弱。

网络似乎特别偏爱那些精神病般的言行,因为网络本身也具备精神病的气质。由这个熊主席的打油诗及荒唐行为引发的网络狂欢，想起微博上另外一个叫"刘某达"的人，自称中国作协会员，整天写一些恶吹恶捧、狗屁不通的打油诗，出一些明显扯淡的歪主意，说一些明显找骂的话。有人觉得此人精神肯定有问题，正常人绝不会如此，也有人觉得他是装疯卖傻吸引眼球。无论如何，肯定有病。可这种精神病般的行为，却在网络上赢得了极大关注，很多人关注他，就是为了围观其精神病般的言论，就是为了随时骂他。

跟今天这事儿一样，也是一群人跟着一个精神病人在手舞足蹈地狂欢。骂"刘某达"精神亢奋和躁狂，可"刘某达"微博下那些骂他的人，精神亢奋和躁狂的程度不比刘差。

网络爱精神病人，因为精神病人的反常行为能带来话题，带来流量，带来让大家手舞足蹈的欢乐，能让围观者获得无比兴奋的快感。看看，恶搞那些疯癫状态下胡言乱语的歪诗，是件多快乐的事。网络需要精神病人，网络有一种在信息海洋中剪选精神病言论的机制，一发现有人发出这种言论，就会集体兴奋地扑上去撕咬消费，很多雷人雷语疯人疯语，就是在这种机制中生产出来的。人们在网络上谈论一个精神病人所表现出的极度兴奋与狂躁，与精神病人并没有多大差别。当一群人围着一个精神病人在狂欢时，很容易分不清谁是正常人谁是精神病人了。

基于网络的这种特质，要想在网络走红，要想成为获得网友追捧的网络红人，得具备精神病人那样的气质。敢于说一些冒天下之大不韪、注定会招来板砖的言论，敢于跟别人不一样，敢于反常和怪诞，必须不要脸，什么剑走偏锋，偏执极端，荒唐滑稽，那是家常便饭。对号入座分析一下那些"网红"，哪个身上没点儿这种精神病气质，我就不一一点名了。

基于网络的这种特质，一个再正常的人变成网友身份后，也会表现出精神病人的那一面，攻击性极强，疑神疑鬼，受迫害妄想，没有正常的逻辑，前言不搭后语，臆想，不承认自己有病，情感障碍，极度兴奋，冲动易怒。看看很多微博下面的评论，就知道这种精神病的表现是多么普遍和严重。当然，一离开网络，这些症状自动消失。

（微信公众号"吐槽青年：曹林的时政观察"2015 年 7 月 15 日）

拒绝与粗鄙化同流合污

有个朋友近来在微博里说的一段话，引起了很多人的共鸣，他针对的是网络的粗鄙化倾向，他说："不与粗鄙化同流合污，除了坚持不用粗鄙字眼表达，也包括努力不转发有粗鄙字眼的文字和恶俗的视频。一旦忍不住发了转了，那就意味着你正在成为它们的同谋，哪怕你是反对者批判者，你已在精神上等同于它们，那将是粗鄙的胜利。你能做的对抗，就是让自己的精神和文字及判断保持独立干净，让它们自生自灭。"

这段评论针对的应该是近来几起引起网络狂欢的公共事件，优衣库试衣间不雅视频和沈阳地铁的不雅亲热图片，都引发了网络的疯狂转发。虽然最终不雅视频的相关当事人被拘，不雅亲热图片也受到警方关注，但很难说是正能量的胜利——甚至恰恰相反，胜利的反而是那种粗鄙和恶俗的力量。炒作者赢得了眼球，网络有了吸流量的话题，传播者获得了人气，围观起哄者得到了窥视和消费情色的快感。一场狂欢之后，文明输得一塌糊涂。

这就是为什么拿这种恶俗和粗鄙当卖点的炒作在网上有那么强的生命力的原因所在，因为有一种消费粗鄙和恶俗的审丑力量在滋养着。这也是为什么那么多人前仆后继此起彼伏地选择这种方式去出位、去吸引关注的关键原因，缺乏思考的乌合之众，很容易就进入一种与粗鄙化同流合污的恶俗大合唱之中。

比如在微博里，关于沈阳地铁的不雅亲热图片被疯狂转发。这种转发的动机是什么呢？有几个人真正地厌恶和反感呢？有几个人对此有真正的道德义愤呢？多是以娱乐化的心态当成一个快乐地吐槽的热点话题，没有什么比这种充满情色刺激的话题更能提起人们的吐槽热情。这是一场"去是非化""去价值化"的消费，更多人并不关注事情本身的是非，也不想分辨这样做的是非，而是享受粗鄙恶俗的图片带来的感官娱乐快感。

有一种似乎很堂皇的说法，叫"批判性转发"，或者"转发供批判"。其实无法掩饰，这也是一种消费。无论转发的初衷是什么，结果都是粗鄙的胜利，因为转发就是传播，就进入了粗鄙和恶俗所预设的逻辑，而成为粗鄙的同谋。粗鄙和恶俗之所以在互联网上总能无坚不摧，利用的就是人性的弱点和网络的弱点。网络炒家对于这种人性弱点太熟悉了，总能够利用人们在这种话题上的消费需求，制造吐槽点让你吐槽，制造粗鄙的东西让你去消费。所谓的正义和道德的价值，在这种消费狂欢面前毫无抵抗之力。

优衣库试衣间不雅视频传出后，微信里被各种相关文章刷屏，有技术派，健身教练从视频分析女主角的身材；有阴谋论，营销专家从传播节点分析谁是背后炒家；有恶搞派，盘点试衣间之外各种突破想象力的野战之地；有法律派，从法律角度分析传播链条上的相关法律责任；有扯淡派，从男主角和女主角的眼神交流分析两个人的真实关系；还有由此一事件生产出的很多网络段子。这就是一场对恶俗的消费，各取所需，寻找自己的兴趣点，搭热点的便车吸粉丝吸人气。

在这种狂欢中，正如那位朋友所言，除了坚持不用粗鄙字眼表达，努力不转发有粗鄙字眼的文字、恶俗的视频，不参与相关话题，还能做什么呢？

（《晶报》2015年7月23日）

互联网上，没有哪种感动能超过一天

"饭做好了，妈妈死了。"——四川凉山四年级彝族女孩木苦依五木的作文《泪》在网上传播后，被网友称是"世界上最悲伤的小学作文"。一日间，网络被感动和眼泪所淹没，微信被感动和眼泪所刷屏；一日间，各网络平台接到的网友捐款即超过92万。

但是，在互联网时代，任何感动都不会超过一天——甚至惊天地泣鬼神、让人撕心裂肺的感动，都无法打破这个让人尴尬的宿命。今天网络对于这件事的报道，还有网友情感的微妙变化，再次印证了这个规律。

关于此事的最新报道，网络用的标题是《最悲伤作文被疑枪手所为，支教老师称仅整理过》。央视报道称，《泪》这篇文章并非木苦依五木写的原文。中共凉山州委宣传部发来《关于凉山小女孩写"世界上最悲伤作文"情况的调查报告》，报告提到了网上作文产生的经过：学生木苦依五木写了篇作文，然后支教老师任中昌看到后自己改写成了作文《泪》，然后叫木苦依五木照着他的手稿进行了原文抄写。

虽然支教老师称并没有对文章的字词语句进行过任何修改，所有的内容都是她的，自己只是修改了行文格式和错别字；虽然很多人也认为"文章经过老师整理"并不影响真实性，但从这条新闻的跟帖中，已经能够感受到昨天那些感动得泪流满面的人们的情感的微妙变化。如果说刷屏的感动非常纯粹，今天已经有了一些障碍和尴尬。

说实话，我的内心仍停留于对大凉山贫穷所带来的震撼中，怜悯、同情和感动没有减弱，也没有质疑《泪》的真实性。我关注到的是，互联网上"感动"这种情感的生产和消逝周期。我发现，互联网是一个很容易生产感动的地方，有一种机制生产和推动着"感动"这种共情的形成，人们的感动很容易像潮水一样地来，一张照片、一个故事、简单的一句话、一个引导，只要击中网络的某个痛点和泪水，会在病毒式传播中迅速生产一波全民的感动。但来得快，去得也快，感动也会像潮水一样迅速地回落，互联网同时又有一种迅速消灭感动的机制，把推向高潮的感动迅速压下去，以一种反向和逆转的情绪替代感动。互联网的人气与活力，很多时候就是靠这种"生产"和"消灭"所维持的。

在这种生产机制下，互联网上，任何感动都不会超过一天。感动在互联网上的生命和起伏周期那么短，不只是一个热点覆盖另一个热点下的遗忘和健忘，还有很多力量"消灭"着感动。

同样一件事，有人在感动，但无法回避的是，有人会如芒在背、如坐针毡。就拿《泪》这篇作文所引发的情感来说，远在千里之外、与这件事不相关的网友，当然会被触动和感动。但对于当地有关部门来说，会觉得外界的感动对他们是一种压力，外界越感动，他们的压力就会越大。因为人们越是感动，越会寻找问题的根源，也就越会把问题归咎于政府部门的救助不力和善款落实不到位。感动越强烈，对政府的批评就会越激烈。所以，会有一种力量出来稀释和打破这种感动，当地宣传部门给媒体所发的《关于凉山小女孩写"世界上最悲伤作文"情况的调查报告》，强调"文章经过改写"，就是在稀释感动。

政府部门特别强调：从去年开始，政府把木苦依五木家的5个孤儿都纳入了孤儿专项基金保护中，对每个孤儿每个月都会发放678元的补助，加起来共有3390元，都由他们的奶奶来代领。

稀释感动的另一种力量来自网络自身。网络就是这样，当一群人说一个东西"很好"的时候,必然会有另外一群人去质疑,会带着"肯定没说的那么好""背后肯定有问题"的反转心态去消解"很好",以寻找"瑕疵"的方式来寻找存在感和优越感。网络的特点是声音多元,又特别容易"一边倒",一会儿被这边信息支配,一会儿又被相反的情绪支配。感动就是在这种机制下被生产和被颠覆的,沉浸于强烈感动中的人们,很容易就被一个也许"缺乏根据的质疑"所影响,从而从感动走向一种受骗的愤怒。可以理解这种网络情绪的反转,不靠谱的新闻经常被反转,昨是今非,人们在这种不断的反转中已经失去了等待事实的耐心。

媒体总在求"新",在眼球压力下,互联网的"求新"冲动更强烈。这种"求新"压力也在缩短着互联网上感动的生命周期,当感动主宰网络的时候,必然会有一种"求新"力量去反转感动,在消解和颠覆中生产新的话题。没有冲突就吸引不了眼球,在生产和颠覆感动的传播过程,网络获得的是冲突和反转带来的巨大新闻效应。

分析互联网上感动的生命周期,是想让我们提升判断力,避免在这种生产和颠覆感动的网络机制中被操纵,别让自己轻易被感动又轻易被激怒。

(新华网思客 2015 年 8 月 8 日)

性是激发围观最好的兴奋剂

看到这几天少林寺方丈释永信所引发的舆论围观，你不得不感慨，荷尔蒙永远是煽动情绪最好的武器，性永远是激发舆论围观最好的兴奋剂。举报一个人贪腐上亿，永远没有举报一个人的"作风问题"更能提起关注。举报者"释正义"成功地通过性把舆论聚焦到释永信身上，成功地把释永信拉入到桃色漩涡中，也成功地让这个少林寺方丈的舆论名声降到历史的最低点。

有人会说，总不能听信举报者一面之词，清者自清，浊者自浊，总会有"真相"大白的一天，如果释永信没那些乱七八糟的事儿，舆论终会还其清白。这种看法是很幼稚的，这种事情哪里会有所谓的"真相"。一个朋友对此看得很透彻，他说，很多网友鼓励、怂恿、呼吁释永信去做亲子鉴定，纯属"围观不嫌事大"。释方丈才没那么傻呢。这次做了，即便不是，接下来估计还有多个孩子排队要跟他做亲子鉴定，没完没了，余生就不要干别的了。何况，即便找不到私生子，人家也会说，没有孩子不等于没有乱搞啊！所以，这就是一个坑，方丈才不会跳呢！

方丈不会跳进"亲子鉴定"这个坑，但"被人举报私生活"本身就是一个巨大的舆论陷阱，无论你跳不跳，无论你表不表态，你已经掉进了这个大坑。

想起一个段子，很有意思，说的就是这种桃色陷阱为何永远无法摆脱。著名球星王大宝在昆明机场刚下飞机，就有记者对他发问："请问你对三陪小姐有什么看法？"大宝没有被记者牵着鼻子走，反问："这里居然还有三陪小姐吗？"次日报纸头条标题就是《千里迢迢，大宝今日飞抵本地。心急火燎，脱口便问三陪小姐》。第二天，又有记者采访他："请问你对三陪小姐有什么看法？"他学乖了："对不起，我对三陪小姐不感兴趣。"隔天大标题是《见多识广，大宝夜间娱乐要求高。不屑一顾，本地三陪小姐遭冷遇》。接下来几天，无论王大宝说什么，新闻标题都会跟"三陪小姐"联系上。不说话吧，会被说成"面对三陪问题，大宝无言以对"；发飙的话，会被说成"王大宝一怒为三陪"。王大宝最后忍无可忍，把所有刊登他与三陪新闻的报纸都告上法庭，他想事情总可以得到解决了，没想到报纸的标题无动于衷：《法庭将公开审理王大宝三陪小姐案》。

　　无论释永信是否如举报信所言，都已经被"释永信私生子丑闻"这个桃色议题死死粘住。桃色事件有一种可怕的舆论黏性，死死地粘住一个人的名字，越想挣脱，纠缠得越紧。据称有关部门已经介入调查，但无论调查结果如何，桃色举报已经让公众留下了深刻的印象，一提起"释永信"这个名字，必会条件反射般地想到那些乱七八糟的事。比如几年前，北大前教授邹恒甫举报北大院长们生活糜烂，在旁边的酒店看到美女服务员就会霸占。北大此后将邹告上法庭，邹恒甫被判侵权并道歉，可北大得到清白了吗？北大名声恢复了吗？没有，如今很多人提起这件事，还会眉飞色舞地当成真事去演绎和延伸，快乐地感慨"北大精神早已死去"。

　　这种事情，人们根本不会关心是不是真相，很多人已经将此当成了真相。公众想要什么真相呢？通奸的细节？淫乱的场景？桃色的故事？方丈的丑态？我一直对这种围观桃色新闻的大众狂欢毫无尊重之感，根本看不到什么正义，看到的只是以追求真相为名义的窥探暴力，以"求真相"这个冠冕堂皇的借口，去窥探自己所想象的那种丑陋和阴暗，消费桃色八卦黄色新闻。在那种"还少林清白"正义热情的背后，包裹着的实际是窥淫的快感、围观八卦的亢奋和看热闹、起哄、消费、发泄、吐槽的狂欢。正像当年的"北大""教授"跟"餐馆奸淫服务员"这些字眼连在一起一样，今天的"和尚""通奸""私生子"这些词连一起，是一场多么活色生香、撩人围观的新闻大片啊。

在权威缺失的当下，谁能够成为这场桃色举报的仲裁者呢？释永信本人百口难辩，法律裁决不会有人信，官方调查不会有人信，阴谋论者已经为这出狗血剧准备好了结尾。阴谋论者是从来不关心真假和是非的，只问利害——桃色新闻中，没有真相追求者，大众都是消费桃色的阴谋论者。狂欢和口水之后，永远不会有真相。

（《晶报》2015 年 8 月 4 日）

微博微信哄抬着"开撕"的情绪

人大历史系一个学生在微信朋友圈批评某教授是垃圾,导师孙教授觉得学生太狂,遂发公开信与学生断绝关系,学生随后又发公开信回应称将维护自己作为研究生的合法权利。又是公开信,又是断绝关系,又事关人大这样的名校,这个话题立刻在微信中成为热点话题,支持者和反对者展开激烈交锋,一方觉得学生太狂就得教训,一方觉得导师心胸太窄、反应太激烈。师生的"开撕"很快变成舆论场上的"开撕",大学里师生之间的私事闹成了公共事件。

这种事情在过去算不上什么大的事,绝不至于闹得如此沸沸扬扬,又不是什么大是大非的事,圈内熟人攒个饭局喝杯酒说和一下,就过去了,何至于这样闹得在公开信中开撕、撕得一地鸡毛?闹成这样,导师被批小气,学生被批没素质,学生的学业会受影响,考博计划完全泡汤,所在学校和圈内一些人也被牵扯进来,两败俱伤。

真是让人感慨,我在读书时也是年少轻狂,甚至在主编院报时写过《教授,我来剥你的皮》《辅导员,我来给你上课》之类很狂、很愤青的评论。要在微博微信时代,估计也会成为教授与学生"开撕"的大事件了,可当时没有微博微信,大学没有进入社会舆论场,还是与社会有着一层隔离带。有教授非常恼火,甚至告到了校方,可后来大家都冷静下来,师生坐下来坦诚交流,学生反思自己太鲁莽太偏激,而院长在全院大会上让教授们都看看这篇文章，反思自己是不是被剥皮的教授。这样以大学的方式解决，倒成就了一次教育佳话。

微博微信让社会变得开放，信息传播变得迅捷，但也带来了一些问题，即大学中人无法安静平和地、以大学自己的方式去解决一些问题，动不动就闹到社会舆论场中，发酵成公共事件，最终无法收拾。矛盾未必就不可调和，人大孙教授未必一开始就想发公开信与学生断绝关系，可在微信上，旁观者一拱火，起哄者一忽悠，带着大义凛然的正义感去"开撕"的情绪立马就喷发了。学生本就很自负，自然也会火上浇油，于是就毫无回旋的余地了。

这本来不是一个多大的是非问题，年少轻狂说几句狂话，多大的事啊？可一闹到网络上，无数不相关的人参与进来后，就变成了非是即非的对立冲突。一方狂顶孙教授有原则，另一方则顶学生，变成两种极端声音的对立。这种事情，如果在大学内部以私人方式调和，会谈师生感情，谈人情面子，谈圈子关系，谈社会影响；但闹到了网络上，只会纠缠于简单的是非，在正义幻觉的口水纷争中让师生越来越远。圈内熟人的介入，会顾忌情感和情面，可网上无数不相关的人，他们不关心师生关系的撕裂，不关心学生以后的影响，只关心谈资，关心"开撕"得够不够激烈。

几年前中国政法大学何兵教授到中国传媒大学开讲座，与保安发生冲突，引发一场微博开撕，后来马少华老师评论说："就这件事的报道乃至广泛传播而言，我只能说，都是微博惹的祸。其实我们在生活中不免因小事与人发生冲突，往往谈不上什么太大的是非。但是，网络尤其是微博，会太快、太轻易地把我们本来没有机会或不想广泛传播的情绪、未经仔细省察的想法传播出去，因此也就太快太轻易地与他人发生观点的冲突。这也是我至今不愿意沾微博的一个原因。"

微博微信貌似让沟通变得便捷，可在某些方面反而形成交流障碍。如在过去，学生私下认个错道个歉，就过去了，可如今交流的语境从大学教室私下交流，变成微信微博上交流，反而有了障碍。因为不再是两个人的事，而成了一群人的事，老师要在网众的围观下显得有原则有面子，学生变得更加自负。微信传播语境，实际上使两人没有了沟通，而都是面对陌生大众的发言和表演，一冲动就发公开信，一激动就发出更撕裂情感的话，眼中没有了彼此，只剩下被受众挑起来的求胜意气。陌生的微信微博里的路人才不会顾忌师生情谊，闹得越大越有可看性，结果就成了现在这样。

(《晶报》2015年9月22日)

以屠呦呦贬低黄晓明是脑子进了多少水

屠呦呦获诺贝尔奖引发举国热议，这期间正好明星黄晓明大婚，奢华婚礼也成为网络热点。于是，便有好事者对两个本来八竿子打不到一起的人拿出来进行对比，有人写了这样一条微博：

> 据网曝，黄晓明婚礼耗费高达2亿元，着实让人瞠目。"三无"科学家屠呦呦，55年埋首科研获诺贝尔奖，为国家和科学界争得了巨大荣誉。论贡献，戏子可以忽略不计；论财富，屠老可以忽略不计；论正能量，戏子没资格与屠老并提。但是，中国媒体的资源更愿意浪费在戏子身上，悲哀！

这样的对比显然是错误的，"戏子"的贬低更暴露着价值观的扭曲。以尊重科学的名义贬低财富和其他职业，这是反科学的论调。自以为是的道德优越感背后，是心理的丑陋和思维的阴暗。总有人喜爱生拉硬扯地作这样的对比，将本来并不冲突的价值对立起来制造话题，屠奶奶不会跟黄晓明比，黄晓明更不会跟屠奶奶比。这个社会在改革开放后最大进步就在于，祛除了某种单一价值观而能够包容多元，拒绝用那种单一价值观的专断思维去衡量万事万物，并不要求紫罗兰发出与玫瑰一样的香味，各美其美，美人之美，美美与共，天下大同。人们可以免于受一种专断尺度的价值压迫，而在自己的价值王国中追求自由，且并行不悖。

可那种受单一价值观支配的道德专断思维，总像幽灵一样游荡于现实中，不时就冒出来恶心公众一下。比如，拿去世的张万年和姚贝娜进行对比，用市长的收入与姚明进行对比，在"关公战秦琼"的错乱思维中制造对立和混淆是非。

这些人以貌似正义的逻辑在追问，凭什么文化程度不高的娱乐明星却挣着比科学明星多千倍万倍的钱？凭什么为人类作出巨大贡献的科学家们却不如明星出名？凭什么媒体更愿意把关注资源浪费在娱乐明星身上？这些追问隐含的是这个社会的机制出了问题，好像当年"造原子弹的不如卖茶叶蛋的"的脑体倒挂。实际上这完全是错误的对比，"造原子弹的不如卖茶叶蛋"确实见证着那个时代下社会分配体制的畸形，知识被贬低，知识分子得不到尊重，知识的力量得不到体现。而市场化改革后，知识已获得其应有的尊重和地位，"造原子弹的不如卖茶叶蛋的"脑体倒挂已成为历史。

"获诺贝尔奖的科学家没有娱乐明星收入高"则与"造原子弹的不如卖茶叶蛋"不一样，完全属于正常现象。当下世界的那些正常国家，没有哪一个不是如此，霍金作出那么大的科学贡献，他的收入就是没汤姆·克鲁斯高，居里夫人的收入远远低于伊丽莎白·泰勒，好莱坞明星的名气远远高于那些诺贝尔奖得主。作为小众的科学明星永远比不上大众娱乐明星，这是规律。规律之下的比较是没有意义的，因为不能说明什么问题。没法得出这样的结论：明星收入远超科学家，是贬低了科学的价值；明星关注度远高于科学家，是媒体资源的浪费。两者的价值评判体系不一样，无法用金钱价值对比从而进行褒贬。

不能用"对人类社会的贡献程度"来分配收入和进行重要程度排序，作为娱乐明星的黄晓明给大众带来的价值，与屠奶奶的研究给人类带来的福祉，两种价值是不可比的。人有不同的需求，年轻的粉丝对着黄晓明欢呼尖叫，甚至根本不知道屠奶奶是谁，并不表明他们就不敬畏科学，并不影响他们从课本上看到屠奶奶的贡献后生出崇敬之心。这个社会的很多价值之间并无抽象的高低之分，排序的权利在于个体，不同的人在不同的语境、不同的时间下会作出不同的价值排序，对于一个患抑郁症的病人和一个患疟疾的病人，两者排序是不一样的。所以各领域有各自的激励方式，诺贝尔奖不会设诺贝尔娱乐奖，奥斯卡不会设科学明星奖。

同样不能用对比收入来衡量科学与娱乐的价值，明星那么高的收入是市场赋予的，见证着现代社会大众娱乐文化工业的发达。可科学研究是无法市场化的，如果屠奶奶的研究成果用市场化思维去经营，想治疟疾必须买她的专利，那屠奶奶靠卖她的研究就足以富可敌国；但如果这样，很多穷人就会死于疟疾。袁隆平如果垄断水稻专利而用于市场化变现，他的收入必然也会超过任何一个娱乐明星。科学的伟大之处，就在于这种超越个体功利而惠及人类的命运共同体意识。

收入不是通吃一切的评价标准，衡量尺度有很多。科学家的收入虽然没有娱乐明星高，媒体关注度也不及明星，但科学家的社会声望很高——他们的知识给他们带来了体面的收入，他们能从研究成果给别人带来的幸福中获得职业幸福感，这种幸福感不会低于明星享受粉丝掌声与鲜花时的职业成就感。有人说，科学家的收入和媒体关注度没有娱乐明星高，会误导年轻人，使孩子们都想当明星而不想当科学家。这是一个显然的伪问题，那种把收入和媒体关注度看得那么重的人，本就不适合当科学家。科学就是小众的，永远没法通过让科学家比明星有钱来激励孩子去当科学家。

诺贝尔奖之后铺天盖地报道屠奶奶，这种关注度本就是反常的，而平时少人关注，这并没有什么问题。科学家本就是寂寞的，媒体整天盯着屠奶奶，她还能有那么高的成就吗？相比之下，媒体盯着娱乐明星倒是常态。别再进行道德绑架和脑残的对比了。

（微信公众号"吐槽青年：曹林的时政观察"2015年10月12日）

瞧瞧屠呦呦获奖把某些人烧成什么样子了

屠呦呦获得诺贝尔奖，本是大好事，但在中国互联网上却引发了一场纷争，因为屠身上被赋予了过多的价值阐释和过多的批判意义。在各种搭便车炒作之外，朋友圈和微博各种撕咬：各种人等都把屠当成论证自己观点和立场的有力的论据。

之所以引发撕咬，是因为屠呦呦身上被贴上了这些标签：中国大陆第一个自然科学领域诺贝尔奖，女科学家，土生土长未出国不会英语的科学家，未获院士的科学家，研究工作没有发表过 SCI 论文（国际期刊）的科学家，中医科学家。还有人强调，她的主要学术成果诞生于"文革"期间。

于是，每个平常以这些标签自居的人，都把获得诺贝尔奖的屠当成了论证这些标签和立场的坚硬论据，把这些标签当成了屠能够获得诺贝尔奖的最重要原因。用她的"三无"却获得诺贝尔奖去羞辱当下科学评选制度，仿佛会英语、有院士身份、发过 SCI 论文反成了丢人的事，仿佛那些在各领域作出巨大贡献、白发苍苍的中国院士们在诺贝尔奖面前变得一文不值了。

以诺贝尔奖的一次评选结果，作为衡量其他价值的绝对标杆，以一次结果否定其他的价值，这种发烧思维真是够了。获奖的屠呦呦还什么都没有说，借机搭车的各色人等早吵翻了天，这个场景也真够滑稽的。

思维发烧之外，这显然是一种"迫切归因"——在事情刚发生，事实还很不清楚时，就迫切地进行归因，把事情的发生归咎于某个原因。比如，复旦大学投毒案刚发生，警方还有调查，媒体就把问题归咎于教育的失败、独生子女问题、大学人际关系冷漠，等等。韩国"岁月号"灾难发生后，有报道称听话的孩子都等在船舱里被淹死了，不听话的孩子跑到船舱外抽烟，反而逃过了一劫，以此反思儒家价值观的问题。这些都属于"迫切归因"的思维谬误。

发生一件事，原因可能有很多，有深层有表层，有直接有间接，还有些只是结果而不是原因，"迫切归因"则是在事实不清下的胡乱联系。比如下面这样的问题就是错误归因：男人为什么不喜欢真正对他好的女人，却喜欢事儿多耍性子的女人？——实际上，并不是男人喜欢事儿多耍性子的女人，而是因为男人喜欢女人，女人才事儿多耍性子。

屠呦呦获奖，这是一个结果，这个结果是一个个案，是什么原因导致她获奖？需要仔细分析，而不能根据一些表象特征和偶然因素就去"迫切归因"。她的"三无"——无院士身份、未出国不会英语、没发表过SCI论文——只是一种个性和个案特征，甚至是缺点，与获奖只是偶然相关，无必然联系，并不能推翻有院士身份、留洋会英语、发表过SCI论文能作出更高科技贡献的基本认知。就像不能盖茨退学成了亿万富翁，就得出结论：中学退学比读博士更能成才。全世界那么多诺贝尔奖得主，屠呦呦只是一个偶然的、不可复制的个案；屠呦呦只是大陆第一个自然科学诺贝尔奖得主，可能还会有第二个第三个，不能刚出现一个就立刻进行排它的归因。

屠呦呦获诺贝尔奖的一大"撕点"是，她不是院士。能获得世界性的诺贝尔奖，却当不了中国院士，似乎就证明了中国院士制度弊端，这种逻辑不对。获得诺贝尔奖，表明得到一个世界大奖评委会的认同，但诺贝尔奖评委眼光并不代表全部，不能因此否定其他。屠之所以未评上院士，综合此前报道来看，有很多原因，比如牵涉到成果属于个人还是集体，还有中医之争，这些都是可以争论的，并不一定就反衬出院士评选之弊。中国院士制度确实有很多问题，但不能以"能得诺贝尔奖却不能评上院士"推理出来。

擅长科技报道的《科技日报》总编辑刘亚东称："屠呦呦获诺贝尔奖，请为她点赞,别拿她说事儿!收藏界有种说法,叫'捡漏儿'。无博士学位,无留洋背景,无院士头衔的屠呦呦是而且只是一个'漏儿'。试图以她的'三无'否定现有科学共同体秩序的观点,不足信也不足取。没读完大学的比尔·盖茨成功了,美国人没有因此停止大学招生;不会说外语的屠呦呦成功了,中国人同样不会因此取消外语教育。我们的人才评价体系当然有诸多弊端而且亟待完善,但一下子冒出这么多'诸葛亮'说些不着四六的风凉话,我赶脚挺无聊挺没劲的。"

还有人以此批评中国的中小学教育。屠获奖后微信里立刻疯传着另一消息:"屠呦呦获奖之际重温北大名教授郑也夫论断:在中国读完中小学便与诺贝尔奖无缘"。在中国受过12年中小学教育的人不会获诺贝尔奖,因为12年中小学教育把人修理成一个考试机器。"这也是跟风胡扯,中国的中小学教育确实有大问题,但别拿屠呦呦和获不获诺贝尔奖说事儿啊,缺乏逻辑关联。屠1930年出生,诺贝尔奖得主平均年龄59岁,有问题的中小学12年教育是从哪一年开始的呢?从人才成长规律和科研出成果的规律,那些受过12年中小学教育的人从年龄上还没有机会获诺贝尔奖,起码目前无法证实与得不得诺贝尔奖的关系。诺贝尔奖评委会之所以把奖颁给30多年前屠的研究成果,也是耐心地观察其研究成果的长期效果。

相比之下,屠一获奖,立刻各种浮躁的归因,看到几个标签就立刻去归因、去批判、去撕咬、去生产各种励志的心灵鸡汤的。什么190次失败造就的成功啊、什么"三无"却能成就伟大啊、什么耐得住寂寞啊,一个个假装都成了人生哲学家。鸡汤哲学家的一大特点是,喜欢盯着成功人物的缺点,然后把缺点美化为成功的原因去误导年轻人,迎合失败者自欺的思维模式,马云是因为长得丑才成功的吗?霍金是因为瘫痪才成为科学家的吗?所以嘛,鸡汤永远属于失败者,这真是一出滑稽戏。

("荔枝锐评"2015年10月8日)

你们无聊到需要从炮轰脑残言论中找快感

一个网民"结婚证有效期应为7年"的荒唐言论成为众矢之的,评论家们义愤填膺地对这种谬论进行了批评,有的说这个言论很荒谬,有的批评其哗众取宠脱离实际,有的逐条批驳罗列其奇葩之处。编辑约我写稿批评这个言论,本来是不想写的,因为这个言论太荒唐了,荒唐到批驳都显得很荒唐。上次批评那个提出"合娶老婆解决光棍问题"的"砖家"时,我解释过我的观点:"有些话题不需要去评论,无视是最大的鄙视。不是啥人说啥言论都有必要去认真反驳,真没啥好评论的。如果有人说'狗屎比米饭好吃',你还要去义愤填膺、一本正经地从这个学那个学的角度去反驳和论证吗?嗯,且让他吃狗屎便是。人家爱吃,你干嘛拦着他?不要在以下两件事上浪费时间:跟智者胡搅蛮缠,跟白痴解释真理。"

一些人特别喜欢找一些明显脑残的言论进行批驳,把这种明显脑残的言论驳倒了,反而显得自己很无聊,被无聊的议题牵着鼻子走。有些"砖家"知道舆论这种热衷消费脑残言论的习惯,有时故意制造出一些明显脑残的言论"引诱"批判。一些无聊的口水战后,道德批判家大获全胜,"砖家"成功地红了火了,网站获得了点击率,网友在炮轰中获得快感,可舆论和公众却在这种无聊的讨论中什么都没有得到,只有一地鸡毛一堆垃圾。

这一次我不想批判"结婚证有效期应为7年"这个言论,因为无聊滑稽之极,我想批评的是那些批评这个言论的人,你们真的已经找不到可评的话题了？你们真的无聊到需要从炮轰这种脑残言论中寻找快感和优越感的地步？

媒体转发此人言论的时候都说：学者发表惊人言论——"结婚证有效期应为7年"。可到底是哪个学者呢？媒体报道的时候都一笔带过了，他们只需要"学者"这个标签去设置话题，衬托言论之荒谬，根本就不在乎这人是不是真学者。追根溯源，实际上根本不是什么学者，就是一个写评论的普通网友，封了一个"专栏作家"的称呼。一个严谨的学者和专家，不至于脑残到会发表这样挑战常识、毫无理据的言论。

再仔细看此"专栏作家"的这段言论，并不是正经的建议，而充满反讽和恶稿的味道，实际上是在无厘头地编段子调侃，调侃结婚证，批评现在的离婚率越来越高，讨论七年之痒这个坎儿。说到底，这只是一个段子而已，以荒谬的方式提起一个话题，博人一笑。可是，无聊的媒体跟网友看到这个充满槽点的"结婚证有效期应为7年"，立刻像打了鸡血一样：揪住一个雷人雷语了，必须把它批判一番。如果说是段子，就没有戏剧效果了；如果说是"专栏作家称"，也没啥新闻性，于是便编造了这样的新闻：《学者发表惊人言论：结婚证有效期应为7年》。

智者说，我们可以将所有的问题都是归结为两种：一种是没饭吃饿出来的；一种是吃饱了撑出来的。像这种无聊的议题、无聊的批判，就是一帮吃饱了撑出来的。并不是这个舆论场上真有多少雷人雷语，很多时候雷人雷语是媒体和网友生产出来的。因为无聊的媒体需要借助雷人雷语获得点击率和吸引眼球，这类无聊的伪问题往往是制造争议和吸引眼球的神器。骂学者，骂脑残言论，大家在批判中获得快感和优越感，网站获得人气和流量，媒体版面有了一个话题，评论员有了一个选题。

严肃的话题无人关注，炮制出的脑残伪命题占据着媒体版面。娱乐至死，无聊之极，这便是这个议题的狂欢中所呈现出的媒体败象。

（《上海观察》2015年12月9日）

"路怒"与"网怒"叠加放大的社会戾气

成都女司机被打事件在网络上持续发酵，网络反应之激烈，剧情反转之快，情绪变脸之迅速，创造了一次网络纪录。从新闻刚曝出时，网络一边倒地激烈讨伐打人的男司机，到后来一边倒地激烈抨击被打的女司机，高呼"打得好""放着我来""遇到我会打得更狠"，骂红了眼的网友，甚至开始报复性地人肉女司机的隐私信息。女司机受访时所言的"觉得变道没错"，进一步刺激着网友的愤怒。

在刚开始被公布的视频中，女司机被暴打的场景让人觉得可怕，后来公开的两人路上斗气的视频，让人看到了"路怒"情绪的可怕。但媒体和网络的参与并没有让这场可怕的马路闹剧终止，而把战场从路上转移到了网上，召唤出了比两个人的马路暴力更可怕的群氓的网络暴力。原先的暴力只是"路怒"引发的社会问题，可当这种"路怒"遭遇到"网怒"，两种愤怒的戾气叠加和杂糅在一起，就放大成了一种无比恐惧的社会戾气。

这就是网络，很多人缺乏理性思考，很容易被碎片化的信息牵着鼻子走，像任性的小孩子一样情绪化地摇摆：听到这个人说几句，立刻跟着骂几声；听到另一种声音，又被牵着鼻子走了。刚看到女司机被打，不问被打原因，立刻在网络上"群殴"男司机。第二个视频出来后，又根本不问是非对错和前因后果，不看完整的事实，被视频诱导着去"群殴"变道的女司机。

很多人都在迫切地归因归咎，追问问题到底在男司机还是女司机。其实开车的人都知道，这种事情一个巴掌拍不响，多是两人斗气所致，是典型的"路怒"引发的冲突。打人肯定是不对的，这是毋庸置疑的，但从目前的视频来看，先前两个人都有错，缺乏基本的礼让，情绪的对立升级互不相让，使情绪走向失控，最终导致后来的爆发。所以，不是简单的谁先错谁后错、谁是罪魁祸首的问题，而是"路怒"情绪中的互为因果、互相强化。社会集体应该反思和批判的是"路怒"，而不是简单地把矛头指向某一个人。

一个现实中的人，也许具备这种思考的理性，可当一个人在网络上的时候，就变成了毫无思考能力、充满情绪化、只知道寻找道德高地和树一个靶子去攻击的乌合之众。"路怒"问题很严重，"网怒"比"路怒"更严重。"路怒"表现为：一开车就喜欢骂人，语言很脏；驾车情绪容易失控，稍微堵车或碰擦就有动手冲动；喜欢跟人"顶牛"；开车时和不开车时的脾气、情绪像两个人。其实"上网"与"开车"有着同样的倾向，网上网下判若两人，一上网就容易感染网络戾气，一出口就是粗鄙的语言，情绪火气很大，好争好辩好抬杠起哄，开口就是"脑残""傻叉"之类，让网络变成了倾倒语言垃圾和"表演正义感"的公厕与秀场。

当"路怒"遭遇"网怒"，产生了可怕的化学反应。面对"路怒"引发的问题，基本没有人去反省，而是把"网怒"叠加到对这个问题的分析上。看不到几个人去善意地为这件事浇水降温，而是带着围观起哄、消费热点、嫌事情不够大的亢奋，去浇油哄抬彼此的情绪。尤其可怕的是，很多人将平时在路上开车的愤怒，移情到对这个女司机的不满上，那些上网的"键盘侠"，带着"路怒"的心态看待那个不断变道的女司机，更加变本加厉地愤怒。当这种不满通过键盘表达时，更有了一种杀气腾腾的多数人暴力力量。那个在视频中变道的女司机，给很多人的"路怒"找到了一个绝好的借口，被想象成了带来拥堵、车祸和马路混乱的罪魁祸首。于是，网络的愤怒情绪便达到了一个让人恐惧的顶峰。

不只是这个事件，可以看到，在很多社会问题和公共事件上，网络都扮演着这种"情绪放大器"的角色。将网络愤怒叠加到其他愤怒之上，以正义的名义去消费其他情绪，热衷于浇油，用愤怒生产愤怒，用愤怒叠加愤怒，用愤怒放大愤怒，结果就是不断哄抬着本就弥漫的社会戾气，使舆论空间被愤怒的雾霾所笼罩。

（"荔枝锐评"2015年5月7日）

有一种谣言叫"正能量谣言"

"谣言"是个坏东西,但如果在前面加上某个修饰语,就会给谣言披上一层搅乱你的思维迷彩,从而误导你的是非判断,失去对谣言的警惕。比如,有人区分了"民谣"和"官谣",是民间制造的谣言还是官方制造的谣言,人们的态度就大为不同。另一种经常干扰公众判断的谣言叫"正能量谣言"。所谓"正能量谣言"就是:听起来让人充满正能量,但却是假的。因为包裹着正能量的外衣,充满迷惑性。

比如,浙江宁波鄞州高级中学的图书馆,无门无岗,10万册图书任由师生自助借阅,馆长说这样是为了让师生们更自由地读书。图书馆无门无岗,充分相信师生,这样的佳话本就让人充满感动。即使可能会丢几本书,也不会影响"无门图书馆"带给公众的感动。可后来有媒体报道说,图书馆无门,年终盘点的时候,不仅仅书没有少,而且还多出了6000册。

这就属于"正能量谣言"——"不仅没少,还多出了6000册"的潜台词是,你相信别人,也会赢得别人的信任,学生们不仅不会借书不还,不仅不会偷书,而且还会把自己的书往图书馆里拿,这就是相互信任带来的佳话。这佳话听起来确实让人感动,充满心灵鸡汤的味道,也让人获得了正能量。可这是假新闻,甚至后来连图书馆馆长都出来辟谣了,书没有减少就很好了,怎么可能还增加呢?实际上,还是有书籍丢失的。

所谓"正能量谣言",是为了营造正能量的形象或效果而编造的新闻信息。比如，前段时间尼泊尔地震救援中，为了凸显中国救援的给力，传出了"凭中国护照可以机票免费"的新闻。这个信息滋养了很多人的大国虚荣感，可后来事实证明，这纯粹是一则谣言，根本不会免费，个别机票代理商甚至借机涨价。这消息，开始听起来很正能量，但被证明是谣言后，引发了网络上各种撕逼大战，成为不折不扣的负能量。

网上流传着很多类似的"正能量谣言"，多集中在一些心灵鸡汤和大国虚荣中。这些"正能量谣言"与传统的夸大宣传是同源同构的，当年媒体上流传着很多能滋养我们大国虚荣的新闻，什么美国西点军校挂雷锋像学雷锋，在太空里用肉眼能看到的唯一建筑是中国的长城，等等。在信息开放的网络时代，网络中的这种"正能量谣言"并没有随着信息的开放而减少，甚至愈演愈烈，微博和微信里充斥着类似能让你充满鸡血却是假消息的"正能量谣言"。迎合着很多人的虚荣、惰性、自欺和浮躁，披着正能量的面纱招摇过市。

因为打着"正能量"的幌子，这些谣言虽然被揭穿了，但不会得到惩罚，甚至揭露真相者被指责为"破坏正能量氛围"。所以，这类"正能量谣言"也许会比普通的谣言更可怕，对社会造成更深的伤害，因为人们意识不到那是谣言，或者不能自拔，宁愿生活在"正能量谣言"的谎话世界里。久而久之，谎言成了真理，常识反成了谬误。

之所以流传，首先是因为有人在批量生产。生产者主要有两类，一类是传统的习惯性夸大宣传，明明是 90 分，非要拔高到 200 分，明明是一个有缺点的好人，非要说成是完全不食人间烟火的完人圣人，自以为是地认为这种拔高是为了传播正能量。另一类生产者是商人，编造那些心灵鸡汤去按摩现代人的精神，他们深知很多人需要的不是真相和真话，而是需要能让自己舒服的、温暖的、能麻醉精神的谎言。这两类"正能量谣言"的生产者都觉得，是不是事实和真相并不重要，关键是不是听着顺耳。在这种逻辑下，顺理成章地就成了，说让人感觉顺耳的好话就是正能量，让人不舒服的批评就是负能量。

含有各种添加剂的心灵鸡汤喝多了,很容易慢性中毒。"正能量谣言"听习惯了,很容易形成幻觉。克制对那些"正能量谣言"的消费需求吧,不能自欺欺人,没有所谓的"正能量谣言"或"负能量真相",编得再美的谣言、听起来再"正面"的假新闻,总是负能量;报道再让人不想面对的真相,总是正能量。一些事情,明明做到了 90 分,说 90 分就可以了,但一些人非得添油加醋拔高到 200 分,这种用力过猛反而成为一种高级黑,在网络反弹中使"90 分的成绩"甚至成了负分。

(《晶报》2015 年 5 月 6 日)

在"学霸"身上重新发现久违的学生气

看过一条关于一个清华"学霸"的新闻,这女孩的学习计划表和获清华特等奖学金时的答辩视频被疯转。据了解,她曾是清华大学精仪系81班本科生,三年成绩班级第一。在她的学习计划表里,从周一到周日,每个小时都做了非常明确的学习安排,网友们看完后评论:"比国家领导人还忙""深刻感觉自己连呼吸都在浪费时间""她貌似一周只洗一次澡"!

这个爱学习的女孩,唤起了很多人对自己大学时"学霸"的记忆。也许我们每个人的大学记忆里,都会有这样一个"学霸",而且毫无例外都是女的。她们上课时都坐在第一排,从不翘课,门门课都是优秀,深受老师喜爱,年年垄断着最优等的奖学金;每每考试前,她的笔记都会被传抄;每每给新生介绍学习经验,她都是不二人选……

高中时也许大家都一样,一切以学习为中心,而大学班级的生态就很多元了。回忆一下,上过大学的我们,身边都肯定会有一个女学霸,一个死胖子,一个万人迷,一个泡妞高手,一个猥琐男,一个文艺青年,一个热衷于当学生干部的官迷,一个整天逃课挂课一堆、四级没过的人,一个常出惊人之语却不招待见、被视为怪人的人……"学霸"是这个班级生态和大学风景中一个不可或缺的部分。

但是,在今天的大学校园中,"学霸"这个词似乎越来越贬义化了,人们常会带着嘲讽和恶搞的心态来用这个词。这种贬义,从"百度百科"对这个词的解释就可以看出："专注于学习，很少参加社会活动，分数很高的学生。现又特指在期末测试或者重大考试中，考前进行突击学习的人群。"一个"霸"字，贬义尽出。

在当下浮躁的大学语境中，我很欣赏这样的"学霸"。当"学习"这个正经的词，在大学世俗化、社会化、市场化的过程中被矫枉过正地矮化时，我们需要重新树立对"学"的尊重。在大学，就得像个学生，好好"学"。一个在大学教书的朋友说过，他最反感的是，一些成功人士回学校做讲座时，鼓吹"学习没用""读书无用"，鼓励学生逃课。每次听到这些，他就会离座抗议。

不得不说，现在很多大学的学生，都过度社会化了，学生之间弥漫着一种功利的浮躁氛围，每个学生好像一进大学就想着找工作，寻找实践机会，以有很多兼职为荣，而不好好地待在大学里学习专业课，积累专业素养和今后的发展必需的知识。因为兼职多，实践多，社团活动多，自然就经常逃课了。逃课不是去图书馆读书，不是选择自己更感兴趣的课，而是所谓的去"实践"：既赚钱又能积累实践经验。

我在京外一所大学做讲座，一个学生在提问时，对北京那些大学的学生们拥有那么多实践、实习、兼职资源，表示了羡慕妒忌，觉得自己所在的城市很少有实践机会。我说，换个角度看，这可能不是北京那些学生们的优势，恰恰是他们的劣势。每个人在每个阶级，应该去做那个阶段要求你做的事情——人的有效学习时间是很短的，而大半辈子都在工作。大学，多么好的学习机会啊，有这么大段的时间可以读书，学生就应该待在学校里好好读书，为工作积累各种素养，而不是那么急于去工作。

北京一些高校的学生，因为实践机会太多，整天都往社会上跑，大一开始就很少待在学校。这种过度社会化，过早地奔向社会，是反教育的，弱化了大学教育对一个人应有的积累过程。一件很奇怪的事，很多学生在大学时急于去参加各种社会实践，荒废了学习，而到了该努力工作的时候，又时常想着回学校去"充电"——总是在这个阶段想另一个阶段的事,这个阶级该做的事没做好。成长是有规律的,这个阶段把自己变优秀了,到下一个阶段,其他事情才会跟着好起来,成功就是踏实的积累。

过去是学生太脱离社会,身上太多的书卷气和书生气,而现在走向了一个极端,过于社会化了,身上满是江湖气和庸俗世俗之气。所以,我是挺欣赏这个"学霸"的,在大学,就应该好好学习,争当"学霸"。

(微信公众号"吐槽青年:曹林的时政观察"2016年1月6日)

为什么看到"朋友圈拉票"就拉黑

为了写好这篇文章,我在微博里做了一次调查,问大家怎么看待微信朋友圈拉票这种现象,比如孩子评优、朋友评奖、单位创先之类在朋友圈拉票。网友们对这个话题"很有话说",不久就有了数百条评论,而且评论和态度惊人的一致,网友们以各种方式表达了对这种行为的反感和抵触。

有的说,假装没看到,从来不予理睬。有的说,无论谁,发一次立刻拉黑。有的说,骗子使坏,傻子上当。有的说,这不是朋友圈,而是在圈朋友。有的说,直接回复"淘宝可以买到票数!"有的说,过去会做这方面的热心人,白白关注了很多莫名其妙的公众号;现在,再在朋友圈里如此拉票,基本无视。有的说,这是典型地利用朋友圈这种强连接式人际关系来使得好友碍于人情不得不参与。

对比一下会感觉很有意思,微博上讨论这个话题时基本上是一边倒地、义愤填膺地反对,而在朋友圈中真遇到这种事时则不一样。我的朋友圈中也常有朋友拉票,但从未看到过有人站出来反对,或公开地表达反感。微博评论排除了人情压力、友情顾忌、圈子情感的干扰,有时更能表达人的真实想法,从这种对比可以看出,虽然"朋友圈拉票"会有很多朋友响应投票,但很多人内心其实是非常抵触的,但碍于人情不会表达出来,不过心理上已经有了疙瘩,那些没有投票的更成为"以沉默表达不满的大多数"。

当"朋友圈拉票"成风之后,拉票者很多时候也是被拉票者,将心比心,其实很多拉票者也明知道此种行为可能会招致不满，有时会通过"发个红包"来表达歉意，减轻自己的不安，化解部分抵触。朋友圈的友情本就很弱，拉票之风消费了本就淡漠的社交关系。

看到"朋友圈拉票"就拉黑——很少有人会这么激烈，不过是以这种方式表达一种坚决的反感。碰到这种拉票，我一般也是"假装没看到"。记得有一次一个朋友拉票时说："我才不会像有些人那样去淘宝买票刷票呢，亲们请帮忙投个票。"这难道不很矛盾吗？在"朋友圈拉票"跟"淘宝刷票"的差别有多大？一个是花钱买票，一个是用人情刷票，难道不都是干扰和造假？有人说，"花钱买票"是规则不允许的，而"朋友圈拉票"则是规则鼓励的，别人都在"朋友圈拉票"，自己不拉的话会很吃亏。那句"骗子使坏，傻子上当"的评论真对，设计规则者允许"朋友圈拉票"，你还真傻乎乎地被这个坏规则牵着鼻子走啊，自己没有是非判断力吗？一边吁求公平一边打破公平，"大家都这样做"的比烂思维见证着没有原则。

很多人都说这样做是为了孩子，可参加这种靠网络拉票决胜负的比赛，难道不是对孩子的误导？正如一个网友留言说，小孩子懂什么，都是家长要面子。

不仅消费友情，助长着人们不珍惜自己手上那一票，实际上更是一种变相的传销。很多比赛都将此当成微信公众号营销的一种途径，微信平台上设置投票，尤其是涉及孩子的比赛，绑架家长，利用父母的求胜心切，利用人性的弱点，鼓动朋友圈拉票。其实这种拉票有什么公平性可言呢？本质就是消费友情，有几个人会认真看比赛、仔细去比较呢？无非是朋友让投谁，那就随手投一票吧。最后无非就变成了谁的动员能力更强，谁拉的朋友更多，谁的社交关系更强大，跟选手本身的优劣并没有关系。拼朋友圈，实质是一种公然地"拼关系"，公然地践踏公平规则。营销者以"规则允许"的名义，用这种反规则的游戏规则进行了营销和推广。被坏规则绑架了的家长和朋友圈，不知不觉陷入了商人营销公众号的网络传销链。

一个朋友说,发现很多这种投票都需要输入电话号码和名字,或者是需要关注他们的公众平台才能投票,这是有的公司为了收集大量用户的通讯信息。这种"朋友圈拉票",不仅消费了友情,有时还搭上了朋友的隐私,给朋友带来无尽的麻烦。

(新华网思客2015年8月22日)

第六辑
反腐败是场战争

种种"反腐规律",是人们根据往日经验和既有案例总结出的认知,这些规律在一定时期内也确实有一定的预测能力,能解释一些现实,背后却反映着人们对依法反腐的深刻不信任:不信法律,不信"腐败必被捉"这个铁律,而是相信有很多凌驾于法律之上的因素干扰和决定着反腐败。人们不是根据一个官员的行为和法律去判断反腐走向,而是根据权力的潜规则和人治的思维去总结和判断:只要在"新闻联播"和党报上出现了,就是安全的;只要官做到一定的级别,上面顾忌影响也不会查处他。

你相不相信马云从来没有行过贿

这个时代是马云的时代，马云出现的地方他就是焦点，马云说过的话都会成为鸡汤和励志名言。最近的"马云语录"恐怕要收进他在浙商大会上关于"永远不要行贿"的那段话了，作为浙商总会首任会长，马云发出倡议：希望浙商永远不参与任何行贿，如果我们的会员参与行贿，就清除出去。这个代价不能再让我们的下一代去承受，再去拼这些东西。我们拼真本事，拼的是睡地板，拼的是勤奋，拼的是不断改变自己，拥抱变化。

作为成功人物，向社会输入"永远不行贿"的正能量，引导"拼真本事拼勤奋"的价值观，这是名人和成功人士应该承担的社会责任。我见过有些成功人士，大谈当年是怎么通过关系挖到第一桶金的，大谈"不读书一样能成功"。一个朋友在大学任教，他说，学校常请一些业界成功人士回学校讲座，每次听到那些人士在讲台上眉飞色舞地讲自己当年怎么逃课、鼓励学生也去逃课时，就非常反感并转身就走离座抗议。

马云说"永远不要行贿，我们拼真本事"，隐含的判断是，阿里巴巴能走到今天，拼的是真本事，马云从不行贿。很有意思，我在身边的朋友中做了个小调查，当我拿"马云让浙商永远不行贿"这个话题去问大家的态度时，大家都很赞赏马云。但当我换为"你信不信马云从来不行贿"这个话题时，多数人都说不相信。

之所以提起这个议题，是源于马云的同行王石的经历。王石的一句名言是:"万科绝不行贿。"这个承诺让王石在民间获得极高的道德评价,也让他赢得媒体"时代标杆"的美誉,但王石向媒体抱怨说,多数人都不相信他不行贿。王石感慨地说,北大光华学院请他去讲座,主持人现场进行民意调查,看看有多少人相信他"不行贿",结果只有30%的人举手。"这还是我在场,里面也许有人给我面子,否则只怕更低。"王石后来一直就这问题坚持去进行讲座,学员不断在变,调查一直进行,但每次都没多少人相信他从不行贿。在一次企业家论坛上,王石和一位嘉宾先后发言。王石讲自己不行贿,下面没有掌声;另一位讲他行贿的时候,下面掌声雷动。

我相信,如果马云做这样的调查,问大家相不相信我马云从不行贿,估计答案会与王石的遭遇一样。"从不行贿"会成为一句受到大众赞赏却很少有人相信的"孤独的口号"。为什么没人信?你懂的。

说"从不行贿"或"永不行贿"可能是需要资格的,成为了像马云、王石这样的业界商界大佬,也许才有说这句话的资格,反正我没看到过哪个刚进商界的"小虾米"说过这句话。成为了大佬,拥有了知名度和影响力,也就是商业精英的权力,这种权力也许能够与行政权力形成博弈,可能不必向行政权力弯腰就可以获得资源。企业做大了,大到举足轻重的程度;个人出名了,出名到成为业界教父,这时候行政权力也许就得求着商业权力了,求阿里巴巴投资,求马云的新项目落户本地,求王石到自己的城市盖楼,想借助马云的影响给自己带来利益。这便是说"永不行贿"的底气,可如果只是一只"小虾米",拿项目,跑审批,盖个章,求人办事,如何有底气去说"永不行贿"?

很少有人相信马云、王石从不行贿,是源于对现实的悲观。从看到的反腐影视剧剧情,到现实中一个个"老虎"落马背后的故事,到各种民间传说,再到自己亲眼看到的和亲身经历的,"永不行贿"似乎都缺少支撑。多数人不需要做生意,不必要行贿,但很多人有"跑关系"的经历,即使平常很老实本分的人,当遇到孩子上学、儿子就业这样的事情时,也会厚着脸皮去走走关系送送礼。不送礼会感觉很不安心，送礼了，别人也收了，即使送礼并没有什么用，但自己才会安心。因为他们潜意识中相信别人也会这么做，不是想去行贿获得特权，而是不相信别人不行贿，担心别人行贿而自己不行贿从而使自己处于不利境地。这是一个恶性循环。

我相信马云、王石从不行贿并且永不行贿，但我知道这种对个人道德上的信任并没有什么用，关键是现实土壤滋长着不相信。

（新浪网观察家专栏2015年11月18日）

你未必是人好，你只是没机会放荡

"你未必是人好，你只是没机会放荡。"这句话说得多精彩，直抵人心戳中心窝，提醒我们要警惕"好人幻觉"，警惕人性中的幽暗。这句至理名言跟另一句名言结合起来思考，会更有味道："要测试一个人的品格，就给他权力。"是不是好人并不重要，重要的是，面对权力的时候，还是不是好人。所以每当看到媒体的报道习惯用"典型塑造腔"写一个人道德多高尚、人品多好时，我就想起这句话。

每当看到一个官员落马后，媒体带着正义感对贪官进行"鞭尸"，公众带着道德优越感唾骂这个贪官时，这句话也会在我耳边响起。说实话，面对贪官时，我真没有多少优越感，我不知道如果我坐在他们的位置，拥有他们的权力却缺乏约束，会不会跟他们不一样。你真的未必是人有多好，你只是缺乏放荡和腐败的机会罢了。

之所以生出这番感慨，是看到近来《中国青年报》"冰点人物"一则报道，写的是海南政府采购中心一位官员。政府采购是一个高危岗位，这个充满诱惑的岗位上已经有无数官员"前腐后继"。看到这篇报道的开头："从2004年担任海南省政府采购中心书记、副主任开始，席传亮已经在采购中心度过了近12个年头。这让他成为中国担任政府采购中心主任时间最长的人。用席传亮自己的话说，他这11年多，都在专心替政府花钱。"我原以为这是一篇"塑造典型"的报道，接下来会夸他的道德如何高尚，面对诱惑是怎么毅然拒腐，如何出淤泥而不染，如何一身正气两袖清风。

报纸上充斥着这种"典型塑造腔"，往往是把人写得越高大，面对诱惑越正义凛然，让人感觉越假，越没人信。那些落马的贪官，哪一个没有一份完美的任职履历，哪一个落马前不被各种报道塑造成圣人？

《中国青年报》这则报道让人眼前一亮，报道摆脱了同类报道的"典型塑造腔"，没有毫无节制地把人往那种"面对无数诱惑毫不动心"的圣人路子上去写，而是把重心放在这位官员是如何利用自己的从业经验完善政府采购制度、如何补上各种漏洞，从而防范"好人变坏，坏人变得更坏"的结果。这一次的报道终于不是致力于塑造一个拒腐的好人，而是谈一个人如何致力于防范"坏制度将好人变坏"的故事。我们的反腐叙事中"好人拒腐"的假大空故事已经泛滥成灾，太需要这样让人围绕制度建设的故事，需要这种以制度为中心的佳话。

报道中提到，他亲眼见证过权力的诱惑让人踏入深渊。他的上一任，上任两年便落马，因受贿罪判刑 11 年。"当时觉得他的工作状态有点不对劲，所有的审批权都在一个人的手里，不下放。"那时还是做副主任的席传亮暗自告诉自己，不要给自己和同事这样的机会。席传亮显然对人性不够信任。他不仅不够相信自己的员工，也不够相信自己。他上任之后，废除了曾经一个人操作采购项目全程的模式，改为分段式管理操作法。各职能相互分离，相互制约，相互监督，从源头上杜绝商业贿赂。

报道中还提到，席传亮一直忧心的事情是，由于缺少有效的监督和管理，社会中介机构为了能承接更多采购项目，从中获取代理费用，会钻政府集中采购不健全的空子，与采购人建立寻租链条。针对此，他在 2010 年就写过一篇几万字的论文《政府集中采购若干问题的思考》，并把论文送给一些领导，他悲观地说，估计有些领导看也不看就直接扔进了垃圾桶。他的论文写了 35 页 A4 纸，遍数政府采购的问题，他甚至得出最为悲观的认识：我国现行的政府统一采购制度形同虚设。报道一直围绕着他在完善采购制度上的努力。

关于制度的好故事,有一天会写进历史,而关于好人的故事总让人感觉不安,把一个人写得越完美,越让人不安。一个人最高贵的品格,也许不是出淤泥而不染,不是拒绝诱惑,而是致力于制度建设,将包括自己手中的权力关进笼子。

(微信公众号"吐槽青年:曹林的时政观察"2016年1月5日)

反腐大快人心后更需征服人心

十八届中央纪委五中全会是反腐败的一个重要节点。在这个节点上公布了习近平总书记很多关于反腐败的论述，很多论述成为舆论热议的焦点，比如"整天喝得醉醺醺的，舒服吗""军队是拿枪杆子的，更不能有腐败分子的藏身之地""不定指标、上不封顶，凡腐必反，除恶务尽"。这些大白话听起来很过瘾。相比这些过瘾的论述，我更关注总书记在讲话中关于反腐败"破"与"立"的论述。

总书记说："党的十八届四中全会对全面推进依法治国做出战略部署，体现了'破'和'立'的辩证统一。深入推进党风廉政建设和反腐败斗争，同样要做好'破'和'立'这两篇文章。"中纪委书记王岐山也说过，要用治标为治本赢得时间，其实涉及的也是"破"与"立"的问题。这表明高层对于反腐败有着很清晰的问题意识，通过"破"大快人心之后，更需要通过"立"去征服人心。

从打掉周、徐、令、苏四只"大老虎"，到不讳言山西的塌方式腐败，再到"每日一贪"的高节奏高频率"打'虎'拍蝇"，最常听到的公众反应就是"大快人心"。反腐败确实让公众感受到了快感：平日在主席台上发号施令、不可一世的贪官，成为万众唾骂的阶下囚，成为法庭上痛哭流涕的可怜虫，当然大快人心；平时滥用权力祸害百姓，今日为自己滥用权力付出沉重代价，得到报应，法网恢恢疏而不漏，当然大快人心；舆论和公众对一些官员的滥权行为早就敢怒却不敢言，如今终于可以公开地表达鄙视，当然大快人心。贪官消耗着执政党的公信力，人们对腐败深恶痛绝，自然没有什么比贪官的落马更让公众感到快乐了。

但是，大快人心之后怎么办呢？反腐败不只是为了大快人心，"大快人心"之"快"也很难持续地给人心带来正能量。一方面，"打老虎"带来的快感会不断地递减，开始打几只"老虎"，人们会很快乐，可是需要更多、更大的"老虎"才能维持这种快感。比如，周永康落马后，很多人立刻追问是不是有"更大的老虎"，似乎继续打更大的"老虎"才能产生震撼。

这种享受反腐快感的热情终会走向疲倦，只有打更大的"老虎"、更频繁的反腐节奏，才能满足这种不断递减的热情。这种靠"打大老虎"支撑的反腐热情，甚至会走向一种逆反，正如有专家谨慎地提醒过"可能产生意料之外的反效果"，即从拥护、支持反腐败走到另一个极端，由痛恨少数腐败分子发展到否定整个体制。如果只停留于大快人心，这种"快"滋养和强化的只是仇恨，甚至形成一种负面的社会认知，根本不信媒体上那些关于官员正面形象的报道了，而会坚信"官场没好人""不查都是孔繁森，一查都是王宝森"。

腐败吞噬民心，所以需要高压反腐去"大快人心"，去抚慰人心，但又不能停留于此。所以"破"之后的"立"非常重要，需要在"大快人心"之后用看得见的制度去"征服人心"。一个个落马的贪官，媒体总结出很多漂亮的数字，这些当然是反腐败的政绩，但比这更重要的也许是沉淀下来的制度，如将"八项规定"沉淀为官场的新常态、新制度。中纪委的领导很清醒，当一些官员见到纪委领导时唱赞歌说"现在是真不想吃了"，纪委领导反问说："真不想了吗？哪有那么简单，我还想吃想喝呢。"确实，目前的变化也许还只停留于"不敢吃"的阶段，一放松就很容易故态复萌，要在制度做出探索，让官员真正"不想吃"和"不能吃"。

正像习近平总书记在反腐总结时所言，在实现"不敢腐、不能腐、不想腐"上还没有取得压倒性胜利，腐败活动减少了但并没有绝迹，反腐败体制机制建立了但还不够完善。也就是说，在"立"的问题上还有很大的努力空间。"老虎"和"苍蝇"是打不尽的，这样打下去得把纪委忙死累死，人心也会从开始的"大快"而走向疲倦。从推进财产公开到扩展舆论监督，该大步迈出那些在很多发达国家被证明行之有效的反腐制度步伐了，把权力真正关进制度的笼子并接受公众监督，而不只是将贪官关进笼子去示众，如此，反腐才能真正征服人心。

（人民网 2015 年 1 月 21 日）

"2013年度人物"我选"中纪委"

12月18日晚9时25分,中央纪委网站公布消息称,湖南省政协副主席童名谦涉嫌严重违纪违法,目前正接受组织调查。据不完全统计,童名谦系十八大以来国内第15位被调查的省部级官员。一个小时后,10点28分,湖南省纪委网站消息称,湖南省衡阳市原人大常委会主任胡国初涉嫌严重违纪违法,目前正接受组织调查。

近来,高频率的省部级官员落马见证了中国反腐的高压态势,使昔日并不那么高调,甚至有点儿神秘的中纪委成为一个曝光率很高、很活跃的部门。不是中纪委高调,而是严重的腐败问题将这个部门推到了时代的前台,扮演着收拾人心的主角。一句话,中纪委今年很忙,"中纪委网站"的访问量很高,这个部门现在真正是让百姓爱,让贪官怕,让官员有所忌惮,让舆论充满期待。

又到年终,很多媒体和机构都在评选"2013年度人物",我觉得,这一年的年度人物当之无愧应该属于"中纪委"这个集体。

每次关于中国社会问题的关注度调查,"反腐"总会高居榜首。人们确实关注中国的改革,期待改革能够有所突破,十八届三中全会推出的一揽子改革顺应了公众的期待,从改革计生制度到废除劳教制度,再到向市场和社会放权,目前能改的差不多都改了。不过公众对改革最核心的期待,还是聚焦于反腐败之上,很多人都认为"反腐败是最大的改革"。容易改的问题在此前的改革中都已经改了,剩下的都是硬骨头,而骨头之所以硬,正在于"把权力关进制度的笼子"很多方面是自己改自己,是如何向既得利益者开刀。

如果说改革是老百姓最大的红利,那么,腐败就是阻挡改革的既得利益者最大的红利。把权力关进制度的笼子,权力被置于法治和民众监督之下,就失去了寻租的机会,就无法借助权力去牟取私利,这自然是习惯了享受腐败利益的阶层所不愿意接受的,于是他们成为改革最大的阻力。腐败的利益和利润越大,他们对改革的阻力就越大。

所以说,反腐败就是最大的改革。反腐败就是推掉挡在改革列车前的那些石头,扫清改革障碍,在"自己拿起手术刀"的自觉下突破利益阻碍,使改革能够深化下去,使无解的问题找到解,使失去动力的列车找到力量。问题就是时代的声音,时势造英雄,社会问题将中纪委和各地纪委部门推到了时代的前台,担当着改革马前卒的历史使命。因为反腐败关系到民心所向,关系到亡党亡国的尖锐拷问,所以这一代纪委工作者担负着极其重要的改革使命,从这一年的工作来看,他们不辱使命。

这个部门改变了公众很多刻板印象,比如,他们改变了纪委部门的神秘和低调的形象,而强化了自身的透明,走到了舆论的前台。公众曾有怨言,中国最神秘的一个部门就是"相关部门"。碰到一个比较敏感的、不愿面对公众的部门时,官方和媒体一般都会习惯性地以"相关部门"替代之,而最多被以"相关部门"称呼的,就是纪委监察部门,这见证着纪委的神秘性。而如今这个部门越来越去神秘化,尤其是纪委加大了巡视制度,向社会公开巡视组的人员组成、行踪及联系方式,并及时向社会公布巡视结果,就是一种让纪委监督去神秘化的努力。这种公开不仅没有影响纪委的工作,恰恰还提升了其权威性,让网络和公众能与纪委反腐形成合力。

这个部门也改变了反腐败工作"只打苍蝇不打老虎"的形象,童名谦系十八大以来国内第15位被调查的省部级官员。近段时间更加大了"打大老虎"的节奏。用一些网友的话来说,现在是一周办一只"大老虎",每周都有高官落马。这种节奏对贪官形成了强大的威慑，也见证了反腐败的决心。虽然反腐仍是在治标，但在如此大力度的治标中能看到治本的努力。

这个部门也改变着"反腐基本靠情妇"的形象。过去网民常常嘲笑纪委监察部门，认为这个部门是不干啥正事儿的，反腐败工作都是情妇、小三、小偷们干的，都是网友们反的。很多腐败案的曝光，似乎充满了偶然性，从车祸现场微笑的"表哥"杨达才，到一个个落马的房叔房嫂，小偷偷出一个贪官，火灾烧出一个贪官，日记本丢失曝出一个贪官，我们的纪委监督好像失灵了。而纪委部门通过高调的反腐改变着这一形象，让舆论看到了纪委在反腐中扮演的积极和中心的角色。

所以，"2013年度人物"我选"中纪委"，给纪委监察部门颁一枚大勋章。

（《中国青年报》2013年12月20日）

为何看不到民主党派官员腐败落马

一个网友在微博里提出了一个很有意思的观察,他问:"无意中在中纪委网站看了看案件查处情况,突然发现查处的基本上都是共产党员,没有什么民主党派官员,难道民主党派官员都很清廉吗?难道腐败的都是共产党员吗?"在每天都有贪官落马的节奏下,这条微博引发了网友的热议。

不说不知道,一说吓一跳,确实,在落马的这么多官员中,没一个是民主党派的。

当然,这一追问有个明显的漏洞,就是"在中纪委网站看了看案件查处情况",在中纪委网站看案件查处,当然看不到民主党派的情况。因为"中纪委"的全称是"中国共产党中央纪律检查委员会",中国共产党的纪委,当然只管中共党员的腐败问题,而不会插手民主党派、反其他党派的腐败。各党自扫门前雪,每个党派只会清理本党中的害群之马,这是常识。

民主党派当然也在反腐败,2008年时,中国几大民主党派就已全部设立了中央监督委员会,并在其中央全会上审议通过各自的"内部监督条例"。当时就有媒体宣称,"这一重大举措是我国民主党派强化制度建设、加强自我监督的重要一步,表明中国政治生态正由中共一党反腐,转向所有政党全面推进反腐的新阶段"。

不过,这一追问确实提出了一个真问题,出身民主党派的官员鲜有因腐败而落马的。是出身民主党派的官员更清廉,还是中共纪委的反腐更给力?问题并非这么简单,其后有很多原因。

一个很重要的原因是，中国共产党是执政党，政府机关中多数职位都由共产党员担任，民主党派的比例占少。在权力缺乏监督的体制语境下，党员占官员的比例越高，腐败发生率自然也就越高。

为了提高民主党派的参政议政，近年来执政党已在不断提高民主党派成员在政府中的任职。2005年，《中共中央关于进一步加强中国共产党领导的多党合作和政治协商制度建设的意见》出台之后，许多民主党派和无党派人士被推荐到各级政府机关和法院、检察院担任"实职"领导职务。中共十七大报告也明确提出，"选拔和推荐更多优秀党外干部担任领导职务"，比如，农工民主党主席陈竺，就担任过卫生部部长；致公党主席万钢曾担任科技部部长；民革中央主席万鄂湘同时还任最高人民法院副院长；民盟中央主席张宝文曾任农业部副部长。

虽然民主党派出身的官员在增加，但相比中共党员的比例，还是绝对的少数。在这种"基本比例"的决定下，公众看到的贪官多是中共党员，就一点儿也不奇怪了。

另一个很关键的原因是，民主党派出身的官员虽然在增多，但在位高权重部门担任关键职务的并不多，基本的腐败规律是，位置越重要，手中的权力越大，就越是腐败高危岗位。手中有权力，担任垄断着可分配资源的关键岗位，才有可以交易的资源和腐败的可能。网络上曾对腐败高危岗位进行过排名，交通系统、国土系统、能源系统等名列前茅，因为这些系统中的岗位权力大，一个司的司长，甚至一个处的处长，就掌握着审批几个亿的权力，腐败的诱惑太大了。民主党派出身的官员多集中在文化、教育、科技、卫生、农业等可分配资源相对较少的"清水衙门"，而且副职居多。没啥油水可捞，其实就是没腐败资格了。腐败是需要资格的，不是谁都有资格去腐败。

当然还有一个原因，就是民主党派处于参政位置，而中共处于执政位置，基本的政治规律是，反腐败主要是反执政党的腐败。因为执政，掌握着权力，更容易腐败，而参政多是处于民主监督的位置。

历任的中共中央纪委负责人在与民主党派座谈时都会讲这样的话：共产党与各民主党派实行相互监督，首先是我们共产党要接受监督。"中国共产党作为执政党，需要经常倾听人民群众和民主党派的意见，自觉接受人民群众和民主党派的监督。民主党派对共产党的监督，能够使我们听到不同声音，能够使我们的头脑保持清醒，对于防止和解决腐败问题，可以起到很好的作用。"在这种政治架构和制度安排下，作为执政党的共产党还要定期向各参政党通报中共的反腐情况。近来，王岐山在政协的反腐报告引起社会关注，其实某种程度上就是向其他民主党派报告中共的反腐情况。每一个国家都是这样，公众更关注执政党的腐败。日本自民党当政时，自民党的腐败天天被民主党炮轰；而民主党当权后，民主党的腐败被曝了个底儿朝天。

另一个不可忽视的原因是，民主党派的精英化程度可能比中共要强一些，多有学术、经商、文化、专业之类的精英背景。虽然精英从政也会腐败，权力不受监督必会腐败，这是人性，也是政治规律，但相比之下，精英也许会受到较多的自我道德约束。

公众视野内落马的都是中共党员，这个现象符合政治常识，也见证着执政党从严治党的铁腕和坚决。

（新浪观察家专栏2014年6月1日）

"反腐规律"的失效见证铁律的回归

"大老虎"周永康落马，话题终于脱敏，媒体和新闻发言人终于不必再隐讳地以"你懂的"和"康师傅"之类来打哑谜，井喷的网络讨论中涌动着一种"谜底终于解开"的快感。网上一直有周永康的各种传言，不过很多人一直不相信中央会公开此案，依据是此人乃退休的常委，民间传说反腐败似乎有"刑不上常委""反腐止于常委"的规律。中央果断公开对周永康的处理，打破了民间这一传说，以铁腕宣示了法治没有特区，反腐没有例外。

喜欢用民间总结出来的各种"反腐规律"分析中国反腐现实的人，可能越来越看不懂中国的反腐败了，因为那些"反腐规律"在现实面前都失效了，根本解释不了当下的反腐现实。

比如，按照一些人总结出来的"反腐规律"，一个官员（尤其是高官）退休了，等于就是"安全着陆"了，即使有问题，也不会追究了。但中央纪委的消息打破了这个"规律"，比如前段时间湖南省政协原党组副书记、副主席阳宝华涉嫌严重违纪违法被调查。而到下月19日，阳宝华正式退休恰满一年。此前已有多位退休高官被调查。只要屁股不干净，退休照样会被追究，人退休了，问题不会自动清零和洗白，掌权时权力留下的痕迹不会被抹去，没有可以免于调查和追究的豁免权。周永康也退休了，可这不影响对其追究。

再多的"反腐规律"，都比不上一个基本的反腐常识：天网恢恢疏而不漏，只要滥用权力乱伸手了，都会付出代价，不管什么时候，不管你是什么人，不管你是多大的官。反腐并没有其他的规律可循，唯一的铁的规律就是"伸手必被捉"。

专家喜欢总结各种"反腐规律"，热衷于从以往纪委查处的案例中，寻找一些可以分析走势和预测未来的规律，从而去对将要发生的事情作出判断。人们总结出了很多听起来似乎很有道理的规律，比如，腐败的"59岁现象"，哪些岗位是"腐败高危岗位"，党报上的公开报道可以预测官员政治生命，"刑不上常委"，官做到国家领导人的位置就安全了，网上传闻被官方辟谣后就代表这个官员"安全过关"了。还有，纪委干部一般都很安全，自己人不查自己人。

种种"反腐规律"，是人们根据往日经验和既有案例总结出的认知，这些规律在一定时期内也确实有一定的预测能力，能解释一些现实，但是背后却反映着人们对依法反腐的深刻不信任：不信法律，不信"腐败必被捉"这个铁律，而是相信有很多凌驾于法律之上的因素干扰和决定着反腐败。人们不是根据一个官员的行为和法律去判断反腐走向，而是根据权力的潜规则和人治的思维去总结和判断——只要在"新闻联播"和党报上出现了，就是安全的；只要官做到一定的级别，上面顾忌影响也不会查处他。

也就是说，这些规律都是根据人治思维总结的，而没有法治反腐的影子，不相信会完全依据法律去查处贪官，法律之外有无数看得见看不见的手在操纵法律。人们以前根据这些反腐规律去判断，也能屡试不爽。那些"反腐规律"的有效和灵验，见证着法治这个铁律的乏力。

不过，在当下这场"以治标为治本赢得时间"的反腐风暴中，过去那些规律都失效了。在报纸和电视上露面，并不能证明安全；陪同国家领导人参加重要活动，并不能证明就没啥事；在公开的活动上发表了重要讲话，并不代表没有被中纪委盯上；网传某领导有问题，即使相关部门辟谣了，也并不就证明"安全落地"了。从刘铁男到万庆良的落马，用过去的"反腐规律"完全无法解释。

退休常委周永康落马,"刑不上常委"这个最大的"反腐规律"被证明失效了,见证着"反腐没有例外"的力量。"反腐规律"是人治思维下扭曲的现象,必须排除其他规律的干扰,回归"伸手必被捉"这个唯一的反腐常识和吏治铁律。

(《中国青年报》2014 年 5 月 29 日)

道听途说的"周永康女人们"

"大老虎"周永康落马，还未开审，网络迅速亢奋地进入扒皮节奏，尤其热衷于"扒"周的私生活中的"女人们"，传说哪个主持人是其情妇，哪个明星与其有染，现任妻子贾某是当年哪个官员介绍的，还贴出了这些女人的照片。跟以前反腐报道中类似情色化的消息一样，这些消息并没有靠谱来源，多是道听途说、捕风捉影、想象猜测的小道消息。从一个细节就可看出这些消息的不靠谱，周永康第二任妻子贾晓晔的照片在网上流传，不过经央视工作人员确认，照片上女子并非贾晓晔。连照片都没弄清楚就传说各种风流韵事，可见其扯淡。

围观贪官落马后的反腐报道，最热衷的就是关于他们的情色和性了，没点儿这方面"佐料"，都不好意思说是"反腐报道"。国家能源局前局长刘铁男落马后，关于他的各种情色八卦立刻铺天盖地，《香港商报》的报道更是活色生香，称其有12本护照，有8个情妇，生活如何糜烂腐化云云。可这些情色故事并没有靠谱的来源，信息源来自"内地网络风传的一篇帖子"。连将刘铁男拉下马的实名举报者罗昌平都感慨：如此不符常识，居然大获转评。事前体制性护短与事后报复式羞辱，构成舆情系统的两极。

有统计说，多数落马的贪官都有情妇。一方面是"贪"确实与"色"相随而生，权力是最好的春药，权色本就是不可分割的联合体。更重要的是，媒体在报道贪腐故事时，偏爱对情色细节的报道，使情妇在贪腐故事中显得尤为突出。一些媒体对贪官情事性事的报道，比很多地摊非法黄色小杂志的尺度更大、更黄、更暴力。

重庆贪官雷振富的故事无人不知，可是，有几个人知道他真正贪了多少，是怎么贪污腐化的，如何利用手中的权力去寻租，并一步步走向堕落？人们对雷振富贪腐的了解，都集中在与赵红霞的不雅视频中。人们议论雷振富的长相，议论那不堪的"12秒"，议论与赵红霞是怎么相识、怎么上床、怎么被敲诈的，并津津乐道地计算"一次12秒，被敲诈300万，每秒得25万"。人们对雷振富的了解之所以只剩下情色，源于媒体的报道都集中在这些方面。

当然，媒体会抱怨：记者这么写，是因为公众喜欢看情色故事；而公众会抱怨：媒体这么报道，公众只能看这些故事。互相推卸责任，其实这是一个互相激发的恶性循环，互相的恶趣味臭味相投，眼球与利益互相利用，催生出黄色化、下三滥的贪腐报道。

首先，尽一切可能去往贪官身上吐口水和泼污水，是我们的一种文化传统。"尊官畏官"的官本位传统刺激出的一个对立面是强烈的仇官情绪，一方面当官员在位时，因为其掌握着权势，社会会以一种无以复加的方式去围着、宠着、仰视着官员，崇拜权力，屏蔽其一切丑闻。可当官员失势时，就会拿出吃奶的力气去踩他，把官本位社会中受权力压制的那股气和仇恨全发泄出来，泼向落马的官员。官员在位时享受着各种特权，可一旦落马，不仅权力瞬间消失，甚至连基本的公民权利都被舆论的道德审判所剥夺，可以随意涂污和谩骂。成为阶下囚的贪官成为被批判和奚落的对象，成为众矢之的，失去了澄清权和辩护权，所以媒体和公众似乎是可以随意往他身上安罪名，将其描绘成一个无恶不作的妖魔和臭流氓。

情色化的反腐报道还有另外一个重要原因，就是日常的舆论场下对官员行为过度神秘化、封闭化下的一种反弹。

在一个开放的社会，一个平民的私生活不应受到舆论的关注和评判，而官员不一样，因为他手中掌握着公权力，许多生活很难以公私截然分开，他们8

小时之外的许多行为不仅涉及私德，还涉及公德，应该在舆论和公众的监督范围之内。可在现实中，在 8 小时内的监督尚未完成的语境下，8 小时外更是异常神秘和封闭了，媒体根本不可能做半点监督和曝光，即使是在当年胡长清、张二江等人的风流韵事已在民间传得沸沸扬扬的情况下。在这种过度禁忌和神秘下，公众只好把一种监督热情转移到对"死老虎"私生活的关注上。在中国，一个落马贪官是可以被随意唾弃、编排和奚落的，"死老虎"可以随便打，他那最神秘的生活当然会最受关注。贪官情事被爆炒，是舆论对神秘和禁忌的一种"报复性反弹"——瞧，这些主儿在私下就干着这些见不得人的勾当！

所以，我们的贪腐报道也是极其反新闻规律的，高官一落马，媒体关于其落马的原因和腐败细节，第二天立刻就能"挖"出来，网上立刻铺天盖地：玩了多少女人，贪了多少钱，跟哪些商人来往，是因牵扯到谁而落马的，同僚的评价，甚至收钱的过程，都写得非常清楚。效率真高，仿佛一切尽在媒体"掌握"，记者一夜之间就神通地挖出所有猛料。与落马后立刻爆出大新闻形成巨大反差的是，这些官员在落马前没有任何负面新闻。落马前新闻的静默，与落马后新闻瞬时爆发如江河决堤，完全反新闻规律。

反腐报道的情色化和小道消息化是一种病，但应该吃药的绝不仅仅是媒体。

（人民网 2014 年 8 月 1 日）

还远远没到"官不聊生"的程度

"八项规定"雷厉风行,反腐风暴如火如荼,酒不能喝了,公车不能私用了,往年让工资基本不动的购物卡没有了,随时会被网友抓拍上网成为头条,随时可能被纪委叫去喝茶回不了家。一些官员抱怨,现在真有点儿"官不聊生"了。"官不聊生"的撒娇声也成为反腐阻力之一。公众倒是乐见官忧,因为只有"官不聊生",才不会民不聊生。舆论倒非真希望"官不聊生",而是认为官员就应该被置于监督之下,如履薄冰、战战兢兢,就应该怕供养着他的纳税人。

但问题是,当下治官和反腐真到了"官不聊生"的程度了吗?如果真这样了,倒证明着从严治吏的成功。可事实并非如此,离"官不聊生"还很远很远。

表面上官员都不敢大吃大喝、进出会所了,可中央纪委前段时间关于落马官员的一个通报很耐人寻味:广州市前市委书记万庆良在被组织调查的前几天,还到会所里大吃大喝。海南省前副省长谭力,他被中央纪委调查之前还在外省,由私营企业的老板陪同打高尔夫球。安徽省政协前副主席韩先聪自任职以来,就多次出入高档酒店和私人会所接受党政干部、国企老总、私企老板的宴请。在中央纪委对他宣布立案调查决定的当天,他的手机信息显示,当天他有两场饭局,中午晚上各一次。

官员早被禁止进出会所和打高尔夫球了,"八项规定"也严禁大吃大喝,可这些官员却丝毫不受影响，会所照进球照打，成天泡在饭局上，哪有半点儿"官不聊生"的影子？其中原因在于，其一，管住的也许只是基层公务员，他们本就没多少吃喝机会；其二，也许只是媒体视野中有了被管住的假象，暗里依然如故，上有政策下有对策。因为以前日子过得太滋润了，现在稍微紧一些，他们就叫嚷了，纯粹是一种撒娇，千万当不得真，离应有状态还远着呢。

评价是否到了"官不聊生"的程度，起码有以下几个参数：

其一，官员群体出现辞职潮，不堪福利降低，不堪忍受严厉的约束，从而离开现在的岗位。去年"八项规定"刚开始严格执行时，就有公务员和官员抱怨，日子很难过，官员不好当，准备辞职。甚至有媒体报道称，从严治官对官场产生很强的冲击，会有一波辞职潮。可从现实看，并没有出现这种用脚投票的离职潮，那种叫嚷只是"还没习惯被严管，稍微严点就很不习惯"的习惯性反应。从现实看，并没有多少官员离职，官场情绪非常稳定。

其二，"公务员热"大大降温。虽然公务员跟官员其实是两个群体，但官本位体制下，很多公务员对这个岗位有不少不切实际的期待，是把这个位置当成"官"做，公众也这么认为。所以，报考公务员岗位的人数是官员幸福指数的一个晴雨表，"官不聊生"的一个必然逻辑结果就是，公务员岗位的吸引力大为降低。工资又低，福利又少，还受到那么多的约束，谁去找这种不自在啊？可"公务员热"并未降温，报考公务员者仍趋之若鹜，说明"官不聊生"只是撒娇而已。

其三，如果真到了"官不聊生"的地步，一定会出现"官怕民"的现象，也就是当官的怕老百姓，担心让供养着自己的纳税人不满意了，会把自己的官帽给摘了，时时想着去"讨好"民众。可从现实看，这种情况也远未出现，很多官员仍是大爷，没把纳税人当回事儿，"民怕官"仍是主流。一些官员确实有点儿害怕，但怕的不是公众，而是纪委和上级；怕的不是网友，而是担心网络曝光形成的舆论倒逼；怕的不是媒体监督，而是怕媒体监督之后的上级批示。

"官不聊生",官可以选择不当官;可如果民不聊生,人们却无法选择不当"民"。所以,一个健康的体制应该通过从严治官,使为官者敬畏百姓。当然,"官不聊生"只是一种形象说法,并不是真逼得官员活不下去,而是让其保持一种紧张感,有所畏惧有所忌惮。官与民不应该对立,但纳税供养的服务关系、权力的来源,决定着官在民面前应该保持谦恭和崇敬。"将权力关进制度的笼子"是一场正在进行的政治体制改革,"老虎"进了笼子,权力有了约束,那时候再谈"官不聊生"的话题吧。

(《晶报》2014年9月2日)

"贪官高度紧张"背后是心理较量

中央纪委高调和强硬反腐,提升了该部门的公众形象,也让其官网"中央纪委监察部"成为舆论关注的焦点,近来该网发布的一篇评论颇引人注目,称当前反腐倡廉呈现出了"中央高度重视""百姓高度关注""贪官高度紧张"之"三高"态势,网络监督成为反腐重要渠道,治标为治本赢得时间,以大力度的惩腐,换来官员对法纪的敬畏,进而提升预防的效果,这是"止血优先"策略的真正意图。

一句"贪官高度紧张"击中了舆论和公众的兴奋点。都说中国社会当下缺乏共识,可"反腐"其实就是一种可贵的共识。说起反腐,人人叫好;说起贪官,人人喊打;说起反腐让"贪官高度紧张",人们就更喜闻乐见了。贪官日子好过,民众日子就不好过;只有让贪官高度紧张,民众才有幸福感。

你不是贪官,你怎么知道贪官会很紧张?我们无法走进贪官的内心,但将心比心是可以度量的。这种表述凸显的是反腐者的自信。每天都有大贪小贪落马的反腐节奏,高层揪"大老虎"的强大决心,中央巡视组到处巡视找反腐线索,身边一个个贪腐的同事、一个个比自己大的官都"进去"了,能不紧张吗?尤其是像江西省前副省长姚木根这样的,还在本地党报上作"重要指示",可当天就被"双规"了;成都市前组织部部长李春城第二天还准备参加一个公开的廉政讲话,也被宣布接受调查了。这会对屁股上不干净的官员产生强烈的心理冲击和震撼,站在台上讲话和在党报露面并不代表着安全,问题随时可能败露,他们会产生一种"靴子何时落下来""什么时候会查到自己"的巨大焦虑感。

还有反腐的制度建设也在跟进：官员财产将要公开了，房产信息将要全国联网了，裸官正被从官场清理，这些都让问题官员产生了"反腐剑在头上"的精神压迫感。想起上个世纪80年代的那场反腐风暴，据当时纪委的人介绍，地震式的反腐风暴中，首月就有3485人自首，而在通告期限的最后一天，至深夜12点钟，还有人到反贪局排队等候投案自首。连夜投案自首，可见压力多大，不自首是睡不着觉的，就像一些贪官落马后自白：终于被抓了，终于可以睡一个安稳觉了，提心吊胆、整天担心被抓的日子实在度日如年。

在当下的高压反腐下，许多贪官可能一样会有"连夜排队投案自首"的冲动。不过"一日办数贪官"的高压反腐到了如今地步，也许已经到了一个关键的心理较量期，贪官在揣测反腐走向和高层心理，权衡着会不会继续高力度地这样反下去？是"坦白从宽"还是继续死扛？"高度紧张"并不必然带来收手，而是紧张之下的纠结，纠结之下成本与收益的衡量。

在这种心理较量下，一方面需要高层坚定反腐自信，坚信"反腐败并非无解"，自信"执政党能解决腐败这个问题"，自信"治标为治本赢得时间"的策略，更重要的是，不能过度乐观地沉浸于"贪官高度紧张"的想象中沾沾自喜，而要看到，贪官的"高度紧张"能不能转化为"不敢伸手，伸手必被抓"的敬畏。影响心理较量的关键，就在于制度的建设能不能跟上，每打一只"老虎"或"苍蝇"，只是一个个案，要让这种个案上的严厉，变成一种制度上的必然性。让官员敬畏法治，而不是敬畏一个人、一个部门或一阵来势汹汹的风。

另外，也不可低估贪官的心理抗压力，一些"自恃有靠山"、有恃无恐的老油条未必会买账。作为腐败的受害者，我们也期待贪官在高压反腐下会"高度紧张"，但事实上会否如此？需要用"腐败有没有得到有效遏制"的反腐成果去检验。

（《中国青年报》2014年4月18日）

官员的纪委恐惧症

毫无疑问，在强大的反腐压力下，中国官员已经有了强烈的纪律恐惧症。"每日办一贪"的节奏使纪委获得了空前的人气与权威，这个昔日在党政序列中并不显眼、不受重视的部门，成了最强势的部门之一。尤其是好几个官员都在开会现场被纪委带走，如广州市前市委书记万庆良、连云港市前市委书记李强。这种"反腐模式"对官员产生了巨大的震慑效果，屁股上不干净的官员会担心自己随时可能被闯进会场的纪委办案人员带走。

江苏某地检察院一个官员近日在我微博里留言，也许在官场上很有代表性："一个发案单位，下班时同事间互相问候'明天见'，这是最美好、温馨的祝福。"确实啊，明天见，多么可贵和美好。办公室见，而不是纪委网站见。想起几年前，给在官场的同学或朋友打电话，还敢玩"猜猜我是谁"的玩笑，比如压低嗓音说：你好，某某同志，我是纪委的。现在不敢跟官员同学玩这种游戏和开这种玩笑了，真容易把人吓出心脏病。

官员怕纪委，当然是好事。过去很多官员无所敬畏、无所忌惮，没什么怕的，也就无法无天了。现在有所畏惧，闻纪委色变，离中国反腐败所要实现的最低目标"不敢腐败"更近了一层。

前段时间，中央纪委书记王岐山在政协关于反腐败的讲话引发了舆论的热议，从王岐山的一段话能看到领导层的清醒，王岐山说："我现在下去，省、市委领导到我这儿来，跟我称兄道弟唱赞歌，说现在是（吃喝）真不想了。我说你们真不想了？也不想吃了，也不想喝了，真的不想了？哪儿那么简单啊！我还想吃想喝呢！就像戒烟戒酒一样，能一下就不抽、不喝啦？所以不要那么急着说'不想'，我觉得我们现在把'不敢'和'不能'做到就行了。我现在可以负责任地说，'不敢'这条已经初见成效。这次我到政协来，就想给大家出个题目，让大家帮我一起研究一下怎么能做到'不能'？"（综合媒体报道）

从王岐山的这段话中，也能看到"官员怕纪委"现象。所以"不敢吃喝"并不是真正"不想吃喝"，而是怕吃喝被纪委知道和曝光，官就当不成了。我所知道的是，纪委现在已经成为各地党政部门中最强势的部门，其他部门举办什么活动、出台什么规定或者涉及花钱，都要向纪委咨询，纪委可以一票否决。

官员有纪委恐惧症，是好事。没做亏心事，不怕鬼敲门，咱们平民百姓不怕纪委，没收黑钱的官员不会怕纪委。恐惧纪委的，都是不干净的。早知今日，何必当初。当然，"官员怕纪委"只是反腐风暴带来的冲击波，并不是中国反腐败的制度追求，因为"官员怕纪委"背后所支撑的还是传统的人治思维。一方面纪委的资源很有限，从月饼、购物卡、茅台到反贪，什么都依赖纪委去做，这样下去得把纪委累死。中国媒体曾引用外电报道称，一位和中纪委密切合作、但不愿透露姓名的人士说，中纪委工作人员"疲惫不堪"。另一方面，因为纪委也是一个部门和一群官员，官员对纪委的恐惧，可能又使纪委权力成为一种可怕的权力，这种权力也会异化，纪委也可能腐败，又让谁来驯服这种权力呢？这使反腐败回到了"谁来监督监督者"这个无解的制度原点。

"怕纪委找喝茶"还是一种浅层次的"不敢腐"，中国的反腐败目标是，让官员"不敢腐、不能腐、不想腐"。"不敢腐"的关键不是怕纪委，而应该是怕法律和制度。什么时候官员不是怕纪委找，而是对法律和制度有所敬畏，那才是深层次的"不敢腐"，并且是建立在"不能"基础上的"不敢"。

（《晶报》2014年10月7日）

"公务员抛盘"纯属一厢情愿的臆想

内地房地产市场的冬天也许真的来了,不仅是二三线城市,甚至房价一直非常坚挺的一线城市也挺不住了,有报道称"深圳楼市成交量暴跌近半",美联地产的中介称:"现在大量公务身份的业主抛盘,抛出房源大约占到了二手楼盘的三分之一;另外,企业主近期也在市场上大量抛盘。"传统"红五月"的楼市成交惨淡,以降价和大幅优惠为核心的相关广告词充斥于深圳各家楼盘。

"大量公务身份的业主抛盘,抛出房源大约占到二手楼盘的三分之一"的描述,吸引了很多人的眼球。这样的信息不仅事关房地产市场的转向,更让很多人看到了反腐败的成果。有消息称,国土资源部正计划上报《不动产登记条例》给国务院,不动产信息登记信息管理基础平台将与官员财产申报信息等系统并轨。有评论认为,这个条例一出台,官员拥有多套房的问题就会自然浮现。许多官员都拥有多套房,靠他们的收入无法解释买房收入的来源,所以他们会赶在官员财产申报和房产信息联网前,赶紧将手中的房子处理掉。

于是,不少网友欢呼,公务员的恐慌性抛房,既彰显反腐败的成果,也有利于降低房价。其实,"公务员抛盘"并不是现实,而纯粹是一个臆想和推理出来的结果,缺乏确凿事实的支撑。既不可以证实,也无法证伪。公众希望那些贪腐的官员能够将"靠贪污得到的房子"吐出来,可这只是美好的希望而已,贪官可没那么听话。

为什么说"公务员恐慌性抛房"纯粹只是臆想呢？因为从各种报道中，都没有看到某一个具体的、有名有姓、可以核实的个案，而都是非常模糊的"公务员身份"。到底哪个地方哪个官员抛房了？抛的是哪里的房？抛了多少房？并没有清晰的信息。相对最清楚的一条信息是前几天某家媒体报道的：一个房地产经纪人称，抛房的业主是一位山西籍官员，正在办理移民美国的手续，所以准备将这套房屋抛售。如此模糊的信息说了等于没说，山西籍官员那么多，到底是谁呢？根本无从查证。

实际上，在当下官员财产信息极不透明的体制语境下，一个官员有多少套房，他卖了多少套房，根本无法掌握。而且从逻辑上分析，在如此大的反腐力度下，官员愈发变得谨慎，防范露出马脚，一个官员在处理那些无法说明来源的房产时，肯定会非常小心，不可能让房地产中介知道自己的身份，不可能大张旗鼓地说"我是官员，我要抛房"了。

另一方面，从信息源来看，这些消息也不靠谱。说"公务员恐慌性抛房"的多是房地产中介，中国最不靠谱的职业恐怕就是房地产中介了，为了忽悠你买房，夸大其词，说谎成性。他们在向市场放出"公务员恐慌性抛房"的信息，无非是一种营销、广告和促销手段。不过是向处于观望状态的买房者传递这样一个消息：官员抛售房产，这么好的买房机会，价格这么低，傻呀，还不赶紧下手买啊。

说"公务员抛盘"，也低估了公务员的智商。官员没那么傻，会在买房的时候都用自己的名字，让人轻易就可以查到和发现。道高一尺魔高一丈，很多官员是很狡猾的，在与监管者的周旋中，有了强大的反侦查和反调查能力。比如，已发现好几起这样的案例，官员利用权力之便为自己办了好几个户籍，用不同的户籍干不同的坏事，游离于监督之外。这么干的话，根本不必担心房产信息联网后自己的多套房产会被曝光。

从另一个角度看，"公务员恐慌性抛房"也不靠谱。抛房并不能一抛了之，抛完房后怎么办？房子变成了钱，钱又怎么办呢？对于贪官来说，藏钱并不是一件比藏房子简单的事。房子上的名字毕竟还是隐性的，可数千万元到了手上，会变成更烫手的山芋。藏在银行，很容易被发现；藏在家里，万一被小偷偷了，案都不敢去报；这些钱又不敢花，一花就会露出马脚。想通过"抛房"来掩盖腐败，会制造更多的问题。

所以，就别听房地产中介瞎忽悠了，别把"公务员抛盘"之类的消息当回事儿。

（新浪观察家专栏 2014 年 6 月 26 日）

公务员不会发生辞职潮

中央从严治官,让不少公务员公开地感慨"官越来越不好当",有个别公务员表示"受禁令影响准备辞职"。然后,就有媒体报道称,中央禁令致隐性收入减少,公务员含金量越来越少,或引发公务员辞职潮。我觉得"公务员辞职潮"纯粹是一个臆想出来的概念,当前根本不可能发生。个别公务员可能会另谋"高就",但这只会是个案,只是赌气式的表达,或者是一种干扰禁令的方式,不会真的形成大规模、集体性离职的潮流。

嚷嚷着要辞职,目前还仅处于个别人赌赌气、撒撒娇的口头表达不满阶段,媒体整天报道"有公务员表示要辞职",可实际去统计一下,这段时间有几个公务员真的辞职了?公务员队伍有没有真的不稳定?也就是隐性收入和福利少了,购物卡没了,日子不如以前好过了,心理极度不平衡、极度不适应,嚷嚷几句表达一下愤懑。仅此而已,姑且听之,不要当真。

我们的改革史上确实出现过公务员辞职潮,发生在上世纪80年代中后期和90年代初,不少公务员下海是受到市场化的诱惑,改革所释放的活力创造了很多暴富机会,培育了体制外的很多大款,"一夜暴富"的财富神话使沉闷的机关中很多年轻人蠢蠢欲动,争相下海淘金,最典型的就是曾在多个国家机关待过的冯仑。公务员是这个社会最求稳的一群人,要撼动超稳定的公务员队伍,起码得有两个强大的力量,一是体制外突然间巨大的利益诱惑力,拉着公务员下海;二是体制内突然间巨大的改革压力所产生的既得利益损失,推着公务员离开机关。

目前并没有产生公务员辞职潮的条件，体制外无引力，体制内无足够大的压力。从严治官虽然产生了一定的压力，失去了部分隐性福利，没有了购物卡和高档烟酒，但这种利益损失不足以使公务员愿意离开现在的岗位。因为现在虽然官越来越难当了，公务员不像以前那么肥了，但核心利益还在，相比其他很多社会职业，公务员的比较优越仍然很明显。

这一批禁令所撼动的公务员利益，只是一些隐性的、不正当的福利，从购物卡到高档烟酒之类，本就见不得阳光，真正使这个职业有比较优势的那些利益，改革根本没有触动。比如住房，虽然住房改革后的分房少了，但不少单位都有给公务员的福利房，一些房子说是租，其实就是象征性地每月给一点房租，只要占着住着，就不会赶人，实际上就是房主。一些公务员在市场上买了房后，仍然占着这种福利房并出租获得利益。一旦辞职离开公务员岗位，就得交房，失去很大一块利益。多少人舍得？房子是困扰着当下年轻人最大的社会压力，而公务员却有体制羽翼的保护，这是最大的既得利益。

养老保障是公务员另一块红利，从目前来看，双轨制改革的可能性比较小，公务员不交费用或可以在退休后领到一笔比其他单位高不少的退休金，一离开这种体制性福利就没有了，就得跟企业人一样每月交养老保险；此外，还得承受巨大的养老金账户亏空，这也是想辞职的公务员不得不考虑的。

还有孩子的教育，这是如今社会人最头疼的，上一所好的幼儿园比上名牌大学难多了，而且贵很多，关系不够硬连送钱的门路都没有。而不少地方的机关有专门的机关幼儿园，使公务员子女上学不至于那么难，而且这些机关幼儿园每年会享受不少的政府补贴，比如让广东人大代表一直很不满的是，广东八所不面向社会公开招生的机关幼儿园，每年的财政补贴（预算）超过6863万元。这种福利也是外人享受不到的。

还有医疗，虽然多数省份已经取消了公务员公费医疗，但机关的医疗费报销比例比一般单位高，这是公开的秘密。还有贷款优惠、办事优势等很多看得见看不见的体制性福利，都是辞职者不得不考虑的。基于这些明显的比较优势，失去了一点隐性福利，不至于会发生大规模的辞职潮。

另一个重要的原因是，现在就业这么难，不少刚毕业的大学生都找不到工作，哪里有那么多比公务员还好的岗位等着辞职的公务员去做啊？与刚毕业的大学生比，公务员另谋职业并没有啥优势，不年轻了，没闯劲了，干不动体力活儿了；在沉闷的机关中混了几年后，一技之长没有了，个性磨光了，创造性淹没了，哪个单位会招一个无一技之长却一身官气的人去当员工？过去常有人嘲笑公务员，啥也不会，只会当官。当了这么多年公务员，恐怕已经不会做其他的了。我常跟公务员朋友开玩笑：你那工作我会做，但我这工作，你可能干不了。

最后我想说的是，嚷嚷着要下海，可海里就那么舒服吗？海里就很容易吗？公务员说当官越来越不容易了，可现在社会上有哪个职业是容易的。当记者容易吗？不容易，受到冲击的媒体现在多不容易。职场容易混吗？不容易，同事很拼，老板很狠。办企业容易吗？不容易，每天都有无数小微企业死掉。别赌气撒娇了呵，还辞职潮？老老实实地待着吧。

所以，中央从严治官，可以更严一些，风暴可以来得更猛一些，大可不必担心什么公务员辞职潮。

（腾讯网大家专栏2014年1月23日）

不要把公务员当成一个集合概念

中央从严治官,让不少公务员公开地感慨"官越来越不好当",有的甚至准备辞职离开公务员队伍。一些公务员在报纸和网络上,吐槽谈公务员的苦衷和压力,引发了很大的公共讨论。其实根本没有讨论,而是两个阶层泾渭分明的对立,一边是激起公务员群体的共鸣,抱怨如今公务员太不容易了;一边是激起公众的对抗性情绪,认为公务员太矫情太娇气了,才几个禁令就喊疼。

这种冲突表现为粗暴的二元对抗,一边撒娇似地说:不想干了,准备辞职。一边堵气似地说:走就走吧,没人拦着,一大堆人等着进来呢。这种情绪化的对抗无助于形成理性的讨论,快意恩仇中只会撕裂社会情绪。舆论应该抛弃对公务员的刻板成见,别上来就打断公务员想辞职的声音,别情绪化地把他们想象成"敌人",不妨听他们讲完,了解他们真实的生存状态。

虽然我们整天在随口用着"公务员"这个词,提起公务员这个符号,脑海里会冒出无数熟悉的标签,但其实,我们对公务员这个群体可能还很陌生,并没有真正了解他们的真实生活,而都是靠想象和标签建构的。我们所了解的公务员生活,很少是我们亲眼看到的和听公务员叙述的,更多是靠负面公共事件和腐败案件的碎片所拼凑,要么就是靠想象。很少有人认真倾听过这个群体的声音,走进过他们的生活,他们实际上是这个社会中沉默的一群人。

公务员这个群体之所以陌生并沉默着,有很多原因,一方面是体制形成的形象隔膜，作为公职人员，收入和家庭信息却是秘密，游离于公共舆论之外，自我神秘化和陌生化，人们只能靠猜测和想象去填补这种信息空白。另一方面是舆论压力，在贫富差距和诸种社会矛盾的纠结下，"公务员"这个词很敏感，很容易搅动起社会情绪，他们担心言多必失，害怕自己的言论挑起社会对立从而给组织带来"麻烦"，所以我们很少看到公务员在公共舆论平台上表达自己的声音。

这一次不妨让公务员走上舆论前台，公众认真地听听他们的声音，很多事实可能跟公众平常想象的不一样。

很多人都认为，公务员群体肯定都抵制和反对中央的禁令，因为这导致其隐性收入大为减少。这可能是一种错觉，一个公务员朋友跟我说，他其实是很支持这些禁令的，因为禁令给他大大地减负了，今年过年再也不用给领导送购物卡和名烟名酒了。一般人都觉得，公务员都是收购物卡和名烟名酒的，其实不是，只有那些位高权重部门的领导才会收到这些，而很多基层公务员都只有给领导送的份儿，哪有收的份儿。将普通基层公务员想象和等同于手中掌握着权力的"领导"和"官员"，这是最普通的误解。

还有一种更常见的误解，就是将公务员当成一个集合概念，提起公务员，就当成一个对应着一些刻板标签的集体概念：权力大、腐败机会多、隐性福利高、工资基本不用、无数人求着他、关系网中八面玲珑、工作稳定。这些可能都是想象出来的，很多人忽略了一个事实，多数办事的公务员与掌握着权力的"官员"是不一样的，而公务员之间又有着巨大的区别。不同地区、不同行业、不同层级的公务员的生活可能有天壤之别。人们常常感慨普通公众与公务员之间的差别，而公务员群体内部的差别可能远比公务员与普通公众的差别大多了。在北京的机关公务员，与宁夏一个边远小镇的公务员，可能完全是两个概念。南方城市省城工商局的一个公务员，与西部边陲环保局的一个公务员，也仿佛生活在两个世界。

一个基层公务员说自己的收入只有1000多块，并且从来没有什么节日福利，很多远离基层的、习惯把公务员当成集合概念的人，也许会说"打死都不信"。这就是社会隔膜。很多无聊的争论正源于这种隔膜，你在说基层公务员不容易，就有人说每月上万工资、无数隐性福利，还不容易吗？唯有无语。不要撒娇，不要赌气，首先需要摒弃偏见，面对真实的声音。

(《中国青年报》2014 年 1 月 27 日)

抵制住那些干扰从严治官的杂音

从加大反腐力度痛打"大老虎",到频发各项禁令持续"反四风",自上而下的"从严治官"赢得了巨大的民意支持。中国廉政研究中心的一项调查显示,新一届中央领导层真抓实干打"老虎",社会出现人心回暖思进之潮。78.7%的受访者认为目前党和政府的反腐工作效果明显,比2012年上升14.6%;88.5%的受访者对反腐努力表示认可,比2012年上升11.55%。"反四风"也赢得舆论一片叫好,认为很多不正之风得到了有效遏制。

让公众高兴的事儿,往往让当官的不太高兴,"从严治官"就是如此。因为明显触动了一些官员的既得利益,不敢乱伸手了,没有购物卡了,隐性收入和福利降为零,他们已经开始表现出了抵触。虽然还没有人直接站出来抵制,但公众能感觉到他们在制造各种干扰从严治官的杂音。

一种杂音是:又是不让喝酒抽烟,又是关停私人会所,又是禁止各种会员卡,这样弄下去会把经济弄垮的。前几天与几个公务员谈到这个话题时,他们指着旁边一家因整治而关门的私人会所说,这些地方关门,高档酒店倒闭,高档烟酒萧条,经济不稳,社会不稳,国家还怎么治下去。现实中不少官员持这样的观点,即"反腐会影响经济"。

因为经济发展很重要,一些官员反对某种改革时,常把经济拿出来当挡箭牌。比如,你去治理污染关停污染工厂,他会说这会影响经济;你去办案,他会说这会阻碍经济发展,他认为"某种程度的腐败是经济发展的润滑剂"。

这种拿着"影响经济发展"大帽子唬人的论调,一点儿也唬不住人,中央纪委副书记干以胜曾以厦门远华案为例驳斥这种论调:"办远华案时,有人说,厦门经济要倒退十年。事实上,这个案件从查处的头一年开始,海关税收大幅上升;从第二年开始,经济总量和财政收入逐年上升。事实证明,办案是有利于促进经济发展的。"

从严治官也是如此,表面上看,提倡节俭和反对奢靡,又治吃喝又关会所,会对消费形成一定影响,但这只是表面和暂时的。一方面,这种依靠公款吃喝和腐败支撑起来的消费本就充满泡沫,我们不能将经济发展建立在对腐败的依赖上,那是极其危险的。如果堂堂的世界第二大经济体竟然轻易地被"从严治官"给整萧条了,那才是天大的笑话。即使从严治官会影响经济,甚至会让发展速度降一个百分点,也是必要的,刹住不正之风和严控权力比那种"发展"重要多了,这就是总书记所说的反腐败需要"刮骨疗毒、壮士断腕的勇气"。另一方面,从长远角度看,挤出公款泡沫后会更有利于消费结构的调整。

另一种杂音是:从严治官之下,当官越来越不容易了,再严下去会形成公务员辞职潮、下海潮。把公务员群体的人心弄散了,队伍就不好带了。不少公务员都在网络和报纸上表达了这种"当官越来越不容易"的幽怨,在群体中引起很大共鸣。

需要倾听这些公务员的声音,尊重他们的正当诉求,但也要警惕其以"辞职下海"干扰"从严治官"。无论是反腐败,还是"反四风",都要有基本的制度自信:"从严治官"是对的,并没有走过头。不要公务员抱怨几句心就软了,腐败不反,不正之风不治,老百姓会骂得更狠。不要被"要辞职"的声音所要挟,要走的别拦,会不断有新鲜血液补充进来,过去当官太容易,惯出了很多人一身的毛病,现在到了不刮骨不足以疗毒的时候了。

还有其他各种杂音,比如,要适度容忍部分腐败,不可能做到零容忍,中国是人情社会,水至清则无鱼,等等。这些杂音有的颇有迷惑性和欺骗性,面对这些干扰，改革者需要坚持韧性和抗干扰的勇气。这一切能赢得广大人民群众的支持，没什么比这个更重要了。

(《中国青年报》2014年1月23日)

官员经不起网络监督是个大问题

前段时间到西安调研,与当地的朋友聊到因在车祸现场不合时宜地"微笑"而落马的"表哥"杨达才,这位熟悉杨达才的朋友说,刚开始网友和媒体真误读了杨达才的微笑。在车祸调查的现场,他真不是在笑,他那人就长那样,平常无论什么情况,都是那副"看起来像在微笑"的表情。他说,他见过落马后的杨达才,在看守所里,他仍是这副"看起来像在微笑"的表情。在看守所仍在"笑",说明这"笑"真的不是笑了。看来,网友刚开始真的误读了杨达才。

可误读归误读,媒体和组织最终并没有错怪他,他的落马一点也不冤。他最终被调查,被撤掉安监局长并落马,并不是因为他在车祸现场微笑了,而是因为被查出一系列严重的违纪问题。那个疑似不合时宜的微笑,只是偶然引起网友和媒体注意的一个引子,网友们由微笑而人肉其手表,由手表而调查其财产,最终引起纪委的密切关注,拔出萝卜带出泥,一个贪官于是现形。

杨达才案似乎已经烂尾了,之所以想起他,源于最近一条新闻:某部门一官员范某被曝每天万元包养女主持人,成为网络热点,该部门新闻发言人回应称此人已辞职。调查结果是,网络实名举报的女当事人所述并非完全属实,但范某也的确有问题。这个结果说明网络举报有夸大的成分,可范某并不是清白的,一查果然有问题。

多少官员都是这样经不起网络监督,经不起阳光的照射,一查都是"确有问题"。当初,周久耕的落马也是如此,最终落马并不是因为他说了"禁止开发商降价"这句让网民反感的话，而是因为这句话激起了网众反感，然后被人肉出了天价烟，就像杨达才一样，最终被查出众多腐败问题。很少看到有官员被网友举报，然后全身而退，最终没被查出问题。一查，不是这问题，就是那问题。什么微笑、"雷人雷语"、荒唐言行之类，只是吸引网络监督的引子。

网络监督和反腐确实存在很多问题，信息不准确，见风就是雨，夸大渲染，容易被人操纵，还隐藏着很多侵权的风险，侵犯官员隐私和制造网络暴力。可更大的问题是，很多官员根本经不起网络举报和曝光后的监督，总能在顺藤摸瓜中查出某方面的问题。特别想看到一个案例：某个官员遭网络举报后，经过严苛的网络搜索和纪委调查，一点问题都没有被查出，组织证明了他的清白。这样的案例一方面能给随意的网络监督以教训，另一方面也能给公众以信心——官员还是经得起网络监督的考验的。可遗憾的是，我举不出这样的案例，也许因为我的视野过于狭窄。

每当微博曝出哪位官员的贪腐问题，虽然官方没有证实，仅仅只是传言，但我都敢判断，这个官员在其位置上可能待不久了。并不是相信网友曝光的就是真相，但"网友曝光"将这位官员架到了网络搜索和纪委调查的烤架上，很多人根本经不起这种监督。对很多有效的反腐措施，如履行个人财产信息的公开，一些官员之所以抵触，就是源于自身缺乏底气，经不起阳光的照射，经不起公众的监督。

记得南京的周久耕案后，时任南京市委书记总结得非常到位："干部要经得起网络监督，经得起群众的评说。"确实，"经得起"是个关键，不怕网络传言，怕的是一两条网络传言就能将一个官员打得稀里哗啦。网络举报并不属实，但官员确有问题，这样的结果对反击网络举报毫无力量，暴露的只是官员的"经不起监督"。这是一个基本的政治常识，排斥制度监督并且缺乏日常监督的官员，肯定是经不起网络监督的。

(《中国青年报》2013年6月19日)

别再被公众嘲笑"生活不能自理"

网上流传的一个段子很有意思,说公车改革后,某领导改坐公交车上班。为省钱,他还办了一张 IC 卡。第一天坐公交,他主动向司机亮一下 IC 卡,就准备走向座位。司机说:"读卡!"领导就拿着 IC 卡认真读起来:"市公交 IC 卡。"司机指着刷卡器喊道:"到那边读!"该领导便走到车门旁边,大声地读:"市公交 IC 卡。"一车人爆笑!

段子源于现实,现实比段子更精彩。从严治党成为政治新常态,一些干部身上的"不适应症"也越来越明显。机场贵宾厅关闭后,有人就犯了难。河北一名县委书记感叹:"虽然坐了无数次飞机,但取消贵宾厅的服务后,我比刚进城的农民还懵懂,订票、取票、换登机牌等,不问就不知道,像刘姥姥进了大观园。"(综合近日媒体报道)

看很多报道,提到领导时,都会习惯性地用"亲自":领导"亲自"出席,领导"亲自"安排,领导"亲自"写讲话稿,领导"亲自"取自助餐。一个"亲自",把领导平日的"不亲自"暴露得淋漓尽致。难怪一些网友调侃,混成领导的标志,就是把自己混成"生活不能自理"了。有一次看到一篇报道描述领导吃自助餐时如何"亲自"吃饭,而不需要秘书帮其取饭菜。有读者惊讶地问:"怎么把领导当三岁小孩儿了?难道饭菜不是自己取吗?"

一些地方甚至已经形成了一套替领导服务的 ISO 标准:领导一抖肩膀,就有人过来接大衣;领导开会时喝一口茶咳一声,就有人过来换茶叶添水;

领导下去调查，接待者会在接待清单中写上"领导爱吃什么菜""领导爱坐车的哪个位置"，等等。前段时间，有地方出台了规定，严禁领导人员让人拎包、让人开车门、让人拿茶杯，等等。缺什么喊什么，这种禁令往往说明了这类问题已经非常泛滥和严重。

有人说，自从实行"八项规定"后，领导们的"生活自理能力"比以前强多了，可见人们对此前的反感。

身边配个秘书，惯出了一些官员的惰性，养成了一些领导的毛病，让他们的生活自理和工作能力日益退化，凡事都依赖秘书，出门打伞要秘书，开车门要秘书，会议讲话要秘书。秘书承担的任务越来越重，很多领导到名牌大学混文凭读博士，甚至从来都没上过课。从听课到写论文，甚至答辩，全都是秘书代劳。因为秘书工作任务重，有些领导一个秘书还不够，得配几个秘书，分别替领导打理工作、生活、休闲，等等。秘书多了，秘书长就不够用了，不少地方官职超标，秘书长、副秘书长成灾。在这种习惯依赖下，机场贵宾厅关闭后不会办理登机就很正常了。

"八项规定"是逼着官员改掉这些毛病，避免继续退化，别再被公众嘲笑"生活不能自理"了。

(《劳动报》2014年11月4日)

慎说"腐败只是个别"是倒逼出的清醒

过去谈到腐败问题,公众常听到来自官方的一句套话是——腐败只是少数人,只是个别现象,多数党员和领导干部还是好的。留心官方反腐宣传和领导反腐讲话会注意到,在这场从严治官的反腐风暴中,"腐败只是个别"之类的政治修辞越来越少见了,而代之以"发现一起查处一起""反腐没有特区""反腐败斗争形势严峻""政治生态存在不少问题""有腐必反有贪必肃"之类严厉的表述。山西省委的党报《山西日报》甚至在近日的社论中称,山西"短期内出现的系统性、塌方式腐败问题"。

慎说和少说"腐败只是个别",这是一种被现实倒逼出来的理性和清醒。反腐败所暴露的严峻问题,让人实在说不出"只是个别"这样的话了。

近日有一篇报道震惊了舆论:近年来,江西九江市纪委联合公安、检察等部门组成"捕鱼行动"专案组,查处了水利系统腐败窝案。包括九江市水利局原党委书记、局长裴木春在内的158人涉案,其中党员干部125人(处级干部16人,科级干部89人)。办案人员称,没想到水利建设市场管理如此失控。九江水利系统一共就多少人?竟有158人涉案!哪里再说得出"只是个别"。

山西省官场的腐败更让人震惊,常委班子13个人,5人落马,网友编出很多调侃"常委会都开不下去"的场景,可见问题之严重。面对"13个常委成员5人落马"的事实,大概也说不出"腐败只是个别"了。所以,当中央领导赴山西宣布干部任免时,以罕见的严厉称:"山西省的政治生态存在不少问题,党风廉政建设和反腐败斗争形势严峻。中央高度重视山西存在的问题,高度重视山西领导班子和干部队伍建设,决定对山西省委班子作重大调整。"

这场反腐风暴中,类似的场景一再出现:班子成员多人落马,一省多名副省级落马,同一岗位上官员前"腐"后继,等等。当然,虽然落马官员很多,但相比全国所有的党员干部,确实是少数,确实并不是"主流",但所暴露的问题,让人再难轻言"腐败只是个别"了。有一个反一个,发现一起查处一起,不再忌讳"如果曝光多了"会担心影响党员干部整体形象,是一种进步。这种清醒非常可贵:再不大力反腐败,都陷入生存危机了,哪里还有形象可言?必须要有猛药去疴、重典治乱的决心,刮骨疗毒、壮士断腕的勇气。

公众对"腐败只是个别"之类的套话,并不太买账。关于当下的腐败,民间盛传着的另一句话是:"中国的贪官,挨个枪毙,肯定有冤枉的,隔一个枪毙一个,肯定有漏网的。"这个判断当然很偏激、很不客观,对那些两袖清风的多数干部很不公平,纯粹是一种激烈仇官情绪的产物。但这句话也隐含着对官方过去所称"腐败只是个别"的逆反心态,很多人认为那种说法纯粹是讳饰,与事实情况完全不符。

现在慎说、少说甚至不说"腐败只是个别",这种审慎态度值得赞赏。不说"腐败只是个别",并不意味着认同多数领导干部都腐败,更不意味着腐败已成主流现象,而是传递这样一种清醒的认知:腐败到底是不是个别,多数领导干部是不是清廉,谁说也都没用,要交给实践和事实去检验。不能出现"不查都是孔繁森,一查都是王宝森"之类损害政府公信的现象。领导干部是不是清廉,官员有没有腐败,要经得起网络的监督,经得起纪委的调查,经得起时间的检验。权力只有被关进笼子才会被驯服,空有道德上的自信是苍白无力,也缺乏说服力的。

慎说、少说"腐败只是个别",不必担心公众就认为身边都是贪官,从而戴着有色眼镜去看每一个官员了。如果公众在现实中能接触到贪官,看到不正之风泛滥成灾,说再多的"腐败只是个别"只会影响政府的公信力,会被认为是掩盖事实。如果风正气清,腐败得到大大的遏制,人心民心自有一杆公平的秤。

(《中国青年报》2014 年 9 月 16 日)

一反腐就消极怠工是惯出来的毛病

因为推进反腐,一些官员不作为、不干活怎么办?近日,王岐山在全国政协常委会上被如此问到。对此,王岐山坦承他也关注到这种现象,但他认为,与不作为相比,乱作为更亟待治理。(据近日《京华时报》报道)

我在基层调研的时候,也听到和看到过这种现象,称反腐败影响到一些干部的工作积极性,他们不敢反对,就以消极怠工去软抵制。某地一个官员就这样描述过基层干部的"消极":出工不出力,出力不出活,出活不出彩。这种消极怠工主要源于以下几个方面:一,对"八项规定"有情绪,觉得执行太严,福利大为缩水,心理落差大。二,对零容忍的反腐败有心理阻力,认为有点儿"官不聊生"了,觉得干事容易出事,混日子不干事反而没事。三,觉得现在花钱审批太麻烦了,没以前容易了,有个官员曾跟我抱怨说:"现在的财务报销制度是鼓励人不干事的制度。"那干脆就不干活了。

当然,这种消极怠工并非普遍问题,而是个别地区的个别现象。因为部分官员对从严治官和反腐败有情绪,他们更愿意夸大和渲染基层干部的"消极怠工"现象,制造和设置阻力,以此干扰、绑架和要挟反腐者。不过,对这种情绪也不能视而不见,应该如何看待反腐下的"消极怠工"呢?

首先应该形成一个基本共识,不能任由这种情绪去"抹黑"反腐败,好像是反腐制造了社会矛盾。"八项规定"和从严治官没有问题,反腐败更获得了巨大的民意支持,在赢得民心中使人心回暖。民众对官员腐败深恶痛绝，已经到了不反腐败就会危害到执政根基的危险地步。得民心者得天下，收拾那些流失的民心比什么都重要。官员在这个问题上，不能自私地计较个人的利益损失，"计当计天下利，求名应求万世名"，没这点儿公共情怀就别当官了。

在这个前提下再来看"消极怠工"。这种消极怠工与反腐无关，不是反腐败制造的社会矛盾，不是反腐败的"后遗症"，而是昔日机关官僚作风涣散和懒政的后遗症。不是现在管得太严了，而是过去太松了；不是现在财务管得太苛刻了，而是过去花钱太容易了；不是"八项规定"执行过头影响到正常福利，而是很多福利本就不应该有。这种消极怠工是突然变严带来的不适应，昔日的机关温床惯出了一些官员很多毛病，治病过程就是一个去特权的恢复常态的过程。从松到严，有一个心理调适过程，有的官员很快认清形势，迅速适应了"官员过紧日子"。而有些人还停留于对昔日"好日子"的留恋中，结果就表现为撒娇闹情绪，体现在行动上就是不干活儿，消极怠工混日子，摆脸色给人看。

不必将这种情绪太当回事，等他们心理调整过来，适应了"从严治官"的现实，并看到这一切制度化后，意识到这不是针对哪个地区哪个群体哪个人，而就应该是为官的常态，便会超越情绪而去做自己应该做的事。反腐者不要被这种情绪所干扰，让暴风雨来得更猛烈一些，那些被温床惯出来的毛病就会渐渐治好。

当官没有特权是应该的；当官却不做事，是绝不可以的。相信随着制度的完善，治懒、治庸、治不作为会渐渐跟上。正如中央领导所称，当前主要问题是治乱作为，先把乱作为治了，再治不作为。先把权力关进制度的笼子，约束其别作恶，下一步是促使权力去做事并把事做好。随着官员评价机制的完善，做事且能把事做好的，会受到奖励，而不做事混日子的，会被清退出官员和公务员队伍。那时候，消极怠工就完全没有空间了。

（《中国青年报》2014 年 9 月 14 日）

做官其实真的越来越容易了

"八项规定"和高压反腐让一些官员没法像以前那么"任性"了,不能随意吃喝,不敢乱收礼物了,官场上似乎有一种"官不聊生"的抱怨声,称上上下下对官员如此苛刻,这官实在越来越难当了。在"为官不易论"之下,有人表现出消极不作为,以"不做事"表达软抵制;有人撒娇要辞职,下海找更赚钱的工作;有人说"从严"要循序渐进,突然的严厉会让干部很不适应。

这些"做官越来越难"的抱怨多是传闻,在一定程度上可以理解,因为过去做官可能太容易了,官员需要逐渐适应这种"从严治官"。不过从我近来与一些官员的交流来看,官员们很少抱怨"官不聊生",倒是有不少人坦言"做官其实越来越容易了"。我相信他们真是这么想的,不是为了表现"政治正确"而在媒体人面前说违心的假话。

做官之所以越来越容易了,是因为"从严治官"挤压着昔日官场潜规则生存空间,让法律和规矩这些明规则取代潜规则,官员不必再费心琢磨和经营那些潜规则,不用再研究厚黑学、关系学、上下级学、送礼学、办公室政治之类的"为官之道",按法律和规矩办事,让当官变得容易多了。

听一个官员说,以前每到逢年过节,就为送礼的事发愁。别人给他送礼,他不发愁,愁的是给领导送礼。送礼往往是自下而上的,收了下面的礼,就得想着给自己的领导送礼。其实很不想送,但已经形成官场风气,大家都送,如果自己不送,就会显得格格不入。据说送礼的人太多,一些领导记不住谁送了礼、送的什么礼,但一定能记住谁没有送礼、谁送的太少。整天琢磨领导的喜好,研究送礼学问,既是金钱负担又是心理负担。现在的"八项规定"严管送礼,不敢收不敢送了,不必纠结于"别人送了我如果不送会如何如何",大家都很轻松了。

收礼也是如此,不收礼的不会再有被排斥的心理压力。据说,官场存在着这样的逆淘汰,就是一种强大的潜规则和腐败文化逼着你非去收礼和受贿。如果你身边的官员都收礼,你不收,就会被别人当成官场异类,被看成"某天随时可能告发别人"的不安全、不稳定因素。这种不与潜规则合作的"官场另类",很容易受到排挤,一个人不收礼,其他人就不太敢收,就会觉得这个不收礼的人影响了大家的利益,结果就是大家联手找个理由把这个"不合群"的异类赶走。这就是官场的逆淘汰,好官反而被潜规则所淘汰。

听过好几个朋友说过类似的事,参加完一个活动,企业把一堆礼物放在他车的后备厢,司机热情地帮着拿东西。他本来想立刻拒绝这些礼物,但看到其他几个同事都心安理得地收了这些礼物,而且司机们也都拿了一份,如果自己立刻拒绝,其他人会非常尴尬难堪,肯定都不得不也拒绝礼物,必然会非常恨自己,司机也会恨自己。于是,他只能暂时收下这些礼物,然后另找机会把这些东西还给了企业。

在现在的高压反腐下,大家都不敢送礼收礼了,官员不必再有"逆淘汰""不合群被排斥""不腐败被打压"的压力,脱离了腐败文化的干扰和染黑。一些官员在落马后的忏悔中也说,开始收礼只是"别人都收他也不得不收",这种忏悔并不都是卸责和狡辩,那种逼着你同流合污的潜规则压力不是一句"我就不收能把我怎么样"的道德坚守可以顶住的。

当很多人都在忙前忙后、跑官要官的时候,不跑官而安心做事的官员,很难真正安心做事;当很多人都把送礼当成为官必修技能时,那些不习惯送礼者会在心理上产生被排斥感;当我们的身边关系学、厚黑学、晋升学之类庸俗学问大行其道的时候,当官确实不容易。得学会八面玲珑,学会说一套做一套，学会不露声色地拍领导马屁，学会察言观色、洞察上级的每一个眼神，学会处理好办公室的人际关系，学会处理与几个上级的关系，学好接待文化、了解领导喜好、把领导伺候舒服。整天琢磨这些事儿，小心翼翼、动辄得咎、如履薄冰，能不累吗？常有人开玩笑说，"并不是每个人都能当官"——并非好官难当，而是潜规则太多，一般人还真没能力摆平种种关系，从而左右逢源。

"八项规定"和从严治官正最大限度地压缩着潜规则的生存空间，改变着过去的官场文化，"官越来越好当"说的就是这个意思，按规矩办事，把复杂的官场文化简单化。

(《中国青年报》2015年3月31日)

还没走出对"打虎"数量和速度的迷恋

这几天中纪委的"打虎"速度好像又进入了公众此前期待的节奏,频率大,职位高,地域和部门都有突破。先是体育总局副局长肖天落马,再是西藏首虎落马,还有巡视组对几大央企充满新闻点的巡视清单。很多网友欢呼,那个熟悉的"打虎"节奏又回来了,看来中纪委依然给力,反腐败还没有出现节点。

看得出来,舆论和公众对于"打虎"的速度和数量是非常敏感的,一段时间数量和节奏上的变化会立刻引起各种猜测。前段时间"打虎"数量变少后,舆论便有了各种敏感的猜测。中纪委网站一篇文章中谈到"反腐败是把双刃剑",还有另一篇文章中的"在反腐败问题上,只靠中央抓,那能抓得过来吗?"的反思,都引起了很多网友的过度解读,被认为是中纪委在向舆论释放"反腐败节奏在放缓"的信号。所以这几天连打几虎后,舆论会说那个熟悉的节奏又回来了。

显然,舆论还没有走出对"打虎"数量和速度的迷恋,眼睛紧盯着落马贪官的数量,从"打了多少只大'老虎'"中寻找反腐败快感,以"打虎"的数量和速度来"考核"中纪委的作为,作为评价反腐败成绩关键指标,并以此来判断反腐败的走向。一段时间多打了几只"老虎",就说是反腐败加大力度;一段时间的数量少了,就立刻会说"反腐败不行了,要转向了"。完全是靠"'打虎'数量和速度"来支持反腐败信心,以这种态度看待反腐败,唯

"数量和速度"论,显然是情绪化并功利主义的。

能够理解舆论和公众这种盯着"打虎"数量和速度的心理期待,公众深受腐败之害,对贪官深恶痛绝,每一个贪官落马,尤其是"大老虎"落马,都会让人大快人心。在我们的日常制度生态中,公众很难对官员进行监督,这种监督的缺位,使公众对政府和官员充满不信任。人们觉得当下的腐败现实远比想象的更严重,被查出来的永远只是很小一部分。在一些网友看来,很多暂时没查出来的官员,都是潜在的官员,他们总觉得还有"更大的'老虎'"。一句网语代表了公众的这种情绪:"不查都是孔繁森,一查都是王宝森。"他们觉得像以前那样"每天都有'老虎'落马"才正常,那才符合公众对严重腐败现实的判断,否则就不正常。

另一方面,也许反腐败制度的建设远没有跟上公众的期待,无论是官员财产公示,还是司法体制的改革,都缺乏实质性的进展。当着力于"治本"的反腐败制度进展缓慢,公众感觉不到明显的进步时,必然会把眼睛盯着"治标",也就是"打虎"的数量和速度上。这是公众迷恋"打虎"数量和速度的一个关键因素。反腐败不能总是停留在"打虎""拍蝇"的层次,需要有制度的实质性进展,用制度的实质性进展压过对"打虎"数量的关注。

以"打虎"数量和速度论英雄,这自然是不理性的,反腐败无法迎合这种不切实际的公众期待。反腐败需要遵守法律,不是想打谁就打谁,不是想打多少就打多少,想要什么样的节奏就是什么样的节奏,永远以公众所期待的那种速度和节奏打,是不可能的。舆论和公众应该从"迷恋数量和节奏"的功利主义中走出来,理性地看待反腐败。评判反腐败成绩,在"打虎"的数量、节奏和级别外,还有很多重要指标,比如多大程度上改变了官场风气,官员的行为有没有收敛,尤其是制度建设上做了多少工作,"不能腐"这个治本问题上有多少实质性进展?以"'打虎'数量和节奏"作为单一评价指标,追求"打虎"的快感,舆论很容易陷入一种一惊一乍的情绪,无法满足这种舆论期待的中纪委,也会深受困扰。

要让舆论摆脱这种迷恋，需要做两件事。其一，用制度的实质性进展压过对"打虎"数量的关注，"治标"要有看得见的作为。其二，多公开"打虎"之外的其他反腐败工作，公众看不到其他工作，只看到作为结果的"打虎"数量和节奏，他们只能以这些论英雄了。

(《晶报》2015年7月1日)

不要将中纪委的严厉扭曲为荒诞脸谱

中纪委的"从严管党""从严管官"赢得了舆论普遍叫好,不少网友都说,中纪委已经成为网上最大的正能量——铁面铁腕的中纪委形象传递的是清风正气,扮演着忠实的清道夫角色。盯着中纪委网站,聚焦和解读中纪委一言一行,成为媒体的一道硬菜。不过最近有一种舆论取向挺不好的,就是将中纪委的"严厉形象"脸谱化和扭曲化,通过断章取义的报道和对规定的曲解,将中纪委塑造成了不食人间烟火、严得不近人情、缺乏常理常情能力的苛刻形象。比如近来的两则新闻报道:《中纪委称党员交通违法要撤职或开除》《中纪委称干部用合法收入买豪车名表也不行》。

看到标题所传递的信息,很多人都觉得这样的要求和规定太过分了。党纪确实严于国法,但也不至于可以作这样随意的解释和要求,如果花自己的钱买个名表都会受严惩,不小心交通违个法都会被开除,这将让普通党员陷入人人自危、时时不安的境地。还好,后来中纪委及时澄清,称这些都是标题党的断章取义,中纪委不至于如此,希望公众能多读读法规原文,多看看中纪委网站上原汁原味的解读,呼吁媒体帮助中纪委正确、严谨地宣传好这两部重要的党内法规。

原来如此,这不仅仅是标题党那样简单了,而是不折不扣的假新闻。现在似乎存在一种倾向,不仅是过度阐释来自中纪委网站的消息和评论,故弄玄虚地窥探和分析"信号",还有将中纪委脸谱化、将中纪委想象成一个"严苛得不近人情"的"家长",什么事都管,然后用这种"脸谱化想象"去过度阐释来自中纪委的声音。这样不顾事实的脸谱化,不仅树立不了中纪委权威,还会在引发误解中消解中纪委和纪律的权威,让公众产生反感,为中纪委树敌,将中纪委推到了大众的对立面。

比如先前关于"给不给员工发月饼"的争议,很多人都把矛头指向了中纪委,好像是中纪委过于不近人情,剥夺了职工的正当福利,连个月饼都吃不了了。正如后来那篇题为《什么样的领导不会给你发月饼》的著名文章所解释:并不是中纪委不近人情,而是这些领导对规定的歪曲——糊涂的一刀切者,胆小的保乌纱帽者,有"事儿"的惴惴不安者,漠视群众利益的自私者,别有用心的泼脏水者,这类人假借反腐败之名,取消群众正常福利,歪曲中央本意,企图误导群众对中央强力正风反腐败产生不满情绪,从民意上阻碍反腐败的进程,给大局添乱。

像《中纪委称党员交通违法要撤职或开除》《中纪委称干部用合法收入买豪车名表也不行》之类的新闻,初衷也许只是为了以夸大其词的标题党方式吸引眼球,或者真的是对规定的误解,但客观上起的效果却是狠狠地"黑"了纪委部门,让纪委部门成为众矢之的。中纪委执纪本就针对那些违纪乱纪者,但"党员交通违法都要撤职或开除"之类凌驾于规定之上的苛刻要求,则让普通党员反感。这种断章取义的新闻,让中纪委成了公众情绪的矛头所指。

中纪委给纪委的要求是:纪委干部要敢红脸敢瞪眼——执纪当然不能留情面,纪委的形象就是铁腕,刚正不阿。可再严的要求,也要依法依规,不能想当然,不能不顾现实。党纪严于国法,党员干部必须要做表率,对自己有更高的要求,但这并不意味着可以无限度地、不顾常情地苛求。对党员的纪律要求,已经清清楚楚写在两个党内法规中,纪委部门的解释也是基于这两个法规,那些报道和分析不能不看法规就望文生义地作扭曲法规的过度阐释,歪曲纪委的"严厉"。

一些媒体公众号的恶性竞争已经到了让人恶心的地步,不竞争生产别人无法复制的优质内容，而是比谁的标题更吸引眼球；不比谁更忠实于事实，而是比谁的标题更能赢得阅读量。无良标题党和"标题党式假新闻"这个新闻毒瘤得治治了，不要再将中纪委的严厉扭曲为怪诞脸谱。有些新闻可以抢，但有些新闻抢不了，须尊重权威途径的权威和专业表达。事实上，现在中纪委和各地纪委的信息发布已经很成熟，既有《中国纪检监察报》和中纪委网站的 24 小时传播，更有了足够覆盖党员群体的新媒体矩阵，对很多热点问题和新规定都有第一时间的既权威、又清晰、还生动的解读与评论，原汁原味地照搬这些权威解读也许是对读者最大的负责。

（微信公众号"吐槽青年：曹林的时政观察"2015 年 11 月 25 日）

别总想从中纪委"打虎"里总结啥规律

反腐赢得民心,也使掌管反腐的中纪委的一举一动都受到关注,很多人养成了从中纪委及其官员的言行中寻找反腐规律、走向和信号的习惯,总觉得中纪委的言行肯定不一般,肯定隐含着某种可以总结的规律。王岐山书记到哪里调研、不到哪里调研,肯定有深意;哪些省有"老虎"落马,哪些省没有,肯定有某种规律;很多"老虎"落马都集中在周五,这个时间点背后肯定有深意;前段时间国庆黄金周最后一天深夜宣布福建某"虎"落马,背后可能也有一定的规律。

为什么选择"黄金周最后一天的深夜"这个时间点宣布落马呢?当时有不少媒体和专家分析和阐释这个时间点所传递的"信息"。

舆论总在尝试寻找中纪委的"打虎"规律,可中纪委似乎就是不让逮着什么规律,媒体总结出的规律很快就失灵了。"周五规律"现在已经失效,"盛会不'打虎'"被证明无效,出其不意的"深夜'打虎'"更让人觉得根本没有什么规律可循。不仅是时间上,在反腐其他方面也是,从级别、身份、露面、背景、履历猜测落马概率,媒体和专家过去总结出的那些所谓规律也都不断被打破。

有一种思维误区,我称其为"规律强迫症",就是认为万事万物背后必有某种可循可总结的规律。尤其是重要的事,越是重要的事情,背后也必有某种规律。中纪委这么重要的部门,反腐败这么重要的事,办谁不办谁、什么时候公布、公布到什么程度，背后必有规律。在这种"规律强迫症"下，形成了一种故弄玄虚的过度阐释，把平常的事情弄得很复杂，把正常的事情弄得让人不可捉摸，把依法反腐败想象成了过去钩心斗角、玩弄权谋的宫廷政治斗争。

周五公布是想透露什么深意，两会结束后立刻公布是想透露什么信号，黄金周假日最后一天深夜公布是想传递什么信息，这些都是胡扯，中纪委遵循的是案件调查的规律，而不是刻意选择什么时间点。所以，应该关注案件本身，如果时间点根本没什么规律，什么时间都可能公布，那可能在时间上真的是没有什么规律了。是中纪委关注贪腐带来的教训，而不必对时间点作太多牵强附会的过度阐释。

应该从反腐败中总结什么规律呢？我觉得应该是盯着落马的贪官，而不是盯着中纪委；应该盯着被调查的对象，而不是盯着调查的人，企图从调查中寻找规律。一个个落马的腐败官员，可以从他们的落马轨迹中寻找到很多值得警示的规律，把这些规律总结出来去推动反腐制度的完善，而不是盯着中纪委的一言一行，在"解密"的想象中去满足窥视和猎奇心态。

纪委部门在反腐中扮演着非常重要的作用，但不应将他们神化，应该平常心看待中纪委，不必认为他们的言行都在暗示什么。在政务信息公开透明之下，规定、规矩、纪律都已经写在了纸上，不必让人费心去猜，没什么不可以公开说的话，没有多少言外之意需要你去仔细琢磨。猜来猜去，总想总结规律，说到底还是缺乏对法治反腐的信任，还是以传统的青天和人治理念来看待中纪委行为，将纪律行为神秘化和神化，让人觉得很多都是人为操纵的结果。

(《新华每日电讯》2015年11月6日)

落马贪官为何成最弱的弱势群体

没有什么比"在任官员"与"落马贪官"之间的距离更远,差距更大,一个在天堂,一个在地狱。官员落马前,应该是这个社会最强势的群体,可一旦落马,会立刻成为社会中最卑微的弱势群体。小姐还有人同情,乞丐还有人怜悯,城管还有人替其辩护,吸毒明星仍有人崇拜,嫖娼名人风头过后还是名人,可贪官一旦落马,就什么都不是了。从官场到舆论,从同事到公众,都会把其批得一无是处,昔日点滴细节和言论都成了被奚落和反讽的罪证,没有任何人替其辩护,只有一边倒的狠批,没有成绩只有罪恶,没有优点只有污点。

这是一种"舆论报应",在任时容不下任何批评,容不得半点曝光,媒体上满眼都是听着顺耳的赞美歌颂,展现的都是伟光正形象,谁批评就对谁跨省追捕,所有的批评都被遏制和压抑。一旦落马,所有被压抑的批评能量一夜之间井喷性、报复性地全部爆发出来,成为"国妖""国贼""叛徒",使最强势的强势群体迅速成为最弱的弱势群体,满大街、全网都是其如何通奸、如何霸道、如何奸诈贪婪、如何贪财好色的细节描述,组织切割、家人沉默、舆论穷追、媒体狠挖,即使是完全子虚乌有的小道消息,也没人替其辩护,自己也失去了辩护权。

可以理解舆论的这种报复情绪，也无意为自食其果的贪官辩护，只是想客观地说一句：落马贪官也并非一无是处，还是要实事求是、客观地看待其所言所作所为。贪污腐化是绝无可恕的，但不能因为贪污就抹杀了他所做的一切。

其一，不能因为他贪了就否定他也做过有益于百姓的事。一些贪官，往往是在做事的过程中经受不住诱惑而下水。不可否认，他们中有些人并非天生就是贪官，当官并非只想捞一笔，开始确实是想为老百姓做点事，有从政理想，雄心勃勃想有所作为，想用手中的权力大干一场，让自己主政的这座城市改头换面。可是，不受监督的权力太危险了，带来的诱惑太大了，"当官不为民做主，不如回家卖红薯"的朴素理想太脆弱太无力了，如果缺乏制度的约束，在金钱和美色面不堪一击，很容易就被腐蚀了。

他们都曾经是好人、能人，甚至可以这样说，贪官并不是道德上的坏人，只是没有履行自己的职业承诺，堕入了违法犯罪的深渊，成为罪人。不少地方都出现了"能人腐败"，他们确实很有能力，做了很多事，凭自己的能力走上现在的高位。可是，越有能力，上马的工程项目越多，每天接触的人和钱越多，手中支配的资源越丰富，面临的诱惑也就越大。这些贪官，他们做过的那些有益民生的事，应该获得客观的评价，他们的落马教训，应该成为更多人的警示。

之所以要强调这一点，是因为我注意到一种现象，就是一个贪官落马后，他所做过的事往往被全面否定，上马的工程和项目停工了，推行的政策和措施中断了，主政城市的理念被下一任推翻了。对待贪官还是需要一分为二，贪归贪，事归事，贪官一落马，全面被否定，政策和工程缺乏连续性，对城市和老百姓是另一种折腾，甚至会损害政府公信力。贪官落马，这位贪官当初对商人的承诺都不兑现了，推行的工程都成了讳莫如深的"敏感词"，以后商人和百姓跟领导打交道时会怎么看？到底领导说过的算不算话呢？

其二，不能因为贪官落马了，而否定他说过的话的正确性。贪官落马后，他说过的很多话也被媒体扒出来"打脸",成为群嘲群讽的笑柄。这是一种警示,不能看其说什么,关键是看其做什么。可是,在既有的监督体制下,公众只能看到听到官员说什么,而看不到他们做什么。这使很多官员都有着说一套、做一套的双重人格,人前人后两面派。贪官落马,那些廉政宣言证明了其虚伪,但不能否认那些话本应该成为其从政格言。廉政宣言都是正确的,该反省的是寄望其道德自律的不靠谱,制度约束的缺席鼓励着双重人格。

最后,尊重贪官的正当权利。不能因为他们落马了,就用世界上最恶毒的语言去诅咒他们,用不明来源的传言谣言去污蔑诋毁他们,在道德上丑化他们,在形象上妖魔化他们,在"事迹"上编排他们。他们虽然在舆论场上缺席了,但也有名誉权,也有免受谣言攻击、免受谩骂抹黑的权利。

(新浪网观察家专栏2015年3月1日)

图书在版编目(CIP)数据

时评中国：用理性反抗坏逻辑 / 曹林著. —— 北京：北京大学出版社，2016.5
ISBN 978-7-301-26422-5

Ⅰ.①时… Ⅱ.①曹… Ⅲ.①时事评论–中国–文集 Ⅳ.①D609.9-53

中国版本图书馆CIP数据核字(2015)第250803号

书　　　名	时评中国：用理性反抗坏逻辑 Shiping Zhongguo: Yong Lixing Fankang Huai Luoji
著作责任者	曹林　著
责任编辑	张丽娉
标准书号	ISBN 978-7-301-26422-5
出版发行	北京大学出版社
地　　址	北京市海淀区成府路205号　100871
网　　址	http://www.pup.cn　新浪微博：@北京大学出版社　@阅读培文
电子信箱	编辑部 pkupw@pup.cn　总编室 zpup@pup.cn
电　　话	邮购部 010-62752015　发行部 010-62750672　编辑部 010-62750883
印刷者	河北吉祥印务有限公司
经销者	新华书店
	660毫米×960毫米　16开本　30.25印张　400千字 2016年5月第1版　2025年7月第31次印刷
定　　价	68.00元

未经许可，不得以任何方式复制或抄袭本书之部分或全部内容。
版权所有，侵权必究
举报电话：010-62752024　电子邮箱：fd@pup.cn
图书如有印装质量问题，请与出版部联系，电话：010-62756370